KAISER WILHELM II.

KAISER WILHELM II. Postkarte aus London, November 1907

Eberhard Straub

KAISER WILHELM II.
IN DER POLITIK SEINER ZEIT

Die Erfindung des Reiches aus dem Geiste der Moderne

Herausgegeben von der
Gesellschaft für Wilhelminische Studien e.V.

LANDTVERLAG

Für Jan Schleusener

INHALTSVERZEICHNIS

EINLEITUNG

Im Grunde aber sind wir Alle kollektive Wesen, wir mögen uns stellen, wie wir wollen. Denn wie weniges haben und sind wir, das wir im reinsten Sinne unser Eigentum nennen!« Das äußerte Goethe kurz vor seinem Tod am 17. Februar 1832 in einem Gespräch mit Johann Peter Eckermann. Das Individuum hielt er für unerschöpflich. Aber er bemerkte doch, von wie vielen Abhängigkeiten die Freiheit des Einzelnen dauernd modifiziert wird. Jeder entwickelt sich in einer Umwelt, in einem sozialen und geistigen Raum, auf den er seinerseits einwirkt. Wer sich von den Irrtümern seiner Zeit nicht verführen lasse, gab er zu bedenken, vereinsame; lasse man sich aber von ihnen einfangen, so habe man auch weder Ehre noch Freude davon. Meist wären es die Schwachheiten seiner Epoche, über die der so vielfach bedrängte Mensch mit seinem Jahrhundert zusammenhänge. Missmutig beobachtete der große Historiker, der er auch war, die Versuche Nachgeborener, sich eine Welt von Gestern im Hinblick auf ihre ganz anders geartete Gegenwart verständlich zu machen, statt historische Gestalten in der Beziehung zu ihren Zeitgenossen und deren Ideen zu verstehen. Hugo von Hofmannsthal, ebenfalls ein eminenter Historiker, brachte solche Überlegungen auf die Formel vom »Geheimnis der Contemporaneität«.

Kaiser Wilhelm II. war ein glänzendes Individuum des Fin de Siècle. Als solches wurde er von seinen Zeitgenossen wahrgenommen. Sie erkannten in ihm ein Kollektivwesen, das auf einzigartige Weise die Widersprüche der Epoche verkörperte, die in Deutschland nach ihm als Wilhelminische charakterisiert wird. Im Zeitalter des Interessanten weckte er stürmisches Interesse und machte sich als Kaiser interessant. Franzosen oder Engländer sprachen von ihm als *le Kaiser* oder *the Kaiser*. Dieser Begriff sollte die ungewöhnlichen, neuartigen Eigenschaften oder auch nur auffälligen Oberflächenreize dieses Phänomens prägnant zusammenfassen. Für unmodern wurde er nicht ein-

mal von denen gehalten, die ihn kritisierten. Die amerikanische Ideologie der Moderne und der Modernisierung, die sich nach 1945 in Europa, vor allem in Westdeutschland, durchsetzte, führte zu erheblichen Schwierigkeiten, sich von der durchaus verwirrenden Unübersichtlichkeit früherer Epochen überraschen zu lassen. Alles, was nicht in dies Konzept passte, wurde als halbmodern, vormodern oder antimodern klassifiziert und ausdrücklich verdammt, weil solche Elemente den halbmodernen, vormodernen und antimodernen Nationalsozialismus vorbereitet hätten. Von einem endlich erreichten Ziel, dem Ziel der Geschichte und also vom Ende der Geschichte – der parlamentarischen Demokratie mit friedensstiftender Produktionsfreiheit, Handelsfreiheit und Konsumfreiheit, zur westlichen Wertegemeinschaft beziehungsreich überhöht –, wurde meist auf das Zeitalter des Wilhelminismus zurückgeblickt. Unter solchen Voraussetzungen mussten die »Defizite« in dieser Epoche besonders auffallen und hervorgehoben werden, nicht zuletzt, damit auch der schlichteste Bundesrepublikaner seinen berechtigten Stolz aus dem Gefühl gewinnen konnte, wie herrlich weit »wir« es doch gebracht haben.

Den Zeitgenossen des Kaisers und erst recht ihm selbst wurde oft genug vorgeworfen, nicht ungeduldig danach gestrebt zu haben, so schnell wie möglich in der Bundesrepublik anzukommen. Diesen Vorwurf kann man auch den Gründern der BRD machen: Konrad Adenauer, Theodor Heuss oder Kurt Schumacher, die ihre entscheidenden Bildungserlebnisse in der kaiserlichen Zeit hatten. Erst recht den Gründern der DDR: Wilhelm Pieck, Walther Ulbricht oder Otto Grotewohl. All diese alten oder älteren Herren kamen aus dem Wilhelminischen Deutschland und wollten auf den Trümmern einer fragmentierten Nation ein neues Deutschland schaffen unter den Bedingungen einer nationalen Katastrophe, die sich um 1912 keiner vorstellen und schon gar nicht wünschen konnte. Die

Modernität des Sozialismus wurde nie bestritten, auch nicht die des Zentrums als Volkspartei, von der die SPD lernte, wie man erfolgreich von der Wiege bis zum Sarg Massen organisiert. Liberalismus und Nation waren einmal Zwillinge. Doch Liberale fürchteten oft die Demokratie, während Sozialdemokraten sich aus Angst vor der Revolution mit der Monarchie arrangieren konnten.

»Dem Westen«, der sich im »Großen Krieg« ideologisch und polemisch gegen Deutschland in Stellung brachte, fühlten sich Deutsche aller politischer Richtungen weit überlegen, weil in ihrem Reich der Rechtstaat sich zum Kulturstaat erweiterte und sich im Sozialstaat vollendete. Nach 1945 griffen Deutsche in der BRD und in der DDR auf jeweils besondere deutsche Überlieferungen zurück, die das neue Deutschland bewusst aus seiner Herkunft legitimierten. Der »rheinische Kapitalismus«, an dem Alt-Bundesrepublikaner hängen, war nur eine konsequente Fortsetzung »wilhelminischer« Ideen und Gesetze. Sehr ungern fragten die »Trizonesier« oder die Bewohner der SBZ danach, wie wilhelminisch ihre Staaten noch waren, die ihnen rüstige Greise einrichteten. Theodor Heuss als reisender Festredner folgte dem kaiserlichen Beispiel, allem und jedem mit präsidialen Worten eine besondere Würde oder Aufmerksamkeit zu verschaffen. Seitdem wird ein schweigsamerer Präsident als Fehlbesetzung verstanden. Wilhelm Pieck und Walter Ulbricht wollten mit der Sozialistischen Einheitspartei Deutschlands das Vaterland oder die Nation vor Fraktionismus schützen, durchaus im Sinne der kaiserlichen Ideen vom August 1914, nur noch Deutsche zu kennen und alle Parteien miteinander zu versöhnen beim Aufbau eines neuen Deutschlands. Der gesamtdeutsche Dichter Thomas Mann blieb trotz vieler Wandlungen immer ein Repräsentant des Wilhelminischen Deutschlands, wie so viele Künstler, Professoren, Industriekapitäne oder Politiker. Gerade deshalb konnte er in der BRD und der DDR wie ein Schutzheiliger der jeweils neuen Ordnung angerufen werden.

Lovis Corinth, ein Maler, den Kaiser Wilhelm II. überhaupt nicht mochte, fühlte sich als kaiserlicher Deutscher. »Die Kunst, welche mir eine große nationale Sache war, wird nun international. Was bleibt da von den früheren Anschauungen?«, fragte er sich nach 1918. Richard Strauss war des Kaisers Generalmusikdirektor. Seine Kompositionen missfielen Wilhelm II. Aber deswegen kam er doch nie auf den Gedanken, den berühmtesten Komponisten Deutschlands zu entlassen. Richard Strauss blieb immer ein loyaler Beamter. Nach dem Sturz der Monarchie gab er seine Stellung in Berlin auf. Zum Wilhelminismus gehören die mannigfachsten Gestalten oder Phänomene, die der Kaiser gewähren ließ. Nicht Altes und Neues, Modern oder Vormodern standen gegeneinander, beides vermischte sich. Auch der Protest gegen die Moderne war ganz modern, weil eine zeitgemäße Antwort auf irritierende Herausforderungen. Die Monarchie veranschaulichte diese Verschränkung. Sie ist eine Einrichtung aus dem alten Europa, das die Französische Revolution als veraltet verworfen hatte. Wilhelm II. versuchte, die Monarchie als eine zeitgemäße Institution zu rechtfertigen und damit zu veranschaulichen, dass sie mehr als nur eine gefällige Antiquität sei. Dabei waren Rückgriffe auf die Vergangenheit unvermeidlich, um der Monarchie im assoziationsreichen Spiel der Gegenwart Bedeutung zu verleihen und sie im Zusammenhang mit ihrer Vorgeschichte, der Geschichte zu verstehen.

Das legte der Historismus nahe, eine ganz moderne Methode und Welt-Anschauung, alles Werden aus dem Gewordenen zu begreifen, das in weiteres Werden übergeht. In der Welt als Geschichte ist alles in dauernder Bewegung, weshalb Erinnerungszeichen den unsicher Gewordenen helfen sollten, nicht die Orientierung zu verlieren und sich nicht zu verirren. Kaiser Wilhelm II. reiste im Herbst 1898 ins Heilige Land, nach Palästina. Das war die Pilgerfahrt eines Christen, aber eines modernen Christen. Damals interessierten sich zum ersten Mal seit dem Mittelalter die Europäer wieder für die historischen Stätten des Lebens und Wirkens Christi. Diese Neugier war unmittelbar mit der Absicht verknüpft, die Bibel zu historisieren und den geschichtlichen Jesus zu erkennen, ihn also zu entmythisieren. Wilhelm II. nahm lebhaften Anteil an der Palästinaforschung, deren Zentrum Berlin war. In Palästina, in Jerusalem hatte sich im 11. Jahrhundert um ein Hospiz der Johanniterorden gebildet. Nach seiner Auflösung wurde er 1852 von Friedrich Wilhelm IV. neu gegründet. Er hatte 1890 rund 3000 Mitglieder. Der Johanniterorden unterhielt 42 Krankenhäuser in Europa. 1898 weihte Wilhelm II. die Erlöserkirche in Jerusalem ein, die er dem Johanniterorden übergab, der an seinem Ursprungsort wieder seine sozialen und karitativen Dienste aufnehmen konnte.

Der letzte Kaiser, der in Jerusalem weilte, war der Staufer Friedrich II. Er kam als Krieger 1228, beendete über Verhandlungen erfolgreich den 5. Kreuzzug und ließ sich in Jerusalem krönen. Friedrich II. hatte die heiligen Stätten den Christen gesichert. Wilhelm II., der später in Bethlehem die Geburtskirche errichten ließ, durchdrang auf friedliche Weise das Gelobte Land. »Und es begann im Herbst 1898 ein neuer, einzigartiger Kreuzzug unter dem Zeichen des Friedens und der versöhnenden Liebe«, wie Deutsche das Ereignis deuteten. Die Staufer gehörten im Übrigen zum neuen Kaiser- und Reichsgedanken. König und Kaiser Weißbart – Wilhelm I. – vollendete, worauf Kaiser Rotbart – Friedrich Barbarossa – im Kyffhäuser durch die Jahrhunderte gewartet hatte: die deutsche Einheit. In diesem Sinne benutzte Wilhelm II. gerne staufische Bauformen, um das geschichtslose junge Kaisertum in eine tiefe, prächtige Perspektive zu rücken. Wie Friedrich II. einst mit dem Sultan Saladin fast freundschaftlich verkehrte und für den Frieden

sorgte, so beteuerte Wilhelm II. nun dem Sultan Abdulha-
mid und 300 Millionen Mohammedanern, zu allen Zeiten ihr
Freund zu sein.

Damit forderte er keineswegs politisch die Engländer heraus. Er erinnerte sie höchstens an Toleranz und Großherzigkeit,
die sie, wie auch die Amerikaner, gerade den Mohammedanern
gegenüber nicht sonderlich beachteten. Wilhelm II. stellte sich
hingegen in die Reihe seiner Vorfahren, die ihre Untertanen
zu Religionsfreiheit und Toleranz angehalten hatten. Da das
Heilige Land auch dem Volke Israel heilig war, wollte er sich
für Theodor Herzls Idee eines Judenstaates in Palästina verwenden. Doch der Sultan lehnte solche Vorstellungen entschieden ab, sodass Wilhelm II. nichts für die Zionisten zu erreichen
vermochte. Er war sich bewusst, viele Antisemiten zu irritieren, wenn er mit Herzl sympathisierte: »Dass die Juden den
Heiland umgebracht, das weiß der liebe Gott noch besser wie
wir und er hat sie demgemäss bestraft. Aber weder die Antisemiten, noch Andere noch ich sind von Ihm beauftragt und
bevollmächtigt, diese Leute nun auch noch auf unsere Manier
zu kujonieren in Majorem Dei Gloriam.«

Das Beispiel der Palästinareise zeigt, wie sehr Wilhelm II.
ein »kollektives Wesen« ist, wie sein Denken und Handeln gerade nicht von eigenwilligen Impulsen gelenkt wird, sondern
auf Kombinationen beruht, die um ihn herum angestellt wurden und denen er zu genügen hatte. Seine Einbildungskraft
half ihm meistens, allen möglichen Erwartungen zu genügen.
Trotz zuweilen heftiger Kritik wurden die Deutschen ihres
Kaisers keineswegs überdrüssig. Bei den Feiern zum Regierungsjubiläum 1913 waren sich doch die meisten mit dem Leipziger Kulturhistoriker Karl Lamprecht einig, dass Wilhelm II.
gerade wegen seiner »Reizsamkeit«, sich auf neue Ideen einzulassen und kein geistiges Wagnis zu scheuen, seine Aufgaben
als moderner Herrscher brillant erfüllte. Der Engländer Fredric

William Wile schrieb damals über ihn: »Was immer auch Mars
an Lorbeeren für ihn in Bereitschaft hält, hat der Kaiser doch.
ein Vierteljahrhundert friedlich regiert, ruhmreich durch die
Errungenschaften einer durchgeistigten und emsigen Kulturarbeit. Die ganze Welt, fasziniert durch seine wandlungsfähige
und interessante Persönlichkeit, ist daran gewöhnt, dem Kaiser
das ausschließliche Verdienst an dem fabelhaften Aufschwung
des Vaterlandes zur Weltmacht zuzuschreiben. Als Generaldirektor der Firma Deutschland G.m.b.H hatte Wilhelm II.
eine schwere Rolle zu spielen, und er hat sich seiner Aufgabe
mit eminentem Erfolge entledigt.«

Die 25 Jahre von 1888 bis 1913 gehören neben der Reforma-
tionszeit und der »Goethezeit« zu den großartigsten Epochen
in der neueren deutschen Geschichte, in den Wissenschaften,
den Künsten, in der Technik und Wirtschaft. Das ist nicht das
alleinige Verdienst des Kaisers. Aber er hielt keine Entwicklung auf, ließ viel zu, regte an oder ließ sich anregen und nach
anfänglichem Schwanken überzeugen. Insofern werden diese
glänzenden Jahre unter seinem Namen zu Recht zusammen-
gefasst. Denn er war der Ausdruck der öffentlichen Seele, der
kollektiven Kultur der Deutschen. Als sie nach dem verlore-
nen Krieg mit sich selbst haderten, mussten sie deshalb an dem
Kaiser verzweifeln, mit dem sie gemeinsam verunglückten.
Das liegt nun lange zurück. Die Geschichte ist eine Sphäre
des Unberechenbaren, wie Goethe beobachtete. Sie zeigt sich
dem menschlichen Auge als Zeit, als unablässig veränderliche:
»Und dann ist die Zeit ein wunderlich Ding. Sie ist ein Ty-
rann, der seine Launen hat und der zu dem, was einer sagt
und tut, in jedem Jahrhundert ein anderes Gesicht macht. [...]
Was Shakespeares kräftigen Mitmenschen durchaus anmutete,
kann der Engländer von 1820 nicht mehr ertragen, sodass in
der neuesten Zeit ein Family-Shakespeare ein gefühltes Bedürfnis wird.«

Außerdem, erklärte Goethe, gebe die Zeit, in ewigem Fort-
schreiten begriffen, allen menschlichen Dingen unentwegt
eine andere Gestalt, sodass eine Einrichtung, die um 1800 eine
Vollkommenheit war, schon um 1850 vielleicht ein Gebrechen
und höchst unzulänglich sein werde. Da sich die Zeiten ändern,
müsse in regelmäßigen Abständen die Geschichte umgeschrie-
ben werden. Denn der Lebende legt sie sich unter anderen
Gesichtspunkten zurecht, die ihm *seine* Zeit eröffnen. Unter
Gesichtspunkten, die ihm keine moralische Überlegenheit erlauben, es ihm aber gestatten, sich auf eine jeweilige Art historisch gewordenen Gestalten anzunähern, um sie in einer Welt
von Gestern in ihren Beziehungen zu ihren Zeitgenossen zu
beobachten und sich verständlich machen zu können.

I. KINDHEIT UND JUGEND

Nach dem 26. Böllerschuss um drei Uhr nachmittags wussten die Berliner, die am 27. Januar 1859 Unter den Lin-
den und vor dem Schloss zusammenströmten, dass Prinzessin
Viktoria einen Knaben und Thronfolger geboren hatte. Denn
25 Kanonenschläge genügten, um die Geburt einer Prinzessin
anzukündigen, 101 waren aber für Prinzen vorgesehen. Der
Jubel war unbeschreiblich, nicht nur unter den zuverlässigen
Ständen. Auch die Arbeiter, als unruhige Klasse von Bürgern
und Aristokraten seit 1848 gefürchtet, stellten Kerzen in ihre
Fenster. Berlin leuchtete. Es war seit dem Regierungsantritt
Friedrich Wilhelms IV. 1840, den Tagen froher Erwartungen,
die er alsbald bitter enttäuschte, das erste große Freudenfest, bei
dem ein Massenpublikum dem Königlichen Hause – zu dessen Erleichterung – in enthusiastischer Weise seine herzliche
Verbundenheit ausdrückte. Im Großvater des Neugeborenen,
Prinz Wilhelm, der seit kurzem für den nicht mehr regierungs-
fähigen König Friedrich Wilhelm IV. als Regent die Geschäfte
führte, erhofften sich die meisten, wie einst in seinem Bruder,
den Vorbereiter einer »Neuen Ära«. Die englische Heirat seines Sohnes Friedrich schien eine solche Aufgeschlossenheit
zum Liberalismus zu bestätigen. Auch in London gab es lebhaf-
te Freudebekundungen, Dankgottesdienste und Bälle. Königin
Viktoria schrieb ihrer Cousine Augusta, der Frau des Regenten
Prinz Wilhelm, begeistert darüber, dass ihre Tochter Preußen
diesen Sohn geschenkt habe: »Unser gemeinsamer Enkel bin-
det uns und unsere Länder immer enger zusammen.«

Zum Zeichen der britisch-preußischen Übereinstimmung
erhielt der Prinz die Namen seines preußischen Vaters und
Großvaters – Friedrich Wilhelm – und die seiner britischen
Großeltern – Albert und Viktor(ia) –, wobei der letzte Name
zugleich auf die Mutter anspielte und damit indirekt wieder
auf Friedrich, ihren Mann, in der Familie Fritz genannt. Doch
die sehr schwere Geburt sorgte sogleich für deutsch-britische

Missverständnisse. Es stellte sich zwei Tage später heraus, dass der linke Arm des Prinzen unbeweglich und unempfindlich war, weil während der Geburt durch unvermeidlich riskante Eingriffe die linken Hals- und Schulternerven des Kindes verletzt oder zerrissen worden waren. Königin Viktoria hatte ihren Leibarzt, Sir James Clark, nach Berlin geschickt, der bei der Entbindung allerdings nur als Gehilfe des Berliner Professors Eduard Adolf Martin mitwirkte. Er betäubte mit Chloroform die Prinzessin, um deren heftige Schmerzen zu lindern. Die eigentliche Arbeit übernahm Martin, eine anerkannte Autorität als Frauenarzt und Geburtshelfer. Ihn fand Viktoria vulgär und ungehobelt, was allerdings nichts mit seinen beruflichen Fähigkeiten zu tun gehabt haben muss. Vor allem aber hielt sie ihn für unanständig, weil er in unweigerlich intimen Zusammenhängen die Prüderie der Hochanständigen offensichtlich nicht gebührend zu würdigen vermochte, allein bemüht, ihr und ihres Kindes Leben zu retten. Diesem schrecklichen und abscheulichen Martin warf sie vor, die Geburtsschäden unnötigerweise verschuldet zu haben: »Du weißt, liebe Mama, dass Wilhelms Arm nicht verletzt worden wäre und ich eine solche Tortur nicht durchgemacht hätte, wenn ich unter der Obhut eines aufgeklärten englischen Arztes gewesen wäre.«

Immerhin, ein englischer Arzt war bei der Geburt anwesend. Seine Aufklärung nützte ihm unter den gegebenen Umständen nichts. Er war unbedingt dankbar, nur Professor Martins Assistent zu sein, statt selbst die Geburt vornehmen und die Verantwortung für ihre Nebenfolgen übernehmen zu müssen. Den Mangel an Aufklärung wird Prinzessin Viktoria von nun an immer wieder in Berlin beklagen, in einer Stadt ohne englische Hygiene, an einem steifen Hof ohne fortschrittliche Ideen, in einem Land ohne Geschmack, wo das im Vergleich zu England ungewöhnlich leichte Tafelsilber schmerzlich daran erinnert, dass Sparsamkeit jede feinere Großzügigkeit behindert.

Da sie die Angewohnheit hatte, spontan das zu sagen, was ihr gerade einfiel, geriet auch der Wohlwollendste in Verlegenheit. Das förderte nicht unbedingt die Übereinstimmung deutsch-britischer Gemüter, deren Unterpfand Willy oder William sein sollte. Prinzessin Viktoria, die fürchterlich an dem elenden Arm ihres Sohnes litt, ließ auch ihn jahrelang leiden in der Hoffnung, die ärztliche Kunst könne Wunder wirken und sie von dem widrigen Eindruck befreien, den dieser Arm, dieser entsetzliche Arm, auf sie machte. Selbst ganz unaufgeklärte Methoden, den Arm im noch warmen Blut eines frisch getöteten Hasen zu baden, nahm sie trotz aller Scheußlichkeit hin, um nicht Mutter eines Krüppels bleiben zu müssen. Die halfen so wenig wie Elektroschocks, Armstreckmaschinen, Halskrausen, alle möglichen Bäder und Therapien. Der Arm blieb lahm.

Der kleine Prinz, der jahrelang alle Torturen mit ungemeiner Geduld zu ertragen lernte – eine Königliche Hoheit weint nicht, klagt nicht –, musste sich von vornherein in der seit alters vornehmsten Kunst der Könige üben: das Innerste verbergen und gleichmütig bekunden, dass man sich von Schmerzen nicht überwältigen lasse. Ein gesundes Kind wie der fast gleichaltrige Erzherzog Rudolf, der österreichische Kronprinz, sollte mit Pistolenschüssen während der Nachtruhe, mit Kaltwasserkuren, stundenlangem Exerzieren bei widrigstem Wetter oder eingesperrt im Tiergehege mit der Warnung: »Da kommt ein Wildschwein!« zur Nervenstärke erzogen werden. Er wurde darüber äußerst schreckhaft und verlor nie mehr eine gewisse Ängstlichkeit. Auf Bismarck machte der erwachsene Erzherzog, längst General, bei einem Besuch in Berlin 1887 einen unerfreulichen Eindruck. Er wirkte auf ihn »wie ein Mann, der sich überall umsieht, ob ihm nicht ein Stein auf den Kopf von irgendwoher fällt«. Den russischen Thronfolger Nikolaus hielt Bismarck für nicht minder dürftig, beschränkt und kraftlos. Das machte den alten Fürsten sehr unsicher, ob es Gott noch gut mit den Monarchen meine, denen er solch schwächliche und untaugliche Sprösslinge gebe. Prinz Wilhelm rechnete er damals noch zu den erfreulichen Ausnahmen.

PREUSSENTUM MIT MENSCHLICHEM ANTLITZ

Der unsentimentale und zuweilen rohe Umgang mit dem behinderten Kinde bewirkte, was die Mutter wollte: Willy gewann allmählich ein Gleichgewicht. Er lernte es, seine Glieder und deren Bewegungen unter Kontrolle zu bringen, die Voraussetzung zu adlig-imponierender Haltung, die bei einem Monarchen unerlässlich ist. Der Reitunterricht, mit dem in den frühesten Jahren begonnen wurde, bereitete ihm unendliche Qualen, die er klaglos ertrug. Nach und nach gewann er an Sicherheit, lernte eine gute Haltung zu Pferde und wurde nicht nur ein ausgezeichneter Reiter, sondern überhaupt ein guter Sportler als Schwimmer, Tennisspieler, Turner, Fechter und Segler. Der unruhige – und sehr britische – Ehrgeiz seiner Mutter, sich an einem gewandten, kräftigen Sohn voll männlicher Anmut erfreuen zu wollen, veranlasste Wilhelm, alle Strapazen gering zu schätzen, um die geliebte Mutter unter keinen Umständen zu enttäuschen, um von ihr Freundschaft und Anerkennung zu erhalten. Alle Welt freute sich alsbald an dem lebhaften, liebenswürdigen Jungen und Jüngling, der mit seinem Charme, bald auch mit hübschem Bildungszierrat und originellen Einfällen, für sich einzunehmen verstand.

Sein Arm genierte ihn bald überhaupt nicht mehr. Ganz unbefangen ging er mit seiner Behinderung um, deren Nachteile er, soweit es zähe Bemühungen erlaubten, erheblich abmilderte. Sein freundliches Temperament bestätigte allen: Der kaputte Arm hat ihn nicht kaputt gemacht. Insofern erübrigen sich die meisten Spekulationen bürgerlicher Einfühlsamkeit,

Prinz Wilhelms Seele sei dauerhaft beschädigt worden durch die drastische Forderung, keinen Schwächen nachzugeben. Prinzen waren keine bürgerlich-sentimentalen Individuen. Sie wurden an allen Höfen, nicht nur in Preußen, während der Jugend hart herangenommen: Disziplin und Selbstbeherrschung erwartete auch Kaiser Franz Joseph von der Erziehung seines Sohnes. Prinzen waren für den Thron bestimmt, nicht für die Gartenlaube. Die Tugenden eines Fürsten sind nicht die eines Privatmannes. Ein König, der sich darauf beschränkt, ein Ehrenmann mit schöner Seele zu sein, verfehlt seine Aufgaben, flößt Mitleid ein und macht sich endlich lächerlich und verächtlich – wie der weltkluge Graf Rivarol nach der Französischen Revolution mit Blick auf den edlen Menschenfreund Ludwig XVI. zu bedenken gab.

Eine bürgerliche Psychologie der emsigen Zergliederung seelischer Zustände und Befindlichkeiten half auch bei fortschreitender Verbürgerlichung regierender Häuser im Laufe des 19. Jahrhunderts deren Angehörigen wenig oder nichts. Das Individuum sollte nie den Prinzen vergessen machen, und das bedeutete, die Individualität mit ihren auffallenden und oft auch liebenswürdigen Eigenheiten möglichst zurückzudrängen. Für empfindsame Bürger wird das noch hilfsbedürftige, kindliche Gemüt dabei um seelische Wärme und mütterliche Zuwendung betrogen. Doch Prinzessin Viktoria, so jung wie sie mit ihren 18 Jahren war, hatte längst begriffen, dass die biedere Bürgerin und Mutter hinter der künftigen Königin und Kaiserin zurücktreten musste, wenn ein Prinz auf seine Aufgabe angemessen vorbereitet werden sollte. Das hieß für die durchaus liebende Mutter, alles, was dieser Absicht im Wege stand, aus dem Weg zu räumen: Launen, wehleidige Selbstbetrachtung oder Verfallenheit an gemütliche Herzensbedürfnisse, lauter teure Beschäftigungen, aus denen der Bürger Trost und Kraft schöpft.

Wenn Wilhelm erstaunlich gut mit seiner Behinderung fertig wurde, verdankte er das seiner energischen Mutter. Deshalb warf er ihr im Alter nie vor, etwa harmlose Knabenromantik unterbunden und ihn damit verletzt zu haben. Es ist nicht einmal gewiss, ob er, was er nicht kannte, überhaupt vermisste. Seine eigenen Söhne steckte er früh in eine Kadettenanstalt und brachte sie um das, woran der Bürger zärtlich hängt, um die Erinnerung an eine schöne, unbeschwerte Jugend und Kindheit. Die Unduldsamkeit seiner Mutter und seiner Erzieher, der Druck, sich selbst zu überwinden, befähigten also den Prinzen dazu, seinen Körper zu beherrschen, notwendige Voraussetzung für ein gefälliges Auftreten als Prinz, Offizier, Gentleman oder Grand Seigneur in der Öffentlichkeit. Diese durfte von ihm verlangen, dass er dem Ansehen des Hauses und der Krone nicht schade, ein Ansehen, mit dem die Reputation des Staates und seines Volkes unmittelbar verknüpft ist. Viktoria litt zwar weiterhin an dem Arm ihres Sohnes, der ihr mehr Beschwerden machte als ihm, aber zugleich freute sie sich an seiner Entwicklung und trieb gelegentlich einen heftigen Kult mit ihrem für sie unvergleichlichen Sohn. Wilhelm war stolz darauf, nicht versagt zu haben. Wie die meisten sogenannten Behinderten, die sich lebenstüchtig behaupten, kannte er keine Minderwertigkeitskomplexe. Es sind die Gesunden, die physische Unzulänglichkeiten fürchten und dämonisieren, die ihrem Anblick verlegen ausweichen. Der körperlich Unvollkommene ist für sie der Gezeichnete, der Verdammte. Prinz Wilhelm überraschte schon als Jüngling ausgerechnet die Freunde der Aufklärung mit seinem kräftigen Selbstbewusstsein.

Trotz seines lebhaften und verbindlichen Temperaments wirkte der junge Prinz auf viele kalt und seelisch trocken. Aber er verhielt sich bloß gemäß der Tradition. Ein schüchterner Prinz, der an sich zweifelt, macht eine klägliche Figur. Ein König ohne Selbstbewusstsein verleitet seine Beamten und Minister dazu, ihn als dekoratives Element zu ehren, ansonsten aber die Majestät *ihrem* souveränen Willen unterzuordnen. Ein Monarch sollte nach alter Lehre unpersönlich wie ein Schatten sein, eben Herr seiner Stimmungen, um die konkurrierenden Interessen und deren Vertreter in kühler Überlegenheit und mit neutraler Höflichkeit zu beobachten, immer bemüht, jedem ein gnädiger König zu sein, solange kein Grund vorliegt, unerquicklichen Ministern das Wohlwollen zu entziehen. Liebenswürdig und undurchdringlich bleiben, sein Gesicht nicht verlieren – das gehörte zu den aristokratischen Tugenden eines Monarchen, der stets die Ruhe und den Überblick zu bewahren hatte.

Solche Eigenschaften wurden am Prinzregenten und späteren König und Kaiser Wilhelm I. bewundert. Er beherrschte mit herzbezwingender Anmut die kunstreichen Formen schönen Anstandes, die er mit feiner Nuance zu modifizieren wusste, ohne zu verletzen oder zu schmeicheln. Er war kein Kirchenlicht, wie er von sich selber sagte, aber fleißig und vor allem ein großer Herr, der in jedem einen Herrn ehrte. Er sprach besser Französisch als die Pariser Bürger um 1859, ein Französisch des adligen 18. Jahrhunderts, konnte sich aber auch auf Deutsch würdig, nur nicht gleichermaßen elegant ausdrücken. Sein unerschütterliches Selbstbewusstsein bezog er aus der Krone, der er diente, in der er eine heilige Macht sah, die ihn voll und ganz verpflichtete, dies Abbild der göttlichen Allmacht in Ehren zu halten. Weder Thron noch Königtum durften als rein praktische Einrichtungen beurteilt werden, weil sie dann, um praktisch und nützlich zu bleiben, in unbeständigen Zeiten entsprechend wechselnden Deutungen unterworfen gewesen wären. Der große Kavalier, der letzte Ritter des Ancien Régime, krönte sich gerade deshalb 1862 in Königsberg ostentativ zum preußischen König, um alle Preußen und alle übrigen Deutschen eindringlich daran zu erinnern, dass Freiheit und

Herrlichkeit der preußischen Krone, die Souveränität Preußens, vom Allmächtigen herrühren, der in jeder Macht sich wohltuend bekundet. Damit wollte er verdeutlichen – was immer die Liberalen dazu denken und sagen mochten –, dass Gott sich in preußischen Sonderformen ein vorläufiges Abbild seiner Umsicht und Gerechtigkeit schafft.

Wilhelm I. fand an seinem Enkel nichts zu tadeln und versicherte ihn – ungeachtet seines hohen Alters und seines Ranges – seiner aufrichtigen Anteilnahme. Auch die Königin und Kaiserin Augusta, die wie ihr Mann die zeremoniöse Feierlichkeit allen zum natürlichen Erlebnis machte, schenkte dem sie entzückenden Prinzen ihre Huld und gnädige Aufmerksamkeit. Den Austausch von Gefühlen beschränkte sie auf den Umgang mit ihrem Mann. Temperamentvoll mahnte sie ihn, die wünschenswerte politische Korrektheit nicht zu vernachlässigen. Darunter verstand sie: Nachgeben den gerechten Forderungen der Wohlmeinenden und der Gebildeten – also der Liberalen. Beiden gefiel die angenehme Zurückhaltung, das anspruchslose Selbstbewusstsein des Prinzen, der gar nicht viel Rücksicht erwartete und sich auch nicht bemühte, etwa mit altklugen Impromptus die Aufmerksamkeit auf sich zu lenken. »Prinzess« Viktoria hingegen bereitete die an sich erfreuliche Unbefangenheit ihres Sohnes dauernde Sorgen. Denn sie fürchtete, dass sich darin Stolz, Überheblichkeit und Unduldsamkeit ankündigten, die schon immer als die schlimmsten Übel angesehen wurden, weil sie, sofern nicht unterdrückt und in Demut und Geduld verwandelt, Prinzen oder Könige anfällig für Schmeichelei machten und es ihnen erschwerten, guten und vernünftigen Rat von Intrige und Eigennutz zu unterscheiden.

Die junge Prinzessin galt auch für damalige Verhältnisse, in denen man – nicht nur bei Hofe – schneller erwachsen werden musste als im späten 20. Jahrhundert, dem Zeitalter der ewigen Adoleszenz, durchaus noch als Debütantin, als Backfisch. Schon als Siebzehnjährige, als die sie 1858 den preußischen Thronfolger heiratete, war sie zur allgemeinen Überraschung ein abgeschlossener Charakter mit festen Anschauungen und einem unbeugsamen Willen. Was es zu lernen gab, hatte sie von Papa gelernt, dem Prinzen Albert von Sachsen-Coburg-Gotha, dem Mitregenten, Geliebten, Gatten und Erzieher der Königin Viktoria von Großbritannien. In ihrem 1862 verstorbenen Vater sah sie ein Ideal, die schönste Verkörperung äußeren Adels, beseelt von Weisheit, Vernunft, politischer Klugheit, innerer Aufklärung, gemäßigter Religiosität und diskreter Eleganz. Sprach sie von ihm, wirkte jedes Wort wie von Weihrauch umwölkt. Eher durfte in ihrer Gegenwart an Gottvater, dem Sohn und dem Heiligen Geist gezweifelt werden als an der sittlichen und geistigen Vollkommenheit des *Prince Consort*. Dessen kultische Verehrung grenzte wie bei ihrer Mutter an die trüben Reiche, die kein Strahl klarer Vernunft mehr durchdringt. Die Königin-Witwe entdeckte allerdings bald, dass gut gebaute Schotten vom Lande und Whisky den Unersetzlichen sehr wohl trostreich ersetzen konnten, bis endlich hübsche Inder sie in Phantasiewelten entlockten, aus denen sie – wie der ferne Vetter Ludwig II. von Bayern – nur noch sehr gelegentlich in der Öffentlichkeit auftauchte, mit ihren Ministern vorzugsweise schriftlich verkehrend. Das minderte nicht den Respekt britischer Aristokraten, die Schrullen und nervöse Ticks schätzten und pflegten.

Für Prinzessin Viktoria mit ihrem unerschütterlichen Weltbild – denn daran etwas zu ändern, hätte sie dem Verdacht aussetzen können, den unvergleichlichen Papa doch nicht für unfehlbar zu halten – gab es nur die eine Verpflichtung: ihren Sohn zu einem neuen Albert zu erziehen. Dieser sollte als Lichtbringer dermaleinst alle Preußen und sonstigen Deutschen zu lauter Albertinern umerziehen. Das sollte dem Preußentum endlich ein menschliches Antlitz verleihen, ein englisches also mit lokalen Variationen, von denen sich Fritz, der geliebte Engel und Schatz, als Offizier und Norddeutscher nicht ganz zu lösen vermochte. Gelänge es ihr, solch hochgespannten Absichten zu genügen, dann würde sie ihre väterlich inspirierte Mission in dem spröden, doch kultivierbaren Lande erfüllt haben. Fritz wenigstens folgte willig der politischen Weiterbildung. Er begriff, dass er wie alle preußischen Offiziere wegen militärischer Zeltlagersitten eines *lifelong learning* bedurfte, dem Vicky dank Papas umsichtiger Schulung enthoben war, weil ein für alle Mal unterrichtet und gebildet. Wer, wie sie, auf Papa gehört hatte, brauchte auf keinen mehr zu hören. Am allerwenigsten auf einen Mann, der noch sehr viel von ihr zu lernen hatte. Bei Fritz mussten die preußischen Anlagen gemildert werden. Bei einem Kinde, einer wunderbar weichen Bildungsmasse, konnte von vornherein darauf geachtet werden, dass solche erst gar nicht aufkamen. In diesem Sinne hoffte sie, aus Wilhelm Albert Viktor einen neuen, siegreich-überlegenen Albert zu formen, der möglichst in allem seinem Großvater glich, jedoch im Gegensatz zu diesem unmittelbar herrschen würde, statt seiner Frau bei der Regierung nur zu helfen.

Bei solchen Plänen musste der hässliche Arm Prinzessin Viktoria unweigerlich entsetzen und verbittern, hatte sie doch einen äußerlich vollkommenen Prinzen der preußischen Welt als Modell vor den entzückten Blick stellen wollen. Wenn die äußere Erscheinung Wilhelms trotz aller Erfolge Alberts klassische Schönheit nie erreichen konnte, dann musste die innere Schönheit seiner Seele, seiner Bildung und seiner Verständigkeit den Makel gleichsam überstrahlen. Ihr ging es nicht darum, dass Wilhelm sich selbst und seine Anlagen entfaltete, sondern dass er einem anderen zur Wiedergeburt, zur Re-Präsentation, zur abermaligen Vergegenwärtigung verhalf. Solche Wünsche einer Mutter, die sich im Sohn ein Abbild ihres Vaters erhoffte, widersprachen vollständig den zeitgemäßen pädagogischen

Vorstellungen. Das unerschöpfliche, unverwechselbare Individuum stand dort im Mittelpunkt und die daraus zu bildende selbständig handelnde und urteilende Persönlichkeit.

Die Fürstenerziehung galt immer der Annäherung an ein im Laufe der Zeiten stets gleich gebliebenes Ideal des vollkommenen Hof- und Weltmanns, mit seinen durchaus wechselnden Ausdrucksformen. Demut wurde von jedem fürstlichen Schüler als selbstverständlich verlangt. Demut vor Gott, der ihn zum hohen Rang berufen hatte. Demut vor allen zeremoniellen und repräsentativen Formen, in denen sich die Ideen und Grundsätze, die den königlichen Staat belebten und die ihn mit ihrer Überzeugungskraft zusammenhielten, sinnfällig veranschaulichten. Lernte das fürstliche Kind, Gott und die Würde des Königtums als Hinweis auf das göttliche Weltregiment zu verstehen, dann lernte es auch, sich selbst und seine Aufgaben in diesen Zusammenhängen zu erkennen und als unwiederholbares Ebenbild Gottes auf ganz persönliche Art überpersönlichen Zwecken zu dienen. Erst die Macht der Persönlichkeit machte die starren Formen des Hofes und der Höflichkeit lebendig. Darauf, auf dem Verschmelzen von Idee und Besonderheit, beruhten des Herrschers Anmut und Würde.

Marie Antoinette begeisterte sogar ihre politischen Feinde mit der unnachahmlichen Grazie, mit der sie, wenn sie wollte (sie wollte nicht immer), jedem auf die ihm gemäße Art begegnete: eine mit wechselndem Ausdruck bezaubernde Persönlichkeit und doch immer dieselbe Königin. Ihr größter Triumph war ihre letzte Fahrt, im Schinderkarren durch Paris. Sie war ganz und gar empörte Mutter, beleidigte Dame, vor allem aber die Königin, der Niedertracht und Untreue nichts anhaben können. Der Pariser Pöbel schwieg unter dem Eindruck der Majestät, er schwieg auch nach der Hinrichtung. Das Volk, auch wenn es rast, weiß sehr genau, was es tut. Die Ermordung des Königs, jenes freundlichen Mitmenschen, der sich mit seinem

ungeschickten Verhalten verdächtig gemacht hatte, erschütterte und entsetzte nur wenige. Ihm ging es wie vielen, die mit der
revolutionären Tugend nicht so recht übereinzustimmen vermochten. Die Hinrichtung der Königin aber war mehr als die
Ermordung einer herausgehobenen Person. Mit ihr sollte die
Majestät, das Königtum von Gottes Gnaden, erledigt, beseitigt,
ausgelöscht werden. Das Volk von Paris schwieg – überwältigt
von der heiligen Majestät, die Marie Antoinette, Schweigen ge-
bietend, noch einmal veranschaulichte –, es schwieg aber auch,
weil es ergriffen war von seinem eigenen Wagemut, deren
Bann ein für alle Mal gebrochen zu haben.

MONARCHISTEN SIND KEINE ROYALISTEN

Die Franzosen, die sich auch als Revolutionäre den Sinn für
Formen bewahrten, kamen nie auf den Gedanken, das Gedächtnis des unglücklichen Ludwig XVI. politisch-liturgisch zu
überhöhen. Dieser König war kein König mehr gewesen, sonst
hätte man ihn nicht als *quantité négligeable* hinwegfegen können,
wie Goethe, kein Sympathisant von Jakobinern, ungerührt bemerkte. Aber die königlich-kaiserliche »Österreicherin«, ungeachtet früherer Torheiten Symbol für die geschändete und ver-
scharrte Majestät, konnte noch im 20. Jahrhundert Royalisten
von strengster Observanz veranlassen, am Tag ihrer Hinrichtung Trauerkleidung anzulegen und in einer Messe zu ihrem
Gedenken dem Königtum, das niemals sterbe, andächtig zu
huldigen. Die Monarchie überlebte den Angriff der Revolution.
Die Republik blieb während des 19. Jahrhunderts als Staatsform
die Ausnahme. Die Idee des Königtums war allerdings gründlich erschüttert. Könige wurden endgültig zu Staatsorganen im
Staat, eine Entwicklung, die im Entstehen des königlich-büro-
kratischen Staates bereits angelegt gewesen war.

Die Souveränität des Gesetzgebungsstaates verlangte, dass die Majestas sich fortan im Gesetz äußere. Majestät und Souveränität lösten sich zusehends von der Person des Königs, vormals lebendes Gesetz. Nicht mehr vom Abbild göttlicher Herrschaft und schöpferischer Macht leiteten sich Staat und Gesellschaft ab. Der Monarch wurde als Staatschef der auch ihn umgreifenden Staatsidee untergeordnet, die Souveränität des Staates nur noch repräsentierend. Der liturgisch-feierliche Apparat der *repraesentatio maiestatis*, die Feier der heiligen Macht und Würde des Königtums, erübrigte sich weitgehend, weil die zugrunde liegenden Ideen ihre Überzeugungskraft eingebüßt hatten und zum gefälligen Schmuck ohne Bedeutung verblasst waren. Der königliche Hof mit seinem festlichen *decorum* wurde darüber zum ästhetischen Schauspiel und historischen Kostümstück, da nicht ganz auf die hergebrachten Formen verzichtet werden konnte. Er näherte sich der Großen Oper an, dem historistischen Maskenspiel mit erfundenen Vergangenheiten.

Die alten Livreen, Schlösser, Zeremonien und Prunkkutschen sollten zeigen, dass die Monarchie eine nicht mehr von Gott, sondern von der Geschichte geheiligte Einrichtung war, der die vernichtende und umwandelnde Macht der Zeit nichts anzuhaben vermag. Zugleich aber deuteten Alter und Geschichtlichkeit in einer Epoche, die, weil neuer Dinge begierig, damit begann, die Welt als Geschichte zu verstehen, zugleich auf den Substanzverlust hin, der alle Institutionen als zeitlichvergängliche Erscheinungen zu bloß historischen und überholten macht. Die Monarchie wurde vorerst noch gebraucht. Dementsprechend gab es viele Versuche, sie als zeitgemäß zu rechtfertigen und ihre Modernität hervorzuheben. Denn an der Überlegenheit des Neuen, der *moderni* über die an bloßen Traditionen und Antiquitäten Hängenden zweifelten nicht einmal die »Konservativen« mehr. So nannten sich seit 1830 ehemalige Royalisten, die indessen zu Monarchisten geworden waren. Ihr Name verdeutlichte ihr Dilemma: Die Monarchie, eine Staats- oder Regierungsform, wollten sie bewahren, weil sie ihnen praktischer erschien und in harmonischer Übereinstimmung mit der Geschichte, mit dem Leben, im Vergleich zu Demokratie und Republik, die mit ihren Doktrinen das konkrete und einzelne Leben vertilgen, wie Friedrich von Schiller befürchtete, »damit das Abstract des Ganzen sein dürftiges Dasein friste«.

Aber der konservative Monarchist folgte seinerseits abstrakten Theorien von Souveränität, Volksrepräsentation und Gewaltenteilung. Er glich darin seinem Gegner, dem Revolutionär. Auch er war ein Ideologe, dem seine Konstruktionen wichtiger sind als das Leben in der Welt als Geschichte, in der nichts Bestand hat und alles im dauernden Werden aus dem Gewordenen dem Wandel unterworfen ist. Wie sämtliche Ideologen empörten auch ihn die unberechenbaren Metamorphosen der Gesellschaft, weshalb er mit seinen Gegnern das elementare Verlangen nach Ordnung und Berechenbarkeit teilte: »Schaffe den Dingen Dauer.« Der Unterschied lag allein darin, dass sich seine Vorstellungen von Ruhe, Sicherheit und Ausgewogenheit, vom »Ende der Geschichte«, nicht mit denen der Liberalen vereinbaren ließen, die im Verfassungsstaat oder in der Republik das endgültige Ziel der sich in Geschichte offenbarenden Vernunft erkannten. Aber wie seine Gegner vertraute auch der Konservative nicht mehr einer Person. Nicht der König ist es, auf dessen phantasievollen Einsatz der Konservative hofft, um aus der von der Revolution entfesselten Unordnung herauszufinden. Er denkt an den Staat, an dessen Organe und an alle, die an die »gute Sache« glauben, an die Heiligkeit von Eigentum und Eigentümlichkeit, auch Freiheiten oder Privilegien genannt, die, wenn es ernst wird, allerdings nichts mit dem König zu tun haben. Selbst um die Monarchie zu retten, kann man den König opfern. Schließlich gibt es viele Möglichkeiten, einen

monarchischen Staat auch jenseits der häufig beschworenen historischen Legitimität zu konstruieren. Das veranschaulichten
die Franzosen im 18. und 19. Jahrhundert den Europäern mit
atemraubender Virtuosität. Die Europäer folgten den Anregungen und bewiesen, dass die Monarchie in sehr bewegten Zeiten
ein recht bewegliches Konzept sein kann. Die Monarchen des
19. Jahrhunderts tröstete das wenig. Sie wurden wie im königlichen Spiel zu Schachfiguren, über die andere bestimmten, und
sei es, um sie matt zu setzen. Königliche Haltung wurde dabei
vorausgesetzt: »Mach' er *bonne mine à mauvais jeu.*« Ein König
ist kein Spielverderber.

Franz Grillparzer, 1848 erschüttert vom Zusammenbruch
der Monarchie, die zum System Metternich geworden war, ließ
im *Bruderzwist in Habsburg* seinen Kaiser Rudolf sagen: »Der
König ist dahin. / Ich geb' ihn auf. Allein das Königtum / Möcht'
ich der Welt erhalten, der's vonnöten.« Das Königtum als Idee
begriff Grillparzers Kaiser Rudolf wie die Hemmung im Uhr-
werk nur noch als verzögernde, aufhaltende Macht. Für sich
selbst, den König und Kaiser, erbat er sich von seinem Bruder,
dem Erzherzog Maximilian, nicht viel: »Allein bedenkt: Der
auf dem Throne sitzt, / Er ist die Fahne doch des Regiments, /
Zerrissen oder ganz, verdient sie Ehrfurcht.« Allerdings hatten
selbst die Könige den Respekt vor der Krone eingebüßt. Gern
beteiligten sie sich am Länderschacher während der Auflösung
des Heiligen Römischen Reiches zwischen 1795 und 1806. Ge-
krönte Hüter monarchischer Legitimität in Wien, Berlin und
St. Petersburg erkannten die revolutionären Könige und Groß-
herzoge an, die ihre Standeserhöhungen Napoléon verdankten. Sie nahmen die Entrechtung zahlloser legitimer Fürsten
in Deutschland, Belgien und Italien hin und fügten sich dar-
ein, wenn im Laufe des Jahrhunderts weitere legitime Herrscher ihre Krone verloren oder vom Haus Preußen oder der
Casa di Savoia zwischen 1860 und 1866 darum gebracht wurden.

Wenn nicht einmal Könige und Kaiser die Heiligkeit der Krone schützten – wer dann hätte ihre Unantastbarkeit garantieren können? Auch die noch regierenden Fürsten gaben sich während des 19. Jahrhunderts keinen Illusionen darüber hin, dass mit der Loyalität der Untertanen nur so lange gerechnet werden konnte, wie das labile soziale und institutionelle System nicht aus dem Gleichgewicht geriet.

Unter solchen Voraussetzungen musste sich die Auffassung der Monarchen über ihre Aufgabe ändern und damit auch ihre Vorstellung von der Fürstenerziehung wandeln. Durch die Jahrhunderte beteuerten die Könige, alles Menschliche, Zufällige und Beliebige abgelegt zu haben, sobald sie den Thron bestiegen hatten. Sie verkörperten, ganz versunken in die Würde ihres Amtes, die Idee des überzeitlichen, ewigen Königtums. Sie sollten mehr ein Bild als ein Mensch sein. Auf die jeweilige Person kam es nicht sonderlich an. Das Königtum als Idee und Institution ist unsterblich, es bleibt über die Generationen hinweg immer das Gleiche. *Dignitas non moritur,* wie die klassische Formel lautete. Denn der verstorbene König lebt weiter in seinem Sohn, der wieder aufersteht in seinem Nachfolger. Deshalb lässt sich mühelos eine Geschichte der Monarchie schreiben, ohne ausführlicher der jeweiligen Könige zu gedenken. Sie variierten mehr oder weniger geschickt den immer gleichen Typus. Mit allzu auffälligen, also individuellen Eigentümlichkeiten wären sie ihrer Aufgabe nicht gewachsen gewesen. Doch seit dem 18. Jahrhundert und dem Anbruch der Empfindsamkeit sollten auch Könige Menschen werden. Als mitfühlende Herzen sollten sie die Herzen ihrer Völker gewinnen, natürlich auftreten und durch einfache Sitten bekunden, dass sie allein den Antrieben ihrer schönen Seelen folgten.

Kein Monarch konnte sich länger auf die gewissenhafte Repräsentation beschränken. Die modernen bürgerlichen Individuen wünschten sich den König und seine Frau als Landesvater und Landesmutter mit angenehm privaten Eigenschaften, die ihnen die Hochgestellten menschlich machten; Friedrich Wilhelm III. und Luise spielten Goethes *Hermann und Dorothea* nach der Hochzeit in Paretz bei Potsdam. Was bis dahin in der Erziehung von Prinzen bewusst vermieden wurde, die Ausbildung zur freien Persönlichkeit, fand unter dem Eindruck der idealistischen Imperative, mit der Bildung in Kunst und Wissenschaft die allgemeine Menschlichkeit in sich zu entwickeln, seit 1800 eine wachsende Aufmerksamkeit an den europäischen Höfen. Die Tochter Weimars, die noch von Goethe Unterricht empfing, die spätere Königin und Kaiserin Augusta, umriss in diesem Sinn das Erziehungsprogramm für ihren Sohn Friedrich: »Die Aufgabe jeder Erziehung ist und bleibt, den Menschen dem Menschen entgegen zu bilden, und der Mensch in dieser höchsten Auffassung des Ausdrucks thut in jetziger Zeit in den fürstlichen Häusern Noth, da der persönliche Werth eine Hauptstütze ihrer Macht geworden ist.« Zum ersten Mal in der Geschichte Preußens überwachte eine Frau und Mutter die Erziehung des Thronfolgers.

Das entsprach dem Geist der neuen Zeit: Kaiserin Alexandra Feodorowna in St. Petersburg, verheiratet mit Zar Nikolaus I., Prinzessin Viktoria in Berlin oder sogar die gänzlich unerzogene Kaiserin Elisabeth in Wien, genannt »Sissi« – sie alle übernahmen nun die Erziehung der Thronfolger. Die Männer resignierten, weil die literarischen Redensarten, die ihren Frauen so munter von den Lippen gingen, sie als Offiziere trotz eigener schöngeistiger Neigungen einschüchterten. Als moderne Menschen hatten sie hohen Respekt vor Wissenschaft und Kunst, wenn auch nicht unbedingt vor Künstlern und Wissenschaftlern mit ihren eigenwilligen Launen. Kaiserin Augusta, die mit ihrer starken Persönlichkeit sehr dezidierte Meinungen äußerte und überhaupt ihre Intellektualität gern wortreich ausstellte, forderte zur Parteibildung geradezu auf.

Sie wurde bewundert oder gehasst, die Mitte blieb ihr versagt.
Bei ihr war es gerade nicht persönliche Wertschätzung, die ihre
unbestrittene Hoheit menschlich anziehend gemacht hätte. Ihr
Erziehungsgrundsatz verdeutlicht denn auch das moderne Dilemma, eine überpersönliche Einrichtung wie das Königtum
unmittelbar mit der liberalen Wertschätzung des Einzigen in
seinem Eigen-Tum zu verbinden. Kaiser Wilhelm I. oder Kaiser Franz Joseph wurden verehrt und gefeiert, weil sie perfekte
Edelmänner waren. Ihre Frauen waren heftig umstritten, weil
sie beanspruchten, als unverwechselbare, geistreiche Individua-
litäten gewürdigt zu werden.

ERZIEHUNG ZUM VOLLKOMMENEN MENSCHEN

In Dr. Hans Georg Hinzpeter fand Prinzessin Viktoria 1864 auf
englische Empfehlung für Wilhelm einen Erzieher, der ihre
Ideale teilte. Der sittliche Ernst des Calvinisten, sein Enthusiasmus für die Wissenschaften und die aufrichtige Selbstverleug-
nung dessen, der nur der Wahrheit dient, begeisterten sie. Mit
ihm hoffte sie, Arbeitseifer und Pflichtbewusstsein im Kinde zu
wecken gemäß der Vorstellung, die sie beide vom Prinzen als
gebildetem Menschen und Herrscher sich machten. Der war
nach Viktorias Auffassung alles auf einmal: ein aufopferungs-
freudiger Streber, ein weltgewandter Alleswisser, ein Ästhet mit
sozialem Gewissen, ein philosophierender Segler, ein uneitler
Redner, ein bürgerlicher Prinz, ein englischer Deutscher und
vor allem kein Preuße, kein Berliner und kein Soldat. Der
Prinz konnte sich in diesem Sinne humanisieren, wenn er sich
im Gehorsam übte, im Bewusstsein freudig erfüllter Pflicht von
sich absah und der Maxime folgte: »Nach eignem Willen leben
ist gemein, / der Edle strebt nach Ordnung und Gesetz«, wie
Goethe es empfahl. Das meinte, seinen Willen von vornher-

ein zu brechen, den Prinzen zu demütigen, zu tadeln, um ihn durchs Dunkel zum Licht zu führen, anzuspornen, dauernd an sich zu arbeiten, keinen Stimmungen nachzugeben, in entsagungsvoller Hingabe das Lernen zu lernen, seine Individualität und seinen Charakter zu entdecken und zu stärken.

Gerade weil der Prinz von sich absehen sollte, um egoistischen Anwandlungen nicht zu erliegen oder den Verlockungen zu Hochmut und Eitelkeit, wurde er dazu angehalten, sich ununterbrochen mit sich selbst zu beschäftigen und dauernd zu beobachten. Das machte ihn zu einem eminenten Zeitgenossen, zu einem Repräsentanten des modernen Subjektivismus, der wie ein Schauspieler stets neben sich steht und an den Effekt denkt. Prinz Wilhelm lernte auf diese Weise schon früh, sich sehr wichtig zu nehmen. Ebenso früh rechnete er damit, dass auch andere sich sehr wichtig nahmen. Darauf nahm er Rücksicht – mit der Höflichkeit der Könige. Er war schon in seiner Jugend zu vornehm, um sich darüber zu beklagen, dass er von anderen rücksichtslos behandelt wurde. Lieber zog er sich ins Schweigen oder auf flapsig-alberne Floskeln zurück, um seine Verletzung zu überspielen. Das nun wurde ihm als Unreife, Unernst und Eitelkeit ausgelegt. Dabei gab es keine Menschen, denen er vertrauen konnte, sodass er später eben deshalb viel zu vertrauensvoll nach ihnen suchte, ähnlich dem so oft betrogenen König Philipp in Schillers *Don Carlos*. Vergeblich bat dieser große, kluge König die Vorsehung: »Schenke mir / jetzt einen Menschen ... / Ich bitte dich um einen Freund.« Marquis Posa aber, der erhoffte Freund, war ein berechnender Verräter. Hinzpeter wollte seinen Zögling von vornherein daran gewöhnen, allein zu sein, den anderen entrückt, keinem zu trauen außer sich selbst.

»Das Unvergleichliche, alles Überragende seiner Stellung macht das Isoliertsein im Mannesalter zur Nothwendigkeit; so darf schon im Knaben die natürliche Neigung der Menschen

zum Anlehnen nicht begünstigt werden. Das Recht und die
Pflicht der höchsten Entscheidung in seiner Hand macht die
strengste Ausbildung der eigenen Persönlichkeit, die vollste
Selbstgenügsamkeit in gutem Sinne zu einer unausweichlichen
Forderung.« Nur ein Stubengelehrter und ein Blaustrumpf, unvertraut mit dem Leben und der Wirklichkeit, aber von Papa
mit willkürlichen Wissensbeständen vollgestopft, die Viktoria
mit Weisheit und Lebensklugheit verwechselte, konnten solchen Maximen folgen. Schillers Philipp II. war eine literarische
Figur, was keiner besser wusste als der Dichter selbst, der sehr
genau begründete, warum er den klugen König so reden ließ.
Philipp II., ein äußerst geselliger Fürst, war nie allein, und seine
Bürotür blieb stets offen, damit jeder Beamte freien Zugang zu
ihm hatte und seine Untergebenen ihm keine Nachrichten vor-
enthielten. Ein isolierter König wird betrogen. Darüber unterrichtet die Geschichte der Monarchie und der Monarchen. Der
belesene, weltfremde Hinzpeter und die belesene, weltfremde
Prinzessin – beide von keinem Funken gesunden Menschen-
verstandes erhellt – erlagen bürgerlich-literarischen Klischees
vom König, der sich in seine innerste Einsamkeit zurückziehen
müsse, um nicht von Lügen und Schmeicheleien der Höflinge
genarrt zu werden.

Am Hof herrsche Kabale, Liebe und Verrat: Das verkündeten alle Bürger auf dem Kontinent und alle Liberale in London, ungeachtet der Bestechungen, Bespitzelungen und überraschenden Wechsel von Freundschaft zu Feindschaft in den
ehrenwerten Parlamenten, den aufgeregten Clubs der Besserverdienenden. Ein Monarch stand mitten in der Welt, er konnte
sich in ihr gar nicht isolieren, wenn er Einfluss auf die Geschäfte
nehmen wollte, wozu er verpflichtet war, ganz unabhängig davon, wie weit mittlerweile Verfassungen und deren Interpre-
tationen seine möglichen Rechte einschränkten. Ein Gegenge-
wicht zu den unpraktischen Vorstellungen Hinzpeters hätte ein

militärischer Erzieher sein können, vertraut mit der *usage du monde*. Ein Generalstäbler, der tatsächlich gefunden wurde, gab aber schon nach einigen Monaten auf, der Diktatur Hinzpeters überdrüssig. Erstaunlicherweise wurde die Suche nach einem Nachfolger Viktoria überlassen. Sie misstraute dem »engen« Preußentum und erblickte im militärischen Geist der Junker *die* große Gefahr für ihren Sohn. Sie kannte freilich weder das Preußentum noch den preußischen Militarismus, sie gebrauchte nur gängige Schlagworte und stützte sich auf Vorurteile. Wäre sie näher vertraut gewesen mit der Preußischen Armee und dem Geist Moltkes, hätte ihr auffallen können, dass dieser General zum Beispiel die militärische Ausbildung verwissenschaftlicht, in ganz moderner Gesinnung den herkömmlichen Offizier zum Akademiker umgeformt und damit dem geistesaristokratischen Typus des Bildungsbürgers angenähert hatte.

Da Prinz Wilhelm vor preußischen Allüren unbedingt geschützt werden sollte, suchte sie gar nicht erst unter gebildeten und weltläufigen Offizieren nach einem geeigneten Mentor. Sie wählte 1867 einen gänzlich unerfahrenen Leutnant ohne Vermögen und ohne Kenntnis höfischer Umgangsformen. Sein einziger Vorzug war der irische Name O'Danne und die Tatsache, dass er flüssig Englisch sprach. Der Prinzessin kam es darauf an, dass keiner ihn ernst nahm, damit Willy gar nicht erst mit ihm womöglich imponierenden soldatischen Flausen bekannt wurde. Der unauffällige Leutnant ließ sich im Frühjahr 1871 für den Kriegsdienst aktivieren, wurde aber alsbald wegen Diebstahls im Schloss Compiègne unehrenhaft aus der Armee entlassen. Sein Übergang in den Konsulardienst zerschlug sich, nachdem er 1873 in einer Kutsche erwischt worden war, wie er sich auf allzu eindeutige Weise mit einem jungen Arbeiter amüsierte, worauf die Polizei gar nicht amüsiert reagierte. Sein Nachfolger war der mit einer Engländerin verheiratete General Walter von Gottberg. Weltklug ertrug dieser die

Zumutung, einem Schulmeister untergeordnet zu werden, um, diesen diskret korrigierend, an allgemeine Lebenstüchtigkeit zu erinnern. Hinzpeter und die Prinzessin hielten ja das Auswendiglernen, das Gedächtnistraining und die Übung in allerlei Kunstfertigkeiten vom Rechnen über Satzbau und Zeichnen bis zum Notenlesen für das sicherste Fundament disziplinierten Lernens. Ausdauernd, ohne zu verzagen, sollte der Prinz fleißig sein, sich an die Pflicht zum Fleiße gewöhnen und unverdrossen Kenntisse aus dem weiten Reich der Erkenntnisse sammeln und speichern.

Wer viel weiß in einer Wissensgesellschaft, verliert nie den Überblick, denn Kenntnisse verhelfen zur Kraft der Erkenntnis und ermöglichen ein selbständiges Urteil, was meint, das Vernünftige vom Unvernünftigen, Wichtige vom Unwichtigen und das Nützliche vom Unnützen zu unterscheiden. Daran glaubten die beiden. Das setzte wiederum voraus, womit sich die Katze in den Schwanz beißt, viele Tatsachen zu kennen, um deren jeweilige Bedeutung erkennen und sie dementsprechend einordnen zu können. Bei Einzelheiten zu verweilen und sie systematisch im Zusammenhang mit anderen zu beobachten, schien abzulenken von dem Konzept des allseitigen Lernens, das Viktoria und Hinzpeter fälschlicherweise für Allgemeinbildung hielten. Der Prinz verfügte über eine rasche Auffassungsgabe, lernte willig, und dennoch klagten Mutter und Erzieher ununterbrochen über Faulheit und Unlust, über Eitelkeit und Hoffart, wenn er mit dem Gelernten prahlte. Dann musste er erst recht gedemütigt werden, obschon er ohnehin nie gelobt wurde, vielmehr dauernd dazu angehalten, seine Schwächen zu bereuen und zu überwinden. Freizeit kannte er nicht, jede Stunde war verplant. Auch das bravste Kind konnte darüber die Lust verlieren sowie die Geduld mit Papa und Mama und dem Lehrer, die es immerfort ermahnten, ihnen recht viel Freude zu machen und bloß keinen Kummer.

Die Mutter verlangte nicht nur Gehorsam, Ehrgeiz und Leistung, sondern darüber hinaus auch noch Liebe und aufmerksame Dankarbeit für all die Fürsorge, die sie auf ihn verwandte. Willy bemühte sich beharrlich, ihr anstrengend heftiges Verlangen nach Sohnesliebe nicht zu enttäuschen. Doch seine Gefühle erschienen ihr meist nicht überströmend genug, und dann klagte sie über Herzlosigkeit und Kälte und schalt ihn als roh und grausam. Der phantasielose Lehrer, Inbegriff eines Paukers, gegen den nicht zu rebellieren schon ein Akt der Höflichkeit war, vermisste ebenfalls Zuneigung und Lob und spürte nur Härte und Kälte in diesem herzlosen Knaben ohne Enthusiasmus. Zwei große Egoisten tadelten das Objekt ihres Eifers einen Egoisten. Die meisten, die ihn kennenlernten, freuten sich an dem wohlerzogenen, gar nicht schüchternen Jungen mit überraschendem Charme. Das war die Eigenschaft, die seiner Mutter und seinem Vater fehlte, mit denen zu verkehren einige Vorsicht verlangte. Während einiger Ferienreisen in Badeorte oder zu den verschiedenen Verwandten in Deutschland und England, vor allem bei dem langen Aufenthalt im Winter 1869/70 in Cannes, freundeten sich Tanten und Cousins mit diesem lebensfrohen Neffen und Vetter an, der Englisch und Französisch genauso gut beherrschte wie Deutsch und auch schon begann, sich im Italienischen zu üben. Ein reizender Kerl, unkompliziert, ganz anders als seine schwierigen Eltern! Großmutter Königin Viktoria, die kleine Kinder grässlich fand, war wie vernarrt in William. Das Stöhnen der Prinzess Vicky über seine Trägheit und Flatterhaftigkeit beachtete sie nicht sonderlich. Über ihren Sohn und Nachfolger Eduard, den seine Schwester vergötterte und den die Mutter bis zu ihrem späten Tode wie einen unzurechnungsfähigen Nichtsnutz behandelte, sprach sie genauso und noch schlimmer.

Zuweilen wurde der Prinz von Hinzpeter in Fabriken geführt oder in Werkstätten, um eine klare Anschauung des zeitgenössischen Lebens, der Menschen und ihrer Bedürfnisse zu gewinnen und sich ein Bild von den Klassenunterschieden zu machen. Diese Besuche weckten Wilhelms Interesse für Maschinen, Technik und rationalisierte Organisationsformen. Die Lebensbedingungen der Arbeiter erlebte er vornehmlich über gefällige Arrangements, ähnlich den Chorszenen in der Großen Oper, die der Handlung soziale und dem Ort angemessene Farben verliehen, um ernste, auf jeden Fall sittliche Empfindungen aufzurühren. So stellten sich der Bürger und die Prinzessin Studien zur Zivilisation der Gegenwart vor, von deren Geschichte der Prinz nichts erfuhr, vor allem nichts von dem Beitrag, den sein Haus und sein Land für das Erreichte geleistet hatten. Zum Entsetzen Kaiser Wilhelms I. besuchte sein Enkel ab 1874 das Königliche Friedrichsgymnasium in Kassel. Doch der Kavalier mochte keine Szenen mit Damen und gab um des lieben Friedens willen dem eisernen Willen seiner Schwiegertochter nach, die das weisungsberechtigte Oberhaupt der Familie für einen lästigen Ignoranten hielt und gänzlich inkompetent, bei der Erziehung von Kindern mitzureden. Auf Viktoria machten die Berliner Gymnasien – damals die besten in Preußen – einen deprimierenden Eindruck. Sie hatte sich nach längerem Suchen für das erst 1866 von Preußen eroberte Kassel entschieden.

AB NACH KASSEL!

Die niedliche Residenzstadt war zu Beginn des Jahrhunderts die Hauptstadt des Königreiches Westphalen, das Napoléon seinem Bruder Jérôme übergeben hatte. Dieser königliche Verfassungsstaat sollte modellhaft die Deutschen von dem Staat der Moderne überzeugen, in dem sich Liberalismus, Konstitutionalismus und Königsherrschaft im wechselseitigen Austausch ergänzten und unterstützten. Die Kasseler Bürger hatten sich

nach 1815 mehrmals als unruhig und dem Zeitgeist aufgeschlossen erwiesen, was der Prinzessin zusagte. Außerdem lag
die Stadt weit weg von Berlin und der für reaktionär gehaltenen Familie, sodass sie vorerst keine Angst zu haben brauchte,
Willy könnte unter den schädlichen Einfluss seines Großvaters
geraten und preußische Unarten annehmen. Eine öffentliche
Schule zu besuchen, schien ihr die beste Möglichkeit, Wilhelm
in die bürgerliche Welt einzuführen und ihn auf das Leben in
einer durch und durch von Konkurrenz und Wettbewerb ge-
triebenen Gesellschaft vorzubereiten.

Aber der Prinz war kein Bürger. Bürgerliches Leistungs-
und Erfolgsdenken mögen im Wirtschaftsleben unvermeidlich
sein und jeden, der zum sozialen Aufstieg entschlossen ist, dy-
namisieren. Sie werden einen Prinzen weder charakterlich festigen noch ihn befähigen, seine späteren Aufgaben als König
leichter und effizienter zu bewältigen. Zum Throne war Wilhelm aufgrund ganz unbürgerlicher Kriterien bestimmt oder
auserwählt, aufgrund seiner Geburt und Herkunft. Ein König
steht mit niemandem im Wettbewerb und kann niemanden
kraft Leistung ausschalten oder vom Markt verdrängen. Seine Rechte und Möglichkeiten hängen in sehr beschränktem
Maße von seinem Willen und seinem kreativen Potential ab.
Die Verfassung und die ungeschriebenen guten Sitten binden
ihn und schränken seine Bewegungsfreiheit ein, sie verpflichten ihn weiter, darauf zu achten, dass alle übrigen Staatsorgane
die ihnen gesetzten Grenzen nicht überschreiten zum Nachteil
der öffentlichen Ordnung. Herrschen äußert sich weniger in
der Gebärde, welche die Macht an sich reißt, als in der ruhigen Ausübung der Macht, einer nur ausnahmsweise, eben im
Ausnahmezustand unbegrenzten Macht. Herrschen heißt sit-
zen, auf dem Thron, der *sella curulis* im Römischen Senat, im
Ministersessel oder auf dem Heiligen Stuhl Petri. Dilettanten
wie Hinzpeter und die Prinzessin begriffen nicht, dass Herr-

schen gerade keine Angelegenheit energisch-phantasievoller Leistungsträger ist, die mit der Faust dazwischenfahren, um für Ordnung zu sorgen oder Wettbewerbsvorteile zu behaupten. Herrschen hat vielmehr mit Sitzfleisch zu tun, mit Abwarten und Beobachten, mit Ruhe, Statik und Status, dessen Gleichgewichtslage stets durch die Konkurrenz der sozialen Gruppen und Bewegungen gefährdet ist.

Hinzpeter und die Prinzessin, vom bürgerlichen Arbeitsethos durchdrungen, hofften außerdem Prinz Wilhelm auf einer bürgerlichen Schule vor Trägheit und Bequemlichkeit zu bewahren. Wollte er sich nicht blamieren, musste er, wie sie hofften, danach trachten, unter Kameraden möglichst der Erste und Beste zu werden, aufgrund von Leistung stark und erfolgreich. Abgesehen davon, dass Erfolg der Ruhm des kleinen Mannes ist, des Strebers, der nur an seine Vorteile denkt – ein späterer König und Kaiser wird nicht danach beurteilt, ob er immer der Erste im Bruchrechnen oder bei der Übersetzung der dunklen Sätze des Thukydides war, über deren Sinn sich Gräzisten bis heute heftig streiten. Prinz Wilhelm genügte es, einen guten Mittelplatz in der Klasse zu behaupten. Hinzpeter und die Prinzessin-Mutter konnten darüber verzweifeln, weil der offenkundige Mangel an Ehrgeiz sie um die Hoffnungen betrog, aus einem Prinzen ein bügerliches Genie – oder was sie darunter verstanden – zu gewinnen. Im Märchen sprang aus dem Frosch, den die schöne Prinzessin geküsst, ein hinreißender Prinz heraus, der sie beglückte und mit ihr glücklich wurde. Ähnliches erwarteten sich die Prinzessin und Hinzpeter, dass, durch den Kuss der Bildung wissend gemacht, der hässliche Knabe zum herrlichen Prinzen würde zur Wonne des Menschengeschlechtes wenigstens in seiner dürftigen und verbesserungswürdigen Variation in Preußen.

Die beiden vom Geist der allerneuesten Neuzeit durchglühten Lichtgestalten lasen leider keine Bücher aus dem als

finster und intolerant geltenden Spanien, widerwärtig für jeden
Humanisten und Freund der Freiheit wegen seiner fürchterlichen Gesinnungspolizei, der Inquisition. Die beiden Liberalen
konnten deshalb nicht wissen, dass sich nicht Engländer, vielmehr Spanier zuerst liberal nannten und dies Wort und die dazu
gehörige Gesinnung der Menschheit mitteilten. Die spanische
Verfassung von 1812 war das Vorbild für die meisten liberalen
Bemühungen und Unruhen in Europa und Amerika, schon allein deshalb, weil England keine Verfassung besaß und bis 1830,
dem Jahr der ersten, zaghaften Reform des Wahlrechtes, keineswegs als liberal galt. Von England schwärmten vorzugsweise
gemäßigte Konservative, wie sie sich nach englischem Brauch
auch im übrigen Europa selbstbewusst nannten. In Spanien hatte der erste große Soziologe Europas, Juan de la Huarte, schon
im 16. Jahrhundert die Einbildungskraft, die Phantasie, und
nicht den kalkulierenden Verstand zur inneren Kraft bestimmt,
die es ermögliche, im guten Einverständnis mit dem launischen
Glück zu regieren. Von Kathedermännern hielt er wenig, auf
dem Thron machten sie ohnehin eine schlechte Figur, wie viele Beispiele aus der Geschichte bewiesen. In nie berechenbaren, rasch wechselnden Situationen muss der Monarch nach
de la Huarte geistesgegenwärtig reagieren und zusammen mit
seinen Beamten und Ratgebern beherzt die Gunst der Stunde
nutzen, statt sich von ihr verängstigen und verwirren zu lassen.
Dazu bedarf es keiner Virtuosität im Gebrauch des Mittelhoch-
deutschen oder Altfranzösischen.

Der Idee, den Bürgerprinzen als künftigen Bürgerkönig
durch alltäglichen Umgang ans Bürgertum zu gewöhnen,
widersprach freilich von vornherein der Unterrichtsplan Hinzpeters. Denn der Prinz sollte ja vor allem fleißig sein, arbeiten,
Leistung bringen und von diesen hehren Zwecken nicht durch
geselligen Umgang und Muße, aller Laster Anfang, abgelenkt
werden. Im Grunde ging es allein darum, den Prinzen von

Berlin fernzuhalten. Alle weiteren Gründe bemäntelten nur das eifersüchtige Bestreben der Prinzessin, jede Konkurrenz zu ihrem Einfluss auszuschalten. Sie kannte den Willen zur Macht, bevor er zu einem Schlagwort wurde. Fritz, ihr Mann, fügte sich ihren Anordnungen und Weisungen. Ihren Kindern, nicht allein Wilhelm, legte sie seelische Streckmaschinen an oder sie versuchte, sie durch Liebesbande zu fesseln. Es waren doch ihre Kinder, sie sollten so werden, wie sie es sich dachte, und sie sollten sie lieben, weil sie sich dauernd um sie sorgte und sie vor allen bösen Männern und geifernden Hexen schützte. »Söhne, die ihre Mutter lieben, schreiben ihr so oft sie können«, mahnte sie den allen widrigen Zauberern glücklich entrückten Willy, der nicht täglich bekannte, wie sehr er sich nach der unmittelbaren Nähe ihrer lieben Hand sehne, mit der sie ihn auch aus der Ferne eisern im Griff hatte. Willy sollte ununterbrochen lernen und an Mama denken, während Mama ununterbrochen an Willy dachte.

Wie hätte der Sohn all diese Erwartungen erfüllen können? Neben dem täglichen Besuch des Gymnasiums erhielt Wilhelm Privatunterricht, um den Stoff zu vertiefen, oder aber, um ihn zu ergänzen, weil das Humanistische Gymnasium sich bewusst auf wenige Fächer beschränkte. Französisch – für einen Monarchen unentbehrlich – gehörte nicht zum klassischen Bildungsprogramm. Der gutbürgerliche Standpunkt, dass man sich Sprachen irgendwo und irgendwann aneignen könne, war für einen Prinzen, der ohne elegante Konversation auf Französisch als lächerliche, provinzielle Figur aufgefallen wäre, nicht unbedingt zu empfehlen. Außerdem lag es nahe, die Sprachen der wichtigsten Verbündeten, Russisch und Italienisch, halbwegs zu beherrschen, statt ein Virtuose im Zergliedern der kunstvollen Sätze des Cicero zu werden, was Wilhelm II. tatsächlich wurde. Das Humanistische Gymnasium war eine vorzügliche Bürgerschule. Weil jeder Schüler als Berufsmensch eines Tages eine einseitige

Stellung in der Welt einnehmen würde, bereitete es gerade nicht auf Vielseitigkeit vor, sondern begnügte sich auf wenige, völlig »nutzlose« und nur die geistige Beweglichkeit fördernde Gegenstände. Wer je die Freude beim aufmerksamen Lesen der lateinischen oder griechischen Klassiker erlebt hatte, brauchte, weil einmal mit geistigem Vergnügen bekannt, keine anderen minder klassischen Dichter oder Philosophen kennenzulernen.

Freiheit beruht auf geistiger Fröhlichkeit und Lebhaftigkeit. Davon hat Prinz Wilhelm, ein ausgezeichneter Lateiner und Grieche, während seiner Kasseler Jahre nichts erlebt. Den klassischen Unterricht haben ihn seine philologischen Feinmechaniker für immer verleidet. Als König und Kaiser bemühte er sich erfolgreich darum, die zu Formalkram erstarrte humanistische Bildung in nähere Beziehung zum wirklichen und möglichen Leben zu bringen, nicht um sie zurückzudrängen oder gar zu ersticken, sondern um ihr zu neuer Lebendigkeit und Überzeugungskraft zu verhelfen. Was der künftige Herrscher von den »Alten« hätte lernen können, von den großen politisch-historischen Schriftstellern, das wurde ihm systematisch vorenthalten, obschon alle Prinzenerziehung bis zur Französischen Revolution darin bestand, Livius, Cicero, Sallust und Tacitus, die politisch-philosophischen Historiker, zu kennen, zu verstehen und deren Lehren nie zu vergessen. Unter deren Anleitung konnte ein Prinz schneller oder langsamer in der für ihn notwendigen Weltklugheit geübt werden. Dafür brauchte er aber keine bürgerlichen Studienprofessoren, sondern Staatsmänner, erfahrene Beamte, Offiziere oder – wäre er katholisch gewesen – geistreiche Jesuiten, die seit drei Jahrhunderten Prinzen, Staatsmänner, Beamte oder Offiziere auf ihre Aufgaben vorbereiteten. Prinz Wilhelm sollte auf einer Bürgerschule ein Wilhelm Meister werden, allerdings ohne dessen umständliche Verspieltheiten, die Goethe ihm noch erlaubte: ein Meister in möglichst allen Klassen.

Um fünf Uhr in der Frühe stand er auf, um zehn Uhr abends ging er zu Bett. Abgesehen von kurzen Spaziergängen im Park oder den üblichen Pausen in der Schule lernte Willy von morgens bis abends. Es gab deshalb kaum Gelegenheit, die Stadt und ihre bürgerliche Gesellschaft kennenzulernen oder mit Schulkameraden zu verkehren, ganz abgesehen davon, dass diese auch wieder nicht allzu bürgerlich sein sollten, also unbeholfen und geschmacklos, wie in der Provinz leider nicht anders zu erwarten. So blieb der einzige Umgang sein Bruder Heinrich, mit dem er sich in einem Stadthaus in gediegener Normalität und Unauffälligkeit üben durfte, nie dazu bestimmt, jemals unauffällig leben zu können. Prinz Wilhelm, gar nicht sonderlich verwöhnt – jeder reiche Unternehmer wohnte mittlerweile komfortabler als Fürsten in ihren vielleicht schönen, aber unbequemen Schlössern –, fand sich rasch mit den neuen Gegebenheiten ab. Sie hatten ja durchaus etwas Verspielt-Exotisches, weil gerade nicht alltäglich. Wilhelm, immer neugierig, fiel es später niemals schwer, auch mit unerwarteten Situationen zurechtzukommen und ihnen unterhaltsame Reize abzugewinnen. Das Gymnasium bereitete ihm keine Schweißausbrüche oder Verlegenheiten, er stellte sich sofort auf den kameradschaftlichen Ton unter den Mitschülern und den dezent unterwürfigen gegenüber den Lehrern ein. Auf Bürgerschulen lernte man keineswegs das freie, männliche Wort, von dem die Prinzessin träumte. Dort lernte man Gehorsam, nicht vorlaut zu sein und nicht mehr scheinen zu wollen, als man war: ein unbeschriebenes Blatt in der Obhut erfahrener Menschenbildner.

Nicht einmal die Lehrer durften Wilhelm mit Hoheit ansprechen, der bei aller ihm unterstellten Eitelkeit den Titel gar nicht vermisste. Er genoss unbeschwert die neue Umgebung, in der er mit gleichaltrigen, unbekannten und interessanten Gefährten zusammen sein konnte, statt immer nur mit Schwestern, Brüdern, Cousins oder Erziehern Umgang zu haben.

Gelegentlich durfte er Mitschüler zum Abendessen einladen, wobei darauf geachtet wurde, mit übertrieben festlichem Aufwand den Beamten- und Kaufmannssöhnen eine Ahnung von der Hoftafel zu vermitteln. Diese Diners glichen in allem den Versuchen der Königin Marie Antoinette vor 1789, auf ihrem entzückenden Bauernhof *Le Hameau* bei exquisiten Delikatessen für heitere Empfindungen zu sorgen. Vor Plebsereien, wie der originelle Vetter Ludwig von Bayern allzu bourgeoise Zugeständnisse nannte, musste man sich unbedingt hüten. Das sah auch Prinzess Viktoria so, die am liebsten ihre Hunde nach London geschickt hätte, damit sie dort anständig bellen lernten.

Prinz Wilhelm gewann während seiner Gymnasialzeit zwei Freunde fürs Leben. Friedrich Schmidt-Ott, sein wichtigster und vor allem fähigster Berater in der Wissenschafts- und Kunstpolitik nach dem Tode Friedrich Althoffs 1908, wurde 1917 preußischer Kultusminister. Nach dem Kriege leitete er die »Deutsche Forschungsgemeinschaft«, damals »Notgemeinschaft für die Deutsche Wissenschaft«. Mit Friedrich, den er weiterhin duzte, verbanden ihn die gemeinsamen sachlichen Interessen. In Siegfried Sommer schätzte er hingegen bis zu dessen Tod 1925 den ersten Freund, den er überhaupt gefunden hatte. Dementsprechend herzlich verkehrte er mit ihm, wenn sie sich später ein- bis zweimal jährlich trafen. Sommer war ein Sohn gläubiger jüdischer Kaufleute. Er zweifelte nie an seinem Gott, nicht an seinem Kaiser und erst recht nicht an seinem Vaterland nach der ihn erschütternden Niederlage. Der junge Prinz schwärmte für Siegfried, ihn auszeichnend vor den anderen und um ihn werbend. Mit ihm erfuhr er das Glück übereinstimmender Gemüter, das damaligen Jünglingen so viel bedeutete. Wilhelm blieb immer beim vertraulichen Du, während Siegfried Sommer, wie es sich gehörte, im Freunde die Majestät ehrte. Als der Richter in Frankfurt, der so gar keine Karriere machte, von seinem hohen Freund gefragt wurde, woran das denn liegen könne, erwiderte er, dass seine Religion offensichtlich das Hindernis bilde: »Ew. Majestät werden verzeihen, wenn es schmerzt, dass es schadet, wenn man Treue hält.« Drei Monate später wurde er aufgrund kaiserlich-königlichen Eingreifens zum Oberlandesgerichtspräsidenten in Kassel ernannt – für einen Juden, der sich nicht taufen ließ, eine zuvor unerreichbare Stellung in Preußen.

Prinz Wilhelm zeigte als Schüler eine Reihe guter Eigenschaften, die ihn auch als König und Kaiser auszeichnen sollten: sich mühelos auf Menschen und ungewohnte Umgebungen einlassen zu können, weder durch Schüchternheit zu verwirren noch durch verlegene Arroganz zu hemmen, Gespräche im Fluss zu halten und jeden, der freundlich und höflich mit ihm umging, herzlich zu behandeln, ohne herablassend zu wirken. Diese Vorzüge, die unter unsicher gewordenen Monarchen gar nicht mehr selbstverständlich waren, konnten weder der Prinzessin noch Hinzpeter über ihre Enttäuschung hinweghelfen, dass Willy kein Genie war, kein bisschen originell und kein philosophischer Kopf. Er blieb ein mittelmäßiger Schüler, was seine Mutter genauso verletzte wie der hässliche Arm. Aus Willy wurde Wilhelm und keine Kopie ihres Vaters. Alle Mühe war vergeblich gewesen! Stimmte Hinzpeter solchen Klagen allzu beflissen zu, dann regte sich aber sofort die Prinzessin in ihr. Was ihr als Mutter erlaubt war, durfte sich ein Bürger nicht herausnehmen. In lichten Augenblicken verglich sie den Sohn wegen seiner geselligen Tugenden mit ihrem Bruder Eduard, »Bertie« genannt, den sie liebte und bei ihrer Mutter stets in Schutz nahm, obwohl er keineswegs ein Genie war und Bücher oder ausschweifende Diskussionen vermied, ohne Angst davor, sein Reflexionsniveau könne zu niedrig bleiben und sein innerer Mensch verarmen.

Mit diesem Onkel Eduard hatte Prinz Wilhelm wegen der gleichen Erziehung vieles gemein. Beide verfügten über ein

verblüffendes Tatsachenwissen. Selbst Spezialisten waren geschmeichelt, wenn sie feststellten, dass die hohen Herren schon
lange darauf gewartet hatten, sich mit ihnen über die Gewin-
nung von Kunstseide aus Fichtenholz auszutauschen. Beide
waren klug genug, von Bürgern, Unternehmern oder Wissenschaftlern keine Schmeicheleien zu erwarten, sondern ihnen
ihrerseits zu schmeicheln, sie zu umwerben und zu hofieren –
ihnen den Hof zu öffnen. Außerdem waren Onkel wie Neffe
sehr beredt, nie um ein Wort verlegen, auch nicht um ein sa-
loppes oder gewagtes. Hinzpeter hatte die sehr praktische und
vernünftige Idee, den Prinzen dazu anzuhalten, auf sicheren
und eleganten Ausdruck in freier Rede zu achten. Denn ein
moderner Monarch war genötigt, viel öfter zu reden als seine
Vorgänger, seit sich eine neue, von bürgerlichen Erwartungen
geprägte Öffentlichkeit herausbildete. Festlichkeit und Nach-
denklichkeit gingen Hand in Hand. Der Bürger stimmte Chor-
gesänge an, unterbrochen von Reden, die sein Gemüt und das
seiner Nationalverwandten bei Speis' und Trank erweiterten
und Vollbärte zum Bruderkuss verführten. Die diskutierende
Klasse, wie ein abtrünniger Liberaler, der Spanier Donoso Cor-
tes, das Bürgertum nannte, suchte das Gespräch, den Dialog,
bei dem man sich durchaus auch einmal verplaudern durfte.
Hinzpeter, das Gymnasium und die mit bürgerlichen Attitüden
kokettierende Königliche Hoheit förderten des Prinzen Kom-
munikationstalent. Dort, wo sie es am wenigsten ahnten, machten sie doch noch ein Genie aus ihm.

WISSENSCHAFT UND RHEINROMANTIK

Nach dem Abitur ging Wilhelm im Oktober 1877 nach Bonn
zum Studium. Der Großvater Prinz Albert hatte hier studiert,
auch sein Vater, der strahlende Augen bekam, sobald jemand

die Stadt nur erwähnte. Die zwei Jahre oder vier Semester, die
Wilhelm hier verbrachte, blieben ihm unvergesslich. Bonn lag
am Ende des »romantischen Rheins«, wo es um das Siebenge-
birge und den Rolandsbogen, um Unkel und Linz noch einmal
besonders schön wurde. Die Industrialisierung, die Eisenbahn
und die Flussbegradigung beschädigten zwar die Landschaft
und deren jahrzehntelang besungenen Zauber, weshalb Ausländer die eleganten Bäder in Baden-Baden, Wiesbaden oder
Homburg bevorzugten. Aber die Deutschen feierten den Strom
als deutschen Fluss, zu dem er unter Wilhelm II. vom Nieder-
walddenkmal über das Deutsche Eck bis zur Hohenzollern-
brücke beim Nationaldenkmal Kölner Dom monumentalisiert
wurde. Als Kaiser Wilhelm II. am 24. April 1901 den Kronprinzen Wilhelm nach der Immatrikulation beim Festkommers der
Bonner Borussen mit neuen Kommilitonen begrüßte, schwelg-
te er in der deutschen Bürgern so teuren Rheinbegeisterung,
die er voll und ganz teilte: »Bonn liegt ja am Rhein! Da wachsen unsere Reben, ihn umschweben auch unsere Sagen und da
redet jede Burg, jede Stadt von unserer Vergangenheit! Vater
Rhein mit seinem Zauber soll auch auf den Kronprinzen und
Sie seine Wirkung üben. Und wenn der Becher fröhlich kreist
und ein frisches Lied erschallt, dann soll Ihr Geist sich voll des
schönen Augenblicks erfreuen und darinnen aufgehen, wie es
lebensmutigen deutschen Jünglingen ziemt! Doch die Quelle,
aus welcher Sie Ihre Freude schöpfen, sei so rein und lauter wie
der goldene Saft der Reben, sie sei tief und nachhaltig wie der
Vater Rhein! Blicken wir umher im wonnigen Rheinland, da
steigt vor uns unsere Geschichte in greifbarer Gestalt empor!
Ja, freuen Sie sich, dass Sie junge Deutsche sind, beim Durch-
ziehn der Strecke von Aachen bis Mainz, das heißt von Carolus
Magnus bis zur Glanzzeit unter Barbarossa!« So ging es munter
fort mit sämtlichen Klischees, die Königin Elisabeth von Rumänien, eine geborene Prinzessin zu Wied, unter dem Namen

Carmen Sylva in ihren populären Rheinliedern ein für alle Mal trivialisierte: gesunkenes Kulturgut, das die Massen in lyrische Stimmungen versetzte.

Übrigens blieb Bonn trotz des alle Klassen versöhnenden Rheinerlebnisses die exklusive Universität des Hochadels beider Konfessionen sowie des neuen Geldadels. Wer kein Geld hatte, passte nicht nach Bonn, das galt auch für die Professoren. Ein Professor ohne reiche Erbin an seiner Seite nahm einen Ruf nach Bonn erst gar nicht an. Die Bonner Bildungsbürger schätzten den Luxus mit seinen kostbaren Nutzlosigkeiten, die Königshusaren gehörten zu den elegantesten Soldaten Preußens und das Corps Boroussia war wegen der Prinzen aus regierenden Häusern vornehmer als das britische Oberhaus. Obschon eine der besten Universitäten Deutschlands mit sehr berühmten Professoren, galt die Rheinische Friedrich-Wilhelms-Universität, 1818 gegründet, nie als Arbeitsuniversität. An keiner Universität, nicht einmal in Berlin, konnte man erfahren, wie angenehm die Wissenschaften sein können, wenn sie das Bündnis mit gefälligen Sitten, gutem Geschmack und gesellschaftlicher Sicherheit nicht scheuen. Manche Snobismen, um sich zu unterscheiden, waren unvermeidlich und konnten als gesuchter Bildungsprunk ungemein apart wirken und die verwöhnten Geistreichen entzücken, die stets nach neuen Nuancen und Effekten haschten. Für einen Prinzen war das keine schlechte Umgebung. Auch nicht das Corps Boroussia, ein Club geschmacklich anspruchsvoller junger Herren aus gutem Haus, die sich für Wagner einsetzten, als Protestanten für Palestrina schwärmten oder ihre Empfindungen unter dem Eindruck der preziösen Herzensergießungen Alfred de Mussets verfeinerten. Nirgendwo in Deutschland ließ sich die Verbürgerlichung der Aristokratie und die Aristokratisierung der Bourgeoisie besser beobachten.

Auch wenn des Prinzen Corpsbrüder fast ausschließlich Aristokraten waren, die er alle duzte, wie es dem Comment entsprach – die neue Wissenschaft und Bildung, wie sie die preußische Universität institutionell verkörperte, war bürgerlich. Wer immer in den Staatsdienst eintreten wollte, musste studiert und ein Staatsexamen bestanden haben. Die Bildung als ästhetische Erziehung im Sinne Schillers, einer aristokratischen Natur, wie Goethe ihn treffend nannte, öffnete einen Weg hinüber in die vornehme Welt von Anmut und Würde. Bürgerlichkeit ohne Schönheit wirkte so abstoßend wie Anstand ohne Geist. Kultur versöhnte beide oder sollte sie zumindest miteinander vertraut machen. Übrigens war der Adel mancher Corpsbrüder relativ neu. Wie in allen Familien gaben die Großväter und nicht die Väter über die Herkunft den genaueren Bescheid. Anderenteils gab es unter den Kameraden Reichsgrafen und Reichsfürsten, die, mediatisiert, um ihre souveränen Rechte und damit auch um ihre Vermögen gebracht worden waren. Sie mussten trotz großartiger Namen an den Broterwerb denken, an eine bürgerliche Karriere, nicht zuletzt um dem »Mädchenproletariat«, den armen Schwestern und Cousinen, die eine schlechte Partie waren, ein manierliches Überleben zu ermöglichen. Prinz Wilhelm, volljährig und frei von Hinzpeter, kam zum ersten Mal mit dem Leben in Berührung, dem großen Buch, das über alles besser unterrichtete als gelehrte Abstraktionen, worin sich Großvater Wilhelm, längst Kaiser geworden, im Einverständnis mit Goethes Erfahrungen wusste, die dieser noch seiner Frau mitgegeben hatte. Doch Vicky wollte ja nicht auf ihn hören!

Prinz Wilhelm tauchte in eine sehr moderne Welt ein, in der Bürgerlichkeit und aristokratische Abstammung sich nicht unbedingt ausschlossen. Er machte Bekanntschaft mit dem unaufhaltsamen sozialen Wandel. Die sogenannten herrschenden Kreise waren, unbeschadet ihrer Annäherungen, nicht homogen, befanden sich jedoch unter Druck und sahen sich aufeinander angewiesen, um die »unruhigen Klassen« daran zu hindern, sie um ihre Vorrechte zu bringen. Ein Prinz, der daran gewöhnt worden war, keine übertriebenen Bedürfnisse zu entwickeln und großen Aufwand als weltliche Üppigkeit zu vermeiden, staunte über den bürgerlichen Reichtum und die Freiheit, die er dem gewährt, der sich seines Besitzes nicht schämt. Er lernte, das große Geld zu bewundern. Darin sah er wiederum seinem Onkel Eduard sehr ähnlich, dem es als Lebenskünstler und Spieler, was beides Wilhelm nie werden sollte, an Geld immer fehlte. Sein besser wirtschaftender Neffe – kolossal bürgerlich, wenn es ums Geld ging – half ihm aus grässlichen Verlegenheiten, was ihre Freundschaft nicht gerade förderte. Für den Älteren war es peinlich, auf die Gunst des Jüngeren, der die Glücksspieler verachtete, angewiesen zu sein, zumal, da dieser schon regierte, als er selbst, längst ergraut, auf die Krönung immer noch wartete.

Über die gesellschaftlichen Metamorphosen unterrichtete Wilhelm ein Finanzwissenschaftler und sogenannter Kathedersozialist, Adolf Held, dessen lebhaft-eindringliche Kollegs ihm unvergesslich blieben. Die Vorlesungen Erwin Nasses, des Nationalökonomen, den Wilhelm II. später zum Mitglied des Preußischen Herrenhauses ernennen sollte, bewunderte er, ohne ihnen damals schon gewachsen zu sein, wie er sich im Doorner Exil erinnerte. Beide machten den Prinzen darauf aufmerksam, dass konstitutionelle Gemütsergötzlichkeiten, wie der katholische Mittelstandspolitiker und Demokrat Karl Georg Winkelblech spottete, sich erübrigen, sobald die soziale Verfassung aus dem Gleichgewicht gerät. Prinz Wilhelm hörte zum ersten Mal, dass der Liberalismus keineswegs ein beruhigendes Allheilmittel war wie der von seinem Großvater geschätzte Melissengeist kölnischer Klosterfrauen. Gleichwohl waren die Bonner Professoren trotz feiner Unterschiede überzeugte Liberale und als solche Nationalliberale, reichsfreudige Preußen, die Bismarck bewunderten und es trotz aller Wissenschaftlichkeit für ihren Auftrag hielten, den Deutschen überhaupt und nicht nur ihren

Studenten dabei zu helfen, sich zu nationalisieren und die leidigen Partikularismen abzustreifen.

Der Hausgott aller deutschen Liberalen war Friedrich Christoph Dahlmann, der zuletzt von Bonn aus in die Mysterien des Konstitutionalismus und der Gewaltenteilung einführte. Dieser Freund der Freiheit sprach nie von ihr, ohne zugleich auch die Ordnung zu erwähnen, ohne die sie in demokratische und absolutistische Willkür ausarte, was ein und dasselbe sei, weil Willkür sich immer despotisch äußere. Das doktrinäre Wesen französischer oder deutscher Parteimänner stieß ihn ab. Darin erkannte er Hochverrat gegen den gesunden Menschenverstand, der unvermeidlich Revolution und Umsturz entfessele. Bedächtig und sorgsam auf das Gewordene achtend, sollte man zu einer den jeweiligen Umständen angemessenen, was aber auch meinte: vorläufigen Verfassung gelangen. Des Menschen schlimmsten Feind erkannte Dahlmann in der Furcht. Verwegenheit und Radikalität, mit der Furcht vor offenkundigen oder eingebildeten Gefahren oft eng verbunden, verurteilte er deshalb als unpraktisch und zerstörerisch. Die Französische Revolution und die ihr folgenden, bis in seine Gegenwart reichenden unruhigen Zeiten (er starb 1860), in denen ein Volk in immer neuen Anläufen vergeblich die ihm angemessene Verfassung suchte, dienten ihm als Warnung, die Wirklichkeit und ihre Möglichkeiten nicht aus dem Auge zu verlieren.

Einen Liberalismus mit unbedingten Werten, einerlei, durch welche Mittel er sich verwirkliche, verwarf Friedrich Christoph Dahlmann. Der guten Zwecke rühmten sich fast alle, sodass man schon sehr genau die Mittel bedenken müsse, nach denen die jeweilige Partei mit ihren Gesinnungsgenossen griff oder greifen wollte. Wie alle radikalen Ausschweifungen bestätigten, lösten Idealisten nicht einmal die Rätsel, die sie sich selber aufgegeben haben. Eine historisch geschulte Vernunft hingegen, verquickt mit sittlichen Grundsätzen, lenke stets auf rechte Bahnen und helfe, zeitgemäße und notwendige Reformen unaufgeregt zu erkennen und durchzusetzen. In der englischen Verfassungsgeschichte sah Dahlmann eine solche praktisch gewordene historische Vernunft ununterbrochen lebendig und heilsam tätig. Allerdings unterschätzte dieser Historiker der Rechtsentwicklungen und Rechtsordnungen, obschon er unermüdlich an den Wirklichkeitssinn appellierte und dem Möglichkeitssinn misstraute, die Macht der sozialen Kräfte, Rechtsordnungen gemäß ihren Bedürfnissen zu modifizieren oder, wenn sie keinen anderen Ausweg sehen, revolutionär umzustürzen.

Die gesellschaftlichen Übel oder Fragwürdigkeiten, die in Frankreich 1789 durch revolutionäre Gewalt hatten abgestellt werden sollen, hielt er vorzugsweise für ideologische Propaganda ordnungsfeindlicher Elemente. Er pries die alte englische Verfassung, in deren Rahmen die Selbstverwaltung in den Grafschaften, die Mitbestimmung im Parlament und die von der Krone ernannte Regierung ein freies, ständig bewegtes öffentliches Leben ermöglichten, das jeden besonderen Willen auf das Allgemeinwohl verpflichte. Insofern nahm er den rein aristokratischen Charakter der britischen Selbstverwaltung und des britischen Parlamentarismus kaum wahr und konnte gar nicht die demokratisierenden Tendenzen richtig einschätzen, wie sie sich mit den Wahlrechtsänderungen ab 1830 bemerkbar machten, die den Bürger zunehmend an der politischen Macht beteiligten. Aber ganz selbstverständlich sah er doch in seinesgleichen, also im Bürger, den gebildeten und durch Wahl legitimierten Repräsentanten des Volkes im Parlament der konstitutionellen Monarchie, dieser vorerst besten aller Staatsformen. Ein wachsender, sich untereinander immer ähnlicher werdender Mittelstand »hat das Wissen der alten Geistlichkeit, das Vermögen des alten Adels zugleich mit seinen Waffen in sich aufgenommen. Ihn hat jede Regierung vornehmlich zu beachten, denn in ihm ruht gegenwärtig der Schwerpunkt des Staates, der ganze Körper folgt seiner Bewegung«. Der konstitutionelle Staat gerät für Dahlmann aber in Gefahr, sobald dieser Mittelstand sein Selbstvertrauen verliert und gleichsam Selbstmord verübt, indem er um die Massen wirbt und sich in materiell und geistig armen Pöbel verwandelt.

Dieser vornehme Mittelstand, gebildet durch Kunst und Wissenschaft und damit zur Freiheit befähigt, unter sich gleich, drängt nach der Vereinigung aller Gleicher in der einen Nation. Die deutsche Zersplitterung in viele Staaten lähmt die sittlichen Kräfte, weil sie deren Schwung und deren Begeisterung auf kümmerliche Zwecke lenkt und auf kleinliches Streben beschränkt. Daraus ergibt sich unvermeidlich die deutsche Ohnmacht. Zur Nation kann der deutsche Bürger aber nicht aus eigener Kraft kommen, wie Dahlmann bemerkte, weil die Macht bei den Monarchen konzentriert ist. Die Aufgabe des liberalen Bürgertums erkannte er darin, die Monarchen zu »nationalisieren«, sie an ihren deutschen Beruf, an ihre deutsche Sendung eindringlich zu erinnern. Vor allem den für ihn als Kulturprotestanten wichtigsten unter ihnen, den preußischen. Den Souveränen, die auf Dahlmann wie auf ein Orakel hörten, versicherte er, dass sie ihren Vorteil dabei fänden, sobald sie im Verfassungsstaat die Mittelklasse, Besitz und Bildung, an ihrer Regierung beteiligten. Sie würden auch nichts an Ansehen verlieren, wenn sie bestimmte Rechte einem Kaiser als Anführer ihrer nationalen Herrschergemeinschaft übertrügen. Im Gegenteil, die strahlende Macht des kommenden Reiches mit seiner schimmernden Wehr, einer prächtigen Handels- und Kriegsflotte und der die Welt durchdringenden deutschen Wissenschaft und Kunst gewährte auch ihnen mehr Glanz und deutsches Ansehen. Dann werde endlich der Tag gekommen sein, an dem alle Deutschen die Erfüllung jener Hoffnung erleben, die im letzten Vers eines damals sehr beliebten Schunkelliedes des ungeduldigen Liberalen August Hoffmann von Fallersleben beschworen wurde:

»Blüh im Glanze dieses Glückes, Blühe, deutsches Vaterland!« Macht, Nation, Freiheit, Bürgerlichkeit und Monarchie bildeten für Dahlmann und für die von ihm für Reich und Vaterland »Erweckten« seitdem eine untrennbare Einheit sich einander bedingender und gegenseitig steigernder Elemente. Erst recht nach der vollzogenen nationalen Einheit, 1871.

Friedrich Christoph Dahlmann sah sich über allen Parteien und unabhängig von ihnen. Das beruhigte die Bürokratie und die Könige, die, von Dahlmann »angeatmet«, ihre stets beanspruchte Neutralität historisch-politisch mit Argumenten aus der allerneuesten Neuzeit rechtfertigen konnten. Die Repräsentanten von Besitz und Bildung fühlten sich von diesem Bonner Professor ermutigt, im Sinne von Grillparzers Kaiser Rudolf Sozialisten und Demokraten als frechen Pöbel niederzudrücken, »der die Wissenschaft, die Kunst, den Staat, die Kirche / herabstürzt von der Höhe, die sie schützt, zur Oberfläche eigener Gemeinheit / bis alles gleich, weil alles niedrig«. Die liberalen Bildungsbürger sahen sich verstanden, konservative Gutsbesitzer feierten in Dahlmann die Mensch gewordene Staatsklugheit. Jeder, der um seine Ersparnisse bangte, dankte dem unerschrockenen Fechter für Ordnung und Freiheit, der selber über gar keinen Besitz verfügte. Dahlmann hatte seine Sache ganz auf sich und seine Wahrheit gestellt. Sein einziger Reichtum waren seine Gedanken und sein Enthusiasmus, den er mitreißend versprühte wie einst der von ihm unvergessene Herzensfreund Heinrich von Kleist. Insofern war er gerade kein klassischer Bürger und Mittelständler, frei von allen bourgeoisen Verengungen. Seine Anschauungen waren Allgemeingut geworden. Als solches konnten sie vorausgesetzt werden, gerade wenn Nationalökonomen oder Finanzwissenschaftler, von diesem Fundament ausgehend, spätestens nach 1871 die Rechtsfragen vornehmlich als Sozialfragen verstanden und als solche in den Mittelpunkt rückten. Der Liberalismus mit seinen Forderungen nach rechtlichen Freiheiten im konstitutionellen Rechtsstaat – die Pressefreiheit, das Versammlungsrecht, die freie Forschung und Lehre – hatte sich durchgesetzt. Es gab nur noch Details, um die sich weiter streiten ließ.

Prinz Wilhelms Bonner Professoren waren fortgeschrittene Liberale. Erwin Nasse und Adolf Held betrachteten Recht, Gesellschaft, Staat und Wirtschaft in ihrem Zusammenhang. Sie fragten, inwieweit eine Staatsordnung als Rechtsordnung auch einer Wirtschaftsordnung bedürfe, um zu einer neuen Sozialordnung zu gelangen, die sich allerdings von der Übermacht der Mittelklasse und ihrer besitz- und bildungsbürgerlichen Ideologie befreien müsse. Die neuen Nationalökonomen, die mit der Staatswirtschaft das ganze öffentliche Leben im Blick hatten, dachten über die Gesamtverfassung nach, in der sich Staat und Gesellschaft befanden. Damit gingen sie über Dahlmanns Anschauungen hinaus, um den konstitutionellen Staat beweglich zu halten, damit er nicht zum Klassenstaat oder zum Opfer der einander bekämpfenden wirtschaftlichen Klassen werde. Sie wollten den starken Staat, der die Konflikte mit Hilfe der Gesetzgebung und einer gerechten Verwaltung hegt, die Schwachen schützend, um im Sozialstaat zu einem Gleichgewicht der gesellschaftlichen Gruppen zu kommen, statt wie Dahlmann ausschließlich Besitz und Bildung als staatstragende Kraft zu verstehen.

Der Historiker Wilhelm Maurenbrecher führte Prinz Wilhelm in die Geschichte des Verfassungsgedankens und seine Entwicklung im 19. Jahrhundert ein. In den Gesprächen bemerkte er eine ihn erschreckende Ahnungslosigkeit des Prinzen über die Geschichte seines Hauses, über die Rolle Preußens im Prozess der nationalen Einigung und die Bedeutung Bismarcks. Die Kollegs Wilhelm Maurenbrechers mit der ihm eigenen sprachlichen Prägnanz, die keine salopppen Wendungen scheute, begeisterten den Prinzen. Ihm verdankte er überhaupt eine Vorstellung vom Staat, vom deutschen Beruf Preußens und seiner nationalen Aufgabe. Der Düsseldorfer Wilhelm Maurenbrecher gehörte zu den Bismarckdeutschen, die im Kanzler den Gründer des Reiches feierten, den großen Realpolitiker, der den Traum vom Reich als Nationalstaat wahr machte mit einer Verfassung, die es wert war, sie zu erhalten und zu schützen, um den gesellschaftlichen Wandel zu vollenden. Reich und Reichsherrlichkeit standen dabei im Mittelpunkt. Für Kaiserherrlichkeit gab es in diesem nationalen Geschichtsbild keinen Platz. Die Treue, die Kaiser Wilhelm I. Bismarck schwur, machte ihn für Maurenbrecher achtenswert, der Treuebund rechtfertigte also die Monarchie und das Kaisertum als ein notwendiges Mittel zum Reich. Der Kaiser war von Bismarck lediglich um des Reiches, um der nationalen Einheit willen erschaffen worden. So sah es der Professor.

Wilhelm Maurenbrecher war auch ein vorzüglicher Kenner der spanischen Geschichte des 15. und 16. Jahrhunderts. Er war der Erste, der sich gründlich mit den von den katholischen Königen geforderten kirchlichen Reformen beschäftigte bis hin zu dem »Ungeheuer« Philipp II., in dem er einen klugen, verständigen König erkannte. In Spanien bedurfte es keiner Reformation, weil die Könige die Kirche gezwungen hatten, mit Ärgernissen und Missständen aufzuräumen. Damit verwarf Maurenbrecher den Glaubenssatz von der Geburt des freien Denkens aus dem Geiste Wittenbergs, der den Liberalen so teuer war, als Mythos. Wilhelm Maurenbrecher, kein Ultramontaner, zeigte eine beachtliche Unabhängigkeit, wenn er sich vom Antiklerikalismus, wie er sich im Kulturkampf heftig bekundete, nicht einschüchtern ließ. Seine Forschungen leiteten Untersuchungen zu den vorreformatorischen und innerkirchlichen Bewegungen in ganz Europa ein. Diese führten zu einem feineren Verständnis von Reformation und der katholischen Antwort darauf mit ihrer festlich-barocken Siegesgewissheit nach dem Konzil von Trient ab 1563. Prinz Wilhelm wurde in religionspolitisch äußerst erregter Zeit darauf verwiesen, nicht den Schlagworten zu vertrauen, sondern die Argumente sämtlicher Parteien und vor allem parteiloser Wissenschaftlichkeit zu erwägen, die inneren Zusammenhänge zu komplizieren, nicht, sie zu vereinfachen. Prinz Wilhelm fand darüber zu einem unbefangenen Umgang mit katholischen Christen und deren geistlichen Repräsentanten, was es ihnen erleichterte, weil nicht als Reichsfeinde missverstanden, vielmehr als Deutsche geachtet, später im Kaiser ihren, den Kaiser aller Deutschen zu schätzen.

Prinz Wilhelm, bislang nur mit verstreuten Bruchstücken aus allen möglichen Wissensbereichen bekannt gemacht, lernte nun, sie zu ordnen und in ihrer wechselseitigen Beziehung zu erfassen, also Wissen wissenschaftlich zu behandeln. Das freute seinen beweglichen Geist, der zum ersten Mal mit der Geschichtlichkeit von Mensch und Kultur beschäftigt wurde, aber auch mit der Geschichte der Natur und den Möglichkeiten des Menschen, sie zu beherrschen und sich nutzbar zu machen. Öffentliche und private Vorlesungen zur Literatur- und Kunstgeschichte sowie zur Archäologie ergänzten die historisch-politischen und staatsrechtlichen Kollegs. Hatte ihm der Gymnasialunterricht jedes bessere Verständnis der antiken Welt vorenthalten, so empfing er über den Unterricht des Archäologen Reinhard Kekulé von Stradonitz erste Ahnungen vom Geist der Griechen und von der Kraft der Mythen. Die Archäologie, nicht verengt auf eine Kunstgeschichte der Stile, sondern als Teil einer umfassenden Altertumswissenschaft, ließ ihn nie wieder los. So fand er doch noch einen Weg zur unerschöpflichen Welt der Antike. Mit Satzlehre und Wortformen gequält worden zu sein, erwies sich im Nachhinein als Vorteil. Die philologisch-stilkritischen Methoden erleichterten es ihm, verwandte Techniken in der Kunstwissenschaft zu gebrauchen.

Die griechische Kunst, die mythischen Bilder, die gesamte anschaulich-bildhafte Welt ließen keine Lust an Abstraktion und philosophischer Theorie aufkommen. Die Philosophiestunden langweilten ihn. Obschon dazu bestimmt, als König auch Bischof der Preußisch-Unierten Kirche zu sein, vermied Wilhelm die theoretischen Spitzfindigkeiten der Theologie. Er pflegte ein praktisches Christentum, ohne sich um die Orthodoxie seines Bekenntnisses allzu sehr zu sorgen, darin den übrigen Kulturprotestanten gleich. Seine Unlust an weltfremder, lebensferner Theorie teilte er mit sämtlichen Verfechtern eines realistischen Humanismus, der den philosophisch-idealistischen überwinden und ersetzen sollte. Der Unterricht bei dem Physiker Rudolf Clausius und bei dem Chemiker August Kekulé von Stradonitz weckte sein bleibendes Interesse an den angewandten Wissenschaften, an technischem Fortschritt und der Verbindung von Wirtschaft und Wissenschaft. Im hohen Alter erklärte der ehemalige Kaiser die zwei Bonner Jahre für die glücklichsten seines Lebens. Nicht nur wegen der Kneipereien und Wanderungen, der Tanzabende und Liederkreise mit Gleichaltrigen, der Rheinseligkeit herkömmlicher Studentenromantik. All das genoss er in vollen Zügen, möglicherweise auch mit den üblichen Nebenfolgen einer flüchtigen Liebelei.

EIN BÜRGER OHNE UNIFORM

Das Entscheidende und Beglückende lag für ihn darin, in Bonn zum geistigen Menschen erwacht und angeregt worden zu sein, selbständig zu denken und sich zu bilden. In Bonn wurde Wilhelm zu einem Bürger in Purpur, in dem sich der Mittelstand insgesamt geadelt und idealisiert sehen konnte. In Bonn war er mit seiner liberalen Gegenwart bekannt gemacht worden; kein einziger Professor hatte reaktionäre Grundsätze vertreten.

Aber der Liberalismus veränderte sich unvermeidlich nach der Reichseinigung und mit ihm der Nationalismus, den er geweckt hatte. Die Zeiten ändern sich und mit ihnen die vielen Zeitgeister, was Kronprinzessin Viktoria unheimlich war, die von Papa alles Mögliche gelernt hatte, nur nicht, historisch zu denken, sich also mit der Geschichtlichkeit sämtlicher Phänomene abzufinden, eben auch des Liberalismus, der auf dem langen Weg zur Nation, zum gemeinsamen Rechtsstaat, andere Nuancen aufgewiesen hatte als nach der Reichseinigung mit ihren neuen Herausforderungen. Jetzt drängten sich die Soziale Frage und die Bändigung eines entfesselten Kapitalismus in den Vordergrund und die Frage, ob der Staat für Ordnung sorge und damit in den freien Markt eingreifen dürfe, den die alten Liberalen vor jeder Bevormundung geschützt wissen wollten. Der soziale Liberalismus der Bonner Professoren und des Prinzen Wilhelm war nicht mit dem identisch, was die Kronprinzessin für liberal hielt.

Das musste sie beunruhigen. Vor allem aber bemerkte sie, dass ihr Sohn begann, selbständig zu werden. Mütter wie Kronprinzessin Viktoria, die ihre Kinder als ihren alleinigen Besitz erachten, spüren nur den Verlust, den Verrat, die Lieblosigkeit dessen, der sich ihren festen Umarmungen entwinden möchte, zum Wohle seiner Entwicklung auch muss. Deshalb wurde der Prinz unter dem Einfluss anderer, neuer Ideen von seiner Mutter dauernd daran erinnert, dass er noch unreif sei – mit Floskeln, die jeden jungen Erwachsenen ungeduldig stimmen, wenn er sie allzu oft hört: Das verstehst du nicht, dafür bist du zu jung, warum rede ich überhaupt mit dir. Sei brav und lerne! Die Bonner Professoren würdigten den Prinzen als einen aufmerksamen, freundlichen, normalen Studenten. Ein Genie erwarteten sie mit aufgeklärter Arroganz in einem Prinzen gar nicht. Sie freuten sich gleichwohl an seiner Lebhaftigkeit und Unbefangenheit, an seiner Gabe, rasch aufzufassen und sich von Nebensächlichkeiten nicht ablenken zu lassen. Dass er zuweilen spontane und energische Meinungsäußerungen tat, störte Professoren gerade nicht. Als Studenten hätten sie es ja ihrerseits zu nichts gebracht, wenn sie nicht zuweilen mit energischer Gebärde Lehren abgewiesen hätten, die ihnen als bloße Überlieferung und Schulweisheit unbrauchbar und wertlos erschienen waren.

Professoren überschätzten damals in Erinnerung an ihr Studium noch nicht ihre Bildungsmacht. Jugend bildet sich am besten durch Jugend, durch gemeinsames Lesen, Reden, Erleben. Da greift man höchstens anregend ein, ohne die Freude zu trüben und die Lust am Eigensinn. Die Universität ließ der Jugend ihren Lauf. Mutter Viktoria aber mahnte: Trink nicht zu viel, verkehre nicht mit törichten jungen Männern. Es ist kein Zeichen von Lieblosigkeit und Herzenskälte, wenn ein junger Mann, der ohnehin den halben Tag auf alte Männer hört, am Abend lieber mit Corpsbrüdern zusammensitzt, statt mit Briefeschreiben die gereizte Mutter zu beruhigen. »Ist halt der Lauf der Welt«, singt später die Marschallin, die Fürstin Werdenberg im *Rosenkavalier* von Richard Strauss, dem Generalmusikdirektor der Königlichen Oper in Berlin unter Wilhelm II. Mit dem Lauf der Welt konnte und wollte sich die Kronprinzessin nicht abfinden.

Hinter ihren Mahnungen und der Angst, ihr Sohn könne auf dumme Gedanken und Abwege geraten, verbarg sich unverhohlen Eifersucht auf jeden, der ihren Einfluss mindern und zurückdrängen konnte. Außerdem spürte sie, wie sich die Zeiten änderten. Wilhelm sollte Friedrichs und Viktorias Lebenswerk über den Tod hinaus Dauer verleihen, es in ihrem Geist weiterführen. Das Kronprinzenpaar wartete ungeduldig und immer gereizter auf seine Chance, endlich alles anders und vor allem besser zu machen. Beide standen in offener Opposition zu Bismarck und zum Kaiser, selbst wenn diese in Übereinstimmung

mit den Nationalliberalen regierten. Dem Kronprinzenpaar passte die ganze Richtung nicht, wie immer auch modifiziert. Vicky
und Fritz meinten einfach, über alles den besseren Überblick zu
besitzen. Mit ihrer schlechten Laune, die sie zum Zeichen überlegenen Verständnisses der Zeit und ihrer Forderungen stilisierten, isolierten sie sich bei Hofe und in der übrigen Gesellschaft.
Selbst bei den Nationalliberalen besaßen sie nur unter den ganz
orthodoxen Liberalen noch Freunde, meist freudlos und ver-
bissen, wie strenggläubige Formalisten und Fundamentalisten
auch unter Liberalen sind. Löste sich Wilhelm vom liberalen
Dogmatismus seines Elternhauses, öffnete er sich neuen oder
anderen Ideen und gewann er damit unter den Jüngeren oder
den flexiblen Achtundvierzigern Popularität als ein Mann der
Zukunft, so drohte Gefahr, konkrete Gefahr, zum Konkurrenten seines Vaters zu werden. Das lange Warten zermürbte die
ehrgeizige Kronprinzessin und ihren politischen Zögling, ihren
Mann Friedrich. Beide fürchteten jeden fremden Einfluss, vor
allem aus Bonner Kreisen, angesichts der ihrer Kontrolle weitgehend entzogenen Aufnahmefähigkeit ihres Sohnes.

ZWEI PROBLEMATISCHE NATUREN

Viktoria hatte darauf verzichtet, Wilhelm in Bonn einen Pe-
danten und Zuträger wie Hinzpeter, der auch ihr zuletzt unbe-
quem geworden war, als Aufpasser zu verordnen. Der militärische Begleiter, mehr Adjutant als Erzieher, Major Eduard von
Liebenau, war wegen seiner aufrichtigen liberalen Gesinnungs-
tüchtigkeit ausgewählt worden. Über weitere Vorzüge verfügte
er offenbar nicht, später musste er wegen seiner langwierigen
Nervenleiden in eine Heil- und Pflegeanstalt überwiesen werden. Der Major störte den Prinzen weder beim Studium noch
in seinem Umgang. Insgesamt war das Verhältnis zwischen den

Eltern und ihrem Sohn gar nicht so schlecht. Aber Friedrich und Viktoria waren das, was ihr Zeitgenosse, der Schriftsteller Friedrich Spielhagen, *Problematische Naturen* nannte, wie der Titel eines seiner damals sehr beachteten Bücher nach einem Wort aus Goethes *Dichtung und Wahrheit* lautete. »Problematische Naturen sind die Menschen, welche keiner Lage gewachsen sind, in der sie sich befinden, und denen keine genug tut; daraus entsteht der ungeheure Widerstreit, der das Leben ohne Genuss verzehrt.« Beide verstanden nicht, die Privatperson mit der öffentlich-repräsentativen harmonisch zu verbinden. Darin äußerte sich allerdings das typische Dilemma in den nachrevolutionären Epochen: den Menschen, den Bürger und den Monarchen in einer Person, die auch noch ein ausgeprägtes Individuum sein will, miteinander zu versöhnen. Prinz Friedrich, den späteren Kaiser Friedrich III., hatte man zum nachdenklichen Bildungsbürger und Menschenfreund erzogen. Auf »Deutschheit« wurde dabei sehr geachtet, da die Gebildeten als Kulturnation die politische Einheit gleichsam vorwegnehmen wollten. Gemäß dieser Bildungsidee hatte Preußen in Deutschland aufzugehen. Der preußische Offizier in Friedrich wehrte sich freilich gegen solche Erwartungen. Denn ihm war nicht klar geworden – so hieß es 1861 in seinem Tagebuch –, wie »jenes ›Aufgehen‹ vor sich gehen soll, wenn wir gleichzeitig obere Leitung und Führung zu übernehmen haben«. Der Repräsentant deutscher Bildung und preußische Offizier sollte darüber hinaus auch noch bürgerlich-diskutierender, gleichsam parlamentarischer Liberalität gerecht werden.

Aus dieser Dreifaltigkeit heterogener Lebensformen erhoffte sich seine Mutter Augusta den gesteigerten persönlichen Wert, den sie für die Stütze der Throne hielt. Auch stärkere Naturen als Prinz Friedrich wären mit einem solchen Programm überfordert gewesen. »Alle Geschäfte müssen erlernt werden, und heutigen Tages ist das Geschäft eines konstitutionellen

Souveräns, soll es gut gehen, ein recht schwieriges.« Das schrieb
1837 der König der Belgier, Leopold, seiner Nichte, der Königin Viktoria von England. Ein Geschäft lernt man am besten,
wenn man die Geschäfte übernimmt. Doch ein Bildungsprogramm, das vorzugsweise in lauter ungesicherte Vorstellungs-
welten einführt, kann nur private Unsicherheit erzeugen. Über
das Verhältnis von Kulturnation und politischer Nation, von
Preußen zu Deutschland, gab es 1850, als Prinz Friedrich studierte, überhaupt keine Klarheit. Die klassische Bildungsidee
wich allmählich vor dem mächtig aufkommenden realistischen
Humanismus zurück. Mit der Nation, mit der Parlamentarisierung war für den Prinzen seit 1848 die Revolution verbunden, wegen der sein Vater vorübergehend nach London fliehen
musste. Prinz Friedrich fürchtete seitdem für die Monarchen
das Schicksal, das Karl I. in England und Ludwig XVI. in Frankreich erlitten hatten. Sicherheit suchte er dennoch darin, sich
den wichtigsten Strömungen der Zeit anzuschmiegen.

Sein Liberalismus aus Angst ließ ihm freilich gar keine
Wahl, in der Arbeiterfrage gerade zeitgemäßes Nachgeben auszuschließen. Demokratie und Sozialismus wandten sich nicht
nur gegen den Liberalismus, gegen die Krone und die seit 1850
bestehende Verfassung. Sie planten, wie Friedrich mit jedem
Bürger fürchtete, den Umsturz der politischen, sozialen und
wirtschaftlichen Verhältnisse. Parlamentsherrschaft bedeutete
für Friedrich die Zusammenarbeit von Besitz und Bildung mit
der Krone und der Bürokratie. Die liberalen Bürger verstanden sie nicht anders. Als künftiger Kaiser träumte er von einer
neuen Kaiserherrlichkeit. Das Reich erschien ihm als das geeignete Mittel zu einem neuen deutschen Kaisertum, in dem
Kaiser und Reich einträchtig zusammenwirken. Die anderen
deutschen Könige und Fürsten irritierten ihn mit ihrer Schein-
und Halbsouveränität. Der Restpreuße verdrängte dann in Mo-
menten des Unmutes den Deutschen in ihm. Die föderalisti-

sche Struktur des Reiches blieb ihm stets ein Ärgernis. Da er
das Reich vom Kaisertum aus verstand, begriff er Reichs- und
Landtage nicht so sehr als Parlamente, sondern würdigte sie als
Versammlungen, in denen die Getreuen, wie einst im Mittelalter, zusammenkommen, um dem Kaiser Rat zu erteilen oder
mit ihm Beschlüsse zum Wohle des Reiches zu fassen.

Der Kronprinz wünschte nur einen gemäßigten Parlamentarismus. Ihm entging nicht das Unfertige im deutschen Parteien-
wesen. Die Voraussetzungen für ein Zweiparteiensystem wie in
England fehlten, sodass ihm ein vorsichtiges persönliches Regiment des Königs und Kaisers als vorerst unvermeidlich erschien.
Unter dessen wohltätigem Einfluss könnten die Parteimänner
ein volles Verständnis ihres Auftrages entwickeln: nicht Interessen zu vertreten, sondern für das Gemeinwohl tätig zu sein.
Dem Gemeinwohl, wie es der Kronprinz in Übereinstimmung
mit Besitz und Bildung auffasste, schadete freilich jeder, der sich
dieser gemeinnützigen Politik als bürgerlich-eigennützigen widersetzte. Einen Wechsel der Parteien, die je nach den Umständen den Kanzler seiner Wahl unterstützten, vermochte er sich
daher kaum vorzustellen. Er wollte nur mit Liberalen regieren.
Wer nicht fest in seiner und der freisinnigen Gesinnung stand,
konnte nur ein Reichsfeind sein. Der zur Neutralität oberhalb
der gesellschaftlichen Bewegungen verpflichtete künftige Monarch kannte in liberaler Borniertheit viele Reichsfeinde. Nicht
nur die Klassenfeinde von Besitz und Bildung, auch Katholiken, Bayern, Polen in Posen, Franzosen im Elsass oder Dänen
in Nordschleswig schätzte er als solche ein. Der Liberalismus,
so wie er ihn verstand, äußerte sich in einem kämpferischen
Kulturprotestantismus. Beide verstand er als Kulturmächte
dauernder Aufklärung, die einen jeden zu freier Selbstbestimmung befähigen, solange er nicht die Vorherrschaft von Besitz
und Bildung angreift. Damit solche Ausschweifungen besitz-
und bildungsfeindlicher Elemente verhütet werden können,

schwärmte er für ein enges Bündnis mit dem protestantisch-liberalen Großbritannien, Holland, Dänemark und Schweden, hoffte er auf eine Wertegemeinschaft, die dazu fähig wäre, das despotische Russland von Europa fernzuhalten und das frivol-autoritäre Frankreich zum Lebensernst zu erziehen.

Der Bürgerkönig, zu dem dieser fähige General einmal werden wollte, konnte freilich sehr ungehalten sein, sobald die Kaiserliche Hoheit des Kronprinzen in ihm seit 1871 nicht gebührend geachtet und geehrt wurde. Er suchte das Publikum und möglichst dröhnenden Applaus. Die Schönheit von Zeremonien konnte ihn zu Tränen rühren. Ganz zeitgemäß empfand er sie als Schmuck und Dekoration, die Monarchie als ästhetische Einrichtung begreifend. Sein weiches Gemüt verbarg er in der Öffentlichkeit unter kraftvollen Posen. Er wirkte stets wie ein Schauspieler, der vergessen hat, in welchem Stück er auftritt. Liebenswürdigkeit verwechselte er oft mit Herablassung, gerade im Umgang mit Bürgern. Prinz Friedrich, der gerne an bürgerliche Tüchtigkeit appellierte, verstimmte es sehr, wenn sein Vater bürgerliche Offiziere aufgrund ihrer Verdienste nobilitierte. All diese inneren Widersprüche und Unsicherheiten, die er mit vielen Prinzen teilte, sich in der Moderne zurechtzufinden, machten ihn melancholisch und eigensinnig und entfernten ihn zunehmend jeder praktischen Weltklugheit. Um sein Gewissen rein zu halten, hielt er sich von den politischen Geschäften und Institutionen fern und verzichtete darauf, seine Ansichten im Ministerrat vorzutragen und dort Anhänger zu gewinnen. Er beschränkte sich auf den Kreis weniger Freunde. Seine politische Untätigkeit schadete ihm unter den Liberalen. Nicht seine Gegner oder Feinde isolierten ihn. Er selbst zog sich zurück und haderte mit sich und der Welt. Der Kronprinz, der mögliche König und Kaiser, lebte vorzugsweise wie ein enttäuschter Privatier, der im Leben trotz seiner Begabungen wenig Glück hatte und sich darob unverstanden fühlte.

Sein Unglück ergab sich nicht zuletzt aus dem Glauben, wenigstens »Frauchen« verstehe ihn ganz und gar. Schon die Siebzehnjährige begann aber damit, nicht ihn zu verstehen, sondern ihn zu erziehen. Ihre Herkunft, ihr Status als Princess Royal, war für sie Beweis ihrer Überlegenheit, weil Englands – des vornehmsten Reiches – Aufgabe darin bestand, die Welt zu erziehen, zu bessern, zu humanisieren, also England allmählich anzugleichen. Die Taktlosigkeiten britischer Prinzessinnen, der reichen Verwandten machtloser Fürstlichkeiten in Thüringen und Franken und Hessen, waren berüchtigt. Die der Prinzessin Viktoria verschlugen aber selbst den Anglomanen, von denen es unter deutschen Liberalen genug gab, gelegentlich den Atem. Es ist nicht ganz unbegreiflich, wenn viele zögerten, in dieser Spielart des liberalen Menschen ein Vorbild zu erkennen. Solange es darum ging, ihren Sohn zu formen, schwärmte Prinzessin Viktoria für Bescheidenheit, Güte, Wohlwollen und Rücksichtnahme auf andere, für Zurückhaltung und Demut, lauter herrliche, anziehende Eigenschaften. Sie schwärmte für Tugenden, die ihr selbst fehlten und die nicht einmal ihre Freunde oder Verwandten aufgrund langer Erfahrung von ihr erwarteten. Sie war eine unglückliche Frau, als wäre sie mit einem Professor verheiratet, der keinen Ruf erhält. Wie bei Friedrich lagen auch bei ihr Hoheit und Bürgerlichkeit im dauernden Kampf. Das moderne Individuum mit seinen Nerven und Nervositäten, mit seinen Eitelkeiten und Effekthaschereien drängte die Hoheit, die zu vergessen freilich keiner wagen durfte, zuweilen weit in den Hintergrund. Prinzessin Viktoria war schließlich eine kranke Frau, die kaum einen schmerzfreien Tag kannte, geplagt von Neuralgien, Migräneanfällen, Rücken- oder Ohrenschmerzen, Ischias, Hexenschuss und Rheuma. Ihre Schmerzen konnten sie fürchterlich quälen und zu Ausbrüchen führen, bei denen sie jede Selbstbeherrschung verlor. Es gab deshalb gute Gründe, ihr viel nachzusehen und nicht jede gereizte oder unpassende Redewendung auf die Goldwaage zu legen. Das galt aber höchstens innerhalb der Familie. Von einer Prinzessin erwartete selbst das originalitätssüchtige Bürgertum elegante Haltung und vornehme Verbindlichkeit.

Viktoria, die im Parlamentarismus die alleinige zeitgemäße und vernünftige Regierungsform erkannte, verstand weder seine britische Variante noch den europäischen und deutschen Konstitutionalismus. Beides hatte schon ihr Vater nicht klar zu unterscheiden vermocht. Das britische Unterhaus war wie das Oberhaus ein Adelsclub, über dessen Zusammensetzung ab 1830 auch reiche Bürger bestimmen durften, die Adlige wählten, um ihren eigenen Geschäften ungestört nachgehen zu können. Auf dem europäischen Kontinent, zumal in Deutschland, war das Parlament tatsächlich eine Bürgerversammlung, in der Adlige, die ihren Platz im Herrenhaus hatten, nur ausnahmsweise auftraten. Die Bürger achteten auf ihre Exklusivität, auf den Vorrang von Besitz und Bildung, was oft genug meinte, dass nur der gebildete Reiche berechtigt sei, im Parlament zu kritisieren, zu diskutieren und zu kontrollieren. Eine Volksvertretung oder Nationalversammlung waren weder deutsche Landtage noch das britische Unterhaus. Bürgerlicher Liberalismus und Demokratie waren nicht etwa Zwillinge, sondern Gegensätze.

Der unliberale Bismarck, den die Prinzessin hasste, kannte keine Scheu, notfalls auch zu revolutionären Mitteln zu greifen, um den Liberalen ihre Schwäche vor Augen zu führen und »das monarchische Ausland abzuschrecken von Versuchen, die Finger in unser nationales Omelette zu stecken«. Die Krone und ihre Regierung war der Protagonist der deutschen Einigung, die Liberalen bildeten den dankbaren Chor. Bismarck suchte den Anschluss an die populären Strömungen, indem er 1866 auf »die damals stärkste der freiheitlichen Künste« – auf das allgemeine Wahlrecht – zurückgriff, vor dem sich Liberale fürchteten. Sie wussten, dass sie nur eine Minderheit bildeten, sie hatten auch nie versucht, das sogenannte Volk für sich zu gewinnen, während Bismarck sogar mit dem Sozialisten Lassalle verhandelte. Mit der Einführung des Allgemeinen Wahlrechts 1866 im Norddeutschen Bund und ab 1871 im Reich hoffte Bismarck das Kaisertum zu popularisieren. Im Reichstag, in dem die Nation ihren Willen zur Einheit bekundete, verhinderte er damit von vornherein eine Vorherrschaft der Liberalen. Nicht sie hatten das Reich gegründet, es war vielmehr die preußische Obrigkeit, die den Traum der Liberalen erfüllt und ihnen demonstriert hatte, zu ängstlich, zu inkonsequent und zu vorsichtig gewesen zu sein, um dieses Ziel jemals zu erreichen. Der Liberalismus hatte seitdem ein recht welkes Aussehen. Bismarck veranschaulichte, wie Monarchie und Demokratie einander ergänzen und die Spannungen des bürgerlichen Klassenstaates unter dem Schutz des Kaisers abgeschwächt werden konnten. Kaiserliche Sozialpolitik war von nun an ein probates Mittel, Liberalen ihre Grenzen zu zeigen.

Bismarck verfolgte eine Politik, wie sie 1844 Benjamin Disraeli in seinem Roman *Conningsby* vorgeschlagen hatte. Der gleichnamige Held des Romans, wie sein Erfinder und Autor ein junger Konservativer, war der liberalen Phrasen überdrüssig und verzweifelte zugleich an der Prinzipienlosigkeit seiner Partei. Der britische Parlamentarismus wirkte auf ihn wie die adlige Republik Venedig mit ihrem machtlosen Dogen an der Spitze. Ein faules System, in dem korrupte Wähler korrupte Abgeordnete bestimmten, die ihre Interessen mit denen der Allgemeinheit verwechselten. Von ihrer egoistischen Willkürherrschaft, vom parlamentarischen Absolutismus – der Disraeli nicht minder widerwärtig erschien als der monarchische unter Ludwig XIV. in Frankreich – wollte er das Volk emanzipiert sehen. Das kann nur die Krone leisten, die einzige Macht, die keine Klassensympathien kennt: »Das Unterhaus ist das Haus der Wenigen; der König ist der Souverän aller. Der eigentliche

Führer des Volkes ist die Person, die auf dem Thron sitzt.« In einer freien Monarchie stützt sich die Krone auf das Volk, auf dessen Stimmungen und Erwartungen, die sich in einer tatsächlich öffentlichen Meinung ausdrücken und in den Einrichtungen der Selbstverwaltung. Unter solchen Voraussetzungen erhält jeder angemessen Ausgebildete und Geübte Gelegenheit, zum nationalen Nutzen tätig zu werden. Dann gibt es nicht länger Günstlinge des Parlaments, sondern gebildete Staatsmänner, nicht länger Diplomaten, die kein Französisch beherrschen, nicht länger Bischöfe, die keine Ahnung von Theologie haben, und nicht länger Feldmarschälle, die niemals ein Feld sehen.

Der Dilettantismus der parlamentarischen Wirtschaft, den die Whigs für britisches Organisationsgenie ausgeben, würde unter solchen Voraussetzungen einer Ordnung weichen, in der wirkliche Freiheit und nicht die Laune der wenigen Freien herrscht. Darin sah Conningsby die wichtigste Aufgabe der Konservativen, die darüber zu einer Volkspartei werden könnten. Benjamin Disraeli, der spätere Lord Beaconsfield, bemühte sich erfolgreich als Premierminister von 1874 bis 1880 (seine zweite Amtszeit), eine solche Tory-Demokratie mit der Monarchie zu verknüpfen. Seine politischen Vorstellungen, die in Deutschland aufmerksam verfolgt wurden, missfielen allerdings den Liberalen in England wie in Deutschland. Sie witterten darin sofort Staatsomnipotenz und Nähe zu sozialistischer Zersetzung der Gesellschaft. Die Kronprinzessin und ihr Mann bangten vor einem wildwuchernden Kommunismus, gegen den sie als Heilmittel nur den guten, alten Whig-Liberalismus der uneingeschränkten Vorherrschaft von Besitz und Bildung beschworen. Der Anspruch der Ungebildeten und der größten Zahl, an dieser exklusiven Freiheit teilzunehmen, durch Bildung frei sowie am technischen und wirtschaftlichen Fortschritt beteiligt zu werden, entsetzte das feinsinnige Hohe Paar. Seine Zeit war abgelaufen, bevor sie überhaupt begann.

II. METAMORPHOSEN EINES BERLINER ETON-BOYS

Die Zivilisierung des Prinzen Wilhelm sollte eine *grand tour* vollenden, wenn es nach den Vorstellungen der Kronprinzessin gegangen wäre. Sie dachte an eine Bildungsreise zu den klassischen Stätten der Kunst, nach Griechenland und Italien, und anschließende Studienaufenthalte in Frankreich, Großbritannien und den USA, damit ihr Sohn sich einübe in die bürgerlichen Sitten des Westens. Die häufigen Besuche bei der englischen Verwandtschaft hatten Prinz Wilhelm längst mit den britischen Aristokraten vertraut gemacht. Als bürgerlich hätten diese allerdings nie ihren sehr stilisierten Umgang untereinander charakterisiert. Von den Bürgern wollten sie sich ja gerade unterscheiden, auch von den reichen, die sich in den Vordergrund drängten und ihres Geldes wegen für viele in Schwierigkeiten geratene Adlige unentbehrlich wurden. Prinz Wilhelm konnte dort jedenfalls keine Bescheidenheit lernen, sondern nur, mit welchen geschmacklichen Attitüden die Vornehmen und Großen den Bürger auf Distanz hielten oder ihn als Snob dazu nötigten, sie nachzuahmen. Wenn es dem Snob gelang, in den Adel aufzusteigen – und viel Geld machte leicht vornehm –, dann erinnerte schon bei deren Kindern und Enkeln nichts mehr an die niedrigen Ursprünge ihrer Väter und Großväter. In England konnte der Prinz beobachten, dass der Adel, weil als vorbildlich anerkannt und bewundert, noch über eine stilbildende Macht verfügte. Der Bürger löste sich gerne von seiner Klasse und bemühte sich, ein Edelmann zu werden.

Anders auf dem Kontinent, zumal in Deutschland und Italien, den Paradiesen der kleinen Herrschaften mit großen Namen, aber ohne Vermögen. Dort sah sich der Adel gezwungen, sich den bürgerlichen Anschauungen von Leistung und Erfolg anzugleichen, um überleben zu können. Darüber wurden Aristokraten häufig selber zu Snobs, indem sie sich bemühten, wie ein britischer Landadliger sich zu räuspern und zu spucken, was bei ehrwürdigen Grafen und Fürsten ausgesprochen lächerlich wirkte. Prinz Wilhelm war davon beeindruckt, wie der englische und schottische Adel im gesellschaftlichen Leben die Aufsteiger nach seinem Bilde erzog, die alsbald zu praktischen Virtuosen seiner Skurrilitäten und Arabesken wurden. Das brachte ihn später auf den Gedanken, in Deutschland in einer neuen ersten Gesellschaft alten Adel und neues Geld zu vermischen, um darüber den dominierenden bürgerlichen Lebensformen mit ihrem Arbeitsethos zu mehr Eleganz zu verhelfen. Übrigens blieben britische Aristokraten keine reinen Zivilisten. Sie traten zeitweise in ein klassisches Regiment ein – nicht in die Flotte, die galt nicht als vornehm, dort gab es vor allem Bürger – und übten sich in den herkömmlichen militärischen Tugenden, auf die jede Aristokratie angewiesen ist, sofern sie nicht in ihren Untergang einwilligt, was ganz unaristokratisch und deshalb sehr ungewöhnlich gewesen wäre.

Auch in Frankreich herrschte gesellschaftlich noch unangefochten die Aristokratie. Die ungewohnte Republik – seit 1878 endgültig eingerichtet – lehnten selbst die Aristokraten ab, die ihr dienten. Der Liberalismus hatte im staatsgläubigen Frankreich nie richtig Fuß fassen können und war als britischer Exportartikel ziemlich verdächtig. Prinz Wilhelm hätte in Paris, der Hauptstadt des *wagnerisme*, vielleicht für die deutsch-französische Verständigung werben können. Aber Paris gefiel ihm überhaupt nicht, als er die Stadt im Sommer 1878 kurz besuchte. Im Vergleich zu London – da war er sich mit seiner Mutter vollkommen einig – war Paris doch sehr rückständig, was modernen Komfort betraf, den er übrigens auch in Berlin vermisste. Pariser Köche und Hoteliers nach Art seiner Mutter energisch darauf hinzuweisen, dass sie in London noch viel lernen müssten, wäre in Paris als Zeichen allzu preußischer Liebenswürdigkeit unbedingt missverstanden worden. Die Idee, ausgerechnet in den Vereinigten Staaten die Vorzüge bürgerlicher Bescheidenheit zu erfahren, bestätigte vollends, wie sehr Prinzessin Viktoria der Welt abhanden gekommen war. Wer dort darauf verzichtete, sich durchzusetzen, seine Ellbogen zu gebrauchen und den Nächsten in Gottes Namen um seine Chancen zu bringen, bewies eklatant seine Unfähigkeit, aus seiner Freiheit etwas zu machen.

Ein Prinz, ein künftiger König und Kaiser, war kein Unternehmer, kein Geldhändler, kein Privatmann. Seine Aufgaben ergaben sich aus dem Zusammenhang mit dem Staat, mit einer auch den Unternehmer umgreifenden Ordnung, die im Sinne des Gemeinwohls jeden vor übertriebenem und schädlichem Eigensinn schützen sollte, auch den Unternehmer selbst, damit jedem das Seine zuteil werde. *Suum cuique*, so lautete seit 1701 die preußische Maxime, doch immer mit Rücksicht auf die anderen, damit keiner um seine Rechte und Möglichkeiten gebracht würde. Die Kronprinzessin Viktoria dachte in der ihr genehmen *Whig-interpretation of history* an den Einzelnen, nicht an den Staat. Sie dachte an die bürgerliche Gesellschaft, die sie vorzugsweise mit den Angehörigen der *upper classes* verwechselte, die auf dem Ball, beim Pferderennen, beim Segeln oder in der Oper einen königlichen Prinzen wie einen Freiherrn nach ihrer Art behandelten. Kaiser Wilhelm I., der auch mit schwierigen Frauen stets sehr freundlich umging, entzog seiner Schwiegertochter das von ihr gewünschte mütterliche Vorrecht, wie sie es verstand, nämlich, auch über die Volljährigkeit hinaus an der Vormundschaft über ihren Sohn festzuhalten. Das Oberhaupt der Familie verwarf die unausgegorenen Pläne weiterer Zivilisierung des Prinzen, den er sehr schätzte.

Der Kaiser fand, dass der Bürger Wilhelm endlich Soldat werden müsse, beunruhigt von dessen militärischer Ahnungslosigkeit. Ein Monarch entscheidet über Krieg und Frieden, sein Staatskleid ist seit dem 18. Jahrhundert die Uniform. Sie veranschaulicht die Souveränität, die Souveränität des Staates, dessen Organ der König ist. Mit der Uniform als Staatsgewand

bekundet sich nicht ein unbürgerlicher Militarismus; indem
der Monarch auf sein privates Kleid verzichtet, bestätigt er,
keine Privatperson zu sein, sondern eine Staatsperson. Der
moderne königliche Staat ruhte auf Armee und Verwaltung.
Beides waren königliche Einrichtungen. Insofern war es keine
preußische Marotte, die Prinzen des Hauses der Armee einzugliedern. Eine militärische Ausbildung gehörte in allen Dynastien zur Erziehung der Prinzen. Die meisten wurden Offiziere
und blieben es. Im Winter 1879 trat Wilhelm seinen Dienst im
Ersten Garderegiment in Potsdam an, im Februar 1880 wurde er zum Hauptmann befördert. Seine Mutter misstraute der
Armee als Hort der Reaktion und preußischen Ungeistes. Sie
hatte sich nie ernsthaft mit Preußen als geistiger Idee beschäftigt. Die preußische Armee war ihr deshalb vollständig fremd
geblieben. Ähnlich wie in der Verwaltung gab es in der Armee
in mannigfachen Abstufungen Liberale, Freisinnige, Liberal-
konservative und Reaktionäre. Kronprinz Friedrich, ein begabter preußischer General, war als Liberaler keineswegs eine Ausnahme.

Im Garderegiment dienten die Söhne der besten Familien.
Bei ihnen handelte es sich nicht um bornierte Krautjunker. Der
hohe Adel wurde der Bildung, wie sie das klassische Gymnasium repräsentierte, unterworfen, er beherrschte mehrere Sprachen und kannte die Welt. Auch die großen Familien Preußens
gehörten ganz selbstverständlich durch Heiraten oder Reisen
zum europäischen Adel. Die Aristokratie war immer über-
und international. Gerade konservative Adlige – wie Otto
von Bismarck – waren nicht vom »nationalen Hund« gebissen.
Bismarck sprach besser Französisch als jeder Pariser, wie die
Kaiserin Eugénie, eine geborene Spanierin, ihrem Manne, Napoléon III., warnend zu verstehen gab, damit er, der in Augs-
burg und in der Schweiz aufgewachsen war und dort Deutsch
gelernt hatte, genauer hinhöre auf die geistreichen Aperçus

dieses hinreißenden und gerissenen Plauderers. Wortgewandte Verfechter des Königtums und der Interessen des Adels wie der politische Schriftsteller Friedrich von Gentz, der Staatsphilosoph Friedrich Julius Stahl in Berlin oder der Historiker Heinrich Leo in Halle waren bestürzt, dass »bloßes Naturtum«, wie Blut und Sprache, dazu berechtigen sollte, in einem Staat zusammenzuleben. Nicht »nebelhaft verschwimmende Unfasslichkeiten« seien die konstituierende Grundlage der Volksbildung. Sie werde vielmehr durch die gesamte sittliche Bewegung gewonnen, wie sie der Staat darstellt. »Die Nationalität macht also nicht den Staat, aber der Staat allemal das Volk«, woran Heinrich Leo immer wieder erinnerte. *Erst* Abraham, Romulus, Chlodwig oder Wilhelm der Eroberer, *dann* das Volk Israel, der *populus romanus* oder die französische und englische Nationalität. Die führenden Köpfe im Generalstab oder in der Kriegsakademie waren – in der Tradition Gerhard von Scharnhorsts, August Neidhardt von Gneisenaus, Hermann von Boyens und Carl von Clausewitz' – hervorragende Stilisten, mit den Tendenzen neuer Literatur und Wissenschaftlichkeit bestens vertraut. Feldmarschall Helmuth von Moltke, der Chef des Generalstabes, gehört zu den klassischen deutschen Schriftstellern. Der Durchschnitt hängt immer vom Niveau der Führung ab, die mit ihren Ansprüchen das Mittelmaß emporzieht.

Unter dem Eindruck preußischer Offiziere kam Goethe zu dem Urteil: »Die größten Vorteile im Leben überhaupt wie in der Gesellschaft hat ein gebildeter Soldat.« Prinz Wilhelm geriet also in Potsdam nicht in bildungsferne Welten. Die Offiziere des Garderegiments hatten im Übrigen zahllose gesellige Verpflichtungen bei Hofe, sodass der Militärdienst zugleich eine hohe Schule war, sich zu vervollkommnen im Gebrauch der höflichen und eleganten Formen ästhetisch verpflichtender Courtoisie und Liebenswürdigkeit. Prinz Wilhelm hatte es in Potsdam überhaupt nicht mit törichten Leutnants und

lächerlichen Provinzlern zu tun, wie seine Mutter dauernd
klagte. Er verfeinerte dort seine gesellschaftlichen Talente. Sein
Vater, dem es schwerfiel, sich auf gefällige Weise Menschen zu
verbinden, freute sich an dem freien und sicheren Auftreten
seines Sohnes, dem es mühelos gelang, auch ältere Offiziere
mit seinem Charme für sich einzunehmen. Prinzessin Viktoria
sah nur Oberflächlichkeit, Unernst und vor allem Lieblosigkeit
ihr gegenüber. Prinz Wilhelm fühlte sich in Potsdam wohl, ihn
begeisterten die militärischen Übungen und Studien, es gefiel
ihm, unter Kameraden zu sein, jung zu sein und sich zusammen mit anderen Altersgenossen weiterzuentwickeln. Schließlich bildet sich Jugend am besten im Austausch mit Jungen.

Seine Mutter war nie jung gewesen und verstand erst recht
nicht die Gemeinschaft von Offizieren mit ihren eigenartigen
Ritualen. Sie fühlte sich vernachlässigt. Denn ihr Sohn vergaß,
wie sie jammerte, in ihr seinen besten Freund zu erkennen, der
aus dem Krüppel erst einen halbwegs normalen Menschen gemacht habe. Der Tod ihres jüngsten Sohnes Waldemar im März
1879 – er war nur elf Jahre alt geworden – hatte die klassisch
Nervöse endgültig aus dem Gleichwicht gebracht. Seitdem war
sie eine Hysterikerin, nur noch mit sich selbst beschäftigt als
eine von ihren Kindern unverstandene Frau. Alle wurden erwachsen, gingen aus dem Haus und ließen sie allein zurück. Sie
steigerte ihren Kummer um den verstorbenen Waldemar zu
einem Kult um diesen einzig Geliebten, der ihre Liebe innigst
erwidert hatte und mit ihr zu beglückender Einheit verschmol-
zen war. Der Verlust dieses Tristan machte sie untröstlich.

Der Kronprinz, der vor ihrer Energie kapitulierte, suchte
immer häufiger Erholung von seiner anstrengenden Frau bei
anspruchslosen Geliebten. Als Viktoria ab September 1879
neun Monate lang fern von Berlin, vor allem in Italien, ihre
schwachen Nerven stärkte, wurde reichlich getuschelt, ob nicht
auch andere Umstände als der Tod des Allergeliebtesten und

das grässliche Berlin so ausgedehnte Kuren notwendig machten. Ihre Ehe war nur noch ein Zweckbündnis, um Preußen, wenn »Wir« endlich Kaiser und König geworden sind, zu liberalisieren, zu zivilisieren und zu humanisieren. Der erotische Wanderer Friedrich hatte wenigstens politisch treu zu bleiben. Sohn Willy, der selbständig werden wollte, war erotisch nicht sonderlich aufgeregt. Aber er geriet auf Abwege, wie die Mutter konstatierte, weil er mehr mit seinen Freunden als mit ihr sprach und damit verderblichen Einflüssen erlag. Denn sie hielt alles, was sie nicht zu kontrollieren vermochte, für äußerst bedenklich. Sie witterte Gefahr, dass ein Prinz von Preußen sich tatsächlich zum Preußen und nicht zum »Menschen« entwickeln würde. Diese Gefahr bestand vorläufig gar nicht. Der Adjutant des Prinzen, seit 1879 Adolf von Bülow, Bruder von Bernhard, dem späteren Reichskanzler, war fassungslos über die konfusen Ideen dieses Eton-Boys: »Von preußischem Offiziersgefühl und spezifischem Bewusstsein als preußischer Prinz auf Grund vaterländischer Geschichte fand ich keine Spur vor, es war alles Brei, unreifes Gedankenchaos.«

Er bemühte sich fünf Jahre lang darum, den Eton-Boy auf das Niveau eines künftigen preußischen Königs zu bringen. 1884 hoffte er, eine gesunde Basis geschaffen zu haben, gab sich jedoch keinen Illusionen hin, dass noch viel Zeit benötigt würde, um den Prinzen zu festigen, und das hieß, ihn aus seinen mütterlich-tantenhaften, anglisierenden Beziehungen zu befreien. Fest sei er noch nicht, bemerkte er 1884, weshalb es weiterer ernsthafter Schulung bedürfe. Bülow verzweifelte schließlich an der Aufgabe und zog sich zurück. Er bemerkte keine grundsätzlichen Differenzen in den politischen Vorstellungen des Prinzen und seiner Eltern. Die Kronprinzessin hätte durchaus beruhigt sein können. Ihr Sohn war für richtige Potsdamer Preußen keiner der Ihren, und genau das hatte sie mit der Erziehung auch beabsichtigt. Von politischen Schwie rigkeiten war vorerst keine Rede, Mama, Papa und Willy lasen die *Times* und fühlten insoweit das Glück übereinstimmender Gemüter. Aber die privaten Gefühle ließen sich immer schwerer miteinander vereinbaren.

EIN EDELSTEIN UNTER DEN FÜRSTINNEN

Prinz Wilhelm war mittlerweile verliebt in die Braut, die seine Mutter ihm ausgesucht hatte, und sehr bemüht, der Dame zu versichern, dass sie die Wahl seines Herzens sei. Auguste Viktoria war die Tochter des Herzogs Friedrich von Augustenburg. Dessen Ansprüche auf Schleswig-Holstein hatten die Preußen 1866 nicht weiter beachtet, weil sie die Hälfte dieser meerumschlungenen deutsch-dänischen Halbinsel selbst besitzen wollten. Die Augustenburger waren arme Verwandte der Königin von England. Das sprach in den Augen der Kronprinzessin für sie – sowie der Umstand, übertriebener Zuneigung für Preußen unverdächtig zu sein. Wie die meisten norddeutschen Cousins und Cousinen schauten sie voller Ehrfurcht auf ihre steinreiche Base Königin Viktoria, die sehr für Familie schwärmte, sofern die Verwandten sich ihr unterordneten. Alle deutschen Tanten und Onkel – Königin Viktoria hatte keine anderen – fügten sich in das viktorianische Projekt ihrer Tochter, William mit Dona, wie Auguste Viktoria familiär genannt wurde, zu verheiraten.

Diese Ehe missfiel freilich dem Kaiser und der Kaiserin. Sie hielten die angebliche Liebe Wilhelms für eine Intrige ihrer Schwiegertochter mit einer allzu offenkundig »zum Zünden gebrachten Absichtlichkeit«. Zu viele unregelmäßige Mariagen im Haus Augustenburg stimmten Kaiser Wilhelm sehr bedenklich. Ihm schien es geboten, in Zeiten, in denen der Respekt vor der Krone nicht mehr selbstverständlich war, streng auf das Dekor zu achten und alles zu unterlassen, was an Nachlässigkeit oder private Launen erinnern mochte. Er hatte einst auf seine Liebe zur Prinzessin Elisa Radziwill verzichten müssen, weil sie nicht ebenbürtig gewesen war. Als zartfühlender Mensch respektierte er die Gefühle eines Liebenden. Aus Erfahrung klug geworden, wusste er freilich auch, dass Freundschaft ausdauernder als Liebe ist, und die kann sich auch im langen Umgang mit einer anfänglich kaum geliebten Frau, wie bei ihm und der Kaiserin, ergeben. Außerdem waren die politischen Missverständnisse mit Herzog Friedrich nicht geklärt, der auf Schleswig-Holstein nie ausdrücklich verzichtet hatte. Dem Kenner und Liebhaber holder Weiblichkeit war im Übrigen das völlige Unbekanntsein dieser Prinzessin fatal. Keiner verkehrte mit dieser Familie, die den Sommer auf irgendeinem Gut in Schlesien verbrachte und den Winter in einem Stadthaus in Gotha, einem Ort, der nicht gerade für raffinierte Eleganz bekannt war. Wo sollte man unter solchen Umständen einander kennenlernen, wo sollte dies Aschenbrödel *usage du monde* erworben haben? Der erste Eindruck bei einer kurzen Begegnung in Bad Ems war ungünstig. Auguste Viktoria wirkte äußerst dürftig auf den Kavalier.

Nicht auf Prinz Wilhelm, den allmählich eine leidenschaftliche Zuneigung zu dieser verkannten Prinzessin gepackt hatte. Mutter und Sohn unterstützten sich wechselseitig in ihrem hartnäckigen Bemühen, alle Bedenken abzuschwächen und »einen solchen Edelstein unter den Fürstinnen der Jetztzeit«, wie die Kronprinzessin Dona pries, für das Haus Preußen zu gewinnen. Prinz Wilhelm bewies viel Geschick während der Auseinandersetzungen mit seinem Großvater. Als Herzog Friedrich im Januar 1880 unerwartet starb, erübrigten sich zudem die politischen Bedenken. Sein Sohn Ernst-Günther verzichtete offiziell auf das verlorene Erbe. Schwager eines künftigen Kaisers zu werden erschien ihm, da immer in Geldschwierigkeiten, sehr verlockend zu sein. Das konnte ihm auch helfen bei seiner

Suche nach einer reichen Frau. Wilhelm I. ließ sich endlich von des Prinzen standhafter Liebe überzeugen und fand sogar Gefallen an Auguste Viktoria. Ihren Bruder fand er fürchterlich. Ein Onkel der Braut hatte eine Dollarprinzessin geheiratet, die später die Frau des Grafen Alfred von Waldersee (1888 bis 1891 Chef des Großen Generalstabs) wurde, eine ihrer Tanten gar einen Professor, den Kieler Chirurgen Johann Friedrich Esmarch, was wie die sehr gemischte weitere Verwandtschaft aus dänischen Grafen und mediatisierten fränkischen Standesherren keine besondere Empfehlung war. Die sozialen Empfindlichkeiten des Kaisers wurden von umsichtigen Juristen und Genealogen beruhigt, doch am Ende stimmte ihn vor allem die Sympathie um, die Dona in ihm weckte. Einmal mehr konnte er zum Entsetzen des Hofes einer schönen Frau nicht widerstehen. Am 2. Juni 1880 wurde die Verlobung offiziell bestätigt, am 27. Februar 1881 heirateten Wilhelm und Dona. Die Festlichkeiten fielen in Anbetracht der neuen Verwandten angemessen sparsam aus. An ihnen nahmen auch Generalmajor Leo von Caprivi und der Oberst Graf Alfred Schlieffen teil, die später für Wilhelm II. wichtig werden sollten.

Prinzessin Auguste Viktoria hatte es anfänglich sehr schwer. Bei Hofe hielt sich die Begeisterung über Onkel Esmarch in engen Grenzen. Eine Prinzessin aus einem Haus, das nicht mehr regierte, eine schlesische Landpomeranze oder gar eine Kleinbürgerin aus Thüringen, der Heimat unerschöpflicher Absurditäten, empörte die Aristokraten, die für ihr königlich-kaiserliches Haus – in dieser Reihenfolge, denn das Königtum war feiner als das neue Kaisertum – einen höheren Ehrgeiz besaßen als dessen Mitglieder. Immerhin veranschaulichte diese ungewöhnliche Ehe, die zweite sehr umstrittene nach Kaiser Franz Josephs Vermählung mit der ebenfalls nicht standesgemäßen Elisabeth 1854, den Einbruch moderner Unberechenbarkeiten, die Franz Joseph und Wilhelm I. sonst sehr fürchteten.

Kaiserin Elisabeth von Österreich machte keine Anstrengungen, sich von ihrem Amt und dessen Aufgaben ergreifen zu lassen. Sie ging ihren Launen nach und verschwendete sinnlos das Geld, das »Männeken« ihr schenkte, wie Franz Joseph, der geduldige Liebhaber seiner Frau, zuweilen seine Briefe unterschrieb. Der Monarchie hat »Sissi« in immer schwierigeren Zeiten nichts genutzt. Auguste Viktoria hingegen verschaffte sich bald Anerkennung am Hofe und wurde später eine populäre Königin und Kaiserin, in bürgerlichen Kreisen durchaus verehrt wie eine zweite Luise. Ihren Stolz – verständlich bei einem in ungewöhnlichen Farben schillerndem Stammbaum – fassten die meisten Verwandten als Hochmut auf, den Bürgern gefiel die kühle Majestät, die ihr zur zweiten, wahren Natur geworden, als angemessene Haltung. Ihre Neigung zu Juwelen, ungeheuren Hüten und phantastischen Kleidern, die Wilhelm II. ihr oft entwarf, rückte ihre Erscheinung in die Welt der *grande opéra*, aus der sie in eine Wirklichkeit zurückkam, die ohnehin überall mit theatralischen Effekten und Kulissenzauber aufwartete. Intellektuelle spotteten über ihre Bedürfnislosigkeit, insofern sie mit Küche, Kindern und Kirche ausgelastet war. Doch gerade dafür begeisterte sich der Mittelstand.

Mit dem einfachen, unpersönlichen Auftreten der geistig anspruchslosen Auguste Viktoria fühlte der Kleinbürger sein *juste milieu,* seine kleine Welt der Gemütlichkeit und des Gottvertrauens in ihrem inneren Adel anerkannt und repräsentiert. Auguste Viktoria wurde nie zur Königin und Kaiserin der Ästheten, der Grübler oder Sensationshascher. Sie wurde auch nicht im allerneuesten Sinn zur Königin der Herzen. Sie verkörperte festlich die Idealität hochanständiger Bürgerlichkeit, auch und gerade in ihrer philisterhaften Variante. Insofern war sie ganz zeitgemäß. Wer mit ihr sprach, erfuhr unmittelbar – ähnlich wie Premierminister Benjamin Disraeli oder Lord Beaconsfield in seinen Gesprächen mit Königin Viktoria –, was der Mittelstand dachte. Darauf beruhte die Popularität der »Kaiserin von Indien«, das sollte ihrer Nichte Auguste Viktoria später zu ihrer Volkstümlichkeit in Deutschland verhelfen. Ihr schlichtes Gemüt, die Banalität ihrer Konversation, unbeschwert von sogenannten Bildungsgütern, und die Treue zu einigen Grundsätzen der Moral und des Benimms irritierte pointensüchtige Aristokraten, Journalisten und Professoren, nicht aber den »kleinen Mann«, der die Verdienste einer Hausfrau, die sich in der Küche auskannte und auf Sauberkeit achtete, auf seine Weise schätzte. Indem die hohe Frau den Wonnen der Gewöhnlichkeit würdige Weihen gab, half sie entschieden mit, in unübersichtlichen Zeiten die Monarchie zu stabilisieren.

Vorerst lebte das junge Paar im Potsdamer Marmorpalais für sich. Auguste Viktoria, der wie den meisten Frauen die militärische Kameraderie rätselhaft blieb, war wenigstens kein Spielverderber. Erotisch aufgeweckt, versuchte sie, sich den Launen ihres Mannes, auch den ihr völlig unverständlichen, anzupassen, um ihn bei sich zu halten. Prinz Wilhelm war trotz aller Verliebtheit insgesamt ein erotischer Phlegmatiker, den die beseelte und verliebte Intimität im trauten Heim nicht dauerhaft zu fesseln vermochte. Dona liebte die Tugend, die aber blass wie ein klassisches Standbild bleibt, fehlen ihr Anmut und Witz. Sie konnte ihren Mann nicht mit überraschenden Aperçus oder originellen Einfällen unterhalten. Bald wurde sie ungeduldig mit ihm und all jenen, die ihren Mann von Heim und Herd ablenkten. Dann gab es Szenen schrecklicher Eifersucht, nicht weil Frauen ihren Mann ihr entrückten, sondern weil Männer ihn mit ihren Projekten, Plänen und Ideen davon abhielten, bei ihr und mit ihr täglich sein Glück zu finden. Es dauerte sehr lange, bis sie sich daran gewöhnt hatte, statt Gattin und Geliebte die aufrichtige Freundin ihres Mannes zu sein, wobei er ihren Rat meist gar nicht beachtete.

Kronprinzessin Viktoria war unmittelbar nach der Hochzeit selig: »Ich bin sicher, dass das süße Geschöpf ein Engel des Friedens und der Liebe und ein Trost für uns alle sein wird.« Wieder einmal irrte sie sich sehr. Auguste Viktoria liebte Wilhelm und er liebte sie. Da blieb wenig Zeit für den besten Freund, den William nicht vernachlässigen durfte, für Vicky, seine Mutter. Nervenzusammenbrüche im gar nicht so fernen Neuen Palais waren unvermeidlich. Das »süße Geschöpf« Auguste Viktoria hieß bald eine plumpe, dumme Gans, die Wilhelm daran hinderte, zu reifen und Papa, dem Prinzen Albert, entgegenzuwachsen. Die Kronprinzessin bemühte sich sehr bald darum, die Schwiegertochter zu diskreditieren. Sie schalt Auguste Viktoria bigott, denkfaul, töricht und eitel, vor allem antibritisch, was auch hieß, illiberal, verstockt, reaktionär und antimodern. Auguste Viktoria, die arme Cousine, aufgrund ihrer Erziehung ganz und gar anglisiert, machte keinen Hehl aus ihrer unüberwindlichen Abneigung gegen die arroganten Vettern in London, deren Vorfahren aus der derselben tiefsten Provinz gekommen waren, in der ihre Verwandten immer noch saßen: aus Gotha, Coburg, Weißenfels und Darmstadt.

Erschrocken musste Kronprinzessin Viktoria alsbald feststellen, dass die heimatlose Auguste Viktoria eine leidenschaftliche Deutsche war, die nicht etwa Preußen, welche ihren Vater enteignet hatten, sondern Engländer als unangenehm empfand. Damit geriet sie freilich auch in Gegensatz zu ihrem Mann, der England gern besuchte und die Lebensart der britischen Aristokraten bewunderte, weil sie Eleganz, Ungezwungenheit und formale Disziplin für ihn aufs Angenehmste verband. Abweichende Meinungen seiner Frau nahm Wilhelm höflich zur Kenntnis, ohne sich von ihnen beirren zu lassen. Worin das junge Paar übereinstimmte – die Voraussetzung für eine christliche Ehe und Familie –, das war die aufrichtige evangelische Gläubigkeit. Prinzessin Auguste Viktoria zeigte kein Interesse an Theologie, ihr genügten Erbauungstraktate, die das Gemüt öffneten für fromme Stimmungen. Damit ließ sich mühelos ein offizieller »Gottesdienst« vereinbaren, wobei sich dann der sonntägliche Kirchgang nicht grundsätzlich von dem Besuch eines Festes am Hofe unterschied. Sie ehrte Gottes Majestät in der Kirche und des Königs und Kaisers Majestät im Schloss. Kirchliche Liturgie, selbst die vergleichsweise junge, sehr reduzierte der Preußisch-Unierten, und das höfische Zeremoniell hatten sich seit der Spätantike im wechselnden Austausch ihrer Formen entwickelt. Das war noch nicht vollständig vergessen worden, zumal an einem Hof wie dem Berliner, an dem das Gottesgnadentum demonstrativ von Friedrich Wilhelm IV. und seinem Bruder Wilhelm I. wieder betont wurde.

Beide Monarchen begriffen sich als ein Instrument des Herrn, wie sich Wilhelm I. ausdrückte. Sie erachteten es als ihre besondere Verpflichtung, gemeinsam mit ihrem Haus dem Herrn zu dienen, auf dass ihrem Volke die Religion erhalten bliebe. Abgesehen von der privaten Frömmigkeit äußerten sich in solchen für die »Kinder der Welt« sehr hausbackenen Absichten durchaus moderne Antworten auf eine Herausforderung der Zeit: die soziale Frage. Denn diese wurde von Theologen und besorgten Laien auch als eine sittliche verstanden, weil unter dem Druck der kapitalistischen Produktion und Konkurrenz der Arbeiter, dem vor 1891 keine Sonntagsruhe und auch sonst keine Freizeit vergönnt war, der Religion und der Kirche entfremdet wurde. Den Arbeiter als bloßes Material dem Produktionsprozess zur effizienten Verwertung zu überlassen bedeutete unweigerlich, ihn den Sozialisten auszuliefern, womit er der Religion endgültig verloren gehe. Konservative Staatsgesinnung und ein tätiger Glaube konnten sich in der Bemühung ergänzen, dem Arbeiter wieder die Würde eines Christenmenschen zu verschaffen und ihn aus den Zwängen eines sittlich neutralen, also unsittlichen Kapitalismus zu befreien. Solche Überlegungen entsprachen dem intellektuellen Kulturprotestantismus, zu dem Prinz Wilhelm sich bekannte. Die Reformation feierte er wie alle Liberalen als Emanzipation von kirchlich-römischer Bevormundung, als große Befreiung, die es jedem erlaubte und auferlegte, mit seinem selbständigen Gewissen zur Sonne seines Sittentages zu werden. Seitdem trat das gläubige Individuum so souverän auf wie »das große Individuum«, der Staat. Dem Gesetz als Stimme der Vernunft schuldete jeder Einzelne Gehorsam. Aber dem Staat als Sphäre der Vernunft war es untersagt, das Gewissen, die freie Meinung, zu bevormunden und sich untertan zu machen. Überschritt der Staat die vernünftigen Grenzen seiner Freiheit, erwies er sich als unvernünftig, willkürlich und tyrannisch. Insofern fühlten sich die Kulturprotestanten in Anlehnung an Leopold von Ranke, Gustav Droysen und Heinrich von Treitschke, die den preußischen Staat sittlich rechtfertigten, als die berufenen Hüter von Freiheit und Liberalität.

LIBERALISMUS ALS DIFFUSE GEISTESHALTUNG

Die Kronprinzessin kannte den preußischen Kulturprotestantismus nicht. Sie interessierte sich nicht für die Entwicklung einer spezifisch preußischen Staatsgesinnung, die dem Gedanken der dauernden Reformation verpflichtet war. In immer neuen Schüben erneuerte sich Preußen und passte sich den jeweiligen Forderungen der Zeit mal schneller, mal bedächtiger an. Für die alles relativierende Macht der Geschichte hatte die gesinnungstüchtige Prinzessin keinen Sinn. Sie verharrte streng in ihrer Weltanschauung und hielt sich an den Klischees fest, die ihr jene vermittelten: Klischees von der seelenlosen Mechanik des preußischen Obrigkeitsstaates und seines rohen Militarismus. Beides ersticke der Freiheit große und belebende Gefühle.

Deshalb war selbst der deutsche Liberalismus der Kronprinzessin fremd geblieben. Dabei gehörte vieles, was um 1848 noch umstritten gewesen war, mittlerweile zu den Selbstverständlichkeiten im Verfassungsstaat. Fast alle Forderungen des Liberalismus waren erfüllt worden. Die liberale Orthodoxie von einst verlor darüber ihre Verbindlichkeit und wandelte sich zu einer diffusen Geisteshaltung. Der Liberalismus äußerte sich im Antiklerikalismus, um die Freiheit der Forschung und Lehre zu schützen oder die Selbstbestimmung des Individuums. Er äußerte sich im Konstitutionalismus, um die staatsbürgerlichen Rechte zu sichern und eine politische Kontrolle der Regierung zu ermöglichen. Er verband sich mit dem Nationalismus, um Volk, Recht und Staat in wechselseitige Übereinstimmung zu bringen. Die Nation als erweiterter Wirtschafts- und Handelsraum sollte unternehmerischer Initiative freiere Bewegung gestatten, darüber hinaus alle Nationalstaaten durch internationalen Verkehr enger aufeinander verpflichten, damit sie gemeinsam, sich humanisierend und zivilisierend, fortschritten zu größtmöglicher Freiheit und größtmöglichem Wohlstand der größtmöglichen Zahl. Auf irgendeine Weise wurde jeder von liberalen Ideen berührt. Sie färbten alle öffentlichen Erwartungen ein. Sie gehörten zu den Selbstverständlichkeiten des staatsbürgerlichen und individuellen Lebens. Als Lebensluft zwischen den Dingen, als Aroma wirkte der Liberalismus belebend, anregend und erfrischend.

Als System zersetzte er sich in Freisinn, Liberalkonservativismus, Nationalliberalismus, Wirtschaftsliberalismus oder Kulturkampf. Dieses Schlagwort wurde von dem liberalen Anthropologen und Pathologen Rudolf Virchow geprägt. Es gab die verschiedensten Liberalismen, die sich mühelos mit undemokratischen oder illiberalen Grundsätzen vertrugen. Der Wirtschaftsliberale brauchte zur Förderung seiner Interessen keineswegs in allen deutschen Staaten das gleiche und geheime Wahlrecht. Ein freisinniger Professor musste nicht die Schutzzölle ablehnen, der Antiklerikale nicht den Freihandel begrüßen, der sich selbst verantwortliche Bürger nicht nach parlamentarischer Ministerverantwortlichkeit verlangen. Jedes bürgerliche Interesse ließ sich über Kompromisse befriedigen. Die nächsten Beziehungen und Bedürfnisse rückten in den Vordergrund, nachdem das Hauptgeschäft des Liberalismus getätigt war. Dem Prinzip der Individualisierung entsprach die Interessenvertretung der gesellschaftlichen Gruppen. Neben die Parteien traten die Verbände, die, gut organisiert, die Parteien bald erheblich unter Druck setzten. Wer etwas erreichen wollte, versuchte es eher über die Verbände als über die Parteien. Ohne einen Sinn für diese unvermeidliche Entwicklung klagte die Kronprinzessin über die Uneinigkeit der Liberalen. Sie warf den Nationalliberalen vor, es versäumt zu haben, zu einer großen Sammlungspartei zu werden, die erfolgreich Opposition betreibt oder als Mehrheitspartei wie in England die Regierung ihrem Willen unterwirft oder über einen neuen Kanzler zur Regierungspartei wird.

Solche Überlegungen veranschaulichen ihre Ahnungslosigkeit von den deutschen Verhältnissen. Die bürgerliche Klasse war nie eine Einheit. Einen Professor, einen Unternehmer, einen Mittelständler, einen Handwerker oder einen Volksschullehrer verband außer dem Besitz einiger Bildungsgüter und tüchtiger Nationalgesinnung sehr wenig miteinander. Selbst über die Heiligkeit des Eigentums und seine Unantastbarkeit konnten sie sich nicht unbedingt verständigen. Denn zum Entsetzen der Unternehmer vertraten Professoren und Volksschullehrer die christliche Überzeugung von der Sozialpflichtigkeit des Eigentums. Der liberale Antiklerikalismus hatte die Katholiken schon in den vierziger Jahren auf den Gedanken gebracht, sich wegen der ihnen verweigerten bürgerlichen Solidarität politisch zu organisieren, um massiv ihre Interessen zur Geltung zu bringen. Der katholische Bürger stützte sich auf Vereine und Verbände, die nicht mehr ausschließlich bürgerlich waren, sondern klassenübergreifende Volksvereine. Das Zentrum, die Partei der Katholiken im neuen Reich, war tatsächlich die erste Volkspartei in der deutschen Geschichte. Als solche konnte sie keine bürgerliche Partei im liberalen Sinne sein. Das Zentrum vereinte Adel, Bürger, vor allem Kleinbürger, Arbeiter und Bauern. Bismarcks erfolgloser Kulturkampf gegen die Kirche, um den politischen Katholizismus zu vernichten, hatte die Kirche gestärkt und dem Zentrum eine stabile Macht verliehen – zum dauernden Verdruss der Liberalen, nicht zuletzt, weil der politische Katholizismus, gegen »liberalistische« Gefahren kämpfend, ein Virtuose im Gebrauch der Freiheitsrechte wurde, die das liberale Bürgertum gegen Konservative und die Krone durchgesetzt hatte.

Die Sozialisten und Sozialdemokraten waren die aufmerksamsten Beobachter katholischer Strategien, Massen zu erfassen, in Bewegung zu setzen und zusammenzuhalten. Der Katholik war von der Wiege bis zum Sarg nie allein. Er lebte in einer Solidargemeinschaft, die zugleich eine Kulturgemeinschaft war. Den Unterschied der sozialen Lebensformen überbrückten die gemeinsamen Glaubensüberzeugungen und die bewährte selbstbewusste Haltung bei Angriffen und Demütigungen. Die Sozialisten, die das Bürgertum verließen, waren enttäuschte Bürger. Enttäuscht darüber, dass ihre »Klassenkameraden« immer weniger bereit waren, mit ihnen zu diskutieren, obwohl die unendliche Gesprächsbereitschaft zur bürgerlichen Ideologie gehörte. Friedrich Engels war der Inbegriff von Besitz und Bildung – elegant, geistreich und reich –, Karl Marx verkörperte den Bildungsbürger mit all seinen Tugenden und Schwächen und Ferdinand Lassalle entsprach vollkommen dem neuen Typus des Intellektuellen mit guten Manieren und gesellschaftlichen Ansprüchen. Da die meisten liberalen Bürger vor der sozialen Frage auswichen, mussten Marx, Engels und Lassalle diese Frage mit zunehmender Schärfe formulieren. Sie verschafften dem Arbeiter ein Klassenbewusstsein, indem sie die bürgerliche Bildung dem Bürgertum, das sich mit der Menschheit verwechselte, entwanden und damit einer über ihre Rolle aufgeklärten Arbeiterschaft zu einem Selbstbewusstsein verhalfen, mit dem es sich aus auferlegten Zwängen befreien und in jeder Beziehung mündig werden konnte. Der deutsche Sozialismus ist die vollendete Reformation.

Die Forderungen der Arbeiterschaft zu diskutieren und damit als nicht grundlos anzuerkennen, erschien der Kronprinzessin als Zeichen der Schwäche, auf das der Kommunismus nur warte, um das Bürgertum zu entmachten und die bürgerliche Ordnung umzustürzen. Die Ideen des Lord Beaconsfield, Königtum und Arbeiterschaft zu verbinden, der Monarchie mit der freien Zustimmung der Massen eine feste und breite Grundlage zu verleihen, wirkten auf diese unbeirrbare Whig-Liberale schrecklich. Sie vermochte sich nie von ihrem Parteistandpunkt zu lösen oder ihn den Veränderungen der Zeit anzupassen. Sie war auch noch stolz darauf, der Zeit zu trotzen, obschon sie wiederum den Konservativen vorwarf, sich den berechtigten Forderungen der Gegenwart zu verweigern und in unfruchtbarer Reaktion zu verharren. Die Gedankenwelt der preußischen Konservativen war ihr völlig unvertraut, sie glaubte, genug über sie zu wissen, weil sie Bismarck kannte – und ablehnte. Dabei entsprach dessen Kulturkampf gegen die Ultramontanen, begrüßt von allen Liberalen, durchaus ihren Erwartungen, Papisten und Dunkelmänner jeder Richtung in die notwendigen Schranken zu weisen. Aus Angst vor dem Kommunismus schien ihr eine scharfe Wendung gegen die Sozialisten unvermeidlich, um sie gar nicht erst hochkommen zu lassen. Die Whig-Liberale hielt die Freiheit für berechtigt, zu Zwangsmitteln zu greifen, um jene zu erziehen, die sie nicht verstehen und deren Wirkungen einschränken oder verhindern wollen.

So verwickelte sie sich in viele Widersprüche. Einig mit sich selbst blieb sie, wenn es um Menschen ging. Sie liebte und hasste konsequent und beharrlich. Die Politik reduzierte sich für sie vor allem auf Personalfragen. Auch an Kronprinz Friedrich irritierte selbst seine wenigen Freunde, dass er jede Frage persönlich nahm. Stramme Ideologen können sich freilich nicht anders verhalten. Da sie überall Feinde vermuten, Uneinsichtige und Unwillige, hängt der Erfolg von den wenigen tapferen Streitern für die gute Sache ab. Diese selbst gilt als verloren oder sehr gefährdet, sobald das Fähnlein der sieben Aufrechten die Möglichkeit verliert, sich und seine Absichten energisch geltend zu machen. Darin bekundet sich eine Schwäche: der Sache selbst nicht zuzutrauen, aufgrund der in ihr angelegten Vernunft zu überzeugen und andere anregen zu können, sie zweckgemäß umzusetzen, weil die Stunde es verlangt. Die großen Reformen im 19. Jahrhundert konnten durchgesetzt werden, nicht weil geniale Personen sie verlangten, sondern weil anfänglich Zögernde sich aus sachlichen Gründen in das Unvermeidliche schickten und nach geraumer Zeit erkannten, Brauchbares und Nützliches geschaffen zu haben. Auf solch pragmatische Art kam es zur Vorherrschaft des Liberalismus als Lebenshaltung und Denkweise. Prinzessin Viktoria und Prinz Friedrich misstrauten der Praxis aus Opportunismus und Bequemlichkeit.

Da beide alles Sachliche mit Personen verknüpften, waren sie ständig aufgeregt und beunruhigt über den Verkehr des Prinzen Wilhelm. Sie sahen ihren Sohn nicht allzu häufig, der an seinem kleinen Hof im Marmorpalais mit seiner Familie und seinen Bekannten lebte, wie es normal war bei jungen Ehepaaren, auch bei fürstlichen. Der Prinz besuchte häufig seinen Großvater. Kaiser Wilhelm I. war, was der cholerische und meist beleidigte Prinz Friedrich nicht war, ein Gentleman. Er kannte die Welt, die Herrscher und Politiker. Ihm war oft zugemutet worden, sich in Entwicklungen zu schicken oder Entscheidungen zu billigen, die ihm überhaupt nicht behagten. Doch jedes Mal gelang es ihm, sich in den neuen Stand der Dinge einzugewöhnen und dessen Vorteile zu erkennen. Gegen das Kaisertum hatte er sich vergeblich gewehrt, er hatte Bismarck gegrollt, ihm einen leeren und bedeutungslosen Titel aufgenötigt zu haben. Mittlerweile war er gern Kaiser und freute sich daran, von allen Deutschen als Symbol ihrer Einheit und Eintracht gewürdigt zu werden. Insofern konnte ein Prinz, der selbst eines Tages König und Kaiser werden sollte, von niemandem besser erzogen werden als von diesem erfolgreichen und geschickten Praktiker.

Doch der Umgang verärgerte das Kronprinzenpaar. Friedrich und Viktoria hielten das Oberhaupt der Familie für einen autoritären, geistig zurückgebliebenen, in Formelkram erstarrten Greis, der die Zeit nicht mehr verstand. Dabei hatte er ab 1881 mit dem Beginn der Sozialgesetzgebung der ganz neuen und ungewohnten Sozialpolitik den Weg geebnet, was eindrucksvoll bestätigte, dass er der Zeit und ihren Erfordernissen durchaus gewachsen war. Prinz Friedrich und Prinzessin Viktoria, die liberalen Dogmatiker und Marktwirtschaftler, sahen schon bei diesen ersten Versuchen staatlicher Intervention in das gesellschaftliche Leben die Freiheit gefährdet und den Sozialismus im Anmarsch. Die Gespräche mit dem Großvater konnten Prinz Wilhelm nur von den »gesunden« Anschauungen seiner Eltern abbringen. Tatsächlich verlernte es der Prinz vollständig, wie seine Eltern Bismarck als ein offenkundiges Unglück zu beklagen. Er freundete sich mit dessen Sohn Herbert an und geriet darüber in den engeren Kreis der »Bismarckianer«, die ebenso heftig hassen konnten wie das Kronprinzenpaar. Er verkehrte aber auch viel mit dem Stellvertreter des Generalfeldmarschalls

Helmuth von Moltke im Generalstab, mit dem Grafen Alfred von Waldersee, der die Politik Bismarcks, seine Kriegsscheu und die Anlehnung an Russland, missbilligte.

Ein ehemaliger Staatsminister, der brandenburgische Oberpräsident Heinrich von Achenbach, führte Prinz Wilhelm im Winter 1882/83 in die preußische Zivilverwaltung ein. In ihm begegnete Wilhelm dem unaufgeregten Beamten, der sein Ich gleichsam auszulöschen bestrebt war, um nicht mit störenden Subjektivismen die bürokratischen Verfahren und Ordnungen zu verwirren. Kaiser Wilhelm war sehr zufrieden mit dem Ergebnis dieses Unterrichts. Denn sein Enkel verstand jetzt nicht nur das Verwaltungssystem, sondern entwickelte auch ein reges Interesse an den staatlichen und wirtschaftlichen Einrichtungen Preußens, wie er erfreut bemerkte. Ein solches Urteil konnte die Eltern nicht beruhigen, kam es doch von der falschen, inkompetenten Person. Die Eltern jammerten weiter über mangelnde Kenntnis ihres Sohnes vom bürgerlich-staatsbürgerlichen Leben wegen seines ausgedehnten Verkehrs mit »den Leutnants«. Dabei war es ein Offizier, General Graf Waldersee, der des Prinzen Aufmerksamkeit auf ganz unmilitärische Belange lenkte, auf die soziale Frage und die Bemühungen des Dom- und Hofpredigers Adolf Stoecker um die Innere Mission, darum, die Arbeiter für Religion und Kirche zurückzugewinnen.

In dessen Reden und Aufsätzen *Christlich-Sozial*, erschienen 1885, fand Prinz Wilhelm präzise ausgedrückt, was ihn vorerst als Stimmung beschäftigte. Adolf Stoecker versuchte mit seiner »Christlich-Sozialen Arbeiterpartei« Königtum und Arbeiterschaft aufeinander zu beziehen, wie es Benjamin Disraeli in Großbritannien angeregt hatte, der ebenfalls an eine religiöse Erneuerung dachte, um aus der leeren Routine liberaler Mechanismen herauszufinden. Stoeckers Partei blieb in Berlin erfolglos. Er suchte Anschluss an die Deutsch-Konservativen und errang 1880 ein Reichstagsmandat. Der temperamentvolle

Redner polemisierte gegen den Wirtschaftsliberalismus. Er gewann einigen Anhang unter den Arbeitern, vor allem aber überredete er ästhetisierende Kulturprotestanten dazu, nicht nur Goethe zu lesen, sondern sich auf die drängenden Fragen der Zeit einzulassen und eine christliche Antwort zu suchen. Er regte zur ernsthaften Beschäftigung mit dem Sozialismus an, um mit einer Synthese von christlicher Ethik und sozialistischer Analyse den Klassenkampf zu überwinden oder wenigstens zu entschärfen. Die Liberalen lehnten diesen wortmächtigen Gegner leidenschaftlich ab, weil er die wichtigsten Forderungen der Sozialisten als berechtigt anerkannte. Außerdem eiferten sie gegen den politisierenden Pfarrer, der die getrennten Sphären des Weltlichen und Geistlichen mit fast jesuitischer Virtuosität vermische.

Der Antisemitismus Adolf Stoeckers empörte ebenfalls die Liberalen und machte ihn erst recht zu einem Priester der Intoleranz. Der Antisemitismus war dem Sozialismus nicht fremd. Pierre-Joseph Proudhon und Louis-Auguste Blanqui sahen im Kapitalisten den Agenten des Judentums, im Geld den neuen König und im jüdischen Geldhändler seinen Repräsentanten. Karl Marx behauptete eine Identität von bürgerlich-kapitalistischer Gesinnung und schachernd-egoistischem Geist des Judentums. Die Befreiung vom Bürgertum meinte zugleich die Emanzipation von dessen jüdischem Geist. Es fiel nicht sonderlich schwer, solche Überlegungen mit den herkömmlichen Bildern eines christlichen Antijudaismus zu verquicken. Stoecker griff aber auch Argumente eines genuin bürgerlichen Antisemitismus auf, der für Liberale umso ärgerlicher und peinlicher war, als um 1880 auch viele aufgeklärte Freunde der Toleranz ihm erlagen. In Berlin lebten damals rund 44 000 Juden, mehr als in ganz Frankreich. Das Gespenst der Überfremdung wurde von dem nationalliberalen Historiker Heinrich von Treitschke beschworen. Ihn bekümmerten nicht die assimilierten jüdischen Deutschen, in denen er deutsche Bürger sah. Er sorgte sich vielmehr, dass die deutschen Bürger oder die Deutschen insgesamt nicht in der Lage seien, Ostjuden zu assimilieren und zu integrieren, die in zunehmender Zahl nach Deutschland einwanderten. Diese Ostjuden machten, wie es oft hieß, nicht nur deutschen Mittelständlern Konkurrenz, sondern veränderten in manchen Städten wie etwa in Posen mit über 20 Prozent der Bevölkerung die gesellschaftliche »Verfassung«.

Der nicht oder nur oberflächlich assimilierte Jude gefährde, wie es pathetisch hieß, die deutsche Identität. Er halte an fremden Gebräuchen fest und sei mit der deutschen Kultur und Sprache nicht ausreichend bekannt. »Die Einwanderung wächst zusehends, und immer ernster wird die Frage, wie wir dieses fremde Volkstum mit dem unseren verschmelzen können«, schrieb Heinrich von Treitschke. Für ihn und die meisten Liberalen gab es kein langes Überlegen, was von diesen neuen Mitbürgern zu fordern sei: »Sie sollen Deutsche werden, schlicht und recht als Deutsche fühlen – unbeschadet ihres Glaubens und ihrer alten heiligen Erinnerungen.« Was beide auf keinen Fall wollten, waren eine deutsch-jüdische Mischkultur oder »Parallelgesellschaften«. Immerhin gab es schon die ersten Stimmen, die versicherten, dass der Jude und Fremde gar nicht zu integrieren sei, weshalb die Zuwanderung zu unterbinden sei und die Eingewanderten möglichst zur Auswanderung veranlasst werden müssten. Prinz Wilhelms Eltern waren von Stoeckers sozialem Radikalismus und den antisemitischen Stimmungen entsetzt und ergrimmt. Wie stets zu Übertreibungen neigend, besuchte Prinz Friedrich ostentativ in voller Uniform mit Ordensschmuck die Synagoge. Eine solche Demonstration wäre vielleicht nach Übergriffen auf jüdische Einrichtungen oder bei Versuchen, die bürgerlichen Rechte der Juden einzuschränken, angemessen gewesen. Es handelte sich aber nur um Diskussionen, erregte und ungeduldige, unver-

meidlich in einem Land mit Meinungsfreiheit. Der Staat achtete auf die Rechte seiner Bürger, und jeder Jude konnte sicher
sein, dass es noch Richter in Berlin gab, sollte er widerrechtlich
behandelt werden. Insofern erübrigte sich eine solche Geste
eines wichtigen Repräsentanten des Staates, die den Eindruck
erwecken konnte, der Rechtsstaat selbst und der Rechtsfrieden
seien gefährdet. Da dies nicht der Fall war, bekundete der Prinz
mit seinem Besuch eine eindeutige Parteinahme in einer öffentlichen Diskussion, in die eine so hervorgehobene Person
nicht eingreifen konnte, ohne ihre überparteiliche Stellung zu
gefährden.

Auch Bismarck missfiel der politisierende Pfarrer, sein Antisemitismus war ihm widerwärtig. Das Kronprinzenpaar hätte
einmal mehr feststellen können, dass es mit dem bösen alten
Mann, dem angeblichen Verderber von Prinz Wilhelm, gar
nicht so uneins war. Bismarck wurde mehrmals beim Kaiser
vorstellig, damit dieser Stoecker endlich auffordere, seine geistlichen Ämter niederzulegen. Wilhelm I. war schon dazu bereit,
da verdeutlichten ihm »Dona« und Prinz Wilhelm inständig,
wie wichtig die innere Mission sei, um den Berlinern und Preußen den Glauben zu erhalten. Jüdische Journalisten, mit dem
Christentum nicht bekannt, so meinten sie, diffamierten einen
im Großen und Ganzen verdienstvollen Mann. In dieser Weise
verdächtigte und kritisierte Prinz Wilhelm damals wie später
Nörgler, Schwarzseher, zersetzende Kritiker, Journalisten oft
polnisch-russischer Herkunft. Der Kaiser gab nach, Stoecker
blieb in seinem Amt. Mit dem Festhalten an Stoecker hatte
Prinz Wilhelm sich zum ersten Mal – im Einvernehmen mit
Graf Waldersee, dem bibelfesten Militär – in einer wichtigen
Angelegenheit gegen Bismarck durchgesetzt und auf diese Weise seine Unabhängigkeit bewiesen. Im November 1890 wurde
Stoecker von Wilhelm II. dann aber unfreundlich entlassen,
sein Antisemitismus war ihm zu vulgär geworden.

Bismarck misstraute den Militärs, weil nur wenige noch an einem guten Einvernehmen mit Russland interessiert waren. Deswegen suchte er über seinen Sohn Herbert und andere Bekannte, Prinz Wilhelm vor schädlichen Einflüssen zu bewahren. Dem antirussischen Kronprinzenpaar hätten gerade diese Einflüsse willkommen sein müssen. Aber sie zeigten sich am falschen Ort: in Potsdam, ihrem Inbegriff militaristischer Borniertheit. Prinz Wilhelm lernte verschiedene Milieus kennen, sammelte Informationen und machte sich sein eigenes Bild von den verschiedenen Parteilichkeiten und wie diese das politische Urteilsvermögen bestimmten. Er beobachtete und schloss sich keiner Gruppe an. Die Ansichten seiner Eltern beurteilte er im Wettbewerb mit denen anderer, vor allem, wenn es um die Beziehungen zu England ging. Seine Eltern wollten unbedingt Deutschland von Russland trennen. Englische Interessen behandelten sie in diesem Sinne als identisch mit den Interessen Deutschlands. Wo immer England in Schwierigkeiten geriet oder auf Widerstand stieß – etwa auf dem Balkan –, fürchteten sie Nachteile für das Deutsche Reich. Viktoria und Friedrich schwärmten für Premierminister William Ewart Gladstone, den britischen Liberalen, der sanftmütig von Werten, Humanität und Zivilisation sprach, aber äußerst grimmig werden konnte, wenn ihm »Wertlose«, »Unmenschen« oder »zivilisatorisch Verwahrloste« – Russen oder Türken – widersprachen oder entgegentraten.

Gladstone trieb Gefühlspolitik. Als Freund des Menschengeschlechtes lehnte er jede Form von Imperialismus ab. Zum Vorteil der Humanisierung und Zivilisierung der Welt ließ es sich aber nicht vermeiden, den Feinden des Menschengeschlechtes, der »Achse des Bösen«, eine Allianz der Gutwilligen gegenüberzustellen. Otto von Bismarck mochte so wenig wie sein großer Lehrmeister Fürst Clemens Metternich die breiten, dehnbaren Worte, als da wären »Zivilisation«, »Fortschritt«,

»Gleichgewicht«, »europäische Interessen«. Wer betrügen will, berufe sich auf erhabene Ideen, die aus der Sphäre des Sittlich-Moralischen ins politische Gebiet hineinreichen. Darin erkannten Metternich und auch Bismarck als große Realisten ein Ärgernis. Friedrich und Viktoria wiederum fanden jede Politik ärgerlich, die an Interessen und nicht an die Werteverwirklichung zum Vorteil einer internationalen Wertegemeinschaft dachte, die England selbstlos anführe, die Gutwilligen um sich scharend. Preußen, das eine nüchterne Distanz zu Großbritannien wahrte, sollte sich endlich als gutwillig erweisen. Immerhin hatte es doch nach 1848 unter deutschen Liberalen und unorthodoxen Konservativen eine heftige Begeisterung für England gegeben. Und immer noch gab es sehr viele, die ein gutes Einvernehmen mit den germanisch-protestantischen Verwandten auf der Insel wünschten.

Fürst Bismarck wollte unter gar keinen Umständen in einen offenen Gegensatz zu England geraten. Er warb erfolgreich darum, im Mittelmeer Italien, England und Österreich-Ungarn zusammenzubringen. Ein Bündnis mit England hielt er allerdings für eine gefährliche Illusion. Zwischen dem Deutschen Reich und Großbritannien gab es zu wenig Spannungen, die zu heilsamen Kompromissen nötigten und eine Entente oder ein Bündnis ermöglichen würden. Eine Politik, die aus liberaler Sentimentalität zum Vorteil einer von England bestimmten Wertegemeinschaft die deutschen Beziehungen zu Russland vernachlässigte, erschien ihm schlichtweg als katastrophal. Engländern mochte der russische Ehrgeiz in Asien lästig fallen, ein in Asien beschäftigtes Russland aber, das dort durchaus zivilisierend und europäisierend wirkte, verletzte keine deutschen Interessen. Auf dem Balkan störten ihn die Russen nicht, weil die dortigen Affären ihm nicht die Knochen eines pommerschen Grenadiers wert waren. Russland hielt er für unentbehrlich, um Deutschland im Falle eines Krieges mit Frankreich den Rücken freizuhalten. Er beobachtete besorgt, dass in der öffentlichen Meinung Russlands Wert und der Nutzen der herkömmlichen Freundschaft mit Preußen und Deutschland immer häufiger angezweifelt wurden. Er beruhigte sich damit, dass die Politik vom russischen Kaiser und seiner Regierung gemacht wurde und nicht von Zeitungsschreibern. Ihn erbitterte die leichtsinnige Geringschätzung Russlands durch liberale Deutsche, die das autokratische System ablehnten und über russische Rückständigkeit spotteten. Bismarck hielt es stets für ungeschickt und unklug, sich um die inneren Verhältnisse eines Nachbarstaates zu kümmern, zumal, wenn von dessen Wohlwollen die Sicherheit des Reiches abhing. Im Übrigen war auf das Wort eines russischen Kaisers Verlass, wie er meinte, während die Politik der englischen Regierung, von wechselnden Mehrheiten abhängend, viel schwerer zu berechnen sei. Prinz Wilhelm teilte die Ansichten des Kanzlers.

ENGLISCHE TAKTLOSIGKEITEN

In den achtziger Jahren waren die politischen Kreise Potsdams und Berlins dauernd erregt. Der alte Kaiser blieb gesund und an der Macht. Der Kronprinz war zermürbt vom langen Warten, zerstritten mit seinem Vater, ohne wichtige Beziehungen im Heer, in der Verwaltung oder den Parlamenten und damit ohne nennenswerten Einfluss. Prinz Wilhelm stand beim Kaiser in der Gunst, bemühte sich höflich um die führenden Männer, hörte lernwillig zu und gefiel mit seinem bescheidenen, respektvollen Betragen. Prinzessin Viktoria und Prinz Friedrich bemerkten durchaus, wie unpopulär sie waren und dass kein großes Sehnen nach einem König und Kaiser Friedrich durch Preußen und Deutschland ging. Die Klugen bauten vor, um das Unglück, das ein solcher König und Kaiser bedeuten würde, möglichst zu entschärfen. Prinz Wilhelm geriet mitten hinein in die unterschiedlichsten Kombinationen. Seinen Eltern gegenüber wahrte er die Loyalität. Er bewies ein erstaunliches Geschick, sich auf dem verminten Gelände zu bewegen und zu behaupten. Das Kronprinzenpaar fürchtete die Konkurrenz des Prinzen und witterte in der Beliebtheit und der Aufmerksamkeit, die ihm geschenkt wurde, ganz zu Recht eine Gefahr. Prinzessin Viktoria und Prinz Friedrich verloren den Kopf und begannen ab 1882 damit, ihren Sohn ganz offen als töricht, ahnungslos, frech, überheblich und resistent gegen jeden vernünftigen Rat zu denunzieren.

Dies peinliche und geschmacklose Verhalten minderte erst recht den Respekt vor ihnen. Wer es gut mit ihnen meinte, bedauerte ihre Unbeherrschtheit, die Übrigen fühlten sich bestätigt in ihrer Absicht, den Thron vor derart problematischen Naturen nach Möglichkeit zu schützen. Schon Mitte der achtziger Jahre, als der Kronprinz noch gesund war, gab es Spekulationen, ihn nur dann als König anzuerkennen, wenn er sich von seiner Frau trenne, die ihn regiere. Solch verwegene Ideen veranschaulichen drastisch, dass selbst loyale Monarchisten nicht mehr unbedingt zur Krone standen, sondern nur noch bereit waren, dem Träger der Krone zu gehorchen und zu folgen, der ihnen gefiel und sich ihren Bedingungen fügte. Unter solchen Voraussetzungen verliert die Krone ihre Würde, ihre Heiligkeit und Unantastbarkeit. Die Republik ist dann bald unausweichlich.

Es war eine reine Personalangelegenheit, die Prinzessin Viktoria seit 1882 auf Biegen und Brechen verfolgte – und die sie zu einem Risiko für den Thron machte. Nur die Krankheit ihres Mannes seit Januar 1887 und der rasche Tod im Juli 1888 verhinderten eine schwere europäische Krise. Sie hatte sich in den Kopf gesetzt, Alexander von Battenberg, seit 1879 Fürst von Bulgarien, mit ihrer Tochter Viktoria zu verheiraten. Die

leidenschaftliche Mutter, von schönen Männern leicht zu be-
geistern, schwärmte für den Fürsten, ein Bild von einem Mann.
Es gelang ihr mühelos, die Tochter mit ihrer Leidenschaft anzustecken, die sofort in Liebestaumel geriet, sobald sie Alexander im August 1883 zum ersten Mal begegnete.

Sandro, wie der schöne Fürst genannt wurde, war der Sohn
des Prinzen Alexander von Hessen und der polnisch-russischen
Gräfin Julia Haucke, die er 1858 zur Prinzessin Battenberg ernannte, um den nicht ebenbürtigen Kindern einen respektab-
len Namen zu geben. Prinzessin Julias Vater Moritz Haucke,
ein tapferer Offizier in russischen Diensten, war erst 1829 in
den Grafenstand erhoben worden. Nachdem er während des
polnischen Aufstandes 1831 in Warschau erschlagen worden
war, kümmerte sich das russische Kaiserhaus freundlich um
die Tochter dieses Märtyrers. Ihr elsässischer Großvater Haucke war als Kammerdiener des Grafen Moritz Brühl um 1765
nach Sachsen gekommen und hatte später in Warschau sein
Glück zu machen versucht. Seine Frau wiederum – Salome
Schweppenhäuser – ist insofern bemerkenswert, als sie in Se-
senheim aufwuchs im Haus des Pfarrers Brion, dessen Tochter
Friederike durch Goethe erst glücklich und dann für ein langes
Leben unglücklich gemacht wurde. Erinnerungen an Goethe
waren Kaiser Wilhelm I. teuer, aber auch die Ehre seines Hauses. Sandro gefiel ihm als Mannsbild außerordentlich, eine Ehe
war dennoch ausgeschlossen. Er lehnte es entschieden ab, einen
Battenberger in die Familie aufzunehmen.

Wenn die englischen Coburgs das für engstirnig hielten,
war das ihre Sache. Unregelmäßige Ehen in der Verwandtschaft
fand er schrecklich, weil sie die Dynastien in diesen schwierigen Zeiten um ihre erhabene Würde brächten und die Begriffe der Legitimität und vornehmer Unterscheidung verwirr-
ten. Ludwig Battenberg heiratete 1884 die Enkelin der Königin
Viktoria, die Prinzessin Viktoria von Hessen, wurde Engländer

und änderte 1916 seinen Namen in Mountbatten. Sein Bruder Heinrich, Liko gerufen, wurde über die Ehe mit Königin Viktorias Tochter Beatrice 1885 Mitglied der königlichen Familie. Die preußische Kronprinzessin, die das Verhalten ihrer Mutter oder der hessischen, scharf antipreußischen Verwandten selbstverständlich für beispielhaft aufgeklärt hielt, gehorchte nicht dem Machtwort des Kaisers und Chefs der Familie. Trotzig – und sie war stolz darauf, zu wildem Trotze fähig zu sein – widersetzte sie sich dem Kaiser, unbelehrbar, unbeirrbar. Sie brachte die ganze Familie durcheinander – selbst der Kronprinz brauchte diesmal einige Zeit, um sich an ihre Pläne zu gewöhnen – und sorgte dafür, dass eine leicht zu bereinigende Affäre hochpolitisch und das deutsch-englische Verhältnis erheblichen Belastungen ausgesetzt wurde.

Prinz Wilhelm, das Unterpfand der deutsch-britischen Symbiose, wie Königin Viktoria und ihre Tochter hofften, wurde aufgrund der Torheiten seiner Mutter dazu gezwungen, schroff den preußisch-deutschen Standpunkt gegenüber englischen Takt- und Rücksichtslosigkeiten zu betonen, in völliger Übereinstimmung mit Bismarck und Kaiser Wilhelm und zu ihrer beider Erleichterung. Denn ungeachtet der Herkunft des Battenbergers: Ein bulgarischer Fürst, der konsequent dem Rat der Königin von England folgte, nicht russisch zu werden, obschon er Russland seinen Thron verdankte, ein Fürst, der Kaiser Alexander III. einen gekrönten Idioten nannte, hätte als Mitglied des Hauses Preußen die Beziehungen zu Russland ungemein belastet. Eine solche Heirat konnte von Kaiser Alexander III. als ein unfreundlicher Akt verstanden werden. Weder der Kaiser noch Bismarck wollten Missverständnisse mit Russland provozieren. Kaiser Wilhelm hatte von vornherein dem Fürsten von Bulgarien unmissverständlich klargemacht, dass er allein in engster Absprache mit den Russen als deren Vasall und Beauftragter regieren könne, was er auch nur bis 1886 tat. Bismarck erläuterte ihm drastisch und direkt: »Wir wollen Frieden mit Russland und lassen jeden fallen, der uns im Wege steht. Der Fürst kann sich in Bulgarien, das Deutschland nicht interessiert, nur unter russischem Schutz halten. Eine Zukunft hat er dort nicht, und was die Heirat betrifft, so wird, solange ich Reichskanzler bin, keine preußische Prinzessin nach Bulgarien ziehen.«

Sandro wollte sich trotz solcher Warnungen eine selbständige Zukunft aufbauen, unabhängig von den Russen, die er mittlerweile verabscheute, gewiss der englischen Unterstützung, werbend um die österreichische. Da er ein deutscher Fürst war, nahm er an, dass Engländer, Österreicher und die nationalliberale Presse in Deutschland hinreichend Druck auf den Kaiser und seinen Kanzler ausüben würden, einen deutschen Zivilisationsboten auf dem Balkan nicht im Stich zu lassen. Ohne Wissen des Kaisers lud die Kronprinzessin Sandro, der wegen der Hochzeit seines Bruders Ludwig im Mai 1884 nach Darmstadt gereist war, nach Berlin ein. Ihr Bruder Eduard, der Prince of Wales, ebenfalls in Berlin, arrangierte diskrete Treffen der Verliebten, die sich insgeheim verlobten. Unbedenklich setzte er sich – als ausländischer Gast – über das ihm bekannte kaiserliche Verbot eines Wiedersehens hinweg. Die Verlobung blieb im verschwatzten Berlin kein Geheimnis. Der Kaiser war empört und weigerte sich, Sandro zu empfangen. Der Kronprinz veranstaltete daraufhin ostentativ ein feierliches Diner, auf Befehl des Kaisers allerdings ohne Damen, um sicher zu sein, dass Sandro Viktoria nicht zu sehen bekam. Der Kronprinzessin gelang es, Sandro ein Medaillon ihrer Tochter zuzustecken. Die Londoner Verwandten, angefangen bei der Königin, unterstützten eifrig die Pläne der Kronprinzessin.

Fürst Bismarck hatte schon seit November 1883, als Königin Viktoria sich sehr herzlich für den Fürsten von Bulgarien einsetzte und darum bat, ihn möglichst zu unterstützen, den Eindruck eines förmlichen Familienkomplotts gewonnen, Preußen in eine Zwangslage zu bringen, den Fürsten zu unterstützen, um es damit mit Russland zu brouillieren. Genau das war die Absicht der Kronprinzessin: um England und Deutschland herum eine große Allianz gegen Russland zu bilden. Die Königin von England hatte bei den russisch-britischen Spannungen in Asien ein lebhaftes Interesse an einer Einigung gegen Russland. Bismarck teilte ihr mit, den Bulgaren unter keinen Umständen unterstützen zu wollen und sofort seinen Rücktritt einzureichen, sollte es je zur Hochzeit mit ihrer Enkelin Viktoria kommen. Die Königin von England fühlte sich nicht veranlasst, wenigstens jetzt an diesem Punkt das Persönliche vom Politischen zu trennen, und unterstützte ihre Tochter dabei, sich um Bismarcks Drohungen nicht weiter zu kümmern. Die Kronprinzessin entwarf in Briefen, immerhin an die Königin einer Großmacht, ihre Ideen von einer pädagogischen Mission der Deutschen auf dem Balkan, die der offiziellen Politik des Reiches völlig widersprachen. Eine gewisse Zurückhaltung wäre bei ihrer Stellung angebracht gewesen. Wenn sie schon nicht von selbst Vernunft annahm, hätte doch die Königin von England ihre Tochter auf ihr unkluges Verhalten aufmerksam machen können. Bismarcks Zorn auf die verantwortungslosen Intrigen der beiden Damen war durchaus begreiflich.

Die Kronprinzessin sorgte dafür, dass Bismarck den Briten erheblich misstraute. Ihr Verhalten brachte sie erst recht in den Verdacht, nicht nur beim Kanzler, als Agentin Englands in Berlin zu wirken. Bismarck deutete ihr an, Artikel mit solcher Tendenz in deutschen Zeitungen lancieren zu können. Selbst solche Warnungen konnten sie nicht abschrecken. Der Kronprinz als von ihr bewegter Mann leistete keinen Widerstand. Den meisten verhieß sein blinder, unerklärlicher Gehorsam wenig Gutes für die Zukunft. Selbst wer eine größere Distanz zu Russland billigte – über des Kaisers sowie Bismarcks Politik wurde unter Diplomaten, Offizieren und Beamten kontrovers diskutiert –, betrachtete den engen Anschluss an England keineswegs als vorteilhaft. Einem russisch-englischen Krieg in Asien konnten Deutsche zuschauen, auf dem Balkan mussten sie sich mit Österreich-Ungarn und Italien abstimmen. England konnte kein bevorzugter Partner sein, weil es Deutschland weniger Vorteile zu verschaffen vermochte als gegebenenfalls das Reich ihm. In der preußischen Familie stießen Friedrich und Viktoria mit ihrem Eigensinn auf vehementen Widerstand. Alle lehnten die Liaison mit einem hochverschuldeten »Polacken«, der in Sofia ungeniert mit Damen aus der Halbwelt auftrat, vehement ab.

Prinz Wilhelm stimmte mit Bismarck darin überein, dass die Heiratsbestrebungen der Königin Viktoria und ihrer Tochter für Preußen und Deutschland eine politische Bedrohung waren. Zum ersten Mal verlor er die Geduld mit seiner Mutter, der er jetzt unumwunden vorwarf, stets Engländerin geblieben zu sein und bewusst für britische und gegen preußische und deutsche Interessen zu arbeiten. Er unterstützte unbedingt Bismarck bei dessen Bemühungen, auf größere Distanz zu England zu gehen und die britische Regierung eindringlich daran zu erinnern, deutsche Interessen auch in Afrika – die sowohl ihm wie dem Kanzler bislang gleichgültig gewesen waren – in ihren politischen Berechnungen angemessen zu beachten. So kam Deutschland unerwartet zu Kolonien, was den Nationalisten schmeichelte und sie vorübergehend vom Balkan ablenkte. Zum Verdruss des Kronprinzen reiste Prinz Wilhelm im Mai 1884 nach Petersburg und Moskau, um während der Festlichkeiten zur erreichten Großjährigkeit des Thronfolgers Nikolaus den russischen Kaiser über die deutsche Politik in Bulgarien zu beruhigen. Er war von Bismarck gut vorbereitet worden und hielt sich genau an seine Aufträge, bei Alexander III. auch für Österreich-Ungarn zu werben und ihm zu erläutern, wie sehr die drei Kaiser aufeinander angewiesen seien. Diese erste Auslandsreise des Prinzen war ein voller Erfolg. Er machte einen brillanten Eindruck, zeigte keine Hemmungen oder Unsicherheiten, ging liebenswürdig auf die neue Umgebung ein, ohne der Versuchung ungeschickter Deutscher zu erliegen, etwas von oben herab die Russen wie westlich geschminkte Tataren zu behandeln. Er fand den richtigen Ton, herzlich und respektvoll zugleich.

Der Kaiser imponierte ihm. Prinz Wilhelm begegnete Alexander III. mit einem Anflug von zeremoniös-ergebener Untertänigkeit, wie sie bei einem Autokraten höflicherweise angebracht war. Er bestätigte zum ersten Mal sein ungemeines Talent, sich in jedem Milieu mühelos zurechtzufinden. Kaiser Alexander III., ein schwieriges Original oder eben ein Charakter, verstand sich blendend mit dem Neffen, dem er, der Ältere und Monarch, alsbald das Du anbot. Prinz Wilhelm versicherte ihm, dass Deutschland nichts an Bulgarien gelegen sei und er nichts zu befürchten habe, was die freundschaftlichen Beziehungen beeinträchtigen könne. Alexander schimpfte heftig über den undankbaren Sandro, den Lügner, Verschwender und Sittenstrolch: »Er wird nicht mehr lange da unten bleiben.« Worauf Prinz Wilhelm erwiderte: »Das würde vielleicht kein furchtbares Unheil sein.« Der Erfolg ihres Sohnes verdross seine Eltern. Schon vor der Reise war der Kronprinz ungehalten darüber, hinter seinen Sohn zurückgesetzt zu werden. Es kam ihm offenbar nicht in den Sinn, hinsichtlich seiner Frau und seiner Übereinstimmung mit deren An- und Absichten gänzlich ungeeignet zu sein für das Werben um Vertrauen in St. Petersburg. Ein Prinz des königlichen Hauses muss im Ausland loyal die Politik seiner Regierung vertreten und erläutern. Da seine Frau schriftlich und mündlich unverhohlen ihre entschiedenen Meinungen meist auch noch als die »unseren« ausgab, hatte sie sich und ihn für Aufgaben diskreditiert, die Takt, Eleganz und diplomatisches Geschick erforderten. Prinzessin Viktoria und Prinz Friedrich reagierten sehr kalt auf die Berichte, dass ihr Sohn über all das verfüge. Nun priesen sie erst recht den hochbegabten, weltläufigen, für höchste Ämter im Reich geeigneten Sandro, sollte er in Bulgarien Schiffbruch erleiden.

UNVERNUNFT BIS ZUM WAHNSINN

Vorübergehend hatte Sandro sogar Erfolg, der aber beendete seine Karriere sofort. Im September 1885 rebellierten die Bulgaren in Ostrumelien, das noch den Türken unterstand. Sie wünschten den Anschluss an Bulgarien. Der war ihnen auf dem Berliner Kongress 1878 verwehrt worden. Fürst Alexander ließ sich darauf ein, wohl wissend, dass weder die deutsche noch die russische Regierung ein vergrößertes Bulgarien akzeptieren würden. Königin Viktoria, der 1878 Bulgarien als russischer Vasallenstaat nicht klein genug hatte sein können, schwärmte jetzt für ein Groß-Bulgarien, weil Sandro danach strebte, sich von russischer Bevormundung zu befreien. Die britischen Interventionen auf dem Balkan folgten seit einem halben Jahrhundert nur einem Grundsatz: stets das zu tun, was Russland schadete. Dieses Konzept taugte für den Augenblick, insgesamt aber brachte es den Balkan vollkommen aus dem Gleichgewicht. Serbien erklärte Bulgarien den Krieg, Griechenland und Rumänien mobilisierten. Österreich-Ungarn engagierte sich als Schutzherr Serbiens. Aus dem geringsten Anlass konnte sich ein europäischer Konflikt entwickeln. Denn in Frankreich rührten sich wieder mächtig die Kräfte, die Revanche für die Niederlage von 1871 forderten. Der General Georges Boulanger wurde 1886 zum Kriegsminister ernannt und es blieb lange äußerst ungewiss, ob er es nicht wagen würde, die internationalen Spannungen auszunutzen und Deutschland den Krieg zu erklären.

Obschon Fürst Alexander die Serben besiegte, konnte er sich in Bulgarien nicht behaupten. Die englische Unterstützung bedeutete nichts, wenn keine kontinentale Großmacht bereit war, ihm zu helfen. Es ist das anerkannte Meisterwerk Bismarcks, wie er in den Jahren 1886–1888 den Frieden für Deutschland sicherte und damit für Europa, und das, ohne Frankreich noch mehr zu verbittern.

Die Kronprinzessin bangte um den Helden Sandro, sie hoffte mit der englischen Königin, dass die Österreicher Bismarcks Druck nicht nachgeben und die Gelegenheit nutzen würden, auf dem Balkan in ihrem Sinne aufzuräumen. Kaiser Franz Joseph aber scheute Abenteuer, die Deutschland nicht verpflichteten, ihm beizustehen. Einen Krieg mit Russland durfte er nur wagen, wenn die Deutschen ihn billigten, die ihrerseits nicht wussten, ob und wann Frankreich seinen Revanche-Krieg eröffnete, und die deshalb auf das russische Wohlwollen angewiesen waren.

Prinz Wilhelm fuhr am 10. September 1886 abermals als eine Art Sonderbotschafter zu Kaiser Alexander III. Tags zuvor hatte Sandro Bulgarien verlassen und auf den Thron verzichtet. Kronprinz Friedrich war empört, wieder übergangen worden zu sein. Prinz Wilhelm verhandelte erfolgreich mit dem russischen Kaiser. Alexander III. sprach unter dem Eindruck der von Bismarck dem Prinzen Wilhelm empfohlenen Wendungen sogar sehr freundlich von Österreich-Ungarn. Bismarck konnte zufrieden sein, der Prinz verstand sein Handwerk. Wilhelm I. war glücklich, wenigstens einen vernünftigen und begabten Enkel zu haben, wenn Sohn und Schwiegertochter schon nichts taugten. Sein Sohn ärgerte ihn einfach, seine Schwiegertochter war unberechenbar und unvernünftig bis zum Wahnsinn. Der Enkel aber bereitete ihm Freude und gab ihm die Zuversicht, dass nach seinem Tod nicht alles falsch gemacht werden würde. Der Kaiser förderte Prinz Wilhelm und hörte nicht weiter auf die enervierenden Eltern, die sich seiner und Bismarcks Idee leidenschaftlich widersetzten, ihn im Winter 1886/87 im Auswärtigen Amt in die große Politik einzuweisen und in die preußisch-deutschen Aufgaben in Europa und der Welt. Sie jammerten, der Junge sei unreif, unerfahren und überfordert. Doch nur Unterricht kann verständiger machen. Fürst Bismarck war beruhigt über Prinz Wilhelms Auftreten in Russland. Der Prinz erwies sich nicht als unreif, sondern als fähig, Aufträge zu übernehmen und umsichtig auszuführen. Außerdem wollte er den Prinzen nicht allzu sehr dem Einfluss der Militärs und des Grafen Waldersee überlassen, die dauernd überlegten, ob nicht doch ein Präventivkrieg empfehlenswert sei, auch gegen Russland, um Österreich-Ungarn als Verbündeten zu erhalten und dessen Interessen nachhaltig wahrzunehmen. Graf Waldersee entwarf mitten in einer lang andauernden kritischen Situation unentwegt neue »Kriegstheater« – das war als Generalstäbler schließlich seine Aufgabe –, verwarf sie beim Wechsel der Lage aber auch schnell wieder. Es handelte sich um Spekulationen, für Bismarck um gefährliche, denn der Generalstab sprach immer vom Krieg – wie auch sein Chef Moltke –, während der Kanzler alle darauf verpflichten wollte, den Frieden zu erhalten. Bismarck erachtete es deshalb als sehr nützlich, den Prinzen mit (den militärischen Überlegungen übergeordneten) Gesichtspunkten der Politik vor möglichen Einseitigkeiten zu bewahren.

Der Kaiser war damit einverstanden. Der Kronprinz und seine Frau hätten darin eine kluge Vorsicht Bismarcks erkennen können. Doch sie misstrauten seiner Politik, obschon er wieder freundlicher mit England umging. Sie misstrauten einer Friedenspolitik, die Sandro um seinen Thron brachte und die Russen auf dem Balkan nicht reizen sollte. Prinzessin Viktoria und Prinz Friedrich verstanden aus ihrer tiefen Abneigung gegen Bismarck nie, dass damals in Berlin und nicht in London über Krieg und Frieden entschieden wurde. Alle Staaten waren nicht ganz abgeneigt, es auf einen Krieg ankommen zu lassen. Fürst Bismarck zügelte diesen Eifer und sämtliche Regierungen stöhnten, von dem Berliner Tyrannen abhängig zu sein. Sie fügten sich seufzend einem gar nicht immer freundlichen Druck, aber endlich doch erleichtert, weil der Friede gewahrt blieb. Das Kronprinzenpaar nahm Prinz Alexander und Bulgarien weiterhin sehr wichtig, obwohl Bismarck immer wieder öffentlich sie und vor allem die Vernunftbegabten in Europa daran erinnerte, dass Bulgarien kein Objekt sei, um seinetwillen Europa von Moskau bis an die Pyrenäen und von der Nordsee bis Palermo in einen Krieg zu stürzen, dessen Ausgang kein Mensch voraussehen könne. Sandro blieb ein Thema für Friedrich und Viktoria, weil er nun im Reich versorgt werden musste, um der Tochter ein angemessenes Ambiente für ihre ästhetische Lust zu verschaffen, ihr Selbst zu entfalten. Am 7. Juli 1887 wählten die Bulgaren Ferdinand von Coburg-Kohary gegen den Willen Alexanders III. zu ihrem Fürsten. Sandro hatte dort keine Chancen mehr, aber das Thema Bulgarien war damit keineswegs abgeschlossen, auch Preußen und Deutsche sollten sich schließlich in Coburg'scher Solidarität üben.

Das Kronprinzenpaar hoffte bis zuletzt, die Traumhochzeit mit Viktoria erzwingen zu können. Die Kronprinzessin, durchaus an Geld interessiert, ließ sich nicht einmal von der Drohung des Kaisers einschüchtern, sie zu enterben. Zum Entsetzen beider hatte Wilhelm I. Sandro nach dem Thronverzicht die Titel Fürst und Hoheit aberkannt, als »Alexander von Battenberg«, als »Durchlaucht« wurde er von nun an in den preußischen Armeelisten wieder geführt. Außerdem hatte der Kaiser als Chef der preußischen Armee auf Wunsch Alexanders III. dem Prinzen befohlen, alle etwaigen Pläne, nach Sofia zurückzukehren, sofort aufzugeben. Prinzessin Viktoria ließ sich von kaiserlichen Ermahnungen, Rücksicht auf die deut-

sche Politik zu nehmen, nicht beeindrucken. Bis in den Mai
1887 bemühte sie sich mit dilettantischen Intrigen, die politischen Absichten Bismarcks zu durchkreuzen und Sandro Hoffnungen zu machen, dass er in Bulgarien gebraucht werde. Im
März schickte sie einen Arzt nach Darmstadt, der in geheimer
Mission dem Prinzen riet, sofort nach Bulgarien aufzubrechen,
verbunden mit der Nachricht, der Dreibund zwischen dem
Reich, Österreich-Ungarn und Italien, der am 20. Februar ver-
längert worden war, sähe einen Einmarsch russischer Truppen
in Bulgarien als Kriegsgrund an – was keineswegs den Tatsachen entsprach. England würde sich einer Allianz anschließen
und die Türkei ein unabhängiges Bulgarien, um Ostrumelien
erweitert, anerkennen, wie die deutschen Botschafter in London und Paris berichteten. Der Prinz war töricht genug, sich
vorübergehend von diesen Eingriffen der Kronprinzessin nar-
ren zu lassen.

Ende März 1887 kam der österreichische Kronprinz Rudolf
auf Besuch nach Berlin. Die Kronprinzessin und ihre Schwester Helena von Schleswig-Holstein-Sonderburg gaben sich
jede Mühe, den Erzherzog davon zu überzeugen, Alexander
Battenberg auch gegen den Willen Russlands nach Bulgarien
zurückzuführen. Der schon kranke Kronprinz hörte meist nur
zu und griff nicht weiter in das Gespräch ein, in dem immerhin
ein verbündeter Ausländer dafür gewonnen werden sollte, sich
den erklärten Zielen der politischen Führung des Reiches und
Österreich-Ungarns zu widersetzen. Der Erzherzog, erstaunt
über die exaltierte Kronprinzessin, verhielt sich insgesamt, wie
es sich für einen Ausländer gehört, der nicht als Privatmann
in Berlin weilte, angemessen zurückhaltend. Das Bündnis
mit Russland irritierte ihn seit kurzer Zeit, er fürchtete, dass
Deutschland im Dreikaiserbündnis auf Österreichs Bedürfnisse
zu wenig achte. Eine Allianz des Dreibundes mit England begrüßte er, denn sie entsprach der offiziellen Politik, der von

Bismarck geförderten Annäherung Englands an Italien und Österreich-Ungarn. Er dachte auch an eine deutsche Mission auf dem Balkan. Bis nach Saloniki müsse sich Österreich ausdehnen, um Russland, in dem er den Feind höherer Zivilisation erblickte, dort um seinen verderblichen Einfluss zu bringen und mit der deutschen die europäische Kultur überhaupt zu verbreiten. Das war aber nur schwer mit dem Dreikaiserbündnis zu vereinbaren, dessen Zweck auch darin bestand, russische Einflusszonen auf dem Balkan zu sichern.

Den Erzherzog beunruhigte nicht so sehr der Balkan als vielmehr ein möglicher Angriff der Russen in Galizien und die Frage, ob dann Deutschland ausreichende Hilfskontingente stellen könne, da ein Krieg im Osten sofort von den Franzosen genützt würde, um im Westen loszuschlagen. Wie viele Offiziere in der Monarchie oder im Reich erwartete er in unmittelbarer Zukunft einen großen, allgemeinen Krieg, den Russland unter panslawistischem Druck riskieren würde. Auf Bismarck machte er einen verzagten, ja verängstigten Eindruck. Wenn die drei Kaiser im guten Einverständnis blieben, gäbe es nichts zu fürchten. Das bedeutete aber, Russland nicht zu reizen. Deshalb regten Bismarck die »Battenbergereien« so sehr auf. Bulgarien und das Schicksal Sandros kümmerten den Erzherzog bei seinen Spekulationen über einen großen, schrecklichen Krieg, dessen Folgen unabsehbar waren, nicht sonderlich. Als offizieller Vertreter des Kaisers und seiner Regierung verboten es ihm Loyalität und Klugheit, wegen untergeordneter Gesichtspunkte von der Linie des Bündnisses abzuweichen. Bismarcks Bestreben galt dem Zweck, sich nicht von der Angst überwältigen zu lassen, unüberlegte Konsequenzen zu ziehen und darüber die Kriegsgefahr, die man bannen wollte, erst recht heraufzubeschwören. Deshalb hütete sich der Erzherzog sehr, auf die Vorstellungen der exaltierten Damen einzugehen. Immerhin deutete er an, dass er mit der Nachgiebigkeit der Wiener und

Berliner gegenüber Russland unzufrieden sei. Auf das Dreikaiserbündnis, so wie es funktionierte, gab er nicht viel.

Die Kronprinzessin mochte Rudi sehr gern. Er hatte Schwierigkeiten mit seinem Vater und stand in offener Opposition zu
dessen Regierung, ihm ging es wie Fritz und ihr. Der Ministerpräsident, Graf Eduard Taaffe, wirkte mäßigend mit seinem
unentschiedenen »Durchwurschteln« auf die unterschiedlichen
Streitereien und Reibereien der Völker und Klassen. Aber der
liberale Erzherzog sah in dem pragmatischen Konservativen nur
einen geistlosen Klerikalen, der zusammen mit den »Jesuiten«
und »Papisten« die Monarchie in die Abhängigkeit von Rom
brächte und damit den freien Geist der Wissenschaftlichkeit
und des Denkens ohne Autorität erstickte. Sein Liberalismus
war ähnlich vage und unbestimmt wie der des Kronprinzen
und seiner Frau. Die Zustände im Österreichischen Reichsrat
stimmten ihn doch immerhin sehr nachdenklich, ob in einem
Staat mit so vielen Nationen eine parlamentarische Nationalversammlung überhaupt möglich sei ohne übernationale Parteien. Dann fürchtete er geradezu die Demokratie und den »zu
einer läppischen Spielerei abgesunkenen Parlamentarismus«,
während aus dem Volk »der Sozialismus mit seinem utopischen
Zerstörungsgedanken immer grauenvoller« grinste. Was ihn
nicht hinderte, bei anderer Gelegenheit von einer neuen, besseren Zeit zu reden: »Die Macht wird fallen, die Wissenschaft
wird bleiben, und die Schlechtigkeit, die durch die ungleiche
Macht und Armut entstanden, wird schwinden.«

Zuweilen träumte er von Vereinigten Staaten von Österreich, dann wieder wollte er Ungarn in ein Großösterreich ein-
fügen und ihm seine Selbständigkeit nehmen. Am Dualismus
zu rütteln, dem Staatsgrundgesetz beider Monarchien, bedeutete, deren Zusammenhang zu revolutionieren und zu zerrei-
ßen. So strichen durch seinen Kopf Gedanken aller Art, Einfälle
und Hoffnungen, die insgesamt miteinander unvereinbar wa-

ren, die sich aber aus seinen Zweifeln ergaben, ob die Monarchie noch eine Zukunft habe und mit ihr Österreich-Ungarn. Schon im Alter von fünfzehn Jahren sah er im Königtum »eine mächtige Ruine, die von heute auf morgen bleibt, doch endlich sinken wird. Jahrhunderte hat es gehalten, und solange das Volk sich leiten ließ, war es gut, doch jetzt ist seine Aufgabe zu Ende, frei sind die Menschen, und beim nächsten Sturm sinkt diese Ruine.« Bei guter Laune kokettierte er damit, die schönste Stellung wäre, Präsident einer Republik zu sein. Doch warum sollten die Vereinigten Staaten von Österreich ausgerechnet einen Habsburger zum Präsidenten wählen, sobald sie sich konstituierten? Einen Hocharistokraten, der ununterbrochen über den nichtsnutzigen Adel räsonierte?

Als General geistig unterbeschäftigt, flüchtete der Erzherzog in den Zeitvertreib aller unverstandenen Liberalen: zu kritisieren, zu räsonieren und alles besser zu wissen. Auch darin mochte die Kronprinzessin beglückt verwandte Züge erkennen. Rudolf redete aber nicht nur, er schrieb als Journalist unter Pseudonymen. Sein Onkel Erzherzog Albrecht warnte ihn gelegentlich, dass er den Nimbus, den ihm seine dynastische Herkunft verlieh, verdunkele, wenn er zu viel veröffentlichte, zu originelle Meinungen verfocht. Für kaiserliche Prinzen gehöre es sich nicht, mit prätentiös-eloquenten Gymnastik-Übungen aufzufallen und nach Popularität zu haschen. Aber populär wollte Rudolf um jeden Preis sein, also schrieb er weiter. Da sein Umgang mit Journalisten kein Geheimnis war, seine Schwatzhaftigkeit notorisch und gefürchtet, sprach es sich rasch herum, wer die Artikel mit dem pikanten Inhalt lanciert hatte. Graf Taaffe erlaubte wegen Rudolfs fürchterlicher Indiskretion diesem keine Einblicke in die Staatsgeschäfte, von denen er sich mit seiner Veranlagung, den Mund nicht halten zu können, praktisch selber ausschloss. Nur Prinzessin Viktoria war von Rudi entzückt. Er dachte wie Fritz und sie. Die Kronprinzessin war hingerissen von seiner wundervollen Klugheit und dem gesunden Menschenverstand, die ihn so herrlich von Willy und dem Kaiser unterschieden.

Erzherzog Rudolf war damals schon nicht mehr gesund. Seine Nerven brauchten immer mehr Champagner und Cognac, die er gemischt trank, immer häufiger Morphium und sogenannte Künstlerinnen, die ihn vorübergehend von sich ablenkten. Seine politischen Ansichten wurden alsbald immer nervöser. 1888 schien ihm ein enger Anschluss an Russland geboten und ein Bündnis mit Frankreich. Zum Vorteil der Ruhe Europas müsse Österreich im Einverständnis mit Frankreich und Russland sein Schwergewicht nach Westen zurückschieben und seine frühere Stellung in Deutschland wieder einnehmen, was hieß, Deutschland zu zertrümmern. Dies Programm erläuterte der Erzherzog unter dem Pseudonym Justus Felix in einem offenen Brief an den Kaiser, der in Paris veröffentlicht wurde. Österreichs Mission sei es, Deutschland zu befreien, das nur die Bajonette noch zusammenhielten. Alle deutschen Fürsten stöhnten unter dem Joch Bismarcks und warteten darauf, dass endlich das unheilige Reich preußischer Nation verschwände. Solche Phantastereien und seine heftigen Intrigen in Frankreich, langst in ganz Europa zum Gesprächsstoff geworden, kompromittierten ihn und Kaiser Franz Joseph. Er hatte sich in eine Situation hineinmanövriert, die keinen ehrenhaften Ausweg bereithielt. Ein Wiener Beamter sagte dem russischen Botschafter, der Erzherzog habe erkannt, dass er für sein Vaterland zu einer Quelle ernsthafter Gefahr geworden war. Am 30. Januar 1889 beging er Selbstmord. Zuvor gab es eine ungemein heftige Szene zwischen ihm und seinem Vater. Sein Name durfte nie mehr in der Gegenwart des Kaisers erwähnt werden. Klugheit und gesunder Menschenverstand waren die Gaben, die diesem zweifellos sehr begabten Prinzen gefehlt hatten.

Die Krankheit ihres Mannes seit dem Frühjahr 1887 lenkte die Kronprinzessin nicht von ihren Plänen ab, Sandros und Viktorias Glück zu stiften. Sie vertraute der Diagnose des britischen Arztes Sir Morell Mackenzie, einer unumstrittenen Autorität, dass es sich bei dem Leiden ihres Mannes nicht um Kehlkopfkrebs handele und dass es ohne operativen Eingriff heilbar sei. Sie reagierte nicht auf die vom Kaiser erzwungenen Briefe des Prinzen Alexander, in denen er verklausuliert, aber unmissverständlich von den Heiratsabsichten zurücktrat. Für sie war die Sache eine reine Machtfrage geworden. Wilhelm I. zweifelte nicht daran, dass sie den Kronprinzen zwingen würde, seinen Sohn testamentarisch zu verpflichten, den Widerstand gegen die Ehe aufzugeben und dem letzten Willen seines Vaters zu gehorchen. Den kranken Kronprinzen entfernte sie von nun an systematisch aus Berlin. Sie bestand auf der Behandlung durch Mackenzie und weigerte sich standhaft, deutsche Ärzte um Rat zu fragen. Diese hatten schon im frühen Stadium auf Krebs geschlossen und zur Operation geraten. Die Kronprinzessin wollte davon nichts hören, nicht allein als sich sorgende Ehefrau, die verständlicherweise die Hoffnung nicht aufgeben mag.

War ihr Mann unheilbar krank und lag seine Behandlung in den Händen deutscher Professoren, konnte er in Berlin von der Umwelt nicht isoliert werden. Mit der preußischen Verfassung nicht eng genug vertraut, fürchtete die Kronprinzessin, dass ein kranker Prinz von der Thronfolge ausgeschlossen und in seiner Verfügungsfreiheit eingeschränkt werden könnte. Inzwischen ging es um ihre Zukunft als Witwe. Der Kaiser hatte gedroht, sie zu enterben, und solange er lebte, verfügte er über das Familienvermögen. Sollte der Kronprinz vor seinem Vater sterben, war sie auf die Unterstützung ihres Sohnes oder der englischen Familie angewiesen. Moretta, wie die verliebte Tochter Viktoria in der Familie hieß, konnte Sandro nur heiraten, wenn Friedrich diese Ehe im Testament anordnete oder als Kaiser nach dem Tode seines Vaters ermöglichte. Um sich dem Berliner Druck zu entziehen, zog das Paar im Mai 1887 erst einmal auf einige Monate nach London. Deutschen, die sich darüber wunderten, wurde erklärt, dass die Therapie des britischen Arztes in der milden südenglischen Luft viele Vorteile verspreche. Als sich bis zum Herbst keine Besserung eingestellt hatte, begann ein hektischer Ortswechsel über Nord- und Südtirol, nach Venedig und an den Gardasee, schließlich wurde San Remo zum Winterquartier bestimmt. Eindringliche Ermahnungen, der Kronprinz sei keine Privatperson, die ohne weiteres in der Welt spazieren fahren dürfe, wehrte Viktoria mit dem Hinweis ab, die Reisen und Kuraufenthalte dienten seiner Gesundheit, der die Berliner Luft ganz und gar nicht bekömmlich sei.

Was ihrem Mann guttat, das bestimmte sie. Nicht einmal der Arzt durfte ihre Beschlüsse sanft korrigieren. Er ließ sie schalten und walten. In Berlin gab es allerdings Gerüchte, die es der Kronprinzessin noch aus ganz anderen Gründen als der Sorge um die Gesundheit ihres Fritz nahelegten, sich mög-lichst fern von Berlin aufzuhalten. Während der Reisen war »ihre rechte Hand und mehr«, wie Friedrich Nietzsche europa-ischen Klatsch resümierte, Graf Goetz von Seckendorff, ihr Oberhofmeister und Liebhaber. Die Kurreisen richteten sich nach den Unterhaltungsbedürfnissen des Paares, das bis zum Tode Viktorias, der Kaiserin Friedrich, beisammen blieb. Das Verhältnis wurde zum Skandal und steigerte den wachsenden Unmut über eine selbstherrliche Prinzessin, die ihre Stellung missbrauchte, um ihre eigenen Interessen zu verfolgen. Sie ver-weigerte klare Auskünfte über den Gesundheitszustand ihre Mannes, sodass die Öffentlichkeit wegen bewusster Irrefüh-rung murrte. Da der Kaiser kränkelte und seit dem Winter 1887 mit seinem baldigen Tod gerechnet wurde, war die Anwesen-heit seines Nachfolgers in Berlin unbedingt erforderlich. Kronprinzessin Viktoria wollte nur nach Berlin zurück, wenn Prinz Friedrich zum Regenten in Stellvertretung des Kaisers ernannt würde, jener also abdankte oder sich entmündigen ließ. Es gab aber nur Momente der Schwäche, die ihm manche Auftritte zu anstrengend machten. Der Kaiser war bis zum letzten Atemzug hellwach. So bestimmte er den Prinzen Wilhelm zu seinem Stellvertreter. Wenn der Kronprinz auf Anordnung seiner Frau lieber Lichtbäder in San Remo nahm, statt als gar nicht so kranker Mann – aus San Remo wurde immer wieder darauf hingewiesen, dass man sich keine Sorgen machen müsse – seinen öffentlichen Pflichten zu genügen, war das eine begreifliche und unvermeidliche Entscheidung, die der aufgebrachten Kronprinzessin gleichwohl als weiterer Beweis für die Kälte und den Egoismus ihres Sohnes diente.

Im Dezember 1887 kam es zu einer großen gesundheitlichen Krise des Kronprinzen. Viktoria musste sich dareinfügen, dass die Diagnose deutscher Ärzte eingeholt wurde. Sie stellten übereinstimmend wiederum Krebs fest. Eine lebensgefährliche Operation könne glücklich verlaufen, aber in dem fortgeschrittenen Zustand der Krankheit – nach einem ganzen Jahr falscher Behandlung – wahrscheinlich nur kurzfristig und unter quälenden Schmerzen das Leben verlängern. Die Kronprinzessin lehnte rigoros jede Operation ab, das hätte für sie geheißen, nach Berlin zurückkehren zu müssen. Dort aber verlöre sie unter Umständen die Kontrolle über ihren Mann. Sie präparierte den Kronprinzen gemäß ihren Vorstellungen: Reise und Operation lehnte er ab. Sir Morell Mackenzie, der sich als berühmter Arzt nicht widerlegt wissen mochte, beharrte im Gegensatz zu seinen deutschen Kollegen darauf, dass die Krankheit heilbar sei und es sich vor allem nicht um Krebs handele. So konnte die Kronprinzessin unter Berufung auf das heilsame Mittelmeerklima ihren Mann weitere Monate von der Welt abschotten. Sie öffnete seine Post, sie regelte, wer ihn besuchen und mit ihm sprechen durfte. Nicht einmal die Familie, geschweige denn die Öffentlichkeit, erhielt zuverlässige Nachrichten. In der Presse wurden allmählich heftige Vorwürfe erhoben, dass die englische Prinzessin aus Misstrauen in deutsche Ärzte das Leben ihres Mannes aufs Spiel gesetzt, wenn nicht schon verwirkt habe.

Prinz Wilhelm, der mit dem Tode des Kaisers und dem seines Vaters seit Dezember fest rechnen musste – er traute nicht den abwiegelnden Versicherungen Sir Morell Mackenzies –, erbitterte das uneinsichtige Verhalten seiner Mutter. Es reizte ihn gelegentlich zu heftigen Reaktionen. Die Kronprinzessin weigerte sich, mit der Familie und mit der Regierung zusammenzuarbeiten. Wenn Prinz Wilhelm im Auftrag des Kaisers nach San Remo reiste, hatte er durchaus ein Recht, das weitere Vorgehen zu besprechen und nicht als Sohn, sondern als Stellvertreter des Kaisers ohne Dritte dessen Nachfolger zu sehen. Als der Kronprinz einmal darauf bestand, mit Prinz Wilhelm allein zu sein, stampfte Prinzessin Viktoria, wie in Berlin erzählt wurde, empört mit dem Fuß auf: Dann kannst du ja gar nicht so krank sein! Auch wer keine großen Hoffnungen auf einen matten und schwachen Kaiser Friedrich setzte, bedauerte aus Humanität diesen nicht unedlen Charakter, den seine Frau völlig von sich entfremdet hatte und die ihn jetzt kurz vor seinem Tode, seine Schwäche rücksichtslos ausnützend, ganz und gar ihren Weisungen unterordnete. So weit war Friedrich doch ein Prinz und Offizier, dass er das Unwürdige seiner Situation fühlte und daran verzweifelte, sich nicht mehr wehren zu können.

Nachdem Kaiser Wilhelm I. am 9. März 1888 gestorben war, blieb freilich keine andere Wahl, als sofort nach Berlin aufzubrechen, damit Prinz Wilhelm, nun Kronprinz, als Stellvertreter des Kaisers nicht in die Geschäfte eingriff. Im Februar musste Mackenzie seine Fehldiagnose eingestehen. Ein operativer Eingriff, in San Remo vorgenommen, half nichts mehr und verlängerte das schreckliche Leiden des Patienten um Wochen. Prinz Wilhelm bewunderte die Standhaftigkeit und wahrhaft königliche Haltung, mit der sein Vater seine Schmerzen ertrug. Jetzt begann er damit, die Figur seines Vaters zum großen Soldaten im Deutsch-Französischen Krieg zu stilisieren, seinen Kunstsinn zu feiern und seine Herrschertugenden zu loben, ohne je den gütigen und liebevollen Vater dabei zu vergessen. Viktoria, jetzt Kaiserin, wusste, dass ihr nicht viel Zeit blieb: »Ich glaube, wir werden im allgemeinen nur als vorübergehende Schatten angesehen, die bald in der Wirklichkeit durch Wilhelms Gestalt ersetzt werden sollen.« Damit wurde sie nicht fertig: »Zu spät! Der furchtbare Gedanke verfolgt mich Tag und Nacht. Ja, wir sind jetzt unsere eigenen Herren, aber sind wir nicht dazu bestimmt, die Arbeit ungetan zu lassen, welche wir so lange und sorgfältig vorbereitet haben?« Ungeniert sagte sie »wir«. Eine Kaiserin und Königin als Mitregentin war weder in der deutschen noch preußischen Verfassung vorgesehen. Und nicht nur ihre Feinde fürchteten eine *Princess Consort*, die ihren Mann regierte.

Nicht ohne Hintergedanken kümmerte sich Bismarck sofort darum, mit rechtlichen Einwänden, die Prinz Wilhelm billigte, die vom Kaiser enterbte Kronprinzessin mitsamt ihren vier Töchtern doch noch großzügig auszustatten. Der Reichskanzler empfahl der Kaiserin, ihr Geld möglichst ins Ausland zu transferieren. Ein gar nicht so zarter Hinweis darauf, dass die Entwicklungen ihr ohnehin empfehlen würden, das Reich zu verlassen. Der zu erwartende Tod Kaiser Friedrichs machte alle ungesetzlichen Erwägungen, einen kranken, willenlosen Kaiser zur Abdankung zu nötigen oder zur Trennung von seiner ihn beherrschenden Frau zu veranlassen, überflüssig. Aber Kaiserin Viktoria hatte einige Monate Zeit, in denen sie fast jeden davon überzeugte, dass man Gott danken müsse, Kaiser

Friedrich so rasch zu sich in die Ewigkeit zu berufen. Denn als Kaiserin Friedrich, wie sie sich bezeichnenderweise nach dem Tode ihres Mannes nennen sollte, würde sie Moretta und Sandro endlich glücklich machen. Sie schrieb Sandro und forderte ihn auf, sich um einen Generalsposten bei Fritz zu bewerben und unverzüglich nach Berlin zu kommen. Kaiser Friedrich fügte sich den Befehlen seiner Frau und erteilte entsprechende Anweisungen über sein Militärkabinett. Eine seiner ersten Handlungen bestätigte die Befürchtungen, der um seinen Willen gebrachte Fürst werde von London gelenkt und zu einem Werkzeug britischer Interessen. Die Kaiserin löste eine Staatskrise aus. Bismarck reagierte empört und prompt. Eine hohe Position jenes Prinzen mit seiner antirussischen Vergangenheit wäre eine Herausforderung Alexanders III., die einen Bruch mit seiner, Bismarcks, ganzer auswärtiger Politik bedeuten würde.

Wegen der Prinzessin und jetzt Kaiserin als Risikofaktor hatte er Kronprinz Friedrich den Rückversicherungsvertrag mit Russland vom 17. Juni 1887 verheimlichen müssen. Die Frau war eine Belastung für die auswärtige Politik: »Ich kann nicht alles, was ich seit Jahren getan, wieder zerschlagen – man darf mir nicht zumuten, mich vor dem Ausland zu diskreditieren. Die ganze Angelegenheit ist eine hochpolitische englische Intrige, die – schon seit langer Zeit im Werke – dahin zielt, mich zu beseitigen und die friedliche deutsche Politik durch eine den englischen Interessen dienende antirussische, das heißt durch eine Politik zu ersetzen, die zum europäischen Krieg führt, bei dem England natürlich zusehen wird.« In langen Memoranden zur europäischen Lage, seiner Politik und der Unvereinbarkeit deutscher und britischer Interessen, weil den Engländern Verstimmungen zwischen Russland und dem Reich willkommen seien, kündigte Bismarck Kaiser Friedrich seinen Rücktritt an, sollte er Prinz Alexander als preußischen General reaktivie-

ren. Die Kaiserin hielt den Rücktritt Bismarcks für kein Unheil, was Bismarck sofort zugetragen wurde. Kaiser Friedrich
war noch so weit bei Sinnen, wegen der Launen seiner Frau
keine Kanzlerkrise und mit ihr eine allgemeine, ganz Europa berührende Krise heraufzubeschwören. Aber sie gab nicht
nach. Zur allgemeinen Empörung quälte sie den sterbenden
Mann, wenigstens im Testament Wilhelm zu verpflichten, in
diese Ehe, gegen die er sich mit den Argumenten Bismarcks
stets gewehrt hatte, einzuwilligen. Die letzten Wochen Kaiser
Friedrichs schmerzten selbst jene, die nicht mit ihm sympa-
thisierten. Es war für alle entsetzlich, ansehen zu müssen, wie
eine offenbar um ihren Verstand gebrachte Frau einen hilflosen
Mann für private und zugleich hochpolitische Zwecke missbrauchte. Selbst die englische Regierung bat Königin Viktoria,
als sie Ende April 1888 zu einem Besuch nach Berlin aufbrach,
sich in dieser Heiratsgeschichte, die Bismarck und der künftige
Kaiser scharf missbilligten, zurückzuhalten und ihre Tochter
möglichst zur Vernunft zu bringen. Das gelang nicht einmal
der Königin. Bismarck kam sehr gut mit ihr aus, und sie fand
ihn ihrerseits entzückend und vernünftig. Zu ihrer freudigen
Überraschung erwies sich Willy als guter Kerl, der keineswegs
wirr, egoistisch, lieblos und ungezogen daherredete, wie ihre
Tochter ihr immer wieder geschrieben hatte.

Die Kaiserin gab nicht auf. Statt den Kaiser zu schonen
und ihm Aufregungen zu ersparen, bearbeitete sie ihn ununter-
terbrochen. Sie nahm in Kauf, ihrem Sohn eine Kanzlerkrise
zuzumuten, sollte er aus Pietät dem letzten Willen seines Vaters, wie sie ihn sich vorstellte, gehorchen. Der Kronprinz und
dann Kaiser Wilhelm II. blieben standhaft. Kaiserin Friedrich
packte ohnmächtige Wut. Kaiser Wilhelm I., Bismarck und
ihr Sohn hatten gesiegt und sie gedemütigt. Sie brach mit Wilhelm dem Tyrannen wegen seiner brutalen Rücksichtslosigkeit
und seines Mangels an Pietät: »Du hast Dich, unter ganz und

gar herzloser Missachtung der Gefühle Deiner Schwester, und genau entgegengesetzt zum Willen Deiner Eltern geweigert, Deine Einwilligung zu ihrer Vermählung mit Prinz Alexander zu geben – einen Prinzen, dessen Tapferkeit nur Bewunderung hervorrufen kann und dessen schlechte Behandlung ihm das Mitgefühl des größten Teils Europas gewonnen hat ... Ich will daher in Zukunft keinen Kontakt mehr mit Dir haben, außer dem absolut notwendigen.« Sie warnte ihn abschließend: »Mangel an kindlicher Demut bleibt nie ungerächt.«

Die Königin Viktoria vergaß sofort wieder alle freundlichen Eindrücke aus Berlin und tobte in Briefen an die Verwandten quer durch Europa über die beiden rohen Autokraten, Bösewichte und Unruhestifter. Die Coburger sämtlicher Länder vereinigten sich in Abscheu, Empörung und Trauer und verstärkten die zunehmenden Verstimmungen zwischen England und Deutschland aufgrund der Unfähigkeit zweier Damen, Persönliches und Politisches auseinanderzuhalten. Dabei legte der tapfere Prinz schon längst keinen Wert mehr auf eine Verbindung mit Moretta. Sandro genoss in der Natur oder der Künstlerin Johanna Loisinger getreuen Armen ein beruhigendes, bürgerliches Liebesglück ohne dazugehörendes Liebesleid. Das pfiffen die Spatzen schon seit Monaten von allen Dächern. Die Kaiserin, in ihren Wahn- und Wunschwelten befangen, schenkte den böswilligen »Lügengeschichten« keinen Glauben. Prinz Alexander legte im Februar 1889 seinen Namen ab, nannte sich fortan Graf Hartenau, heiratete, wurde sehr glücklich und verbrachte im österreich-ungarischen Heer ein unauffälliges Leben. Diesen Bürger in Uniform fühlte die Kronprinzessin zu Höchstem berufen, zu Thronen, Statthalterwürden, auch als Nachfolger Bismarcks schien er ihr denkbar. Doch er war nicht einmal zum ewigen Schürzenjäger begabt. Heim und Herd gewährten ihm unangestrengte Behaglichkeit beim Auskosten der Wonnen, die philiströse Gemütlichkeit verspricht.

Der weltkluge Erzherzog Rudolf – gescheit und gut unterrichtet, wie die Kronprinzessin und Kaiserin schwärmte – erschoss sich am 30. Januar 1889 mit seiner Geliebten, weil es für ihn keinen anderen Ausweg aus selbstverschuldeten Wirren gab. Der Hofmarschall des Prinzen Wilhelm, Major Eduard von Liebenau, ein Vertrauter der Kronprinzessin, der seit der Kasseler Schulzeit auf ihn aufgepasst hatte, musste 1890 wegen geistiger Störungen in eine Anstalt überwiesen werden. Den Vergleich mit diesen für vielversprechend, brillant oder auch nur grundsolide gehaltenen Männern konnte Willy mit seinen Torheiten nach Ansicht seiner Mutter nicht bestehen. Nur vertraut mit sich, mit ihren Gefühlen und Ideen, dem Leid, das ihr widerfuhr, und dem Glück, das sich ihr versagte, täuschte sie sich in den Menschen, die sie mit den Zerrbildern ihrer Eifersucht und den Wünschen ihrer lebhaften Einbildungen verwechselte. In ihrer Person veranschaulicht sich ähnlich wie bei Erzherzog Rudolf oder dem Prinzen Alexander das Dilemma moderner Fürstlichkeiten: ihre Originalität und Individualität mit dem unpersönlichen Typus der Hoheit, des ruhigen repräsentativen Daseins mühelos zu vereinbaren. Nichts ist so schwer, wie ein moderner Fürst zu sein.

III. DER JUNGE KAISER UND DIE ALTEN HERREN

Am 15. Juni 1888 starb Kaiser Friedrich III. Das Wesen der Monarchie, ihre Größe gegenüber der Republik, liegt doch darin, wie Heinrich von Treitschke bei dieser Gelegenheit bemerkte, dass sie menschlicherweise auf eine sehr lange Zukunft rechnen kann. Die ruhige Ordnung der Dinge, unterbrochen durch den Tod zweier Kaiser, stellte sich wieder her. Der junge kaiserliche Herr gelobte in einer ersten Adresse an sein Volk am 18. Juni, ein gerechter und milder Fürst zu sein, Gottesfurcht und Frömmigkeit zu pflegen, den Frieden zu schirmen, die Wohlfahrt des Reiches zu fördern, den Armen und Bedrängten ein Helfer und dem Rechte ein treuer Wächter zu sein. »Es sind Worte, die in jedem Preußenherz ihren Widerhall finden. Das ist die alte Sprache des Staates, dessen dreifache Losung einst Boyen mit den Worten bezeichnete: Recht, Licht und Schwert«, versicherte Treitschke seinen Studenten: »Wir wissen jetzt, dass der gute Geist der wilhelminischen Zeiten dem Reiche unverloren bleibt.« Ganz im Sinne der alten monarchischen Devise *dignitas non moritur*, die Krone ist unsterblich, das Amt steht über den unbeständigen Zeiten, durfte die Welt erfahren, »dass der deutsche Kaiser nicht stirbt, wer immer seine Krone tragen mag«. Die Jugend des Kaisers erlaubte es, mit einer langen Zukunft rechnen zu dürfen.

Der Historiograph Preußens drückte feierlich aus, was die meisten Deutschen fühlten. In Preußen wie im übrigen Reich brachen Tage froher Erwartung an. Friedrich III. wurde überhaupt nicht vermisst. Während der langen Jahre des unruhigen Abwartens, des trüben Stilllebens im Potsdamer Neuen Palais »verlor der Kronprinz zuweilen die Fühlung mit der gewaltig aufstrebenden Zeit und konnte ihren neuen Gedanken nicht mehr recht folgen«, resümierte Heinrich von Treitschke – kaum noch die gebotene Pietät wahrend – verbreitete Einwände, die es nahelegten, die Trauer nicht zu übertreiben. An Wilhelm II. fiel seine Jugend auf wie ein Versprechen von Kraft und Mut,

denn »feurig und tatkräftig« wünschten sich die Deutschen ihren Herrscher. Dabei war er mit 29 Jahren gar nicht auffällig
jung. Königin Viktoria und Kaiser Franz Joseph waren 18, als
sie die Regierung 1837 beziehungsweise 1848 antraten, Kaiser
Nikolaus I. von Russland war 28 Jahre alt bei der Krönung im
Jahre 1825. Die Witwe Ferdinands VII. von Spanien, Maria
Christina, übernahm mit 27 Jahren 1833 die Regentschaft für
ihre Tochter Isabella II., die Witwe Alfons' XII.; Maria Christina, eine geborene Erzherzogin, führte mit 27 Jahren seit 1885
für den minderjährigen Alfons XIII. die Geschäfte. Als Georg I.
1863 zum König der Hellenen gewählt wurde, war er 18, der
katholische Hohenzoller Karl, den die Rumänen 1866 zu ihrem
Großfürsten Carol bestimmten, 27, Pedro V. von Portugal hatte
bei seinem Regierungsantritt 1855 das 18. Lebensjahr erreicht,
sein Bruder Luis folgte ihm 1861 mit 23 Jahren nach. Königin
Wilhelmina der Niederlande trat die Regierung 1898 ebenfalls
mit 18 an, Nikolaus II. 1894 mit 26 und Alexander von Battenberg begann seine großfürstliche Epoche 1879 mit 22 Jahren.

Ein junger Monarch war also durchaus nicht ungewöhnlich.
Jung wirkte Wilhelm II. allerdings im Vergleich zu den fürstlichen Rauschebärten in Bayern, Württemberg oder Baden und
den alten bis uralten Beamten, Offizieren und Abgeordneten.
Das Deutsche Reich, in dem durch die Einigung ungemeine
Energien freigesetzt worden waren, ein neues Deutschland zu
schaffen, wurde von Greisen regiert und verwaltet. Die Acht-
undvierziger, ganz gleich auf welcher Seite der Barrikade sie
einst gestanden haben mochten, feierten sich nach einem langen Marsch durch die Institutionen als Gründungsheroen des
konstitutionellen, einigen und freiheitlichen Deutschland und
kamen sich dementsprechend unersetzlich vor. Um den Nachwuchs hatten sie sich nicht sonderlich gekümmert. Die Jugend,
der das Reich zur Selbstverständlichkeit geworden war, verlangte nach neuen Ideen; insofern setzte sie ihre Hoffnungen

in Wilhelm II. Da jung auch einen despektierlichen Nebenton haben konnte, wurde das Adjektiv »jugendlich« ersonnen, um die Besonderheit des Kaisers treffend und positiv zu charakterisieren. Jugendlich wirkte sein Temperament, die Unbefangenheit in mühelosem Umgang mit jedermann, die unverkrampfte Freude an festlichen Lebensformen, an Sport, Spiel, Kameradschaft und unkomplizierter Geselligkeit. Seine schlanke, sportliche Figur, selten sitzend, stets in Bewegung, die lebhaften Gesten beim Reden, die Zigarette zwischen den Fingern, der Verzicht auf den Vollbart, modische Verspieltheiten in der Garderobe, auch bei Uniformen, unterschieden Wilhelm von den feierlichen alten Herren und machten ihn zu einem Zeitgenossen des jungen Deutschland mit den überfeinen Nerven der gleichwohl Spätgeborenen.

Sein ungewöhnlicher Schnurrbart, den er sich alsbald zulegte, war ein durch und durch modernes Accessoire der Stilisierung. Diego Velázquez begeisterte damals Maler, Kunstkenner und Kunsthistoriker. Philipp IV. von Spanien, der König »dieses Malers, wenn es je einen gab«, wie der Bonner Professor Carl Justi den Spanier pries, mit dem er sich ausdauernd beschäftigte, trug diesen aufgezwirbelten Schnurrbart. Velázquez glich sich ihm an. Für ihn, zuletzt Oberhofmarschall Philipps IV., war Königsdienst ein Gottesdienst. Er malte nur, wenn der König es befahl, und dann fast nur Porträts der Majestäten oder Infanten. Der Schnurrbart des Kaisers, eine modische Arabeske, zeigte, dass er geschmacklich auf der Höhe der Zeit war. Zugleich gab er damit einen Hinweis auf die Idee des Königtums, von deren Macht Velázquez wie sein Herrscher überwältigt waren. Wilhelm Maurenbrecher hatte den Prinzen Wilhelm auch mit den klugen Königen Spaniens vertraut gemacht. Die Fähigkeit Wilhelms II., mit beziehungsreichen Assoziationen zu spielen, machte ihn von vornherein interessant in der Epoche des Interessanten. Eine europäische Figur war Ludwig II. von Bayern geworden – 1887 tödlich verunglückt am oder im Starnberger See –, der souverän in den Reichen seiner Phantasie herrschte. Verlaine erhöhte diesen königlichen Künstler, der wie Achill am Skäischen Tor fallend sein Schicksal erfüllte, feierlich zum Opfer einer schnöden Welt der Zwecke und der Vernutzung. Ludwig II. und das Königtum waren so gesehen ein Symbol für die Tatsache, dass in den dürftigen Zeiten der Industrialisierung auch das Schöne sterben muss, die souveräne Kunst erniedrigt wird wie der souveräne König, der vielleicht noch herrschen, aber auf keinen Fall mehr regieren darf.

Der König und Kaiser Wilhelm II. wollte sich nicht mit symbolischem Ästhetizismus begnügen. Preußen hatte das Reich geschaffen. Der König von Preußen war der einzige Souverän im Reich und deshalb Deutscher Kaiser. Am 25. Juni 1888 versammelten sich zur Eröffnung des Reichstages im Weißen Saal des Berliner Schlosses die »Reichsboten«, die Abgeordneten, und die Bundesfürsten. Dieser Akt ersetzte die in Preußen ohnehin unübliche Krönung oder festliche Inthronisation. Der Regierungsantritt des Kaisers war also mit einigen Tropfen demokratischen Öls versehen, die Ludwig Uhland 1848 für unentbehrlich hielt im modernen Königtum. Gleichsam vor dem deutschen Volke legte der Deutsche Kaiser ein Bekenntnis zur Verfassung ab und zu seiner vornehmsten Pflicht, diese zu wahren und vor allem die Rechte der Mitbestimmung zu achten, die sie den beiden gesetzgebenden Einrichtungen, dem Bundesrat und dem Reichstag, und damit indirekt jedem Deutschen, einräumte. Sein Großvater Wilhelm I. hatte mit der sozialpolitischen Botschaft vom November 1881 Wege gewiesen, die inneren Widersprüche der gesellschaftlichen Verfassung zu mildern und gerade der arbeitenden Bevölkerung Schutz zu gewähren vor Ungerechtigkeiten und Benachteiligung: »Ich hoffe, dass es gelingen werde, auf diesem Wege der Ausgleichung ungesunder gesellschaftlicher Gegensätze näherzukommen, und hege die Zuversicht, dass ich zur Pflege der inneren Wohlfahrt die einhellige Unterstützung aller treuen Anhänger des Reiches und seiner verbündeten Regierungen finden werde, ohne Trennung nach gesonderter Parteistellung. Ebenso aber halte ich es für geboten, unsere staatliche und gesellschaftliche Entwicklung in den Bahnen der Gesetzlichkeit zu erhalten und allen Bestrebungen, welche den Zweck und die Wirkung haben, die staatliche Ordnung zu untergraben, mit Festigkeit entgegenzutreten.«

Die von Fürst Bismarck entworfene Thronrede Kaiser Wilhelms II. rückte die soziale Frage in den Mittelpunkt. Die Sozialpolitik wurde mit Hinweis auf Wilhelm I. in eine Tradition gestellt, die es vorsichtig weiterzuführen galt, um die Arbeiter zu beruhigen, für den Staat zu gewinnen und von der Sozialdemokratie abzulenken. In wohlabgewogenen Sätzen verknüpfte der Reichskanzler die politische Absicht des Kaisers, ein *Roi de gueux*, ein König der Armen zu sein, mit seiner Politik, die Sozialdemokratie zu unterdrücken. Der Kaiser misstraute – trotz seiner Ungeduld mit sozialistischen Tendenzen – einer ausschließlich repressiven Politik, seit die Sozialistengesetze deren Erfolglosigkeit bewiesen hatten. Bismarck dagegen hielt weitere Reformen für ein Zeichen der Schwäche, für Zugeständnisse an den Reichs- und Gesellschaftsfeind, der umso begehrlicher würde, je verständnisvoller man auf seine Forderungen einginge.

Im Zuge der deutschen Einigung hatte Bismarck vorübergehend mit Lassalle und den Sozialdemokraten kokettiert. Noch 1881 hatte er im Sinne Wilhelms I. in einer Botschaft zur sozialen Frage den Kaiser sagen lassen, dass »die Heilung der sozialen Schäden nicht ausschließlich im Wege der Repression der sozialdemokratischen Ausschreitungen, sondern gleichmäßig auf dem der positiven Förderung des Wohles der Arbeiter zu suchen sein werde«. Damals wurden die Alters-, Invaliditäts- und Krankenkassen gegründet, damals begann jene Sozial-

politik, die den Opfern ungehemmter Wirtschaftsfreiheit eine,
wenn auch noch sehr bescheidene, Sicherheit versprach. Kaiser
Wilhelm I. sah sie durchaus im Einklang mit Überlieferungen
seines Hauses, das von Gott eingesetzte Königtum als ein Volks-
königtum aufzufassen, um dem »gemeinen Mann« den Staat,
dem alle zu dienen haben, nicht nur als eine befehlende, sondern auch wohltätige Macht bemerkbar zu machen. Doch es
mangelte Bismarck bald an Geduld und Phantasie, auf diesem
Wege fortzuschreiten und den Elan der Sozialisten durch eine
umfassende Sozialpolitik auf den Staat hinzulenken oder deren
revolutionären Geist auf diese Weise zumindest zu dämpfen.

SOZIALE GERECHTIGKEIT ALS LEITSTERN

Wilhelm II. vertraute darauf, die Emanzipation der Arbeiterschaft, die längst in vollem Gange war, ruhig fortzuentwi-
ckeln, wie seine Vorfahren die Emanzipation des Bürgertums
gefördert und den Bürger als Staatsbürger in den königlichen
Staat eingebunden hatten. In Analogie dazu hoffte der Kaiser,
den Arbeiter aus seiner Staatsfremdheit dadurch herauszulö-
sen und ihn dem Staatsinteresse anzunähern, dass er eben den
Staat nicht allein als Zwingherrn, sondern auch als Befreier
und Beschützer erlebte. Fürst Bismarck sprach als Wirtschafts-
politiker vom Druck der Konkurrenz, von zu hohen Löhnen
und Sozialabgaben, die es der deutschen Industrie erschwerten, sich im globalen Wettbewerb zu behaupten. Der Kaiser
befand sich, von seinen Bonner Kathedersozialisten oder dem
christlich-sozialen Adolf Stoecker vorgeprägt, im Einklang mit
neuen Strömungen, die unter dem Eindruck des Sozialismus an
die Sozialpflichtigkeit des Eigentums erinnerten und die freie
Wirtschaft einer vom Staat ausgeübten sittlichen Kontrolle unterordnen wollten.

Ist der Staat wie bei Hegel, der immer an den konkreten, den preußischen Staat dachte, die Wirklichkeit der sittlichen Idee, dann kann er als Rechts- und Kulturstaat nicht darauf verzichten, sich zum Sozialstaat zu erweitern, in dem die überparteiliche Krone und die Bürokratie für soziale Gerechtigkeit sorgen. Es ist der Staat, der die Klassengegensätze abschwächt, der mit gerechter Hand die Schwachen schützt, die unteren Klassen hebt und es ihnen ermöglicht, sich zu bilden. Gesetz und Recht, sozialer Ausgleich und ein sich ergänzendes Bildungssystem von der Volksschule über die höheren Lehranstalten bis zur Universität schaffen den Sozialstaat, in dem jeder zu seiner höchsten Bestimmung gelangt, sich zum Menschen zu bilden. In diesem Sinne sahen die »Bildungssozialisten« – die Kathedersozialisten, die Christlich-Sozialen oder die National-Sozialen um den Pfarrer Naumann – in der Arbeiterfrage eine sittliche Frage. Sie alle vertrauten darauf, dass die Monarchie eher und besser als jede parlamentarische Parteiregierung zum sozialen Ausgleich und zur Verhütung des Klassenkampfes fähig sei.

Dieser »Bourgeois-Sozialismus«, geprägt von Gustav von Schmoller über Lujo Brentano bis hin zu Werner Sombart, fand unter Professoren, Studenten, Pfarrern und Literaten zunehmende Aufmerksamkeit bei dem Bestreben, die Kluft zwischen den bürgerlichen Sozialreformern und den Arbeiterorganisationen zu überbrücken. Unterstützung boten der 1891 von Adolf von Harnack gegründete Evangelisch-Soziale Kongress und der Volksverein für das Katholische Deutschland, aus dem die Anregungen für die Sozialenzyklika *Rerum novarum* kamen, die Papst Leo XIII. 1891 verkündete. Sie alle suchten einen Dritten Weg zwischen Kapitalismus und Sozialismus und verwarfen die liberalen Schlagworte »Jeder ist seines Glückes Schmied«, »Wer will, der kann« oder »Freie Bahn dem Tüchtigen« als unzulängliche Phrasen. Es ging gar nicht darum, den Liberalismus zu überwinden (auch der politische, antiliberale Katholizismus brauchte die politisch-rechtlichen Errungenschaften und wollte auf sie keinesfalls verzichten); es ging lediglich darum, ihn zu zügeln mit einer Wirtschaftsordnung, als deren Leitstern die soziale Gerechtigkeit leuchtete, wie sich Otto Hintze ausdrückte, ein preußischer Sozialhistoriker, der ebenfalls von den Vorzügen des monarchischen Konstitutionalismus überzeugt war.

Die von vornherein unterschiedlichen und miteinander kaum zu vereinbarenden Auffassungen Bismarcks und des Kaisers ergaben sich nicht einfach aus verschiedenen Temperamenten, aus der Reizbarkeit des Alters oder der Ungeduld der Jugend. Eine neue Politik erweiterte die herkömmliche: eine umfassende Sozial- und Gesellschaftspolitik, deren Konzepte in der Auseinandersetzung mit dem Sozialismus und den sozialistischen Bewegungen gewonnen wurden. Hatte zwei Generationen früher liberales Gedankengut alle geistigen und gesellschaftlichen Bestrebungen eingefärbt, so war es jetzt, zumindest in Deutschland und unter dessen Einfluss auch in Österreich (nicht in Ungarn), der Sozialismus, der in mannigfachen Brechungen selbst Konservative aller Schattierungen erreichte und sie für eine Symbiose von Preußentum und Sozialismus oder in Österreich von Kirche, Krone und Volk erwärmte. Anders als der störrische, alte Bismarck glaubte, ließ sich der Sozialismus mit Gewalt nicht mehr unterdrücken. Als eine tatsächlich sehr preußische Bewegung, verknüpft mit der Weimarer Klassik und der Philosophie des deutschen Idealismus, die beide von Berlin aus den Deutschen und dem übrigen Europa verkündet wurden, ließ er sich nicht mehr vollständig verdammen, was ja bedeutet hätte, auch Goethe und Hegel zu verwerfen, wozu nur leidenschaftlich borniert Ultramontane, von denen es sehr wenige in Deutschland gab, bereit waren.

Wilhelm II. scheiterte mit seiner Absicht, über erfolgreiche Sozialreformen die Anziehungskraft der Sozialdemokratie erheblich zu schwächen. Zu seinem Verdruss wurde sie während

seiner Regierungszeit zur stärksten Partei in Deutschland, die
eine revolutionäre Phraseologie pflegte, es sich aber insgesamt
unter dem Schutz sozialer Sicherheit und eines bescheidenen
Wohlstandes alsbald bequem machte. Als der Historiker Johannes Haller 1890 zum Studium nach Berlin kam, besuchte er
sozialdemokratische Veranstaltungen. Wie viele junge Leute
beschäftigte ihn die soziale Frage. Er sah einmal in einem Bier-
garten Arbeiter die Internationale singen und verlor dabei jede
Furcht vor deren revolutionärem Eifer. Sie hatten nämlich ein
Liederbuch in der Hand: »Wer die Worte seines Glaubensbekenntnisses nicht einmal auswendig weiß und die Noten
braucht, der wird nicht handeln.« 1898 sprach Kaiser Wilhelm
gar nicht viel anders in der Technischen Hochschule in Charlottenburg. Solche Institutionen der Wissenschaft und der Praxis hätten neben den technischen Aufgaben bedeutende soziale
Aufgaben zu erfüllen. Doch in sozialer Beziehung würden sie
aus Angst vor dem Sozialismus vollkommen versagen, wie er
den versammelten Professoren vorwarf. Diese Angst sei völlig
übertrieben: »Die Sozialdemokratie betrachte ich als eine vorübergehende Erscheinung; sie wird sich austoben.« Der Kaiser
überschätzte nicht die Gefahren, die viele Bürger mit der Sozialdemokratie verbanden; deshalb beabsichtigte er auch nicht,
sie zu verfolgen und zu unterdrücken. Graf Waldersee war es,
der ein paar Jahre zuvor die Tatsache bedauert hatte, dass dieser
Kaiser es niemals erlauben würde, auf Sozialdemokraten zu
schießen trotz mancher markiger Worte.

Der Kaiser, der immer wieder entschiedene Gesten machen
musste, um ängstliche Bürger und Bourgeois-Aristokraten in
den Parteien zu beruhigen, die ihn unter Druck setzen wollten, spürte als hellwacher Redner, dass die Sozialdemokraten,
integriert in die bürgerlich-parlamentarischen Rituale, nur
noch Floskeln gebrauchten. Die Revolution und das mit ihr
verbundene Gericht über Gut und Böse rückte wie das Ende

der Zeiten und das Jüngste Gericht bei den frühen Christen in immer größere Ferne; sie wurde zur bloßen Idee, die Sozialdemokraten so wenig aufregte wie das Jüngste Gericht verbürgerlichte Christen. Aber die SPD war keine vorübergehende Erscheinung, darin irrte sich der Kaiser. Recht hatte er damit, dass sie als revolutionäre Kraft ein vorübergehendes, nicht mehr zu fürchtendes Phänomen war. Davon konnte er weder verunsicherte Bourgeois-Aristokraten als Agrarunternehmer in Preußen noch die anderen Unternehmer oder bürgerlichen Aktienbesitzer überzeugen, die als Privatiers und Particuliers von Zinseszinsen lebten. Die besserverdienenden Freunde der Ordnung bekamen Schüttelfrost, sobald sie die Worte Vermögenssteuer, Einkommenssteuer oder Erbschaftssteuer hörten, Begriffe, die den Kaiser nicht einschüchterten. Sie fürchteten sofort Sozialismus, weil sie soziale Gerechtigkeit für ein ideologisches und dazu noch unbezahlbares Vorurteil hielten, das die staatserhaltenden Klassen in den Ruin stürze.

Die aufrichtigsten Anhänger der Monarchie, die eine Republik möglichst vermeiden wollten, waren im Herbst 1918 die Sozialdemokraten Friedrich Ebert, Philipp Scheidemann und Gustav Noske. Die Politik, den Klassenkampf durch sozialen Ausgleich zu verhindern, sollte sich also bewähren. Hätten der Kaiser und seine Berater gründlicher Friedrich Engels gelesen, wäre manches törichte Wort über die vaterlandslosen Gesellen erst recht völlig überflüssig gewesen. Engels hatte schon 1891 klargemacht, dass der deutsche Arbeiter sich in einem Krieg des Reiches mit Frankreich und Russland selbstverständlich für die Rettung des Vaterlandes schlagen werde: »Dann kämpft Deutschland einfach um seine Existenz.« Aber Deutschland ist dann auch der Kämpfer für die Freiheit, die Frankreich zusammen mit den Russen verrät. In der internationalen Arbeiterbewegung nimmt das sozialistische Deutschland »den vordersten, den ehrenvollsten, den verantwortlichen Posten« ein;

ein Krieg gegen Deutschland ist unter diesen Bedingungen ein Krieg gegen die stärkste und schlagfertigste sozialdemokratische Partei in Europa. Wird Deutschland von Ost und West angegriffen, geht es um die nationale Existenz und für die SPD um die Behauptung ihrer Position und Zukunft. Der Sozialismus ist kein französisches Redekunstwerk mehr, sondern eine ernste, deutsche Philosophie der Wirklichkeit. Darauf waren deutsche Sozialisten stolz, die zu vollenden hofften, was Schiller, Goethe und Hegel vorbereitet hatten. Es gab also genug Anknüpfungspunkte, um mit ihnen ins Gespräch zu kommen, wäre das Bürgertum, das sich als diskutierende Klasse versteht und Machtfragen möglichst in ein ewiges Gespräch auflösen möchte, seiner ureigenen Ideologie gefolgt.

Fürst Bismarck war kein Bürger. Er hielt es für selbstverständlich, dass eine Institution oder Person berechtigt sein muss, das Gespräch zu unterbrechen oder zu beenden. Sein Kampf gegen den Sozialismus blieb indes so erfolglos wie sein Kampf gegen den Katholizismus. Der Kulturkampf gegen die Katholische Kirche musste ab 1878 eingestellt werden; die gröbsten Schäden wurden nach und nach behoben. Nur ganz bornierte Konservative waren 1890 noch bereit, Gewalt für die beste Antwort auf die Sozialisten zu halten. Die Methode Bismarcks, innere Gegner wie auswärtige Feinde zu behandeln, sie zu bedrohen, zu isolieren und dann plötzlich Kompromisse mit ihnen zu schließen, wie mit den Katholiken praktiziert und in sanfteren Formen auch mit den Liberalen, erschien der jüngeren Generation, die sich von Wilhelm II. repräsentiert sah, immer fragwürdiger. Statt die innere Einheit des Reiches zu vollenden, die sie und der Kaiser als die wichtigste gemeinsame Aufgabe begriffen, spaltete und trennte der Kanzler. Der brillante Diplomat verstand es nicht, Hannoveranern, Elsässern, Polen oder Dänen einen angenehmen Platz im Reich zu verschaffen, der es ihnen erlaubte, in ihm zu bleiben, was

sie waren, und darüber eine Loyalität zu Deutschland zu entwickeln. In einem unvermeidlich konfessionell gespaltenen
Reich verdächtigte Bismarck mehr als ein Drittel aller Deutschen, jesuitische Internationalisten zu sein und die deutschen
Interessen im Einverständnis mit ihren grenzüberschreitenden
katholischen Gesinnungsgenossen zu verraten. Liberale Freunde wissenschaftlicher Erleuchtung unterstützten ihn dabei. Die
leidenschaftlichen Antijesuiten, wie die meisten Berliner Professoren angeführt von Rudolf Virchow und Theodor Mommsen, witterten in jedem Katholiken einen Dunkelmann.

Der entfesselte Antiklerikalismus Bismarcks und der Liberalen, der hemmungslose Antisozialismus Bismarcks und der
Konservativen, aber auch der Nationalliberalen, diese resolute
Abwehr internationaler Verschwörungen oder dessen, was man
dafür hielt, bereitete dem Antisemitismus der Kleinbürger den
Weg, die nun ihrerseits einen internationalen Feind, der sie zu
bedrängen schien, auszuschalten gedachten. Deutschland war
im Sommer 1888, als Wilhelm II. Kaiser wurde, ein unfriedli-
ches, zersplittertes Reich, wegen des Kanzlers erbitterter und
erfolgloser Feldzüge im Inneren und wegen eines Konservativismus, der gar nicht wusste, was er eigentlich bewahren wollte,
weil ihm alles auf einmal unsympathisch war: der Liberalismus,
der Katholizismus und der Sozialismus. Konservative zogen
sich resigniert auf das Preußentum zurück, ohne sich aber über
dessen Inhalt sicher zu sein, wenn der preußische König zugleich Deutscher Kaiser und der preußische Ministerpräsident
auch Reichskanzler war. Kaiser Friedrich und seine Frau, die
Bismarck für ein Verhängnis hielten und die Juden, im Unterschied zu den Katholiken, für ein belebendes nationales Element, fürchteten die Jesuiten, die Sozialisten, die internationalen Mächte, aber nicht das internationale Kapital. Sie gehörten
mit Bismarck, von dem sie sich nie hatten befreien können,
weil sie von ihm gebannt waren gerade als dessen Feinde, zu

einer überlebten Welt, deren Rezepte nichts mehr taugten. Ein junges Deutschland strebte hinaus aus den lähmenden Kontroverstheologien – auch der Liberalismus kann in trostloser Orthodoxie erstarren – und setzte alle Hoffnungen auf den Kaiser, den es sich zum »jugendlichen« Kaiser stilisierte, der versöhnend und nicht weiter spaltend wirken werde.

Am 5. März 1890 hieß Wilhelm II. in einer Rede vor den brandenburgischen Provinzialständen jeden willkommen, wer auch immer es sein mochte, der ihm in seinen Regierungsaufgaben behilflich sein wolle: »Wer sich mir aber widersetzt, den zerschmettere ich!« Diese Warnung oder Drohung richtete sich nicht gegen oppositionelle Kräfte schlechthin, etwa gegen die Sozialdemokraten, sondern unmittelbar gegen den Reichskanzler und dessen Sohn Herbert. Fürst Bismarck ließ sich davon nicht einschüchtern. Aber trotzig verzichtete er auf jede Eleganz in der weiteren Auseinandersetzung mit dem Kaiser, was bestätigt, wie überrascht er war, auf einen festen Willen zu stoßen, den er nicht brechen konnte, wie er beabsichtigt hatte. Wilhelm II. erwog anfänglich, Bismarck wenigstens als Außenminister zu behalten. Denn in der »großen Politik« gab es keine grundsätzlichen Differenzen zwischen beiden. Der Autokrat Bismarck, im Alter kaum noch bereit, auf den alten Kaiser Rücksicht zu nehmen, wäre allerdings gar nicht fähig gewesen, mit einem anderen Reichskanzler zusammenzuarbeiten, wie es andererseits keinem Kanzler zuzumuten gewesen wäre, diesen mittlerweile unberechenbaren, zornigen alten Mann zu ertragen, der es nicht gewöhnt war, sich einem Kollegium einzufügen oder einem Gesamtwillen zu beugen. Außerdem regten sich in den Organen der Reichsverwaltung und in den preußischen Ministerien unter dem Eindruck der ersten Spannungen zwischen dem Kanzler und dem Kaiser der Freiheit ungeheuere Gefühle, und das hieß: einem stürzenden Quälgeist nicht rettend beizuspringen.

ZWISCHEN PREUSSEN UND DEM REICH

Bismarck hielt die Idee des sozialen Königtums für die Effekthascherei eines sentimentalen Schwärmers, der auf dem Thron
nichts zu suchen habe – es sei denn, er würde sich einer gründlichen Umerziehung fügen und die Scheu ablegen, unter Umständen auch die Verfassung zu brechen, um jene Elemente, die
auf Umsturz sannen, ein für alle Male zu zerschmettern. Der
Bruch war unvermeidlich. Wilhelm II. konnte dem Fürsten
Bismarck am 20. März 1890 sein Vertrauen aber nur entziehen, weil er das preußische Kabinett hinter sich wusste und der
Kanzler im Reichstag über keine Mehrheit verfügte. Bismarck
hatte sich überlebt. Mit einem Anspruch Wilhelms, nun sein
eigener Kanzler zu sein, hatte die Entscheidung, Bismarck zu
entlassen, nichts zu tun. Der König und Kaiser zog nur die notwendigen Konsequenzen aus einer irreparablen Situation zur
Erleichterung des preußischen Kabinetts, des Reichstags und
der Öffentlichkeit. Die Berliner feierten frenetisch den Entlas-
senen, aus Dankbarkeit für seine Leistungen in der Vergangenheit, und sie jubelten begeistert auch dem Kaiser zu, wenn er
sich unter ihnen zeigte, als Repräsentanten der ersehnten neu-
en Ära. In dem 1831 geborenen General Leo von Caprivi fand
Wilhelm den unabhängigen, konzilianten und undoktrinären
Kanzler, der eine Politik der Versöhnung einleiten konnte,
ohne deshalb den Sozialismus zu verharmlosen. Anders als Bismarck hielt Caprivi nichts davon, die Sozialdemokraten nur zu
bekämpfen, vielmehr, meinte er, müssten deren Gegner ihnen
entgegenkommen. Dass er keine feste Mehrheit im Reichstag
besaß, bekümmerte ihn nicht sonderlich. Leo von Caprivi hielt
es in einem monarchischen Staat für ausgesprochen schädlich,
wenn sich die Regierung immer auf dieselbe Parteienkonstel-
lation stützte. Er zog es vor, das Gute zu nehmen, von welcher
Seite auch immer es kam oder angeboten wurde.

Das bedeutete für ihn, vor allem die Beziehungen zum Zentrum zu entspannen, die katholische Partei eben nicht mehr als Reichsfeind zu behandeln, sondern in die politischen Kombinationen mit einzubeziehen. Diese Unbefangenheit erleichterte nicht gerade die Beziehungen zu den antiklerikalen Liberalen aller Schattierungen, auch nicht zu den Konservativen. Diese misstrauten weniger aus religiösen Gründen den Katholiken – auch sie bekannten sich zum christlichen Staat –, als vielmehr aus sozialen. Die Konservativen fürchteten im Zentrum eine unzuverlässige Volkspartei. Denn die Agrarunternehmer verwechselten ihre wirtschaftlichen Interessen mit dem Allgemeinwohl, woran sie von den Sozialpolitikern im Zentrum beharrlich erinnert wurden. Außerdem verloren jene angeblich staatstragenden Elemente sofort die Geduld mit dem zum Beamtenadel ohne Grundbesitz gehörenden Leo von Caprivi, der es nicht verschmähte, zuweilen auch auf die Stimmen der SPD zu rechnen. Die Konservativen erschraken heftig und fürchteten gleich das Hinübergleiten in die Demokratie. Caprivi erinnerte sie dann daran, dass gerade im Hinblick auf einen künftigen Krieg, der lange dauern und wegen der neuen technischen Mittel gar nicht mehr mit den früheren zu vergleichen sein würde, die Krone und der Staat auf die entschlossene Mitarbeit des Volkes angewiesen seien, auf eine Mitarbeit nicht nur der Hände – die kann zur Not erzwungen werden –, sondern auf eine Mitarbeit, die sich Zustimmung und Loyalität verdankt. Reine Konfrontation erschien ihm unfruchtbar, ja, unter solchen Gesichtspunkten verwerflich. Einen gemeinsamen nationalen Geist schätzte er als die sicherste Voraussetzung für die Einheit des Reiches und einer *volonté generale*, die sich im Zusammenspiel von Regierung und Parteien im Parlament bei der Diskussion vieler Meinungen bilden mochte.

Um sich diesem Ziel erfolgreich annähern zu können, musste allerdings der Monarch bereit sein, mit seiner Autorität den von ihm ernannten Kanzler zu unterstützen bei der Bemühung, die erforderlichen Mehrheiten zu finden. Der Monarch konnte unter solchen Bedingungen nicht nur zuschauen, wie der Kanzler seines Vertrauens handelte. Er hatte gegebenenfalls einzugreifen, damit sich ein allgemeiner Wille forme, in dem sich die Reichseinheit eindrucksvoll bekundete, die er als Kaiser repräsentierte. Die Vielzahl der Parteien im Reichstag vermittelte ein Bild von Zwietracht und Uneinigkeit. Caprivi dachte daher keineswegs an die weitere Parlamentarisierung des Reiches. Nicht vom zerstrittenen Reichstag war die Manifestation des gemeinsamen Willens zu erwarten, sondern die Regierung stellte ihn her, sie koordinierte, vereinte und ermöglichte durch Druck oder Überredung die Kompromisse, in denen sich ein überparteilicher Konsens ausdrückte. Kaiser und Reichskanzler, »die Krone« als Sinnbild der Eintracht, überwanden die Widerstände und Meinungsverschiedenheiten, zumindest in der Idee. Mit den altliberalen Klischees vom Obrigkeitsstaat hatte das wenig zu tun. Eine Regierung gegen den Reichstag war praktisch unmöglich, zumal dem Gesetzgeber – Reichstag und Bundesrat – im Zuge des inneren Ausbaus des Reiches und des damit verbundenen Regelungsbedarfs wachsende Mitsprache eingeräumt werden musste.

Die zähen Verhandlungen zwischen den Parteien, deren oft schroffe Interessenvertretung, die Mühen, zu einem Ausgleich zu gelangen, bedeuteten nicht, dass das Reich aufgrund eines unvollkommenen Parlamentarismus unregierbar gewesen wäre. Sie zeigten bloß, dass die Demokratisierung auch im monarchischen Deutschland das Regieren veränderte. Frankreich mochte eine Republik sein, doch der unübersichtliche parlamentarische Alltag in der französischen Nationalversammlung unterschied sich überhaupt nicht von den Verhältnissen im Reichstag. Ein gewisser Verdruss über die »Parteienwirtschaft« und die Absprachen der »Bierbankpolitiker« im »Wallotbräu«, wie die

Berliner den Reichstag nannten, war kein spezifisch deutsches Phänomen. Die französischen Parteien in der um 1890 noch nicht gefestigten Republik waren keineswegs angesehen. Sie galten als verantwortlich für Korruption, Misswirtschaft und Skandale, abhängig von Industriellen oder Bankiers, die sich ihre Abgeordneten kauften oder Wahlfälschungen veranlassten. In Italien gab es, im Gegensatz zu Deutschland, die parlamentarische Ministerverantwortlichkeit. Aber das italienische Parlament, von nur zwei Prozent der Bevölkerung gewählt, repräsentierte die kleine Schicht der liberalen Bourgeoisie, die noch nicht einmal zu heucheln versuchte, dass sie das Volk oder die Nation vertrete. Das wirkliche Leben sah oft anders aus, als die politische Theorie glauben machte.

Sämtliche Bürger Europas plagte die Angst vor dem Sozialismus. Nach Attentaten und Terroranschlägen wurde immer wieder überlegt, wie man mit Sondergesetzen diese Gefahr ersticken könne. Unter Caprivi wie unter seinem Nachfolger Fürst Chlodwig von Hohenlohe-Schillingsfürst gab es immer wieder Versuche, mit verschärften Gesetzen die Sozialdemokratie in ihren Organisationsformen zu behindern. Die sogenannte Umsturzvorlage und später die Zuchthausvorlage gegen die Umtriebe der die soziale Ruhe gefährdenden Elemente fanden nach heftigen Diskussionen keine Mehrheit. Der Rechtsstaat war so selbstverständlich geworden, dass man verbriefte Rechte wie die Vereins- und Versammlungsfreiheit nicht wieder einschränken konnte. Der Versuch, mit den Möglichkeiten des Rechtsstaates diesen zu untergraben, erregte im Übrigen die Bildungsbürger, die um die Freiheit des Geistes, ihr wichtigstes Gut, bangten. Heftig protestierten sie dagegen, Anhänger politisch-philosophischer Vorstellungen, die freilich vielen nicht bequem waren, pauschal des Umsturzes der öffentlichen Ordnung zu verdächtigen. Das Erfurter Programm der SPD von 1891 verwarf den liberalen Parlamentarismus als bourgeoisen, kapitalistischen Betrug. Aber deswegen galt die SPD unter Akademikern noch lange nicht als terroristische Vereinigung, die man beobachten, kontrollieren und aus allgemeinen Sicherheitserwägungen in ihrer Bewegungsfreiheit hätte einschränken müssen. Die Akademiker repräsentierten die sittlichen Ideen, die dem Staat zu seiner wohltätigen Wirksamkeit verhelfen sollten. Ihr Protest konnte nicht überhört werden. Die öffentliche Meinung war längst so mächtig geworden, dass nicht mehr gegen ihren energischen Einspruch zu regieren war.

Sie äußerte sich im Parlament. Sie machte sich aber zunehmend auch außerparlamentarisch bemerkbar, in den Gewerkschaften, konfessionellen Vereinen oder den großen Interessenverbänden der Unternehmer, der Landwirte und bald der organisierten Angestellten. Die zahllosen Vereine und Verbände – ein Hinweis auf die hoch entwickelte soziale Differenzierung und politische Mobilisierbarkeit der Deutschen – warben um Aufmerksamkeit für ihre besonderen »Anliegen«, sie suchten aber auch den Einfluss auf die Parteien und auf die Verwaltung. Noch während sich der »Parteienstaat« zaghaft entwickelte, wurde das Reich schon zu einem »Verbändestaat«, für den es im übrigen Europa keinen Vergleich gab. Der sogenannte Obrigkeitsstaat konnte sich der Verbände für seine Zwecke bedienen in der Auseinandersetzung mit den Parteien. Aber insgesamt fand er sich ständig herausgefordert von Bewegungen, Aktionen und Forderungen der sich verselbständigenden Öffentlichkeit. Zur Obrigkeit und zum Staat gehörte schließlich das Recht. Der Staat, der auf dem Recht ruhte, musste sich an seine eigenen Voraussetzungen halten, und das Recht garantierte Freiheiten. Von dieser Verheißung machten im Deutschen Reich immer mehr Staatsbürger Gebrauch. »Der Untertan« blieb liberalen Literaten, die sich in der bunt bewegten Wirklichkeit nicht mehr zurechtfanden, eine unentbehrliche Schreckfigur für ihre Schauergeschichten vom geduldigen Philister – der keineswegs nur winkend hinter dem Kaiser herlief, sondern sich ganz im Gegenteil ununterbrochen und unüberhörbar zu Wort meldete.

Gerade die Vielzahl der Meinungen und der sie vertretenden Gruppen erschwerte es der Reichsregierung zunehmend, unterschiedliche Bedürfnisse in Übereinstimmung zu bringen und Kurs zu halten. Am häufigsten traf schon unter Caprivi den Kaiser der Vorwurf, die preußische und die Reichsregierung mit seiner Unbeständigkeit und Nervosität anzustecken. Des Kaisers Schwanken oder »Plötzlichkeit« kam aber nicht von seinen etwa unstabilen Nerven. In einer Zeit, in der die Nerven und die Neurasthenien überhaupt erst entdeckt wurden, war ein seelenruhiger, unaufgeregter Monarch wie Franz Joseph die große Ausnahme. Deswegen verstand er sich als letzter Monarch der alten Schule. Bismarck kannte heftige Zusammenbrüche, ihn plagten immer wieder Nervenschmerzen, Schlaflosigkeit und Tränenanfälle, abgesehen von seinen anderen Krankheiten. Im Alter wurde er von Morphium abhängig und zur weiteren Beruhigung benötigte er Unmengen von Bier und Champagner. Bismarck hätte viel eher als Inbegriff des zeitgemäß Nervösen gelten können, aber seine Kurswechsel veranlassten weder dazu, an seinen Nerven zu zweifeln, noch an seiner Fähigkeit, auch in den schwierigsten Situationen den Überblick zu behalten. Sie ergaben sich unvermeidlich aus dem Wechsel der Konstellationen, aus äußeren Zwängen, seine Politik anders zu nuancieren oder vollständig zu revidieren.

Kaiser Wilhelm II. kam bei umstrittenen Gesetzesvorlagen – und die wichtigen waren allesamt heftig umstritten – gar nicht daran vorbei, die Einwände der jeweiligen Gegner seiner vom Reichskanzler formulierten Politik zu bedenken, manchmal auch aufzugreifen und im Meinungsbildungsprozess zu berücksichtigen. Außerdem traten oft Meinungsverschiedenheiten zwischen der preußischen Regierung und dem Reichskanzler

auf. Der Kaiser als König von Preußen konnte bei ganz verschiedenen Parteienbündnissen im Preußischen Landtag und
im Reichstag seinem Reichskanzler nicht freie Hand lassen,
wenn dessen politische Absprachen im Reichstag den Koali-
tionsvereinbarungen im Landtag widersprachen. In Preußen
suchte der Finanzminister Johannes von Miquel, zum Vorteil
seiner Steuerreformen, ein enges Bündnis von Konservativen
und Nationalliberalen, von Industrie und Landwirtschaft. Der
ehemalige Linksliberale von 1848 bewegte sich energisch nach
rechts, weil er die Unterstützung der Konservativen brauchte.
Leo von Caprivi, der Herkunft nach ein Konservativer, aber
ohne Landwirtschaft, brauchte im Reichstag das Zentrum, auch
die Linksliberalen, um sichere oder knappe Mehrheiten für seine Sozialpolitik, seine Handelsverträge, die Heeresvorlagen und
die Verkürzung des Militärdienstes auf zwei Jahre zu finden. Er
bewegte sich nach links; für Konservative der strengsten Observanz schlug er den Weg unmittelbar zur Demokratie ein. Bei
den Reibereien und Unzuträglichkeiten zwischen Miquel und
Caprivi, beide eigenwillige Charaktere, verstärkt durch wech-
selnde Aufgeregtheiten der verschiedenen Minister, Bürokraten, Parteifunktionäre, Offiziere oder Verbandsvorsitzenden,
konnte es nicht ausbleiben, dass der Kaiser trotz aller Loyalität zu seinem Kanzler, der formal Sprachrohr seines Willens
war, auch die oppositionellen Bewegungen berücksichtigte, um
einen Kompromiss zu finden oder manche Vorhaben einfach
abzubrechen, wenn keine Aussicht bestand, für sie eine Mehrheit zu bekommen. Wilhelm II. fügte sich in die Mechanismen
des Parlamentarismus, nicht das Wünschenswerte auf Biegen
und Brechen durchsetzend, sondern mit dem Möglichen sich
begnügend.

Diese Einstellung verband ihn mit Miquel, dem wendigen
und klugen Minister, wie mit Caprivi, der das Gute von überall hernahm. Aber manchmal gerieten die beiden in heftigen

Streit und verdächtigten dann den Kaiser, Unmögliches zu wollen, wenn er sich auf eine der beiden Seiten schlug oder Kompromissformeln Dritter aufgriff und damit alle beide verärgerte. Beide waren sie seine Minister, die ihre Politik in Preußen und dem Reich nur als seine rechtfertigen konnten, so wie der König und Kaiser auf sie angewiesen war, gleichsam als Dolmetscher seiner Absichten. Denn zumindest theoretisch war in einer Monarchie die Politik eine königliche oder kaiserliche, auch wenn diese Idee zur bloßen Rechtsfiktion verkümmerte wie in England im Laufe des 20. Jahrhunderts. In der Regel verweigerte Wilhelm II. seinem Kanzler nicht die Gefolgschaft. Sobald sich Mehrheiten im Reichstag ergaben, verzichtete er auf weitere Anregungen und Fortsetzung des ewigen Gesprächs. Solange jedoch noch diskutiert wurde und der König und Kaiser allen Argumenten Gehör schenken musste, schon um die Rechtsfiktion des unparteiischen Herrschers als überzeugend realisiert erscheinen zu lassen, mochte der Monarch als unentschlossen oder sprunghaft auffallen, obschon sein Schwanken nur die Schwierigkeiten einer noch nicht entschiedenen Diskussion verdeutlichte, die erst der Kompromiss endlich gegenstandslos macht.

Caprivi oder Miquel verlangten von ihrem König und Kaiser Loyalität. Sie verfügten ihrerseits aber nicht unbedingt über die nötige Geduld, wenn er wegen ihrer gereizten Auseinandersetzungen einen Ausweg suchte, einen dritten Weg, um sich am Ende dann doch noch für einen von beiden zu entscheiden. Meistens für den Kanzler, weil das Reich wichtiger war zum Kummer alter, enger Preußen, die sich – ähnlich den graubärtigen Patrioten in Bayern, Württemberg oder Sachsen – schwer damit taten, die Wirklichkeit des Reiches anzuerkennen. Die Konservativen enttäuschten den Kaiser sehr bald als die hartnäckigsten Oppositionellen, insofern sie stur ihre wirtschaftlichen Interessen verfolgten. Wilhelm II. erinnerte sie mehrmals an das Verdienst seiner Vorfahren, sich nie Parteien angeschlossen zu haben. Ihnen sei es vielmehr immer gelungen, die einzelnen Parteien zum Wohle des Ganzen zu vereinigen. Das setzt aber die Bereitschaft und die Einsicht aller voraus, den eigenen Willen nicht zu verabsolutieren: »Kein Stand kann beanspruchen, auf Kosten der anderen besonders bevorzugt zu werden. Des Landesherren Aufgabe ist es, die Interessen aller Stände gegeneinander abzuwägen und miteinander zu vermitteln, damit das allgemeine Interesse des großen Vaterlandes dabei gewahrt bleibe.« Das große Vaterland, Preußen und das Reich, war zum Industriestaat geworden. Die Landwirtschaft konnte nur mit Rücksicht auf die Volkswirtschaft berücksichtigt werden. Darin entdeckten die Agrarier eine enorme Rücksichtslosigkeit und gründeten 1892 den Bund der Landwirte, um mit sensationeller Agitation auf sich aufmerksam zu machen. Sie nannten das »unter die Sozialdemokraten gehen«.

Ihr Lärm hatte nichts mehr mit adliger Haltung oder konservativer Gesinnung zu tun. Sie waren Unternehmer, die ihren Vorteil suchten. Übrigens befand sich schon fast die Hälfte aller Güter in bürgerlicher Hand, und die Aristokraten, die gut wirtschafteten, mussten sich wohl oder übel nach modernen Methoden richten, ohne sonderlich auf adlig-vornehme Traditionen zu achten, zu denen es gehörte, zumindest den Schein zu wahren, nicht aus schnödem Gewinnstreben heraus zu handeln. Die Adligen, die lange eine gewisse Distanz zu den Geldleuten, den neuen Reichen gepflegt hatten, wurden selbst Geschäftsleute, unverhohlene Kapitalisten, nicht weil Reichtum Glanz, Schönheit oder Eleganz verhieß, sondern Macht, mit der man manches machen konnte, um noch mehr Geld zu machen. Kurzum, der Adel begann, vulgär zu werden. Die feierlichen Redensarten von Thron und Altar verloren ihre verpflichtende Würde. Sie waren nur noch Schmuck, eingesteckt ins Ruhekissen des guten Gewissens. Wilhelm II. hielt

die Opposition preußischer Adliger gegen ihren König für ein
Unding, zumal dann, wenn sie sich geräuschvoll äußerte wie
bei den so oft »von ihnen [den Konservativen, E.S.] bekämpften
gewerbemäßigen Oppositionsparteien«. Es gelang ihm nicht,
mal gereizt, mal schroff und fordernd, dann wieder freundlich,
werbend und schmeichelnd, die wachsenden Spannungen zwischen dem preußischen Adel und der Krone zu mildern oder
aufzuheben. Auch diese Erfahrung veranlasste ihn dazu, Bürger
zu adeln und so eine neue Elite zu gewinnen, die sich mit dem
monarchischen Staat identifizierte, eine Elite, gewonnen aus
Kunst, Wissenschaft, Industrie und Technik.

Immerhin, trotz aller Schwierigkeiten gelang es den kaiserlich-königlichen Regierungen unter Leo von Caprivi und ab
Oktober 1894 unter Fürst Chlodwig von Hohenlohe-Schillingsfürst, den inneren Ausbau des Reiches erfolgreich voranzubrin-
gen, nicht zuletzt in der Absicht des sozialen Ausgleichs. Dem
dienten die Arbeiterschutzgesetze von 1891: das Verbot der
Sonntagsarbeit und ihre Einschränkung im Handel auf maxi-
mal fünf Stunden, das Verbot der Nachtarbeit für Frauen und
Jugendliche unter 16 Jahren, die Einführung von Fabrikordnun-
gen und frei gewählten Ausschüssen, die den Arbeitern Möglichkeiten zur innerbetrieblichen Mitbestimmung einräumten.
Der sozialen Gerechtigkeit entspricht eine Steuergerechtigkeit,
was heißt, die Lasten gemäß den Einkommen zu verteilen.
Preußen war der erste europäische Staat, in dem die progres-
sive Einkommensteuer eingeführt wurde. Die Sätze waren
noch gering, sie reichten bis vier Prozent, was für dogmatische
Wirtschaftsliberale bereits der erste Schritt zur Enteignung war.
Einkommensteuer und Vermögenssteuer machten 1892 ernst
mit der Idee von der Sozialpflichtigkeit des Eigentums. Die
Einführung der Erbschaftssteuer scheiterte freilich am Widerstand der liberalen Bürger und des konservativen Adels. Zu
den sozialpolitischen Maßnahmen gehörten auch die Reform

der preußischen Volksschulen und die Neuordnung des höheren Schulwesens.

Leo von Caprivi und Wilhelm II. wollten den Einfluss der Kirchen in den Volksschulen erweitern, weil sie in christlicher Gesinnung den besten Schutz vor sozialistischen Ideen sahen. Die Religion sollte nicht um ihrer selbst willen dem Volke erhalten bleiben, sondern als Stütze des Thrones und des monarchischen Staates. Die Pfarrer und Superintendenten der Preußisch-Unierten Kirche begrüßten diese Absichten, weil sie, auf sich gestellt, längst daran verzagten, ohne Hilfe des Staates mit innerer Mission das Schwinden der Christlichkeit unter den Arbeitern, auch auf dem Lande, aufzuhalten. Das Zentrum konnte mit religionspolitischen Angeboten stets günstig gestimmt werden, auch auf ganz anderen Gebieten mit der Regierung zusammenzuarbeiten. Doch die Liberalen und die Kulturprotestanten witterten sofort einen Anschlag auf die Freiheit der Lehre von kirchlicher Bevormundung, auf die Unabhängigkeit der Schulen und Hochschulen. Ihre unverhältnismäßig schrillen Proteste veranlassten den Kaiser, selbst ein Nationalliberaler und Kulturprotestant, die Gesetzesvorlage zurückzuziehen. Es handelte sich um die erste Niederlage Wilhelms II. und seiner Regierung. Der Kaiser, der meist mit feinem Einfühlungsvermögen die Vorstellungen des »guten Bürgertums« richtig einschätzte – und teilte –, verkannte als oberster Bischof seiner Preußisch-Unierten Kirche stets den antiklerikalen Eifer der Akademiker und der Liberalen. Das sollte sich 1899 wiederholen, als aufgrund heftiger öffentlicher Proteste die »Lex Heinze« im Reichstag erheblich modifiziert werden musste. Das Gesetz sah verschärfte Strafbestimmungen für Sittlichkeitsdelikte vor, zu denen auch der Vertrieb unzüchtiger Schriften oder das moralische Empfinden verletzende Theateraufführungen gerechnet wurden. Auch hier fürchteten die Gebildeten, gegen deren Willen nicht regiert werden konnte, pfäffische Borniertheit der protestantischen Orthodoxie und ultramontane Übergriffe in die freie Sphäre von Kunst und Kultur.

Ganz anders erging es Wilhelm II. bei seinem Vorhaben, den realistischen Humanismus entschieden zu fördern und die Vorherrschaft des klassischen Gymnasiums einzuschränken. Auf der Konferenz über das höhere Schulwesen, die im Dezember 1890 in Berlin tagte, sprach der Kaiser weniger den Akademikern als den technisch-industriellen Bürgern aus dem Herzen, als er daran erinnerte, dass die deutschen Gymnasien aus jungen Männern vielleicht gute Griechen und Römer machten, aber keine Deutschen, die ihre Weltstellung dem Handel und der Industrie verdankten. Deshalb verdienten die Realschulen, die auf das praktische Leben vorbereiteten, besondere Aufmerksamkeit und mit ihnen die Naturwissenschaften, der Deutschunterricht und die neuen Sprachen. Der Geschichtsunterricht, der bislang beim Dreißigjährigen Krieg aufhörte, müsse bis an die Gegenwart herangeführt werden. Der Kaiser verstand ihn durchaus als Staatsbürgerkunde, die zu der Erkenntnis verhelfe, wie sich Recht und Freiheit im Staat entfalten und inwieweit Preußen und seine Herrscher jeweils auf die Herausforderungen der Zeit vernünftig reagierten. Der Geschichtsunterricht schaffe das Fundament für einen gediegenen Patriotismus, der alle Deutsche im einen Reich verbinde. Wilhelm II. hielt ihn für die beste Waffe gegen die partikularistischen Absurditäten deutschen Kleinlebens oder den Internationalismus der Sozialdemokratie.

Vertraut mit dem Gymnasium, verwarf er dessen Bildungsprogramm als unpraktisch und weltfremd: »Es ist weniger Nachdruck auf das Können als auf das Kennen gelegt worden.« Immer noch sei der Grundsatz vorherrschend, so viel wie möglich zu wissen, »ob das für das Leben passt oder nicht«. Wilhelm II. distanzierte sich damit von seiner eigenen Schulung mit ihrem öden Auswendiglernen nach der Devise, dass man auf der Schule alles und im Leben gar nichts mehr lernen könne. Der unphilosophische Kopf stritt für die Praxis, der die Schule entgegenkommt, wenn sie zur Erkenntnis dessen verhilft, »was wahr, wirklich und was in der Welt möglich ist«. Die Philologen waren entrüstet, die Industriellen und Geschäftsleute hingerissen. Wie immer in Deutschland, sobald es um Bildungsfragen geht, begann ein mächtiges »Schütteln der Köpfe« in den Kommissionen. Ein Zwittergebilde wie das Realgymnasium, das der Kaiser missbilligte, blieb erhalten. Die deutschen humanistischen Überlieferungen waren zu stark, eine allgemeine Bildung wirklich allgemein zu machen. Aber auch bedauernswerte Nur-Lateiner des Realgymnasiums und Nicht-Lateiner von der Oberrealschule wurden seit 1902 zum Studium an der Universität zugelassen. In den Lehrplänen wurden Deutsch und Geschichte angemessen berücksichtigt. Nicht mehr der lateinische Aufsatz bewies das Ausdrucksvermögen des Schülers, von nun an sollte er mit Hilfe des deutschen Aufsatzes seine Gedanken geordnet und möglichst elegant vortragen.

Die Praktiker waren sehr zufrieden. Die klassisch Gebildeten klagten bald, dass ohne die Übung im Lateinischen der Schüler nie dahin gelange, sich auf Deutsch ebenso klar wie gefällig verständlich zu machen. Denn seine Muttersprache lerne ein Deutscher wie auch ein Franzose oder Engländer über das Latein. Aus diesem Grunde gaben die deutschen Beamten – entgegen der kaiserlichen Empfehlung – das Realgymnasium nicht auf. Der Kaiser hingegen war ein Avantgardist. Ihn störte das Privileg des Lateinischen und der klassischen Bildung in einer doch möglichst offenen Gesellschaft, die auch Nicht-Lateinern ihre Chance geben sollte. Ostentativ schenkte er einige Jahre später seine Huld einem vollständig ungebildeten »Industriekapitän«, dem Direktor der Reederei HAPAG Albert Ballin, der mühelos und zuweilen recht witzig auf Englisch plauderte als moderner Weltmann, wie ihn sich Wilhelm II. wünschte.

Im Sinne des humanistischen Realismus setze sich dieser für das Prestige der Technischen Hochschulen ein, um sie den Universitäten anzugleichen. Auf seine Veranlassung erhielten sie 1898 das Recht, Studenten zum Doktor zu promovieren. Realschülern ebnete er den Weg, Offizier zu werden. Das klassische Bildungsprivileg, das sich mit aristokratischem Stil vermischt hatte, erwies sich in modernen Armeen als hübscher Zierrat, war aber ansonsten gänzlich nutzlos. Der denkende Offizier hat es wohl auch noch mit Kriegskunst und Kriegshandwerk zu tun, doch er ist vor allem Techniker, der Apparate in Bewegung setzt und ihre Funktionstüchtigkeit gewährleistet. Den greisen Moltke, den klassischen Philosophen unter den Feldherren, entsetzten diese unvermeidlichen Entwicklungen. Wilhelm II. fürchtete weder die Technik noch die Techniker. Er wollte sie für den monarchischen Staat gewinnen und »zum Einsatz bringen«.

Insofern fügte er sich nach langem Zögern unter dem Einfluss starrer Militärs dem Vorschlag des Generals und Kanzlers Leo von Caprivi, den Militärdienst von drei auf zwei Jahre zu verkürzen. Der deutsche Arbeiter, diszipliniert durch die Volksschule und durch die Maschine in der Fabrik, auch durch seine Partei und deren Bildungsarbeit, funktionierte an und mit der Waffe und bedurfte daher keines allzu langen Trainings. Der deutsche Arbeiter dachte und lebte soldatisch, davon waren der Kaiser und seine Offiziere überzeugt. Schon 1871 hieß es, dass der preußische Volksschullehrer den Sieg ermöglicht hatte. Der Arbeiter musste nur den Sozialdemokraten entfremdet werden – Katholiken und Zentrum galten, weil »gottgläubig«, als weniger gefährlich –, um ein wackerer Freund des Vaterlandes zu werden. Zwei Jahre reichten aus, den Mann aus dem Volk mit seinem Volk in Übereinstimmung zu bringen. Davon war der General Leo von Caprivi überzeugt, dem es gelang, Zweifel in der Armee, die Wilhelm II. unsicher machten,

zu überwinden. Der zweijährige Dienst erlaubte im Übrigen
eine größere Wehrgerechtigkeit, weil eine größere Zahl von
Wehrpflichtigen erfasst werden konnte, die sich dienend in die
Nation eingewöhnte und sich der Bereitschaft öffnete, dass es
doch süß und ehrenvoll sei, für das Vaterland, für Gott und den
Kaiser zu streiten und unter Umständen zu sterben.

Dass Deutschland vorerst sorglos leben könne, versicherte der Reichskanzler den Abgeordneten und damit dem Volk.
Aber sobald Russland und Frankreich zusammen Deutschland
angriffen, würde es um die Existenz gehen, um die Kultur, um
Deutschland als geistige Gestalt. Es könnte untergehen in diesen neuen fürchterlichen Kriegen, über die Caprivi nüchtern
sprach. Ein Krieg verschafft in den neuen Zeiten allen Verhältnissen ein demokratisches Ansehen, deshalb muss der Arbeiter
für den Staat gewonnen werden, in dem auch er als Angehöri-
ger der Nation die Voraussetzung seines Wohlbefindens dankbar erkennt. Zur »Wilhelminisierung« der Arbeiterschaft, auf
die der Kaiser hoffte, trug nicht zuletzt der Aufbau der Kriegsflotte ab 1898 bei und die stürmische Entwicklung der Handels-
schifffahrt und der beiden Reedereien, des Bremer Lloyd und
der HAPAG, der Hamburg-Amerika Linie, die 1898 zur größten
Reederei der Welt aufgestiegen war und diese Stellung bis 1914
hielt. Der Bremer Lloyd konnte 1896 mit der »Wilhelm der
Große« das schnellste und eleganteste Schiff auf dem Atlantik
einsetzen, im Jahre 1900 übertroffen von der »Deutschland« der
HAPAG. Der Name war Programm: Deutschland eine wahre
Großmacht, die, *terra marique* (zu Wasser und zu Lande), sich
Geltung verschafft. Damit war eines der wichtigsten Ziele der
nationalen Revolution von 1848 erreicht. Das einige Deutschland hatte ein freies, aber auch ein mächtiges Deutschland werden sollen.

DIE ZUKUNFT LIEGT AUF DEM WASSER

Der Reichstag machte 1848/49 die bittere Erfahrung, dass man in den Auseinandersetzungen mit Dänemark wegen der strittigen Rechtsstellung Schleswigs zur Ohnmacht verurteilt war, weil der sich konstituierenden Nation die Kriegsschiffe fehlten. Entschiedene Revolutionäre waren damals zum größten Opfer bereit: auf das Rauchen zu verzichten und die gesparten Heller und Kreuzer für den Aufbau einer Flotte zu spenden. Dieser Bundesflotte war kein langes Leben beschieden, denn England und Russland drohten damals mit Krieg, und sobald es das Reich gab, ab 1871, wurde der zweite Anlauf gefordert. Das Bürgertum drängte hinaus auf das grüne kristallene Feld, wie Albert Ballin poetisch überhöht das Meer umschrieb. Der Reichskanzler Fürst Chlodwig Hohenlohe-Schillingsfürst, der 1898 und 1900 die ersten beiden Flottengesetze im Reichstag erfolgreich einbrachte, erinnerte als Altliberaler von 1848 daran, »dass das Drängen nach einer deutschen Flotte recht eigentlich aus dem deutschen Volk hervorgegangen ist«. Die angeblich gescheiterte bürgerliche Revolution von 1848/49 vollendete sich im sogenannten »Wilhelminismus«, wie die Reichsverfassung, das Bürgerliche Gesetzbuch, das 1900 in Kraft trat, die Flottenbegeisterung und weitere Reformen veranschaulichen. Die Flotte galt als das mächtige Symbol deutscher Einheit, Unabhängigkeit und Größe. Der Deutsche Flottenverein zählte 1914 über eine Million Mitglieder, die den Flottengedanken im ganzen Reich popularisierten und die Zustimmung der Massen organisierten.

Kaiser Wilhelm befand sich in Übereinstimmung mit dem Volk, er durfte sich tatsächlich als der Volkskaiser fühlen, der er sein wollte. Er hatte das ganze deutsche Volk dem Meere vermählt, wie sich der Hamburger Bürgermeister Johann Burchard wilhelminisch-festlich ausdrückte. Hamburg, 1888 dem Reich als Wirtschaftsverband eingefügt, wurde als Tor zur Welt zugleich auch so etwas wie die einzige Reichsstadt, die, unabhängig von Ländern, die Wirtschaftskraft des Reiches und seine Weltgeltung, wie man damals sagte, unter den Bedingungen zunehmender Globalisierung repräsentierte. Der Kaiser besuchte jährlich auf drei Tage vor der Kieler Woche die Hansestadt. Dort wählte man für den Reichstag sozialdemokratisch, doch wenn der Kaiser kam, tummelten sich zum Kummer der SPD auch Arbeitermassen zwischen den Ehrenbogen und unter den festlichen Girlanden und Bildern und freuten sich daran, mit dem Kaiser einen Platz an der Sonne erlangt zu haben und noch mehr mit ihm zu erreichen. Selbst im tiefsten Schwarzwald oder jenseits der Oder, wo die Ebenen weit waren, gab es ein Wirtshaus »Zur deutschen Flotte«. Dort hingen Bilder von den Kreuzern und Schlachtschiffen, aber auch von den Passagierschiffen, den schwimmenden Palasthotels mit unglaublichem Luxus. Jeder junge Deutsche ging als Seemann, im Matrosenanzug, vom kaiserlichen Prinzen bis hinab zum schlesischen Bergarbeitersohn. Die Deutschen hatten ihr nationales und zugleich internationales Gewand gefunden, das – wie heute die Jeans – von allen getragen wurde.

Die Flottenbegeisterung als bürgerliche Bewegung und dann als Massenphänomen hatte durchaus demokratisierende Züge. Die Kaiserliche Marine, eine der wenigen genuinen Reichsinstitutionen, war jung wie das Reich selbst. Sie war von vornherein schwarz-weiß-rot und bürgerlich. Adlige machten nur knapp zehn Prozent des Offizierskorps aus. Im Marineoffizier sollte ein neuer, nationaler, dem kaiserlichen Deutschland dienender Adel Gestalt annehmen, der bürgerliche Herkunft, technische Effizienz, wissenschaftliche Ausbildung und Ritterlichkeit harmonisch miteinander verband. Insofern trug die Flotte zur sich beschleunigenden Vermischung der führenden Schichten bei. Außerdem war die Flotte Symbol deutscher Wirtschaftskraft, unternehmerischer Phantasie und erfinderischer Wissenschaftlichkeit. Der Arbeiter konnte in ihr mühelos auch seine Leistung festlich verkörpert sehen, da er mit seiner Disziplin und seinem Können dies technische Meisterwerk erst ermöglichte.

Flottenbegeisterung war aber kein ausschließlich deutsches Phänomen. Von ihr wurden um 1900 alle Völker überwältigt, die wenigstens einen Hafen besaßen, also auch die Ungarn. Selbst die Engländer, die nie einen besonderen Kult um ihre Flotte betrieben hatten, verfielen nun in Rauschzustände beim Anblick ihrer Schiffe, die auf den Meeren freilich nicht länger allein waren. Jede Nation in Europa und Amerika, auch Japan schon, stilisierte sich zum seefahrenden Volk, frei wie die See. Nicht nur in Deutschland bekannte die Jugend im Matrosenanzug ihre Seetüchtigkeit oder wenigstens die Hoffnung, dass ihre Zukunft auf dem Wasser liege. Schiffe galten als Symbol für nationale Souveränität und die Fähigkeit, beim Tempo des Fortschrittes nicht in Atemnot zu geraten. Nur wer eine Flotte besaß, gehörte zu den großen, unabhängigen Mächten, so wie heute die Atombombe ein Zeichen für Souveränität ist. »Wir können nicht zurück, wie wir überhaupt in unserer Weltstellung nicht stehen bleiben, sondern stets vorwärts müssen.« Das sagte nicht Kaiser Wilhelm II., sondern sein Reichskanzler, der »48er« Hohenlohe-Schillingsfürst.

Der Aufbau einer leistungsfähigen Flotte ist das Werk Wilhelms II. Darauf verwandte er seine Energien, begeistert etwas schaffend, das ihn von seinen Vorfahren unterschied. Die Flotte bestätigte auf eine ganz andere Art als von der Kaiserin Friedrich erwünscht die Anglisierung Deutschlands. Deutschland hatte sich als dynamische Wirtschafts- und Handelsmacht England angeglichen, es stand an Modernität und technischer Kunstfertigkeit nicht mehr hinter England zurück. Die Flotte und die Handelsschiffe dokumentierten eindringlich, dass aus dem verträumten, der Scholle verhafteten Jörg inzwischen

Michel der Seefahrer geworden war. Den Spott der Engländer, Deutsche könnten gewiss den Boden pflügen, mit den Wolken segeln und Schlösser in der Luft bauen, aber niemals den Ozean oder auch nur kleine Gewässer überqueren, machte der Kaiser verstummen. 1904 berief sich Albert Ballin in Gegenwart Wilhelms II. auf Wendungen des liberalen Friedrich List von 1840: »Die See ist die Hochstraße des Erdballs. Die See ist der Paradeplatz der Nationen. Die See ist der Tummelplatz der Kraft und des Unternehmensgeistes für alle Völker der Erde und die Wiege der Freiheit. Wer an der See keinen Anteil hat, der ist ausgeschlossen von den guten Dingen und Ehren der Welt ... Niemand hat die Wahrheit dieser großen Worte besser erkannt als unser Kaiser.« Dessen Mutter, von englischen Schiffen begeistert, wo immer sie welche sah, hatte in ihrem Sohn die Leidenschaft für die See geweckt, mit der er nun die ganze Nation ansteckte. Deutschland unterschied sich darin nicht mehr von England. Wilhelm II., der sich als halber Engländer begriff und stolz auf seine Zugehörigkeit zum britischen Königshaus war, personifizierte diese erreichte Angleichung. Hier hatte Kaiserin Friedrich triumphiert.

Wie in allen Geschäften musste der Kaiser auch beim Aufbau der Flotte mit dem Willen anderer rechnen. Admiral Alfred von Tirpitz, seit 1897 Staatssekretär im Reichsmarineamt, verhandelte äußerst gewandt mit den Reichstagsabgeordneten und agierte überhaupt politisch sehr geschickt, wenn es darum ging, überredend Widerstände zu überwinden und den Enthusiasmus für das Flottenprogramm immer wieder anzufachen. Er konnte aber sehr unwirsch und undiplomatisch auf kaiserliche Vorstellungen reagieren. Wie jeder Bürochef achtete er umsichtig auf seine Selbstherrlichkeit und hielt jeden Einspruch für eine lästige Störung seiner Souveränität. Dabei gab es gar keine grundsätzlichen Unterschiede. Der Kaiser drängte darauf, sich wagemutig auf die neuesten, vielleicht auch riskanten, weil nicht ausreichend erprobten technischen Möglichkeiten einzulassen. Tirpitz war vorsichtiger und wollte das weitere Werden aus dem Gewordenen systematisch entwickeln, um nicht das erreichte Niveau durch plötzliche Kühnheiten etwa zu gefährden. Tirpitz legte entscheidenden Wert auf die schweren, gepanzerten Großkampfschiffe, während der Kaiser eine schnelle und weitreichende Kreuzerflotte favorisierte. »Geschwaderkrieg« und »Kreuzerkrieg«, das waren damals die beiden überall umstrittenen Seekriegstheorien. So kam es immer wieder zu Spannungen, die behoben werden konnten, indem der Kaiser nachgab. Ein »persönliches Regiment« Wilhelms II. hat es nicht einmal in »seiner« Flotte gegeben.

Monarch zu sein, das wurde im Laufe des 19. Jahrhunderts zu einer nahezu unmöglichen Aufgabe. Sämtliche Vorstellungen, die die persönliche Herrschaft legitimieren, reichen in das Ancien Régime zurück, in die alte, feudale Welt. Sie sollte durch die große Revolution und ihre Wirkungen im Zuge dauernder Demokratisierung überwunden werden. Alle europäischen Monarchen waren bis zum Ersten Weltkrieg in zähen Rückzugsgefechten damit beschäftigt, den Sieg des demokratisch-parlamentarischen Prinzips zumindest aufzuhalten. Keiner, auch nicht die Königin Viktoria von England, wollte sich widerstandslos der liberalen Devise fügen: Der König herrscht, aber er regiert nicht. Sie wahrte eifersüchtig ihre Vorrechte in Kirche und Armee. Die auswärtige Politik, die sogenannte große Politik, blieb auch in England oder im republikanischen Frankreich weitgehend frei von parlamentarischen Übergriffen. Die Abgeordneten beschränkten sich vorzugsweise auf ihre eigentliche Aufgabe, auf das innere Leben und die innere Ordnung im Staat. Gerade in den auswärtigen Beziehungen konnten fast alle Monarchen ihren Einfluss geltend machen.

Der Versuch begabter Könige, im Rahmen der Verfassung ein persönliches Regiment zu führen, war nichts Außergewöhnli-

ches. Trotzdem wird eine solche Absicht nur Kaiser Wilhelm II.
als schockierende und höchst beunruhigende Bemühung vorgeworfen. Eine persönliche Monarchie, heißt es oft – kann es
überhaupt eine unpersönliche geben? –, habe die Parlamentarisierung und Demokratisierung in Deutschland gehemmt. Sie
habe der Modernisierung und dem Fortschritt im Wege gestanden. Insofern habe sie sich nur verhängnisvoll auswirken können als Übergang von Bismarck zu Hitler. Doch jede Epoche ist
erst einmal eine Welt für sich und nicht nur Nachhall früherer
Zeiten oder Übergang in eine ihr noch unbekannte Zukunft.
Das Dilemma Wilhelms II. bestand darin, als Preußischer König
unbestritten über monarchische Vorrechte zu verfügen – etwa
ein Veto einlegen zu dürfen bei Gesetzen, die er für schädlich
hielt –, als Deutscher Kaiser aber nur eine »Unterschreibungs-
maschine« zu sein. Was der Reichskanzler in Übereinstimmung
mit dem Bundesrat als Kammer der Fürsten und dem Reichstag durchsetzte, dem musste er sich fügen. Zwar hatte er über
den preußischen Außenminister, den er ernannte und der die
preußischen Voten im Bundesrat erläuterte, Einfluss auf dessen
Entscheidungen. Ein Einspruch aber stand ihm nicht zu, da er
als König von Preußen selbst Mitglied des Bundesrates war und
sich also den Abstimmungsergebnissen fügen musste.

Die preußische Regierung war immer »seine« Regierung,
weil er die Minister ernannte oder entließ. Der Kaiser bestimmte auch den Kanzler, der in der Regel mit dem preußischen
Ministerpräsidenten identisch war. Eine Reichsregierung im
strengen Sinn gab es nicht. Im Reich herrschte das Kanzlerprin-
zip. Der Kanzler bestimmte die Richtlinien der Politik, denen
sich die Reichsämter und deren Staatssekretäre und der Kaiser selbst möglichst anzupassen hatten. Es sei denn, der Kaiser
wollte eine Kanzlerkrise auslösen und mit einem Mann seines
Vertrauens den ersetzen, der es verloren hatte. Bei all dem hatte
das Parlament, in Preußen wie im Reich, indirekt mitzureden.

Denn ohne parlamentarische Mehrheiten konnte sich kein Kanzler behaupten. Verlor er den Rückhalt im Reichstag, sah sich der Kaiser genötigt, ihn zu entlassen, obschon er rechtlich nicht dazu verpflichtet war. Machte Wilhelm II. von seinem konstitutionellen Recht Gebrauch, preußische Minister auszuwechseln oder einen Reichskanzler eigener Wahl zu ernennen, führte er keineswegs ein persönliches Regiment. Der Monarch mochte unter Umständen seinen Launen oder Neigungen bei der Auswahl folgen, aber kein Kanzler von Caprivi bis Bethmann Hollweg sollte sich als unfähig oder ungeschickt erweisen. Preußische Beamte konnten damals überhaupt nicht komplett unfähig sein. Insgesamt zeugten die Kanzler, die Staatssekretäre in den Reichsämtern und die preußischen Minister vom hohen Niveau der preußischen Bürokratie und der Verwaltung in den Bundesstaaten.

Ein Staat und dessen Ordnung beruht auf der Verwaltung, auf ihrem ruhigen und ungestörten Gang und nicht so sehr auf dem Austausch kontroverser Meinungen. Dieser Austausch gehört zu den Freiheitsrechten, welche wiederum eine ordentliche, dem Recht verpflichtete Verwaltung garantiert. Der Verwaltungsstaat, auf dessen Funktionstüchtigkeit Deutsche besonders stolz waren, war nicht das Resultat un- oder vordemokratischer Traditionen. Er gehört zur modernen Staatlichkeit. Eine Demokratie ohne saubere, möglichst neutrale und das Recht konsequent wahrende Verwaltung verliert sehr rasch ihre Überzeugungskraft. Keine Behörde schätzt es, wenn ihre Tätigkeit durch Widerrede oder Eingriffe unterbrochen wird. Behörden waren eingerichtet worden, um einen regelmäßigen Geschäftsgang zu ermöglichen und den Monarchen zu entlasten. Verwaltungsbeamte, im Vollbewusstsein, neutral sachbezogen »Staatlichkeit« durchzusetzen, neigten gern dazu, eine königliche Willensbekundung ganz liberal als willkürliche Anmaßung zu betrachten, die abgewehrt werden müsse.

Das monarchische Prinzip schmückte die Staatssouveränität, die sich in der Verwaltung verkörperte und nicht im Monarchen. Die Beamten trachteten danach, ihre Unabhängigkeit zu behaupten oder das, was sie darunter verstanden. Die Abschottung der Behörden und Ministerien gegen ressortfremde Einflüsse hatte es mit sich gebracht, dass sie in halbgöttlicher Selbstherrlichkeit jede Vorstellung kollegialer Zusammenarbeit verloren. Der Monarch hatte freilich die Aufgabe, zusammen mit dem Kanzler und dem Ministerpräsidenten den Überblick über den gesamten Zusammenhang der Staatsmaschinerie zu wahren und koordinierend einzugreifen.

Wilhelm II. sah deshalb seine Pflicht darin, zu raten, zu ermuntern oder zu verbessern, was gelegentlich nicht ohne Eingriffe in die sich immer weiter verzweigenden Verwaltungstätigkeiten möglich war. Der Kaiser traf regelmäßig seine Kanzler, sehr selten die Minister oder Staatssekretäre. Darin äußerte sich keine Gleichgültigkeit gegenüber den Einzelressorts. Vielmehr erkannte er mit dieser Zurückhaltung die rechtliche Stellung des Kanzlers und Ministerpräsidenten an, der für das Kabinett oder die Gesamtheit der Reichsämter sprach. Ein anderes Verhalten hätte dessen Autorität erschüttert. Die Zusammenarbeit mit den preußischen Ministerien und den Reichsämtern lief über die Chefs seines Zivilkabinetts und – soweit es militärische Belange betraf – über sein Militärkabinett. Solche Beratergremien waren im königlichen Verwaltungsstaat unvermeidlich, obwohl sie seit dem frühen 19. Jahrhundert meist als Ärgernis galten nicht nur in Preußen, auch in Bayern oder Württemberg, aber dann doch hingenommen wurden, weil man nicht wusste, wodurch man sie ersetzen sollte. Hermann Friedrich von Lucanus, dann Rudolf von Valentini – beide aus jungem Beamtenadel stammend – unterrichteten den Kaiser über die laufenden Geschäfte. Beide waren vorzügliche Beamte, die vor allem die Kunst im Umgang mit einem jeden Monarchen beherrschten:

keine umständlichen Referate zu halten, sondern knapp das Wichtige zusammenzufassen. *Minima non curat praetor* – um Kleinigkeiten, um das Detail kümmert sich der Chef nicht – war schon eine praktische Maxime im kaiserlichen Rom.

Dem Kaiser wurde seine Unlust am bürokratischen Detail oft als mangelnde Fähigkeit zu konzentrierter Arbeit vorgeworfen. Zur Freude der Beamten mag es gehören, Vorgänge juristisch möglichst zu komplizieren und dann sehr nachdenklich zu werden, wenn Vorgesetzte diese Lust nicht teilen. Der Respekt vor der Selbständigkeit der Behörden und die Rücksicht auf einen ruhigen Geschäftsgang gebietet es aber, nicht den Grundsatz zu gefährden, der auf Schwäbisch lautete: Hauptsach' is', dass Hauptsach' Hauptsach' bleibt. Dem König und Kaiser ging es um das Wesentliche. Das genügte. Lucanus wie Valentini, durch tägliche Erfahrung geschult, unterrichteten in diesem Sinne Wilhelm II. und würdigten seine Fähigkeit, rasch zum Kern vorzudringen, konzentriert zu diskutieren und stets bei der Sache zu bleiben. Meist schloss er sich den Vorlagen an, nur selten griff er in den Geschäftsgang ein. Bei den vielfältigen Interessen des Kaisers, aber auch wegen des breiten Überblicks, den er nach und nach gewann, konnte jedes Ressort mit Verbesserungsvorschlägen konfrontiert werden.

Handelte es sich dabei nur um Eingebungen des Moments, so waren Lucanus und Valentini klug genug, die kaiserlichen Vorschläge so weiterzugeben, dass sie folgenlos blieben. Waren sie sachlich begründet, dann begann der zähe Kleinkrieg mit den Bürokraten, die sich ungern korrigieren ließen. Der König und Kaiser konnte seinen Willen nur durchsetzen, wenn er unter den miteinander konkurrierenden Beamten genug Unterstützung fand und die Gegner – von ihren Kollegen überstimmt – den Rückzug antraten. Sein Willen allein reichte nicht aus. In einem voll entwickelten Verwaltungsstaat gewannen dessen Mechanismen ein selbständiges Leben, das gegen unerwartete Eingriffe weitgehend immun wurde. Der Dienstweg, die Rücksprachen, Vermerke, die Sachzwänge entwickelten sich zu einem feierlichen Mysterienkult. Er schloss kaiserliche Selbstherrlichkeit, Willkür oder Cäsarenwahn aus. Während der vielen Reisen wurde die Arbeit nicht unterbrochen. Der Kabinettschef oder sein Stellvertreter begleiteten den Kaiser. In Personalentscheidungen fügte er sich, selbst bei anderer Auffassung, dem Urteil der Fachleute. Wenn er einmal widerstrebte, brachten Lucanus und Valentini genug Menschenkenntnis und Weltläufigkeit auf, um dem Kaiser die Zustimmung zu erleichtern. Hatte er sich einmal für jemanden entschieden, bewahrte er ihm in der Regel die Loyalität.

EIN TREUER DIENER SEINER DIENER

Der Monarch, nach preußischer Tradition der erste Diener des Staates, war ein treuer Diener seiner Diener. Die Person des Kaisers und Königs war in der Praxis auch deshalb in den Vordergrund geschoben, um den von ihm ernannten Ministerpräsidenten und Reichskanzler bei Angriffen abzusichern, statt dass dieser die Majestät deckte. Die parlamentarische Verantwortlichkeit der Regierung schützte hingegen in England oder Italien die überparteiliche Autorität der Krone. Die berühmtberüchtigte Passage in der Rede Kaiser Wilhelms vor dem brandenburgischen Provinziallandtag am 24. Februar 1892 über die missvergnügten Nörgler, die besser den Staub von den Schuhen schüttelten und sich den jammervollen Zuständen im Reich auf das Schleunigste entzögen, galt der Verteidigung Caprivis vor allem gegenüber den heftigen Angriffen von Seiten der »Bismarckdeutschen«.

Der Reichskanzler hatte zuvor im Reichstag über den Pessimismus geklagt, der sich in Deutschland ausbreitete. Solange sich nur Philosophen oder Kulturhistoriker damit beschäftigten, müsse man diesen intellektuellen Zeitvertreib nicht überschätzen. Der verbreitete Kulturpessimismus ließ den Kanzler gleichgültig. Aber die Schwarzseherei, die wie ein Bazillus Handel und Industrie ergreife und von seriösen Zeitungen verbreitet werde, fand er gefährlich. Blätter, die sich für national ausgäben – die Zeitungen, die den Bismarckkult betrieben –, behaupteten zu seinem Ärger fortwährend, die Regierung sei unfähig und schuld daran, dass es mit Deutschland mehr und mehr abwärtsgehe. Diese ansteckende Unzufriedenheit stimmte den Kanzler besorgt, zumal die Opponenten keine konstruktiven Vorschläge machten, sondern nur schlechte Stimmung. Übrigens erhielt er im Reichstag während dieser Rede viel Applaus. Höchstens eine Handvoll unter den Abgeordneten sehnte sich nach Bismarck zurück. Wilhelm II. griff seine Argumente auf: »Es ist ja leider jetzt Sitte geworden, an allem, was seitens der Regierung geschieht, herumzumäkeln. Unter den nichtigsten Gründen wird den Leuten ihre Freude am Dasein und am Leben vergällt. Aus diesen Nörglern und dieser Verhetzung entsteht schließlich der Gedanke bei manchen Leuten, als sei unser Land das unglücklichste und schlechtest regierte in der Welt.« Caprivis Rede und ihr Erfolg sind längst vergessen.

Der Kaiser wehrte sich gar nicht prinzipiell gegen Kritik, er verbat sich auch nicht jegliche Opposition, er sprach lediglich für seinen Kanzler und seine Regierung, um sie vor den radikalen Angriffen Bismarcks und seiner Anhänger zu schützen. Zu den Nörglern und Schwarzsehern rechnete er so wenig wie Caprivi konstruktive Kritiker. In diesem Zusammenhang ging es nicht einmal gegen die Sozialdemokraten, die Caprivi partiell unterstützten. Die Rede richtete sich entschieden und ausschließlich gegen Bismarck und seine Clique in den Zeitungen. »Nein, zu Großem sind wir noch bestimmt und herrli-

chen Tagen führe ich Euch noch entgegen ... Mein Kurs ist der
richtige, und er wird weiter gesteuert.« Dieser Kurs war identisch mit dem Kurs Caprivis, den Bismarck leidenschaftlich bekämpfte. Wilhelm II. bekannte sich scharf zu seiner Regierung
und wehrte damit die Angriffe des Fürsten ab, dem zugleich
die Hoffnung auf eine Rückkehr ins Amt als Retter Deutschlands genommen wurde. Die »Bismarckdeutschen« verstanden
das sofort und warfen dem Kaiser vor, in neoabsolutistischer
Allüre jede Kritik nieder- und abschmettern zu wollen. Seine
Rede blieb wegen ihrer Empörung unvergessen und gilt seitdem als Zeugnis für ein fragwürdiges persönliches Regiment.
Die Feinde Bismarcks hofften auf ein persönliches Regiment
des Kaisers und Königs, um Bismarck und seinen Sohn, den er
zu seinem Nachfolger aufbaute, endlich zu entmachten, wie
es 1890 geschah. Sie wünschten seitdem einen starken Kaiser,
der mit seiner Autorität die Rückkehr Bismarcks in das Reichs-
kanzlerpalais verhinderte.

Die Deutschen wollten keinen Kegelkönig oder Dalai Lama.
Sie erwarteten von ihrem Kaiser Selbständigkeit, und das meinte, in die politischen Auseinandersetzungen einzugreifen, seine
Person und seine institutionelle Autorität ins Spiel zu bringen
und dieses darüber womöglich zu entscheiden. Damit folgten
sie früheren Überlegungen Bismarcks, der einen starken König
brauchte, um ein starker Kanzler zu sein und mit seinem König wie 1862–66 notfalls auch gegen das Parlament und dessen
Mehrheiten zu regieren. Wilhelm II. schätzte den Parlamentarismus überhaupt nicht, darin den meisten Bürgern ähnlich, die
»Parteienherrschaft« verdross oder die im Reichstag und in den
Landtagen als biedere Sozialdemokraten Einrichtungen sahen,
um die Hegemonie der Bourgeoisie vorerst zu sichern. Aber er
hielt sich an das Beispiel seines Großvaters, als honetter Mann
vertragliche Verpflichtungen einzuhalten. Einem Verfassungs-
umsturz, den Bismarck 1890 einkalkulierte, um seine Macht zu

erhalten, verweigerte sich deshalb Wilhelm II. von vornherein. Er prüfte wohl, wie weit seine Rechte reichten. Das war sein gutes Recht. Grundsätzlich erinnerte er dabei die Minister und Staatssekretäre an den rechtlich unanfechtbaren Tatbestand, dass immerhin auch er Mitglied seiner eigenen Regierung war und als solches behandelt werden wollte.

» Persönliches Regiment« meinte unter solchen Voraussetzungen nicht unmittelbare Selbstherrschaft, sondern eine effiziente Reichsleitung und eine in sich einige preußische Regierung, deren jeweilige Eintracht sich in der Person des Kaisers und Königs manifestierte. In diesem Sinne erwartete der Monarch, dass ein Minister oder Kanzler »diejenigen Wünsche, die ich für berechtigt halten muss«, prüfe, was keineswegs hieß, ihnen unbedingt nachzukommen und sie in Paragraphen oder andere dauerhafte Zeichen umzusetzen. Wilhelm II. war sich der ihn einengenden Abhängigkeiten vollständig bewusst. Das monarchische Prinzip wurde immer gern beschworen, nicht zuletzt, um, wie bei so vielen sehr hoch gehaltenen Grundsätzen, unter ihnen bequem zu ganz anderen Zielen aufbrechen zu können. Der Kaiser besaß einen starken Willen. Er war kein schwacher Charakter. Ihm fehlte aber die Möglichkeit, selbständig tätig zu werden. *Das* machte ihn zuweilen nervös und ungeduldig, nicht etwa eine angeborene nervöse Disposition. Ihm war beigebracht worden: »Leben heißt arbeiten, arbeiten heißt schaffen, schaffen bedeutet wirken für andere.« So lautete das Motto des bürgerlichen 19. Jahrhunderts, das war keine aristokratische, sondern eine individualistische Maxime. Wilhelms II. individualistische Energien rieben sich an den Auflagen, die seinen Tätigkeitsdrang beschränkten und die zu achten er verpflichtet war. Deshalb bewunderte er die freien Männer, die schaffend für andere wirkten, Unternehmer, Industriekapitäne oder Professoren, die den Wissenschaftsbetrieb zum Großbetrieb erweiterten.

Wilhelm II. wollte durchaus verfassungsmäßig regieren, mit einem Kanzler und Ministerpräsidenten seines Vertrauens, der die Geschäfte führte. Das wurde ihm erschwert, wenn die Minister uneinig, die Bürokraten eigensinnig und sie alle miteinander zerstritten waren, aber keiner sich bereit fand, aufrichtig mit dem Regierungschef zusammenzuarbeiten. Inwieweit der Kaiser berechtigt war, mit einem bindenden Schiedsspruch auseinanderstrebende Tendenzen zu versöhnen, blieb umstritten. Auf jeden Fall sah er seine Aufgabe darin zu vermitteln. Wer vermittelt, muss bereit sein, nicht nur über seinen eigenen, sondern über die Schatten vieler zu springen. »Sprunghaftigkeit« ist die selbstverständliche Voraussetzung jeder elastischen Politik. Ein Ziel, sofern es feststeht, lässt sich auf verschiedensten Wegen erreichen. Die Beweglichkeit in den Methoden spricht nicht gegen die Festigkeit der Absichten. Bei den unterschiedlichen Parteienkonstellationen in Preußen und im Reich konnten Spannungen nicht ausbleiben und ließ sich ein Oszillieren der Regierungstätigkeit kaum vermeiden. In »tadelloser Ordnung« sollten auf kaiserlichen Wunsch die preußische und die Reichsregierung ihren Kurs halten. Stattdessen stießen sie bald aufeinander. Wilhelm II. blieb nichts anderes übrig, als zu lavieren, was von den dabei zu kurz Gekommenen als beliebiger Wechsel seiner Meinung verdächtigt wurde.

Den König und Kaiser brauchte jeder in den Behörden, um seine jeweilige Vorstellung durchzusetzen. Deshalb hielten alle am monarchischen Prinzip fest, ohne dessen Grenzen genau zu definieren. Die untereinander rivalisierenden Cliquen wünschten, wenn es ihnen zum Vorteil gereichte, ein persönliches Regime und beklagten sich sofort über »Willkürakte«, sobald der Monarch mit anderen Beamten zu ihrem Nachteil entschied. Zugleich jammerten sie aber auch, dass der Monarch, weil ständig auf Reisen, das Regieren vernachlässige. Sie litten unter seiner ständigen Einmischung, die doch auf rührige Anteilnahme

am Geschäftsgang schließen ließ, und hielten es andererseits
für ein Störung der betrieblichen Routine, wenn der Kaiser,
wie etwa im Jahre 1894, 192 Tage nicht in Berlin oder Potsdam
anwesend war. Ging etwas schief, dann trug auf alle Fälle der
Monarch die Verantwortung und nicht die Ministerialbürokra-
tie. Die nahm es erleichtert hin, wenn bei gescheiterten, weil
unzulänglich vorbereiteten Gesetzesvorlagen dem König und
Kaiser Dilettantismus vorgeworfen wurde. Berlin war ein Nest
voller Kabalen, Intrigen, rasch wechselnden Zweckbündnissen
und Feindschaften innerhalb der rivalisierenden Kreise. Einzelne Gruppen waren entschlossen, folgte er nicht ihren Absichten, dem Kaiser ein politisches Jena zu bereiten, um ihn sich
vollständig zu unterwerfen, was andere dazu veranlasste, sich
ihm vorübergehend eng anzuschließen, um lästige Konkurrenten auszuschalten. Es fehlte an jeder Aufrichtigkeit im Umgang
untereinander und vor allem mit dem Kaiser. Die Urteile über
Wilhelm II. schwanken daher, je nach dem Augenblick, zu
dem ihn Einzelne oder Gruppen für ihre Interessen gebrauchen wollten oder damit gescheitert waren.

Je nach ihren wechselnden Launen und Absichten schildern diese Leute den Kaiser als geistreich oder töricht, launisch
oder energisch, arbeitsscheu oder allzu geschäftig, ernst oder
leichtfertig. In ihren Urteilen spiegelt sich ihre eigene Unbeständigkeit. Dieselben Personen, die den Byzantinismus und
die kniefällige Höflingsgesinnung in Berlin kritisierten, um-
schmeichelten den König und Kaiser, wenn sie seiner Huld be-
durften bei der Jagd nach Posten für sich und ihre Verwandten.
Alle hatten beste Beziehungen zu Journalisten jeder Richtung.
Sie machten mit den Freunden von der Presse Berlin zu einer
Stadt politischer Operetten, in der Gerüchte an die Stelle von
Tatsachen traten und jede Sachfrage als Personalfrage behandelt
wurde. In der guten Gesellschaft wurde nichts so inständig be-
klagt wie die Charakterlosigkeit des jeweils anderen. Fürst Bis-

marck hatte keine eigenwilligen Temperamente geduldet. Beamte übten sich im leidenden Gehorsam. Nichts korrumpiert so sehr wie Anpassung aus Furcht. Bismarck erzog förmlich zur Charakterlosigkeit. Nach seinem Sturz, der als ungemein befreiend empfunden wurde, übten sich ehrgeizige Beamte und deren Minister gerne in ostentativer Betonung ihrer Individualität, ihrer Unentbehrlichkeit und Wichtigkeit.

Es ist nicht weiter verwunderlich, dass Wilhelm II. nach Beratern suchte, denen er unbedingt vertrauen konnte. Ihm fiel der Umgang mit Menschen, auch den schwierigsten und sprödesten, stets leicht. Während seiner vielen Reisen kam er ununterbrochen mit den Mitgliedern der Führungselite zusammen und erhielt darüber unterschiedlichste Informationen, mit denen er seine Beamten überraschen konnte, um sie anzuregen oder erstaunt zu fragen, warum sie ihm vorenthalten worden waren. Preußische Beamte, die Souveränität ihres Amtes eifersüchtig hütend, hielten es für gar nicht illoyal, wichtige Nachrichten für sich und ihre innerbetrieblichen Geschäftigkeiten zu verwenden, sie dem König aber zu verbergen. Schon wegen dieses obstinaten Verhaltens sah sich Wilhelm II. genötigt, sich Kenntnisse jenseits des Dienstweges zu verschaffen. Seine unkonventionelle Art, sich zu unterrichten, berührte freilich das in jeder Monarchie umstrittene Recht oder Vorrecht des Zugangs zum Machthaber. Berühmt ist der letzte Satz Philipps II. im Dritten Akt von Schillers *Don Carlos*: »Der Ritter / Wird künftig ungemeldet vorgelassen.« Dieser Befehl macht den Beamten klar, dass mit dem Marquis Posa als einem neuen Element am Hofe zu rechnen ist. Der König durchbricht die Regeln und setzt den Dienstweg mit seinen genauen Vorschriften außer Kraft. Die spanischen Hofbeamten nehmen diese Eigenmächtigkeit gereizt zur Kenntnis und können später triumphieren, dass dieser Freund des Königs ein Verräter war. An jedem geregelten Hof seit dem 16. Jahrhundert bemühte sich die Bürokratie darum, den Zugang zum Machthaber ihrer Kontrolle zu unterwerfen, um ihre eigene Macht vor konkurrierenden und unberechenbaren Einflüssen zu schützen.

Die Monarchen versuchten, möglichst frei zu bleiben von allzu strengen Vorschriften. Philipp II., der kluge König, förderte deswegen umsichtig das Cliquenwesen, um möglichst viele Nachrichten zu erhalten und Herr der Entscheidung zu bleiben, indem er sich der verschiedenen Gruppen bediente und sie gegeneinander ausspielte. Die Geschichte der Monarchie erzählt nicht zuletzt, wie in immer neuen Variationen der Zugang zum Machthaber geregelt wurde. Es gelang nie, den Einfluss von Freunden, Günstlingen und allen möglichen inoffiziellen Beratern auszuschließen. Die preußischen Könige wahrten sich eine erhebliche Freiheit in ihrem Umgang, was die Behörden und Beamten schon vor dem Verfassungsstaat von 1850 missbilligten. Unter Friedrich Wilhelm IV. wurde der nicht genau zu überschauende Kreis privater Ratgeber als Kamarilla gefürchtet und dämonisiert. Diesen berüchtigten Begriff gebrauchten all die Enttäuschten, die keinen Zutritt zum Vorzimmer des Monarchen hatten oder nur ganz selten Gelegenheit zum antichambrieren erhielten. Wer sich über die Kamarilla beklagte und deren Unwesen unschädlich machen wollte, verfolgte doch nur eine Absicht: selber in den innersten Kreis um den König und Kaiser vorzustoßen und andere aus ihm zu verdrängen.

Maximilian Harden, der schärfste Kritiker der angeblich unverantwortlichen Berater Wilhelms II., des Kreises von Offizieren und Diplomaten um seinen Freund Graf Philipp von Eulenburg, war seinerseits ein gewiefter Intrigant, ein Kritiker der Hintertreppenpolitik, der aber selbst in Hinterzimmern vertrauliche Gespräche mit Ministern, Geheimräten oder Offizieren darüber führte, wie der Kurs der Regierung zu verändern sei oder welche Personen entfernt werden müssten, damit andere

Kräfte in ihrem Sinne wirken könnten. Der Feind Wilhelms II. verkehrte zwanglos mit dessen Ministern und Staatssekretären, sogar mit dessen sogenannten Freunden wie Albert Ballin oder Walther Rathenau. Der Kaiser beachtete Maximilian Harden nicht weiter; er ärgerte sich nicht einmal über ihn, weil er ihn gar nicht las, was den Journalisten erst recht erboste. Denn Ärger ist oftmals der bequemste Türöffner, um den Verärgerten nachgiebig zu stimmen, für seine Ansichten zu gewinnen und Gelegenheit zu bekommen, etwas zu verändern. Freunde wie Philipp von Eulenburg und sein Kreis, eingebunden in die Berliner Freund-Feind-Beziehungen, konnten Wilhelm II. viele nützliche Informationen geben, ihm gute Ratschläge erteilen, da die meisten Herrscher aufgrund der erheblichen Niveauunterschiede die kleinlichen Winkelzüge ihrer Untergebenen gar nicht durchschauen. Wer nur mit den Details beschäftigt ist, sieht die amtlichen Vorgänge unvermeidlich anders als der, der dazu aufgefordert ist, sich ins Große zu denken und den Zusammenhang der Geschäfte zu beachten.

Der regelmäßige und unbürokratische Verkehr mit Industriellen, Bankiers, Gelehrten, Bürgermeistern, Landräten, Bischöfen oder Künstlern machte Wilhelm mit dem gesamten gesellschaftlichen Leben bekannt. Im Gegensatz zu dem vernünftigen Brauch der Könige, Privathäuser nicht zu besuchen, verkehrte er auch in den Villen der Reichen und Mächtigen. Wie seine Mutter es sich gewünscht hatte, wurde er zu einem Bürgerkönig. Die Bürger drängten sich um ihn, suchten sein Gehör und beunruhigten wegen der unübersichtlichen Fülle im Vorzimmer des Kaisers und Königs erst recht die privilegierten Staatsdiener. Sie fürchteten ununterbrochen indirekte Gewalten, die ihre Zuständigkeiten hätten mindern können. Das Dilemma moderner Monarchen, die sich nicht in ihrem Schloss der gesellschaftlichen Wirklichkeit verschließen, äußerte sich darin, mit ihrer unbefangenen Offenheit in den Verdacht zu ge-

raten, sich vom Dienstweg zu lösen und damit auch die Rechts-
wege im Rechtsstaat zu verlassen und Günstlingswirtschaft zu
betreiben. Der Kaiser wollte jedoch die unterschiedlichsten In-
teressenvertreter miteinander bekannt machen, Abgeordnete
und Manager, Techniker und Offiziere, Professoren und Unternehmer, damit sie, indem sie Fühlung miteinander aufnah-
men, eine feinere Vorstellung vom Allgemeinwohl und dem
nationalen Interesse entwickelten und sich nicht nur von ihrem
jeweiligen Berufs- oder Verbandsegoismus leiten ließen.

In dieser Bemühung war er sehr erfolgreich: Kathedersozialisten warben für die Deutsche Flotte, Industrieforschung und
Universität ergänzten einander, die vom Kaiser hofierten Bürger stifteten Gelder für wissenschaftliche Institute, schenkten
den Berlinern Kunstsammlungen Gemälde oder gründeten
eine Universität in Frankfurt. Vor allem die Verbindung von
Politik und Wirtschaft wurde durch kaiserliche Vermittlung
immer enger. Wobei rein gesellschaftliche Treffen während der
Kieler Woche, Vergnügungsreisen im Mittelmeer oder Begegnungen beim Pferderennen oder auf der Jagd recht hilfreich
waren. Übrigens ließen sich Professoren und Abgeordnete gerne einladen, was zumindest Bürger nicht anstößig fanden. Von
einem Vorzimmer des Kaisers konnte genau genommen gar
nicht mehr die Rede sein. Wo immer der Kaiser als »Reisekaiser« hinkam, ergaben sich Vorzimmer und damit völlig neue
Zugänge zum Monarchen. Bürokraten, Ministern oder Offizieren fiel es immer schwerer, die Kommunikation Wilhelms II.
mit »dem Volk« nach ihren Vorstellungen zu lenken. Daraus
resultieren die meisten Missverständnisse der um ihren privilegierten Zugang zu »Wilhelm dem Plötzlichen« betrogenen
amtlichen »Würdenträger«. Sie warfen dem Kaiser Effekthascherei vor und unseriöse Gier, nach Popularität zu streben und
mehr auf die Stimmungen im »Publikum« zu horchen als auf
die Stimmen seiner Minister.

EIN VOLKSTRIBUN MOBILISIERT DIE MASSEN

Fürst Otto von Bismarck begann gleich nach seiner Entlassung, mit der er niemals fertig wurde, damit, Wilhelm II. jeden sittlichen Ernst abzusprechen und ihn als oberflächlichen Phrasendrescher anzugreifen. In Coburg'scher Manier werbe er um Beifall und verrate die Traditionen seines Hauses, um einem absolutistischen Wollen Respekt zu verschaffen ohne Rücksicht auf den stets wandelbaren Willen des Volkes. Bismarck verachtete in Wilhelm II. den König, der ihm die Treue gebrochen hatte. Er verachtete ihn aber auch als Coburger, der kein Preuße mehr sei und sein wolle. Die Coburger hatten sich schlau mit dem jeweiligen Zeitgeist arrangiert, in Belgien, in Bulgarien und Portugal immer den britischen Prinzgemahl kopierend, den Großvater Wilhelms II., zu dessen Kopie er nach dem Wünschen seiner Coburger Mutter hatte werden sollen. Hass macht nicht immer blind, oft auch hellsichtig. Bismarck hatte von vornherein der späteren Kaiserin Friedrich misstraut. Ihren Sohn hielt er lange Zeit für einen tüchtigen Kerl, sehr begabt und voll vielversprechender Absichten. Nachdem der Kaiser sich von ihm getrennt hatte, hasste er ihn. Nun sah er in ihm den Coburger, den Redseligen, Unbeständigen, dem Moment Gehorchenden, den um Zustimmung werbenden bürgerlichen Gesprächspartner. Coburg war im Übrigen auch eine Umschreibung für England und Engländerei, im Privaten ein Synonym für sexuelle Unbeherrschtheit und im Politischen für die ihr entsprechende Unlust, sich aufgrund untergeordneter Bedürfnisse von höheren Zwecken, also den nationalen Interessen, ablenken zu lassen.

Jetzt nannte er Wilhelm II. gefühllos, egoistisch, eitel, oberflächlich, voller unreifer Ansichten. Er sprach über ihn wie die Kaiserin Friedrich über ihren Sohn. Nur dass jene ihn für einen neoabsolutistischen, preußischen Leutnant hielt, der nie

erwachsen werden würde, während Bismarck ihn als unzuver-
lässigen Coburger schilderte, der mit liberalen Schlagworten
um Beifall buhlte und Gesinnungspolitik trieb, statt seines, Bismarcks, Werk auszubauen und zu erhalten. Da der gute Geschmack es ihm verbot, in Zeitungen offen am Geisteszustand
des Kaisers zu zweifeln – Überlegungen, die der verbitterte alte
Mann vor Besuchern allemal anstellte –, galt sein energischer
Kampf den »Capriviolen«, der angeblich verheerenden Politik
seines Nachfolgers, obschon er Leo von Caprivi einst nicht als
Kommisskopf, sondern als politisches Talent eingeschätzt hatte.
Mit seiner Polemik meinte er den Kaiser. Genüsslich fühlten
sich Konservative und Agrarunternehmer in ihrer Vermutung
bestätigt, dass die Folge des neuen Kurses die Demokratie sein
würde, was so viel bedeutete wie der Übergang in den Sozialismus. Die preußischen Konservativen fanden in Bismarck ihren
nationalen Führer, den Führer ihrer kleinpreußischen Nation.

Bismarck, der früher vor dem preußischen Partikularismus
und Separatismus gewarnt hatte, schwang sich jetzt zum preußischen Volkstribun auf. Als solcher wurde er auch außerhalb
Preußens von allen ersehnt, die in Caprivi und dem Kaiser
ängstliche Gesellen vermuteten, die vor den Sozialisten zu-
rückwichen, die die militärische Kraft schwächten und nicht
den Waffen, sondern Handelsverträgen vertrauten, die eher
Händler und Verhändler seien, eben Engländer, und nicht deutsche Männer, die außer Gott nichts fürchten auf der Welt. Wer
immer an Machtpolitik dachte und sozialdarwinistisch vom
Recht des Stärkeren im Kampf ums Dasein und Dabeisein auf
Konferenzen oder Schlachtfeldern sprach, fühlte sich von einer
vernünftigen, berechenbaren und kompromissbereiten Regierung um seine Hoffnungen betrogen. Industrielle an der Ruhr,
Reeder in Hamburg, Professoren und Studenten, Akademiker
überhaupt, Landwirte und Offiziere, sie alle applaudierten dem
tödlich beleidigten Fürsten Bismarck. Selbst der Bonner Lehrer

Wilhelms II., der Historiker Wilhelm Maurenbrecher, mahnte den Kaiser: »Was Du bist, bist Du nur durch das Werk Bismarcks.«

»Bismarckdeutsche« gab es über die Konservativen hinaus auch unter den preußischen Beamten und Ministern, denen die Angriffe ihres Tribunen gegen den »Demokraten« Caprivi und den Monarchen höchst willkommen waren. Ein Teil der Beamtenschaft fürchtete, der »schwache« Kaiser könne so schwach werden, Bismarck wieder zum Kanzler zu ernennen. Da kaum ein Beamter Leo von Caprivi mochte, der als Offizier nicht Sprosse um Sprosse die Leiter einer zivilen Laufbahn erklommen hatte, freuten sich nahezu alle Funktionäre über Bismarcks Sottisen und seine Bemühung, den Kanzler zu demontieren und darüber den unentbehrlichen Kaiser zu erziehen und zur Vernunft zu bringen. In Berliner Büros herrschte das Chaos – zum Vergnügen des alten Friedrich Engels, der darin günstige Vorzeichen im Sinne des von ihm wenig geschätzten Richard Wagner und seines »Systemkritikers« Loge im *Rheingold* erkannte: »Ihrem Ende eilen sie zu, die einst so mächtig sich wähnten.« Caprivi ließ sich nicht einschüchtern und wich vor den Bismarckdeutschen nicht zurück. Der Kaiser konnte sich nicht von seinem Kanzler trennen; er wusste, dass die Angriffe auch ihm galten. Im Juni 1892, als Bismarck in Wien weilte und von Kaiser Franz Joseph aufgrund deutscher Interventionen nicht empfangen wurde, teilte der Fürst in einem Interview den Lesern der *Neuen Freien Presse* mit, »gar keine persönlichen Verpflichtungen mehr gegen die jetzigen Persönlichkeiten und gegen meinen Nachfolger« zu haben: »Alle Brücken sind abgebrochen.«

Der wohlerzogene Kaiser Franz Joseph war entsetzt über das würdelose Betragen jenes bedeutenden Mannes, den er zu achten gelernt hatte, obschon gerade er am allerwenigsten Grund hatte, ihn zu mögen. Die Bismarckdeutschen waren hingerissen, die Rückfahrt ins Reich nach Bad Kissingen, wohin Bismarck zur Kur fuhr, geriet zu einem in der deutschen Geschichte bis dahin ungewohnten Triumphzug. Es war die mächtigste Demonstration gegen Kaiser und Reich, nicht von Sozialisten veranstaltet, sondern von Bürgern, die nun zum ersten Mal als Masse auftraten, die sich in den folgenden Jahren um Bismarck als ihrem Führer scharten und in dauernder Bewegung blieben. Gegen den bürgerlichen Bismarckkult wehrte sich Wilhelm II. mit dem ostentativen Kult seines Großvaters als Gründer des Reiches, mit dem Kult Wilhelms des Großen. Dass sein Großvater kein Großer war, wie der Große Kurfürst oder der Große König Friedrich II., wusste er wohl. Aber als Repräsentant des monarchischen Prinzips ging es ihm darum, daran zu erinnern, dass jeder Dienst für die Krone ihr Glanz verleiht, dass der Krone, dem gekrönten Staat, auch jene persönlichen Verdienste gehören, die um ihrer Ehre willen im Auftrage dessen, der die Krone trägt, erworben wurden. In diesem Sinne muss auch die trotzig wirkende Bemerkung verstanden werden: »einer nur ist Herr im Reich, und das bin ich.«

Mit solch pathetischen Floskeln bekundete Wilhelm II. gerade keinen neobarocken Absolutismus. Sie dienten nur als Hinweis darauf, dass in einer konstitutionellen Monarchie der König und Kaiser als Symbol der Herrschaft anerkannt werden muss, als Repräsentant der Souveränität und aller Machtvollkommenheiten. Das rief er Bismarck ins Gedächtnis. Doch der Altkanzler löste sich von sämtlichen royalistischen Übereinkünften und wurde zum Empörer. Caprivi und Wilhelm II. trauten ihm zu, Staatsgeheimnisse auszuplaudern. Im Wiener Interview sprach er schon ziemlich offen von dem Rückversicherungsvertrag mit Russland, über den er die Regierung Österreich-Ungarns nicht unterrichtet hatte. Bismarck, der Frondeur, gehörte nach klassischen Vorstellungen auf die Festung, nach Spandau. Die Zeiten waren aber längst so demokratisch geworden, dass man einen Junker und Helden des akademischen, industriellen und agrarischen Pöbels nicht mehr verurteilen und einsperren konnte. Die größte Gefahr für den monarchischen Gedanken ging nicht von der Sozialdemokratie aus, sondern von den Bismarckdeutschen, die das Genie, den Führer, die große nationale Persönlichkeit für die Voraussetzung hielten, unter der allein man herrliche Zeiten zu erwarten habe. Weder der Kaiser noch einer seiner Kanzler waren ein neuer Bismarck, wie die Bismarckdeutschen ununterbrochen wiederholten.

Leo von Caprivi warnte vor jeder Versöhnung mit Bismarck. Der Kaiser ahnte, dass er sich auf Dauer nicht gegen die Bismarckdeutschen würde behaupten können, die im Preußischen Landtag die Mehrheit besaßen. Er sah sich gezwungen, eine Versöhnung zu arrangieren. Die Berliner jubelten, als Bismarck am 26. Januar 1894 zum Berliner Schloss fuhr, sie jubelten auch einige Stunden später dem Kaiser zu, der von da an glaubte, dass Bismarck sich selbst am meisten schaden werde. Er unterschätzte aber die Bismarckdeutschen in den Zeitungen, auf den Lehrstühlen, in den Vereinen und studentischen Verbindungen. Sie blieben sein und seiner Regierungen größter Feind. Sie haben ihn zuletzt erledigt.

IV. DER DEMOKRAT AUF DEM THRON

K aisertum und Reichstag waren als anschaulicher Ausdruck der deutschen Einheit gedacht, der einen und unteilbaren Nation. Beides waren junge Einrichtungen, die erst ihren angemessenen und das heißt zeitgemäßen Stil finden mussten. Beide waren aufeinander angewiesen auch ohne juristisch fixierte parlamentarische Ministerverantwortlichkeit, da die Reichspolitik nur dann erfolgreich geführt werden konnte, wenn der vom Kaiser ernannte Reichskanzler eine Mehrheit im Reichstag fand. Auf diese Weise bestätigte sich die Übereinstimmung von Kaiserlichem Willen und nationalem Wollen. Das war die Idee und das Ideal. Tatsächlich repräsentierte die Volksversammlung eine mit sich uneinige Nation, zersplittert und gespalten in Parteien, Konfessionen, Verbände, Klassen oder in die Gebildeten und Ungebildeten. Deutschland war das Paradies aller möglichen Kontroverstheologien, die sich nur mühevoll auf Kompromisse verständigen konnten und wollten. Der Kampf um die Reinheit der Lehre spaltete die Liberalen und stürzte die Sozialisten in dauernde Unruhe, sodass sie oft mehr mit sich selber als mit dem Reich beschäftigt waren. Die Konservativen verzichteten – längst zu Wirtschaftsliberalen geworden – auf eine kohärente Doktrin. Ein paar nationale Schlagworte wie »Gesetz und Ordnung« konnten nicht davon ablenken, dass sie ausschließlich materielle Vorteile suchten.

Der sozialistische Materialismus beruhte hingegen auf einer umfassenden Interpretation der Geschichte als einem langen Prozess hin zur Freiheit und Befreiung von übermächtigen Egoismen. Eine solche Welterklärung wirkte auf alle, die mit Hegel die Geschichte als Weg der sich unaufhaltsam verwirklichenden Vernunft verstanden, anziehend. Doch das hatte kaum unmittelbare politische Folgen. Denn die Sozialdemokraten fürchteten, ihr Programm zu verraten und damit ihre Sendung, sobald sie sich offiziell auf Koalitionen und praktische Zusammenarbeit im System einließen. Ihre Vorliebe, im

Parlament zu räsonieren und zu kritisieren, unterschied sich gar nicht grundsätzlich von der Haltung der übrigen Parteien. In liberaler Tradition sahen diese ihre Aufgabe darin, die Regierung zu kontrollieren, aber nicht unbedingt mitzuregieren und parlamentarische Verantwortung zu übernehmen. Ihnen behagte durchaus das institutionelle Dämmerlicht, in dem sie handeln, verhandeln, Einfluss nehmen und sich verweigern konnten. Deswegen zogen sie auch die Arbeit in den Ausschüssen den Plenarsitzungen vor, diesen meist lustlosen Routineveranstaltungen in einem halbleeren Saal.

Die Abgeordneten verwiesen darauf, dass die eigentliche, die sachliche Arbeit in kleinen Gruppen geleistet werde. Das stimmte. Aber solch aufrichtiges Arbeitsethos der »Reichsboten« konnte dem Reichstag nicht zu dem Prestige verhelfen, das wichtigste Forum zu sein, auf dem über das gehandelt wird, was alle angeht. Es gab keine großen Parlamentsredner und selten große Debatten. Dem Reichstag fehlte jeder Glanz und daher auch jede Würde trotz der pompösen Hülle, die er sich gegeben hatte. Er war ein Ort mit vielen Konferenzräumen, in denen Spezialisten ernst und gründlich über Gesetze berieten und Entscheidungen vorbereiteten. Er war ein Arbeitshaus, aber nicht der Mittelpunkt der Nation. Das ganz unfeierliche Selbstverständnis der Abgeordneten entzauberte den Parlamentarismus der »48er« und altliberalen Nationalpathetiker als unpraktisch und ineffizient. Ein Parlament ist dazu da, Ausschüsse zu bilden, die sich in Hinterzimmern, unter Ausschluss der Öffentlichkeit, aber in Verbindung mit Fachmännern, als saubere Handwerker sachverständig betätigen. An dieser Auffassung hat sich im Laufe von hundert Jahren nichts geändert. Ein Parlament als Reparaturstelle, die deutsche Qualitätsarbeit leistet, weckt jedoch keine Begeisterung und beflügelt nicht die Phantasie. Jeder Deutscher war stolz darauf, gut zu arbeiten und in einer Leistungsgesellschaft »Leistung zu bringen«. Ist die Nation ein tägliches Plebiszit, um sich über gemeinsame Aufgaben schlüssig zu werden, wie Ernest Renan seinen 1871 besiegten Franzosen versicherte, dann muss sie sich auch sinnlich mitteilen und allen zum Erlebnis werden.

Die Französische Republik, eine vernünftige, aber unsinnliche Veranstaltung wie jede Republik, verfügte über keinen Repräsentanten der Nation. Der Präsident war ein Bürovorstand neben vielen anderen, nicht einmal besonders wichtig im Vergleich zum Kriegsminister oder Außenminister. Die Republik, nach der Niederlage 1871 entstanden, die als Schmach und Schande empfunden wurde, musste ganz Frankreich mit seiner ruhmvollen Geschichte zum Enthusiasmus erweckenden Erlebnis machen. Sie beschwor alle möglichen guten Geister: Heilige, Könige, adlige Frondeure und bürgerliche Revolutionäre, vor allem aber *écrivains* und *philosophes*, also Intellektuelle im modernen Verständnis. Jeder Franzose sollte spüren und fühlen, einer Nation anzugehören, die der Menschheit voranschreitet und sie über ihre Bestimmung unterrichtet. Wo immer die Menschheit litt, durfte sie darauf hoffen, dass die französische Armee herbeieilte, um Mühselige und Beladene von ihren Bedrückern zu befreien und unter ihren Schutz zu nehmen. Die Armee symbolisierte die Großherzigkeit und die Größe der Nation. Die französische Revolution hatte den Bürger zu den Waffen gerufen und zum Soldaten gemacht. Der moderne Militarismus, der unweigerlich zur Militarisierung des Bürgers führte, ist ein Ergebnis der Republikanisierung und Demokratisierung, der Wehrdienst ein Ehrendienst des freien Staatsbürgers, der für das Vaterland stirbt, damit Frankreich leben kann. Der Geschichtsunterricht, Denkmäler, Feierstunden und Paraden schaffen den Nationalismus, das Gefühl der Eintracht, auf das die Republik angewiesen ist, um Aufgaben als gemeinsame aufzufassen und erfolgreich zu bewältigen. Erst in der Dritten Republik vollendete sich das nationale Werden Frankreichs.

Das Deutsche Reich als Nationalstaat war das Ergebnis dreier großer Kriege. Den ersten Krieg – gegen Dänemark – führte 1864 Preußen mit Österreich, den zweiten – 1866 – führte es gegen Österreich und fast alle übrigen deutschen Staaten, den Krieg gegen Frankreich 1870/71 führte es zusammen mit den süddeutschen und norddeutschen Staaten bei gleichzeitiger Neutralität Österreich-Ungarns. Die drei Kriege verweisen auf die Schwierigkeiten der Deutschen mit ihrer Nation. Sie konnten nur unter Ausschluss Österreichs einen Nationalstaat gründen. Allerdings verbündete sich das neue Reich sofort mit Österreich und Russland und schloss darüber hinaus 1878 mit Österreich-Ungarn eine Allianz, die Bismarck gern als Bestandteil der Verfassung beider Reiche verankert hätte. Das konnte er in Österreich-Ungarn nicht durchsetzen. Aber auf beiden Seiten war man sich einig, dass diese besondere Beziehung unkündbar war. Im Grunde gab es seitdem einen engeren und einen weiteren Bund, wie ihn sich schon die »Kleindeutschen« 1848 in Frankfurt erhofft hatten, um in zwei Reichen dennoch sämtliche Deutschen einig zu wissen. Beide Reiche waren außerdem mit Italien verbündet, dessen nationale Einheit im Einverständnis mit Preußen in den Jahren 1859 bis 1866 gegen Österreich durchgesetzt worden war.

Der Raum des Heiligen Römischen Reiches war in neue, kräftige Formen aufgegliedert, besser als nach 1815, und dennoch wieder beisammen, einen Zusammenhang darstellend. Die gesamte deutsche Geschichte konnte kein Irrweg gewesen sein, wenn in neuen Konstellationen die Mitte Europas von der Ostsee bis Sizilien einen Großraum bildete mit gemeinsamen historischen Erinnerungen und gemeinsamen Interessen in der Gegenwart. Ein nüchterner Praktiker wie Leo von Caprivi dachte schon an ein künftiges Mitteleuropa als Wirtschafts- und Währungsunion. Auf diese Art würden sich historische Herkunft und die Moderne mit ihren neuen Fragen und

Möglichkeiten verbinden lassen. Die Deutschen konnten sich deshalb schnell in ihren »kleindeutschen« Staat eingemeinden, ohne zu glauben, etwas verloren zu haben. Sie waren »saturiert«, wie Bismarck, Caprivi oder Hohenlohe beteuerten. Sie wollten keine unerlösten Provinzen heim ins Reich holen, sondern mahnten die Deutschen in Österreich, gute und aufrichtige Österreicher zu sein oder zu werden und in der »Monarchie« ein weites Feld für ihren deutschen, zivilisierenden und kultivierenden Beruf zu nutzen. Zur Nation wurde das von Preußen gegründete und geführte Reich von 1870/71 den Deutschen viel leichter als erwartet.

Da der Reichstag nicht beanspruchte, die Einheit zu repräsentieren, musste es zur Aufgabe des Kaisers werden, nicht ein preußischer König zu bleiben, der zuweilen den Kaisermantel über seine preußische Uniform wirft, sondern tatsächlich als Deutscher Kaiser aufzutreten und »das Reich zur Wahrheit zu machen«, wie Wilhelm I. von seinen Nachfolgern erwartet hatte. Die Generation Kaiser Wilhelms II., die im Reich schon ihre Jugend verbracht hatte, verlangte nach nationaler Repräsentation. Darin war sie sich mit ihm einig. Das Kaisertum als »Präsidium des Bundesrates« war allerdings eine ziemlich blasse, weil substanzlose Einrichtung. Bismarck wollte es so, um den übrigen Fürsten den Beitritt zum Reich zu erleichtern. Der Sinn der nationalen Einigung lag allerdings darin, die unterschiedlichen Lebens- und Rechtsverhältnisse in Deutschland einander anzunähern. Unvermeidlich wuchsen dem Reich immer mehr Kompetenzen zu. Damit veränderte sich aber auch die Rolle des Kaisers. Als der Repräsentant der größten Militärmacht Europas und der neben den USA dynamischsten Wirtschaftsmacht des Weltmarktes, aber auch einer geistigen Macht, nämlich der »deutschen Wissenschaft« mit ihrer »Weltgeltung«, konnte er sich nicht darauf beschränken, möglichst unauffällig wie ein Aufsichtsratsvorsitzender der Deutschland AG seines Amtes zu walten. Das hieß, dem Kaisertum Substanz zu verleihen, ohne die »verbündeten« Fürsten in einem Staatenbund, der sich zum Bundesstaat wandelte, allzu sehr in den Hintergrund zu drängen. Wilhelm II. schonte die dynastisch-eigenstaatlichen Empfindlichkeiten. Er durfte sie gar nicht leichtfertig missachten, weil er schließlich selbst ein König war und aufrechte, alte Preußen lieber Preußen bleiben wollten, als sich reichsfreudig zu Deutschen zu bilden.

INDIREKTE MACHT

Sein Eintrag im Goldenen Buch der Stadt München 1892: *Voluntas Regis suprema lex esto* (Der Wille des Königs sei das höchste Gesetz) wurde damals und später missverstanden. Wilhelm II. sprach hier nicht von sich selbst und erhob keine ungewohnten Ansprüche. In keinem Land war die Monarchie so gefährdet wie in Bayern. König Ludwig II. wurde 1887 in einem äußerst dubiosen Verfahren entmündigt wegen angeblicher Unfähigkeit, die Geschäfte weiter zu führen. Otto von Bismarck hatte den König trotz mancher »Schrullen« für einen klaren, sachkundigen Kopf gehalten. Ludwig II. war aber als Nationalliberaler und Antiklerikaler ein Ärgernis für seine Familie und für die politisierenden Katholiken. Wie es zu seinem Tod kam, ist bis heute umstritten. Sein Nachfolger und Bruder Otto war allerdings geisteskrank. Er starb 1916. Ihn vertrat der Prinzregent Luitpold. Es entsprach dem Prinzip der Legitimität, auch in einem geistig Abwesenden den rechtmäßigen König zu achten. Keine Macht ist berechtigt, über die Krone zu verfügen, Könige einzusetzen und abzusetzen. Die Krone ist älter als die Verträge und Verfassungen, sie ist heilig und unantastbar. Alles Recht, auch die Verfassung, kommt von der Krone, die über dem Recht als dessen Hüter und Wahrer steht.

Die Entmündigung Ludwigs II. war ein eklatanter Bruch mit diesen Ideen und Konventionen. Vernünftige Beamte als Männer des modernen Staates, dem sie aufgeschlossen und umsichtig dienten, hielten es verständlicherweise für ganz unvernünftig, einen König *pro forma* als solchen anzuerkennen, der gar nicht in der Lage war, seine Vernunft zu gebrauchen. Mit seinem Spruch erinnerte Wilhelm II. an die Unverfügbarkeit der Krone, an das Prinzip der Legitimität, auf dem seine königliche Herrschaft beruhte wie die aller anderen Fürsten, Herzöge und Könige. Die bayerischen Parteien, vor allem das Zentrum, aber auch das Haus Wittelsbach, ließen sich nichts sagen. 1913 setzte das bayerische Parlament König Otto ab und bestimmte Ludwig, den Sohn des Prinzregenten, zum König. Ludwig III. leistete am 8. November seinen Treueeid auf die Verfassung und entband alle Untertanen von dem Eid, den sie auf den legitimen König Otto geleistet hatten. Der Volkskönig, König von Volkes Gnaden auf dem Umweg über das Parlament, bestätigte die Operettenweisheit: »Hab ich nur Deine Liebe, / Die Treue brauch' ich nicht.« Der Sozialist Kurt Eisner bemerkte trocken: »Soeben hat Prinz Ludwig der Monarchie das Grab geschaufelt.«

Nicht nur der bayerischen. Kann in einem deutschen Staat das Parlament den König absetzen und einen neuen einsetzen, dann ist es nur noch eine Frage der Zeit, bis die Volkssouveränität die monarchische ersetzt und die Monarchie überflüssig gemacht hat. Es war nicht die Sozialdemokratie, es war das in Bayern sehr konservative Zentrum, das der Monarchie ihre Legitimation entzog. In Bayern war sie nach 1887 tatsächlich zum monarchischen Prinzip verblasst. Der gut funktionierende Verwaltungsstaat, der die Reste bayerischer Staatlichkeit eifersüchtig wahrte, bedurfte der Krone nicht mehr. Der Prinzregent Luitpold störte die Beamten nicht und fand wenig Freude an festlicher Repräsentation. Schon ergriffen bayerische Prinzen

bürgerliche Berufe. In der Residenzstadt München geriet der
Hof, die Residenz, an den Rand des gesellschaftlichen Lebens.
Das städtische Bürgertum hatte sich längst in das Reich einge-
lebt. Insofern war der Kaiser stets willkommen. Dynastische
Gefühle konnte er kaum verletzen, wenn die Prinzen wie
Privatleute lebten, höchstens einen bayerischen Patriotismus,
sollte er preußisch bevormundend auftreten. Davor hütete er
sich, da er als Kaiser ein Sinnbild der Eintracht der Fürsten, der
Staaten und der Deutschen zu sein hatte.

Im Gegensatz zu seinem Vater fand Wilhelm II. die Bun-
desstruktur des Reiches nicht lästig. Er ließ sich vor allem nicht
von der Angst vor geist-, kunst- und reichsfeindlichen Umtrieben des Katholizismus irritieren, die norddeutsche Kulturprotestanten so häufig beschworen. Er erkannte von vornherein
an, dass alle »Kollegen«, wie er die Fürsten demokratisch und
bürokratisch nannte, treu zum Reich standen, und er behandelte sie loyal und höflich. Zu den meisten Verwandten unterhielt
er keine sehr persönlichen Beziehungen, nur Kaiser Franz Joseph verehrte er als Menschen und nicht nur als Doyen der
deutschen Fürsten. In diesen erblickte er Stützen der nationalen Einheit, in die sie sich gefügt hatten und die sie nun nicht
mehr zu lockern gedachten. Sie waren als Mitglieder des Bundesrates, der die Gesamtsouveränität der Fürsten repräsentierte,
zwar Mitsouveräne, aber sie gaben sich keinen Illusionen über
solch beruhigende Rechtsfiktionen hin. Sie wussten, dass nur
der König von Preußen und Deutsche Kaiser Möglichkeiten
besaß, die Politik seiner Regierungen zu beeinflussen. Deshalb
suchten sie das Gespräch mit ihm, um auf indirekten Wegen
über den Kaiser mit einer indirekten Macht auf die Reichspolitik einzuwirken. Insofern war der Kaiser, obschon rechtlich
nur *primus inter pares*, der Erste unter Gleichen, doch ihr *princeps*,
der Einzige, der qua Amt noch Autorität besaß, in die Politik
einzugreifen zu dürfen.

Die Dynastien schätzte Wilhelm II. als stabilisierende Elemente ein. Daher sollte das Kaisertum die übrigen Kronen nicht entwerten. Dennoch blieb es unvermeidlich, dass sie von ihm überschattet wurden. Als reisender Kaiser trat Wilhelm II. in Konkurrenz zu den Fürsten, wo immer er außerhalb Preußens auftrat. Das Reisen war nicht Ausfluss nervöser Hast oder einer Unlust zu kontinuierlicher Arbeit. Das Reisen fasste er als seine Verpflichtung auf, um über seine Person alle Deutschen mit dem Reich vertraut zu machen und eine Reichsfreudigkeit, als Voraussetzung nationaler Einheit, zu kräftigen. Die Deutschen kannten sich ja kaum untereinander. Das Zeitalter des Verkehrs, wie Wilhelm II. 1904 das soeben angebrochene 20. Jahrhundert charakterisierte, bereitete sich trotz der guten Eisenbahnverbindungen nur sehr allmählich vor. Der Kaiser vergegenwärtigte das Reich, das im alltäglichen Leben eine ferne und unbestimmte Tatsache war. Selbst der Militärdienst, der den Einzelnen näher an den Staat heranführen sollte, beließ ihn doch in den hergebrachten Verhältnissen regionaler Lebensbezüge. Den meisten Deutschen war ihr größeres Vaterland noch unbekannt. Der Kaiser zog sie für Augenblicke unmittelbar in weitere Zusammenhänge. Die *Tour de France* vermittelte den Franzosen einen Eindruck ihrer nationalen Geographie, machte Frankreich zu einer sinnlich erfahrbaren Tatsache. Die kaiserlichen Reisen verfolgten einen ähnlichen Zweck: den Begriff »Deutschland« mit Leben zu erfüllen. Wenn Wilhelm II. in der Regel überall begeistert von der Menge begrüßt wurde, äußerte sich in der Zustimmung nicht allein der wegen des Kaiserbesuches geschmeichelte vaterstädtische Stolz, sondern vor allem das festlich überhöhte Gefühl nationaler Verbundenheit.

HÖHER, SCHNELLER, WEITER

Seine lange Regierungszeit war gleichsam ein dauernder Reichs-umritt, wie ihn einst vorübergehend der deutsche König und erwählte Römische Kaiser nach seiner Krönung unternommen hatte. Wilhelm II. lernte die Spitzen der Behörden sowie Män-ner der ausschlaggebenden Kreise in Wissenschaft, Industrie und Handel kennen – und sie lernten den Kaiser kennen. In dieser Veräußerlichung des Monarchen, der sein Schloss ver-lässt und auf die gesellschaftlichen Kräfte zukommt, machte sich ein neuer, sehr demokratischer Zug bemerkbar. Vor allem aber wurde der Kaiser, dem das heute so genannte Bad in der Masse recht unbehaglich war, von seinem Volk gesehen, dem er sich zeigte. Er war ein höchst erfolgreicher nationaler Mas-senartikel. Wilhelm II. veröffentlichte in einem bislang uner-hörten Ausmaß seine Person. Sein Bild und das seiner Familie waren dem Massenpublikum durch die illustrierten Blätter all-gegenwärtig. Den Kaiser gab es auf Postkarten, später im Film und in Wochenschauen zu sehen. Kein Monarch und kein Deutscher, nicht einmal Marlene Dietrich oder Adolf Hitler, wurden so oft fotografiert wie Wilhelm II. Es waren keines-wegs Effekthascherei und Popularitätsgier, die ihn dazu veran-lassten, die Mittel technischer Vervielfältigung sehr geschickt einzusetzen. Ihm ging es darum, für das Kaisertum, eine junge und moderne Einrichtung, mit jungen und modernen Mitteln zu werben.

Er gestattete, dass sein Bild in der Werbung für Sekt, Scho-kolade oder Bartbinden verwandt wurde. Der allgegenwärtige Kaiser war die beste Reklame für das Reich. Feinsinnige Aristo-kraten und die Aristokraten unter den Ästheten rümpften die Nase. Sie sprachen von Vulgarisierung, Kommerzialisierung und der zu beidem gehörenden Demokratisierung. Wilhelm II. war zeitgemäßer und moderner. Er sah, dass sich die Kultur zur

Massenkultur erweiterte. Ihm erschien es ganz einfach geboten, deren technischen Angebote zu nutzen, um im Übergang zur Massengesellschaft die Massenwirksamkeit von Institutionen zu erreichen, die wie die Monarchie weit in die Vergangenheit zurückreichten, in die alte und veraltete Welt. Die Krupp'schen Werkhallen, die Werften, der Bau des Zeppelins, das Automobil, Schiffe oder die Eisen- und Stahlkonstruktionen der Fabriken und Bahnhöfe, der ganze Zauber, der von den Maschinen ausging, überwältigte ihn. Das alles, verbunden mit dem Bild des begeisterten Kaisers, kündete von der Kraft des Reiches und seiner unbegrenzten Möglichkeiten, von einem Amerika mitten in Europa.

Aber er unterschätzte keineswegs den Eindruck, den der herkömmliche höfische Prunk auf die Massen machte, die über Fotografie und Film sowie ausführliche Hofberichterstattung auch an Ereignissen Anteil nehmen durften, von denen bis dahin höchstens die erleuchteten Fenster des Schlosses etwas ahnen ließen. Die Feierlichkeit gemessener Zeremonien des preußischen Hofes, zelebriert von in Samt, Seide, Purpur und Hermelin gehüllten Gestalten, poetisierten das eherne Gehäuse, in dem sich eine durchrationalisierte, von der Maschine disziplinierte Massengesellschaft einrichtete. Die alten Stoffe schmückten eine neuartige Moderne und milderten deren zuweilen heftig empfundene Fremdheit. Sie versprachen Halt im sich beschleunigenden Wandel durch neue Roh- und Werkstoffe, mit denen der Mensch die Natur seinem planenden Willen unterwarf. Damals wurde Faust zum Prototyp der Neuzeit erhoben, wurde faustische Energie als Treibstoff der alles verändernden Motorik verstanden gemäß der Forderung: immer höher, schneller, weiter. Damals begann die Heroisierung der Arbeit und die Stilisierung jedes Tätigen zum Arbeiter. Mit Faust hieß es ununterbrochen: Dem Tüchtigen bleibt diese Welt nicht stumm, am allerwenigsten den »faustischen«

Deutschen, die mit ihren Waren und ihren Technikern in die weite Welt hinausgriffen, ungemein stolz auf ihre Tüchtigkeit und darauf, wie weit sie es gebracht hatten unter ihrem Kaiser.

Die Industrie machte die Welt hässlicher. Darüber klagte der »Rembrandtdeutsche« Julius Langbehn, ein ehemaliger Archäologe, der an die Macht der Schönheit und des schönen Menschen glaubte. Der Bürger sorgte mit Najaden und Dryaden, mit Göttern, Faunen und anderem mythologischen Personal für Anmut und schönen Schein im sogenannten öffentlichen Raum. In einer Zeit rapiden Wandels, die sich an Goethes Formel vom »Stirb und Werde« munter orientierte, mussten historische Kostüme und Dekorationen Dauer suggerieren und die Verluste kompensieren, die der Preis des Fortschritts waren. Darin lag das Dilemma der *belle époque* oder des »Wilhelminismus«. Die theatralische Inszenierung, der Kulissenzauber um Wilhelm als dem Kaiser fiel schon Zeitgenossen auf, die im bürgerlichen Historismus, mit dessen Requisiten der Kaiser spielte, eine fürchterliche Täuschung vermuteten, eben Lüge und Betrug. Wallende Mäntel und Schleppen, klassisch-höfische Tänze, historisierende Kostümbälle und neualte Livreen in alten Schlössern, die den Komfort der allerneusten Neuzeit erhielten, gehörten zu einem ganz modernen Stück: der Kaiser in Berlin. Wilhelm II. bestätigte damit seine Modernität. Er befand sich in Einklang mit dem bürgerlichen Geschmack und dem bürgerlichen Wunsch, jenseits von Produktion und Arbeit sämtliche Lebensformen zu ästhetisieren.

Die Schönheit des Lebens, der schöne Mensch, die Kunst, das schöne Heim und die schöne Natur, eingebettet in die Geschichte, die der Gegenwart erst Sinn verleiht, sollten als Gegenwelt zum Maschinenpark und seiner Vernunft die Sinne beflügeln, Erlebnisse verschaffen und mitten im Materialismus an »das Ideale« mahnen, ohne das der Bürger nicht auskam. Wollte die Monarchie überleben, musste sie sich ästhetisieren, die alten Formen als bloßen, sinnentleerten Zierrat gebrauchen, der wegen seiner Eleganz entzückt oder bezaubert. Die Formen mussten unter Umständen gar nicht alt sein, sie mussten nur alt erscheinen. Das viktorianische England ging allen Höfen Europas voran mit der Erfindung von Traditionen und höfischen Zeremonien, die eine Kontinuität vortäuschen sollten, die schon im 18. Jahrhundert abgebrochen war. Die Kontinuitätsbrüche, die der Bürger bewirkt hatte, wollte er vor sich selbst verbergen. Das kam den Monarchien sehr gelegen, die mit Prunk, Pomp, Festlichkeit und üppigen Garderoben nach Revolutionen und den Kriegen mit und gegen Napoléon ihr erschüttertes Ansehen wiederherstellten. Kaiser Wilhelm II. folgte lediglich dem britischen Beispiel. Die trockene Prosa des kollektiven Daseins unterbrach öffentlich zelebriertes oder über Bilder der Öffentlichkeit nahegebrachtes Gepränge als überwältigendes Schauspiel in Anlehnung an den Stil der *grande opéra*, die historische Reminiszenzen wirkungsvoll einsetzte. Dem deutschen Kaisertum, bar jeder Idee, lagen technisch-praktische Erwägungen zugrunde. Unter Wilhelm II. beeindruckte es als prächtig nuanciertes Ausstattungsstück. Die Inszenierung stimmte. Das war eine Leistung und ein Verdienst des Kaisers. Das Kaisertum wurde darüber populär.

Schon Wilhelm I. hatte damit begonnen, seine Hofhaltung von der sprichwörtlichen preußischen Bescheidenheit zu lösen, die übrigens auch zu den erfundenen Traditionen eines idealen Preußen als Inbegriff bürgerlich-asketischer Sachlichkeit gehörte. Der einzige König in diesem Sinne, Friedrich Wilhelm III., musste sehr sparsam, ja knauserig sein, weil Preußen nach der Niederlage von Jena und Auerstedt 1806 und wegen der horrenden Kontributionen an Napoléon bis 1813 ein armes Land war und lange Zeit benötigte, um sich von dieser Katastrophe und den Kosten der Befreiungskriege zu erholen. Friedrich Wilhelm III. war ein viel zu vornehmer Ehrenmann, um etwa Schulden zu machen. Preußen nach 1871 schwamm hingegen im Geld, und da wäre es ausgesprochen unelegant gewesen, keinen standesgemäßen Aufwand zu treiben. Außerdem hatten Wilhelm I. und die Kaiserin viel Freude an der formalen Schönheit höfischer Repräsentation und erwarteten diese selbstverständlich auch von ihren Höflingen, die anfänglich manches erneuerte Brauchtum wie den zeremoniösen Fackeltanz für lästig und langweilig hielten. Solche Unlust mussten sie sich abgewöhnen und selbst der alte Graf Moltke, obschon zähneknirschend, verweigerte sich nicht den kaiserlichen Wünschen, auf anmutige Weise feierlich ergriffen durch den Weißen Saal zu tänzeln. Wilhelm II. vollendete das Werk seines Großvaters zum Wohlgefallen der Berliner Bürger. Sie hatten schon unter Wilhelm I. erwartet, dass der königlich-kaiserliche Hof der neuen Stellung Deutschlands in der Welt alle Ehre mache.

Wie so oft stimmte Wilhelm II. vollständig mit Erwartungen und Begehrlichkeiten in der bürgerlichen Gesellschaft überein, er musste sie gar nicht erst künstlich und umständlich wecken. Außerdem waren die Berliner schon immer sensationslüstern, sie genossen die öffentlichen Darbietungen und strömten in hellen Scharen als applaudierendes und staunendes Publikum auf den Straßen und Plätzen zusammen. Für die Bürger bewahrheitete sich die klassische Maxime: Baut der König, treibt er Aufwand, hat der Kärrner zu tun, was modern gesprochen hieß, nicht nur der Maurer und Zimmermann, sondern auch der Hoflieferant für alle möglichen Mode- oder Luxuswaren. Das üppige höfische Leben konzentrierte sich im Übrigen auf die Wintersaison mit Hofbällen, Ordensfesten und Kaisers Geburtstag am 27. Januar. Für den Rest des Jahres entzog sich Wilhelm II. weitgehend den strengen höfischen Ritualen, die ihn bei aller Lust an Zeremonien doch einengten und anstrengten. Er unterhielt nicht aus persönlicher Neigung

zu barocken Freudenfesten einen prächtigen Hof. Er führte ein
»großes Haus« aus »Necessität«, wie einst Friedrich I. den Aus-
und Umbau des weiträumigen Berliner Schlosses gerechtfertigt
hatte, den er seiner neuen königlichen Würde schuldig zu sein
glaubte.

Das preußische Hofrangreglement, von Wilhelm I. festge-
legt und von Wilhelm II. übernommen, galt als das weitschwei-
figste und subtilste in ganz Europa. Es konnte nicht knapp
ausfallen, weil es das demokratischste war und umsichtig bürgerliche Würdenträger berücksichtigte. Die Hofgesellschaft
zeichnete sich nicht – wie etwa in Wien – durch Exklusivität
aus, vielmehr durch deren Mangel. Sie war ein Spiegelbild von
Besitz und Bildung, die als ineinander verschmelzende Gruppen die gesellschaftliche Vorherrschaft der alten Aristokratie
ablösten. Zwar überwogen die Adelstitel bei den Namen. Doch
waren sie oft jungen oder jüngsten Ursprungs. Der noch bürgerlich geborene Harry Kessler ist der berühmteste Vertreter
dieses neuen Adels geblieben. Als Potsdamer Offizier war er
bei Hofe gern gesehen. Er hatte gute Manieren und entsetzlich
viel Geld. Die soziale Großzügigkeit verstimmte viele Ange-
hörige des klassischen Adels, nach deren Auffassung es eben
kein auszeichnendes Privileg mehr war, bei Hofe zugelassen
zu werden. Wegen der vielen Juden, die hohe Orden bekamen
und eine Einladung ins Schloss, fürchteten sehr stolze und sehr
lutherische Mitglieder des christlichen Adels deutscher Nation, sich gleichsam an einer »Christenverfolgung« zu beteiligen,
wenn sie zu S. M. gingen, dem »Semi-Imperator«. Nur Bürger, die gerne geladen worden wären, aber nie gebeten wurden,
wie der sozial sehr ehrgeizige Journalist Maximilian Harden,
konnten verbittert die Mär verbreiten, der Hof sei eine Brut-
stätte finsterer Reaktion. Selbst berühmte Journalisten gehörten nicht zur guten Gesellschaft. Mit ihnen traf sich ein Aristokrat im Restaurant, aber nicht zu Hause. Erhielt ein Journalist

die Auszeichnung, eingeladen zu werden, dann höchstens zum Tee, aber natürlich nicht zum Abendessen, bei dem die *bonne compagnie* in Berlin, Paris, London oder Wien unter sich blieb.

Unabhängig von den zeremoniellen Veranstaltungen nahm Wilhelm II. sich die Freiheit, zu kleineren Diners jeden einzuladen, der ihn interessierte. Da seine Neugier groß war, ließ er sich durch keine höfischen Regeln einengen. Selbst Couplet-Sänger wie Otto Reutter oder der Operettenkomponist Paul Lincke wurden empfangen. Prächtige Kerle, wie der Kaiser fand, einer Meinung mit allen Berlinern. Mit dem Lied »Glühwürmchen, Glühwürmchen, flimmere« hatte der feine Paul eine Hymne auf die Osrambirne verfasst und zugleich das hell erleuchtete Gemüt der Berliner gerührt. Die neuen Phänomene der Massengesellschaft – Schlager und Musical – schwappten von Berlin aus nach New York. Für sensible Europäer war Berlin schon komplett amerikanisiert. Alles war groß, laut und voll: die Bierhallen, die Ballhäuser, die Varietés und die fürchterlichen Strandbäder mit ihren nackten oder nachlässig bekleideten Massen. Der schlechte Ruf Berlins beruhte darauf, keine geschmacklichen Hemmungen zu kennen. Pariser, Mailänder oder Madrilenen beobachteten ratlos, dass sich Berliner über die schrecklichen Begleiterscheinungen, die Vermassung und Vulgarisierung mit sich bringen, gar nicht betrübten oder erregten. Sie fanden sie amüsant und spielten damit. Darauf beruhte aber auch die Anziehungskraft dieser formlosen Stadt. Denn gerade die schockierten Anhänger raffinierter Lebenskunst kamen gern nach Berlin, weil sie hier auf Pfaden, von denen ihre Freunde nichts wussten, wandeln konnten, welche sie zu sehr handfesten und raffinierten Freuden führten, die sie in ihren eleganten Metropolen durchaus vermissten.

DAS MONDÄNE BERLIN

Der Kaiser hatte nichts mit solchen sehr aparten Verspieltheiten im Sinn. Aber auch er gehörte für jeden Vertreter des guten Geschmackes zu dem spontanen, impulsiven, durch und durch demokratischen Deutschland, dem die sozialen Vorurteile abhanden kamen und das mit seiner gesellschaftlichen Unbefangenheit alle Freunde der Ordnung und der Schönheit verwirrte, außer den Sozialisten, die sich, ob Russen, Franzosen oder Italiener, in Berlin, Leipzig oder München ungemein wohl fühlten. Der Kaiser war kein Sozialist, aber er besuchte Bürger in ihrer Wohnung oder aß mit ihnen im Hotel. Er wünschte als Sportsmann beim Pferderennen oder Segeln lockere, für jeden gleiche Kleidung, weil Sportsfreunde unter sich nicht durch die Majestät unsicher gemacht werden sollten. Ihm gefielen sehr gemischte Gesellschaften im Automobilclub, auf den Schiffen der HAPAG oder des Lloyd in Bremen, bei Krupps in Essen oder bei den Berliner Bankiers. Es gab auch einige, die seufzten, wenn der Kaiser allzu oft bei ihnen vorbeischaute. Dann bangten sie um ein Gemälde oder eine Statue, die der Herr, dem sie doch keinen Wunsch versagen konnten, im Kaiser-Friedrich-Museum für sehr viel besser aufgehoben hielt. Gerade weil der Kaiser und der Hof keine Scheu kannten, sich zu öffnen, verfügten sie über gesellschaftliche Anziehungskraft. Der Kaiser als Gast bürgerlicher Häuser und der Salons von Bürgern deutsch-jüdischer Herkunft, die zuerst Deutsche und dann Juden waren, sofern noch nicht getauft, war der beste *acquisiteur* für die preußischen Sammlungen. Wilhelm von Bode beriet ihn gut. Er beriet ebenfalls die Berliner Sammler bei ihren Einkäufen, immer damit rechnend, dass der Kaiser mit seinem Charme und Witz und der Möglichkeit, Titel und Orden zu verleihen, später für seine Sammlungen die Kunstwerke erwarb, die Bode dort noch entbehrte.

Die meisten Bürger fühlten sich geschmeichelt, geehrt und in ihren Talenten und Verdiensten erkannt, durften sie sich in die unbequeme Hofkleidung stürzen, um in Gegenwart des Kaisers gesehen und beachtet zu werden. Das Prestige des Hofes war um 1900 höher als um 1800. Nicht zuletzt, weil der »Reisekaiser« nicht nur Berliner und Preußen, sondern alle Deutschen umwarb und sie in den Einflussbereich des Hofes zog. Dem selbstgemachten Mann, den Wilhelm II. bewunderte, gefiel es, an die Stufen des Thrones gerufen zu werden oder mit einer Majestät im Segelclub von Gleich zu Gleich zu reden. Wilhelm II. war das geworden, was seine Mutter wollte: ein Bürgerkönig ohne Vorurteile, aufgeschlossen und modern. Seine Umgänglichkeit hatte wohltätige sozialästhetische Folgen. Die neuen Reichen strebten nach Eleganz, gewannen Freude am Luxus und guten Geschmack. Deutschland war nicht nur das Paradies der Nacktbader, Lichtfreunde, Lebensreformer und Rohköstler, die Nikotin und Alkohol verabscheuten. Jetzt erst wurde Berlin zu einer mondänen Stadt, mit Hotels, die dem Vergleich mit Paris, London und Wien standhielten, mit exquisiten Geschäften, Restaurants für den verfeinerten Geschmack und erstaunlichen privaten Kunstsammlungen. Wilhelm II. förderte diese Entwicklung, um die geschmackliche Rückständigkeit Berlins, die er so peinlich empfand wie seine Coburger Mutter, endlich zu überwinden. Die alten und neuen Reichen der »wilhelminischen Gesellschaft« kümmerten sich wie drüben in Frankreich um die luxuriöse Dekorierung auch der Nichtigkeiten der Existenz. Grimmige Altpreußen und verstockte Kleinbürger tadelten als unpreußisch oder undeutsch solche Ästhetisierung der Sitten, deren Stillosigkeit nur noch sehr kultivierten Aristokraten auffiel.

Dennoch verachtete Wilhelm II., der das große Geld bewunderte, den schnöden Materialismus, der sich mit dem äußeren Glanz begnügte. Er hing wie alle Vertreter von Besitz und

Bildung am »Idealen«, welches das unsühnbare Reich des Geldes mit noblen Stimmungen aufheitern sollte. Das Ideale sah der Kaiser unmittelbar mit der Religion verbunden, mit Gott und dem Gottesgnadentum jedes Einzelnen, das sich im Gottesgnadentum des Königs stellvertretend manifestierte. Im politischen Sinne erinnerte es an die Souveränität der Krone, die nicht von Verträgen und Absprachen herrührte. Außerdem verfügte der preußische König über die Rechte eines obersten Bischofs seiner Landeskirche. Es gab also mehrere Gründe für ihn, an überlieferten Vorstellungen festzuhalten, die viele Bürger für konventionelle Floskeln hielten, die sie aber als dekoratives Element nicht weiter störten. Kirchlich-religiöse Schmuckformen boten einen ästhetischen Reiz mehr, wenn die Allerhöchsten Herrschaften unter Posaunen, Hymnen und Orgelklang, umstellt von erlesenen Toiletten und bunten Uniformen, dem Höchsten dankten, dem guten alten Gott im Himmel, für die Mühe, die der sich immer mit dem Hause Brandenburg gemacht hatte. Wilhelm II. schien es unausweichlich, dem König aller Könige liturgisch prächtig die Reverenz zu erweisen. Wegen der Armut großer Formen in der Evangelischen Kirche kam die Inszenierung dieser feierlichen Gottesdienste der großen Oper oder dem Bayreuther Bühneweihfestspiel gefährlich nahe. Wilhelm II. nahm sie so feierlich ernst, wie sie gemeint waren.

Auch in seinem Gottesgnadentum als preußischer König offenbart sich die Spannung zwischen historischer Überlieferung und Moderne. Als König von Preußen verstand er sich, wie sein Großvater, als »Instrument des Herrn«. Darum war und bleibt eine feste Burg unser Gott – so sprach er am liebsten zu den preußischen Soldaten, da Gehorsam und Gottesfurcht zueinander gehören und ein ungläubiger Soldat doch nur ein armseliger Hosenmatz sei, wie der alte Blücher meinte. Solche Äußerungen wiederholen nur die Versprechen seiner

Vorgänger: »Ich und mein Haus wollen dem Herrn dienen«,
das war die Devise Friedrich Wilhelms IV., oder »Ich will, dass
meinem Volk die Religion erhalten werde«, wie Wilhelm I.
wünschte. Der Kult mit Friedrich dem Großen, dem Philosophen und freien Geist, lenkte davon ab, dass Preußens Herrscher überzeugte Christen waren und ihre Religiosität um so
stärker betonten, je mehr seit der Großen Revolution Kirchen
und Religion in Frage gestellt wurden. Wilhelm II. stand hier
ganz in der Tradition seines Hauses. Das Gottesgnadentum
mochte auf viele wie ein liebenswürdiger Anachronismus
wirken. Kein Monarch kam jedoch ohne Berufung auf diese
Theorie christlicher Königsherrschaft aus, weil anders ihre Unantastbarkeit und ihr sakrosankter Charakter nicht verteidigt
werden konnten. Bis auf den heutigen Tag können Könige auf
die legitimierende Kraft der Kirche oder der Religion nicht
verzichten. Charles Maurice de Talleyrand, Herzog von Péri-
gord und ehemals Bischof von Autun, sagte einmal: »Nichts ist
so unaristokratisch wie der Unglaube.« Zum Selbstverständnis
des Adels gehörte es, ein christlicher Adel zu sein, eine *militia
Christi*, das machte sein Ethos aus.

Die modernen Schwierigkeiten mit dem Gottesgnadentum,
auf das sich Wilhelm II. nur als preußischer König und nicht als
Deutscher Kaiser berief, ergaben sich weniger aus politischen
Bedenken als aus theologischen Gründen. Die Kulturprotestanten, zu denen Wilhelm II. sich rechnete, besaßen keine
verbindliche Vorstellung mehr von Gott, vom Christuskönig,
von Sünde oder Gnade. Die Historisierung der Bibel und des
Glaubensbekenntnisses löste die Glaubenswahrheiten in zeit-
verhaftete Konstruktionen auf. Davon konnten Bestandteile in
die Gegenwart hinübergerettet werden, sofern sie die humanistische Aufforderung ergänzten: »Edel sei der Mensch, hilfreich
und gut.« Wilhelms II. Glaubenbekenntnis enthielt für strenge
Protestanten einige Wunderlichkeiten. Denn er unterschied

zwischen der historischen und der rein religiösen Offenbarung Gottes in Christus. Im Laufe der Geschichte greift Gott über große Weise, Priester oder Könige immer wieder in die Entwicklung des Menschengeschlechtes ein, um es weiterzuführen und zu fördern, also für sittlichen Fortschritt zu sorgen. Das kann durch Hammurabi oder Moses, Homer, Karl den Großen, Shakespeare, Goethe oder Kant geschehen und selbstverständlich auch über Wilhelm den Großen, der höchst erstaunt gewesen wäre, in welche Gesellschaft er da gebracht wurde. In allem »wahrhaft Großen und Herrlichen, was ein Mensch oder ein Volk tue«, kann man bewundernd und dankbar die Herrlichkeit Gottes erkennen.

Das Gottesgnadentum der Hochbegabten, der Übermenschen, der Geistesheroen, der Sieger, die Göttlichkeit des Einzelnen in seinem Eigentum: Das entsprach ganz der modernen Selbstfeier des unerschöpflichen Individuums als Sonne seines Sittentages. Das machte das Gottesgnadentum des Königs allerdings zu einer zufälligen, am großen Einzelnen haftenden Erscheinung. Das preußische Gottesgnadentum lag jedoch im Amt, in der Krone beschlossen, beidem musste sich das Individuum unterordnen. Wilhelm II., ein modernes Individuum, ist sich über diese inneren Widersprüche nie klar geworden, die ihm gar nicht bewusst wurden, weil er sie nicht als Widersprüche empfand. Als Bischof sorgte er sich sehr darum, dass kein dogmatischer Parteienzwist die Kirche beunruhige. Ihm lag an einer mittleren, unbestimmten Haltung, die viele Richtungen duldete. Die Einigkeit der Protestanten lag ihm sehr am Herzen, aber er verstand sie als eine Einheit versöhnter Mannigfaltigkeit. Seine dogmatische Indifferenz erleichterte ihm einen unbefangenen Umgang mit Kirchenfürsten, Äbten, katholischen Professoren oder Künstlern. Katholiken würdigten in dem christlichen König und Kaiser dankbar auch ihren Kaiser, der mit seiner Freiheit von Vorurteilen allen Deutschen ein

Beispiel gab, in einem katholischen Landsmann einen unverfälschten Deutschen zu achten und nicht einen vaterlandslosen Jesuiten zu vermuten.

NEUES KIRCHLICHES LEBEN

Auf diese Art förderte Wilhelm II. die Integration der Katholiken in das Reich. 1894 ernannte er den Bayern und Katholiken Fürst Chlodwig Hohenlohe-Schillingsfürst zum Reichskanzler. Ängstliche Kulturprotestanten erfuhren zu ihrer Erleichterung, dass ein Katholik, dessen Bruder auch noch Kardinal war, fähig war, deutsche Interessen zu wahren und das Reich nicht römischer Knechtschaft auszuliefern. Ein Sturm der Entrüstung brach noch einmal aus, als der »Katholikenkaiser« die Berufung des katholischen Historikers Martin Spahn an die Straßburger Universität gegen heftige Proteste, angeführt von Theodor Mommsen, durchsetzte. Es war der Kaiser und nicht der feinsinnige Gelehrte, der in diesem Fall für die Freiheit der Wissenschaft und der Universitäten stritt und zugleich für die Rechtsgleichheit aller Deutschen. Papst Leo XIII. dankte ausdrücklich Wilhelm II. dafür, dass aufgrund seines umsichtigen Verhaltens jeder Katholik in Deutschland ungestört und frei leben könne. In Aachen, dessen Kaiserpracht im Dom mit seiner Unterstützung erneuert worden war, pries er im Juni 1902 das alte Reich und die Gegenwart des neuen Reiches. Es war ein Imperium des Geistes, das er feierte, dessen Urgrund in der Gottesfurcht lag und in den hohen sittlichen Anschauungen unserer Vorfahren.

Den versammelten, meist katholischen Festgästen rief er zu. »So erwarte ich auch von Ihnen allen, dass Sie mir helfen werden, ob Geistliche oder Laien, die Religion im Volke aufrecht zu erhalten. (...) Denn wer sein Leben nicht auf die Basis der

Religion stellt, ist verloren.« Begeistert von dem Ort, von der Hauptstadt Karls des Großen, des Gründers des alten Reiches, zieme es sich nicht zu reden. Es zieme sich vielmehr zu geloben: »dass ich das ganze Reich, das ganze Volk und Mein Heer, symbolisch durch diesen Kommandostab vertreten, Mich selbst und Mein Haus unter das Kreuz stelle und unter den Schutz dessen, von dem der große Apostel Petrus sagte: ›es ist in keinem Anderen Heil‹!« Es war das einzige Mal, dass er das auf Verträgen und Übereinkünften entstandene Reich in eine Aura des Religiösen zu rücken versuchte, das alte und das neue Reich unter dem Zeichen des Kreuzes miteinander verknüpfend. Das Kreuz war einst Kaiser Konstantin erschienen, im Zeichen des Kreuzes hatte er gesiegt und das Römische Reich gerettet, das Karl der Große neu erschuf und das damit zur Vorgeschichte des Deutschen Reiches gehört.

Mit einem Gottesgnadentum des Kaisers und des Reiches haben diese Assoziationen nichts zu tun. Es handelt sich um bildungsbürgerliche, heilsgeschichtliche Reminiszenzen, die vor allem Katholiken lieb und teuer waren. Wilhelm II. sah in Konstantin dem Großen das Urbild eines christlichen Monarchen. Ihn beschäftigte die Rekonstruktion des Labarum, des christlichen Feldzeichens Konstantins, das er 1914 Papst Pius X. schenkte. Wenn die Truppen für Gott, König und Vaterland in den Krieg zogen, lag nichts Außergewöhnliches in dem Versprechen, das Reich unter das Kreuz zu stellen, da es nach volkstümlichen Vorstellungen ohnehin unter dessen Schutz stand.

Bei dieser Rede handelt sich um einen der vielen Versuche, das katholische Erbe als ein gemeinsames anzunehmen. Kein Ort war dafür besser geeignet als Aachen, einer der wichtigsten Wallfahrtsorte Europas, die heilige Stadt im Heiligen Reich, wo die deutschen Könige gekrönt und gesalbt worden waren, die Stadt, deren Lokalheiliger der heilige Carolus Magnus ist. Das Katholische Deutschland jubelte, selbst Katholiken in Frankreich spendeten lauten Beifall. Dort kündigte sich ein Kulturkampf an, der 1905 mit der radikalen Trennung von Staat und Kirche seinen Abschluss fand. Der Zweck der kaiserlichen Rede war erreicht: zu dokumentieren, wie einträchtig alle Konfessionen im Reich zusammenleben und dass gerade Katholiken auf Deutschland vertrauensvoll blicken können als Hort der Freiheit.

Als eine ebenso religiöse wie gesellschaftliche Aufgabe fasste es Wilhelm II. auf, Berlin von dem Makel zu befreien, die unchristlichste Stadt Europas zu sein. Seit Jahrzehnten bekümmerte dieser Tatbestand die preußischen Könige. Um 1880 ließ sich nur noch ein Fünftel aller Hochzeiter kirchlich trauen, knapp die Hälfte aller Kinder war nicht getauft. Die meisten Jugendlichen erhielten nur eine spärliche Einführung in das Christentum. Die soziale Frage warf die sittliche auf, wie den unteren Klassen die bislang verwehrte Möglichkeit eingeräumt werden könne, den moralischen Menschen auszubilden. Das galt als Ziel des bürgerlichen Humanismus. Eine völlig verbürgerlichte Religion wie der Kulturprotestantismus musste dahin gebracht werden, über Innere Mission und soziale Einrichtungen auch die unbürgerlichen Massen zu erreichen. Voraussetzung für eine Neu-Evangelisierung Berlins war es, überhaupt erst einmal Kirchengemeinden zu gründen, also Kirchen zu bauen. Wilhelm II. wandte Phantasie und Energie auf, um reiche Bürger zu den nötigen Spenden zu bewegen. Während seiner Regierungszeit wurden achtzig Kirchen errichtet, so viele wie in den vergangenen sechs Jahrhunderten zusammen, meist unter dem Patronat Auguste Viktorias und mit erheblichen Mitteln, die auch ihr Gemahl für das Kirchenprogramm spendete.

Immerhin gelang es, die Zahl der sonntäglichen Gottesdienstbesucher zu steigern. Waren 1840 zwischen zwei bis drei Prozent aller Protestanten regelmäßig in die Kirche gegangen, taten dies um 1900 fast 20 Prozent, für eine deutsche Groß-

stadt eine erstaunliche Anzahl, da Protestanten ja keine Pflicht
kennen, jeden Sonntag am Gottesdienst teilzunehmen. Berlin
machte um 1910 einen nahezu christlichen Eindruck. Es war
tatsächlich zu einem evangelischen, einem deutschen Rom geworden, einen Anspruch, den der 1905 eingeweihte Dom als
Variation der Peterskirche mächtig erhob. Dieses Prunkstück,
von Julius und Otto Raschdorff gebaut, das gemeinhin als Para-
debeispiel für den architektonischen Wilhelminismus gilt, veranschaulicht vielmehr, was aus Berlin geworden wäre, wenn
der Geschmack der Kaiserin Friedrich längere Zeit die öffentlichen Bauten geprägt hätte. Wilhelm II. korrigierte die gröbsten Ungeschicklichkeiten des Entwurfs, dessen Ausführung er
aus Pietät seinen Eltern gegenüber, die den Dom in Auftrag
gegeben hatten, nicht verhindern wollte. Die anderen vielen
neuen Kirchen in Berlin, im Unterschied zum Dom meist
unter Rückgriff auf romanische oder märkisch-backsteingoti-
sche Formen errichtet, dienten neben dem religiösen Zweck
zugleich den ganz weltlichen und bürgerlichen Absichten der
Stadtverschönerung.

Sie wiesen langen, geraden Straßen einen abschließenden
Blickpunkt oder ermöglichten Plätze um sie herum. Wilhelm II. begrüßte es ausdrücklich, dass sich rund um die Kaiser-Wilhelm-Gedächtniskirche Luxuswohnungen, Cafés und
Ausstellungshallen dem Stil des romanischen Bonner Münsters
anglichen, den er für den Sakralbau vorgeschrieben hatte. Unter den Rundbogen in der Kirche wurde Gott gedient und im
»Romanischen Café« dessen Existenz bestritten, sofern sich einer der Bohemiens überhaupt den Kopf darüber zerbrach. Es
war ein Ensemble, wie es sich die Zeit wünschte, sofern es nur
äußerlich übereinstimmte und stilistisch die verschiedensten
Aufgaben versöhnte: Schöner wohnen, besser essen und trin-
ken, Gott loben und Preußen rühmen. Die rund um die Gedächtniskirche wohnenden Kulturprotestanten glaubten viel,

vor allem an sich und an die Sendung Preußens, Deutschland und die Welt zu erhellen. Von Stufe zu Stufe geht es aufwärts. Wer eine höher gekommen ist, ist froh, die frühere hinter sich zu haben, behält aber den allmählichen Aufstieg fest in Erinnerung.

Mit den Feuerzungen des sich ausgießenden Heiligen Geistes beim Pfingstwunder fing alles Werden ziemlich dilettantisch an, um endlich die segensreichen Wirkungen der Berliner Osrambirne hervorzubringen. Das sprach gar nicht gegen den früheren Versuch. Dafür war der Kirchengeschichtler Adolf von Harnack zuständig. Ihn berief Wilhelm II. gegen den Willen der Theologischen Fakultät und trotz erheblicher Bedenken kirchlicher Würdenträger nach Berlin. Der oberste Bischof seiner preußischen Kirche schätzte keine Mucker. Harnack fasste Gott als eine Umschreibung für Fortschritt der Erkenntnis auf. Zur Erkenntnis, und damit zu Gott, gelangte man am besten in Berlin, der Residenz des Weltgeistes. Des preußischen Reiches Macht und Herrlichkeit, wovon schwungvoll der große Altphilologe Ulrich von Wilamowitz-Moellendorff an Kaisers Geburtstag schwärmte, verdankte sich den Königen, die den wahren Segnungen der Reformation gegen alle möglichen Dunkelmänner zum Durchbruch verholfen hatten: der Gedankenfreiheit und der wissenschaftlichen Bildung. Deshalb fanden Berliner Professoren ihren Stolz darin, gleichsam das geistige Leibregiment der Hohenzollern zu bilden.

DEUTSCHLAND, UNIVERSITÄT DER WELT

Der König, jetzt Wilhelm II., konnte sich auf sie verlassen, so wie sie sich auf ihn verlassen konnten. Berlin war die Hauptstadt des wissenschaftlichen Kulturprotestantismus geworden. Damit es diesen Rang behielt, schien es geboten, alle Kräfte

anzuspannen. Wilhelm II. verfügte über genug Ehrgeiz und
Vertrauen in die Wissenschaft, sich solche Absichten zu eigen
zu machen. In Aachen sagte er 1902: »Dem Charakter der
Germanen entsprechend, beschränken wir uns nach außen, um
nach innen unbeschränkt zu sein; weithin zieht unsere Sprache
ihre Kreise auch über die Meere, weithin geht der Fluss unserer Wissenschaft und Forschung, kein Werk ist auf dem Gebiet
der neueren Forschung, welches nicht in unserer Sprache abgefasst würde, und kein Gedanke entspringt der Wissenschaft,
der nicht von uns zuerst verwertet würde, um nachher von den
anderen Nationen angenommen zu werden. Und dieses ist das
Weltimperium, das der germanische Geist anstrebt.« Der Berliner Nationalökonom und »Kathedersozialist« Adolf Wagner
sagte das Gleiche 1908, nur knapper. Gestern, im Mittelalter
habe es geheißen, Bononia, Bologna, die erste europäische Universität, lehre und unterrichte alle. Heute heiße es »Germania
docet«, Deutschland als Universität der Welt. Aber er warnte:
»Es mag sein, dass es morgen heißen wird: ›America docet‹:
Jedenfalls haben wir Grund, unsere Kräfte anzuspannen, dass
es nicht so werde.«

Dafür besaß Wilhelm II. in Friedrich Althoff den erstaunlichsten Ratgeber und Organisator. Der amerikanische Staats-
wissenschaftler John William Burgess hielt ihn für einen der
bedeutendsten Männer der Welt. Neben Adolf von Harnack,
dem Professor für Kirchengeschichte und Generaldirektor der
Preußischen Staatsbibliothek, gehörte Althoff zu den letzten
Heroen, die souverän sämtliche Wissenschaften überblickten.
Dieser Ministerialdirektor im preußischen Kultusministerium,
von 1882 bis 1907 zuständig für die Universitäten, das Schulwesen und die gesamte organisierte Wissenschaft, verkörperte
für Wilhelm II. den Inbegriff des Staatsmannes: breiteste Sach-
kenntnis, daher Gespür für neue Talente und Forschungsrich-
tungen, gepaart mit der Zähigkeit, durchzusetzen, was ihm

zweckmäßig erschien. Er konnte virtuos sämtliche diplomatischen Mittel einsetzen, war aber auch bereit, wenn es sich
nicht vermeiden ließ, schroff vollendete Tatsachen zu schaffen.
Das machte ihn an den Hochschulen äußerst umstritten. Wer
wie er viel mit Professoren umgehen musste und von 1874 bis
1882 Professor für Zivilrecht in Straßburg war, verliert unweigerlich alle Illusionen über die Gelehrten und die akademische
Selbstverwaltung. Als Beamter ohne den Ehrgeiz, je Minister
zu werden (weil ihn das höhere Amt von der Wissenschaftspolitik abgelenkt hätte), begeisterte er sich für die Wissenschaft
und nicht für die Wissenschaftler, deren menschliche Unzulänglichkeiten ihn zunehmend enttäuschten.

Die unsachliche Vetternwirtschaft, das Cliquenwesen, der
Klüngel und die Kastenherrschaft an den Universitäten waren
ihm widerwärtig. Althoff ging es um die Sache. Personen inter-
essierten ihn nur, sofern sie der Sache, eben der Wissenschaft,
dienten. So griff er rigoros in die Besetzung der Lehrstühle ein.
Die Sozialdemokraten bewunderten seine Unerschrockenheit,
Professoren zu behandeln, wie sie sind, und nicht, wie sie sein
sollen. Er sammelte ununterbrochen Informationen über die
Entwicklungen in den Wissenschaften, vor allem über den
Nachwuchs, damit kein Talent unterdrückt würde, das etwa
nicht in die »Schulen« als Lob- und Preisgemeinschaften passte.
Viele später berühmt gewordene Professoren, selbst Nobelpreis-
träger, verdankten ihm ihre Karriere, weil er sich nicht um die
Vorurteile und die geistige Routine der Fakultäten kümmerte
und ihnen Lehrstühle verschaffte. Althoff geriet bald in den
Ruf eines Diktators, der mit Spionen und Zuträgern, die sich
bei ihm einschmeicheln wollten, sein Herrschaftssystem dauernd ausweitete. Doch Friedrich Althoff war kein Diktator. Er
wahrte die Interessen des Staates und der Wissenschaft gegenüber den Einseitigkeiten und Launen der Professoren. Dazu
hatte schon Wilhelm von Humboldt als Minister geraten: Eine

gründliche Aufsicht des Staates sei gerade bei Berufungen notwendig. Denn Professoren, ränkesüchtig, eitel und zänkisch, seien oft gar nicht in der Lage, von sich abzusehen und einen Sachverhalt unabhängig zu beurteilen. Friedrich Althoff stand in der großen Tradition preußischer Kulturpolitiker seit Humboldt und Altenstein. In Preußen blieb die Forderung Friedrich Wilhelms III. nach der Katastrophe von 1806, mit geistigen Mitteln die materiellen Verluste zu kompensieren, unvergessen. Der Staat fühlte sich verantwortlich für das geistige Leben im weitesten Sinne, für die Grundlagen, auf denen es sich entfalten konnte, aber auch für den Reichtum an Einrichtungen, die es allen Begabten und Geeigneten ermöglichen sollte, ins Reich der sittlichen Freiheit zu dringen, wohin Kunst und Wissenschaft sicher leiten. Es ist Aufgabe des Staates, in dem die befreiende Vernunft sich als tätige Vernunft erweist, seinen Bürgern zur Freiheit zu verhelfen. Friedrich Althoff konnte den staatlichen Willen durchsetzen, weil er wusste, dass Wilhelm II. ihn nie im Stich lassen würde. Der Wille Althoffs bezwang als königlicher Befehl jeden Widerstand störrischer Professoren und mit ihnen verbündeter Beamter. Friedrich Althoff beging nie den Fehler, hinter dem Rücken des Kaisers zu handeln oder ihn mit Intrigen unter Druck zu setzen. Er verkehrte aufrichtig mit Wilhelm II., sachlich und vernünftig.

Ohne zu zögern, gewährte ihm der Kaiser Schutz und Unterstützung bei Entscheidungen, die Ärger verursachen mussten. Darauf konnte sich Althoff unbedingt verlassen, er nutzte aber nie das königliche Wohlwollen aus. Beide ergänzten einander auf ideale Weise. Denn sie strebten nach dem gleichen Ziel: die Weltgeltung deutscher Wissenschaft zu erhalten. Des Kaisers Schulkamerad Friedrich Schmidt-Ott, im Kultusministerium Althoff zugeordnet, und Adolf von Harnack, der Professor mit Freude an höfischen Zierlichkeiten und freiem Zugang zum

Vorzimmer des Herrschers, arbeiteten ganz in diesem Sinne mit Althoff und Wilhelm II. zusammen. Auch Wilhelm von Bode, der die preußischen Kunstsammlungen auf »Weltniveau« stemmte, vertraute dem Kaiser und besprach mit ihm alle geschäftlichen Angelegenheiten, zuweilen im genialen Straßenjungenjargon der Berliner, der auf den Kaiser – und nicht allein auf ihn – erfrischend und klärend wirkte. Das konsequente Zusammenwirken von Krone und Beamten veranschaulichte beispielhaft, welch glänzende Ergebnisse *viribus unitis*, mit vereinten Kräften, erreicht werden konnten. Goethe hatte von der Epoche der Weltliteratur gesprochen, die nun anbreche, nicht zuletzt vorbereitet von den Deutschen, deren Sprache so geeignet für Übersetzungen sei, weil sie sich, biegsam und frei wie das Griechische, auch ganz fremden Ausdrucksformen anzuschmiegen und sie in ihr Eigentum zu verwandeln vermöge. Auf ähnliche Weise sollte die »Deutsche Wissenschaft« die ganze Welt und alle ihre Phänomene aufgreifen und sie, wissenschaftlich durchdrungen und geordnet, der Welt zurückgeben, damit sie sich ihres Reichtums bewusst würde.

In einem erst 1870 veröffentlichten Fragment Friedrich von Schillers, das 1902 den Titel *Deutsche Größe* erhielt, ermutigte er 1797 die ohnmächtigen Deutschen: »Unsere Sprache wird die Welt beherrschen.« Denn sie allein kann alles ausdrücken. Die Deutschen haben alles gesammelt, was in anderen Zeiten und bei anderen Völkern aufkam. Die Schätze von Jahrhunderten sind unverloren. Der Tag der Deutschen in der Geschichte wird der der Tag der Ernte sein der ganzen Zeit. Deutsche dringen nicht in die Welt, um sie gleich Franzosen oder Briten zu erobern und sich unterzuordnen. »Das ist nicht des Deutschen Größe«, befand der Dichter: »In das Geisterreich zu dringen / Vorurteile zu besiegen / ringen / männlich mit dem Wahn zu kriegen, / Das ist seines Eifers wert.« Die Bestimmung der Deutschen ist es, die Menschheit, die allgemeine, in sich zu

vollenden. Das meint: »Freiheit der Vernunft erfechten / heißt
für alle Völker rechten, / Gilt für alle ewge Zeit.« Mit der deutschen Wissenschaft war sicher ein deutsches, ein nationales
Programm entworfen. Aber mit ihm sollte doch die besondere
Aufgabe der Deutschen bestimmt werden, der Welt zu einem
Begriff von sich selber zu verhelfen. Daran knüpfte Friedrich
Althoff an, wenn er 1907 zu John William Burgess sagte: »Di-
plomatie und Handel haben wir seit langer Zeit, nun müssen
wir den uneigennützigen Verkehr zwischen den Führern der
Kulturbestrebungen der verschiedenen Nationen hinzufügen,
um einer wahren Weltzivilisation den Weg zu bahnen. Mit
diesem neuen Kulturbindemittel werden wir dem Weltfrieden
und der Weltkultur eine feste Grundlage geben.«

ALTHOFFS VERMÄCHTNIS

Eine Weltmacht, die Weltpolitik treibt, um den Frieden zu sichern, bedarf geistiger Legitimationen, um werbend und zivilisierend zu wirken. Darin waren sich Friedrich Althoff und der
Kaiser einig. Beide erkannten in der Förderung der deutschen
Wissenschaft eine nationale Aufgabe, um nachhaltigen internationalen Einfluss auszuüben. Berlin sollte die beste Universität der Welt in allen Fächern bleiben und damit ein Modell
modernen wissenschaftlichen Geistes in Forschung und Lehre. Die übrigen preußischen Universitäten wurden nicht zurückgesetzt. In Göttingen erfuhren die Naturwissenschaften
eine sehr aufmerksame Berücksichtigung, in Bonn die Alter-
tumswissenschaften, Kunstgeschichte und Romanistik. Eine
effiziente preußische Hochschulpolitik setzte gesamtdeutsche
Absprachen und Einrichtungen voraus, was für sämtliche Universitäten im Reich vorteilhaft war. Leipzig, München oder Heidelberg teilten den Ehrgeiz, nicht hinter Berlin zurückzufallen,

sondern der wichtigsten Universität energisch Konkurrenz zu machen – was überzeugend gelang. Friedrich Althoff zog aber auch immer enger Österreich-Ungarn in sein Wissenschaftssystem hinein. Viel mehr als bislang üblich erhielten Österreicher aus allen Kronländern einen Ruf an reichsdeutsche Universitäten. Polen, Tschechen, Ungarn lehrten auf Deutsch, der wissenschaftlichen Weltsprache, und dokumentierten damit die Weltläufigkeit deutscher Wissenschaft.

Die Kaiser-Wilhelm-Bibliothek und eine Akademie in Posen, die Technischen Hochschulen in Danzig und Breslau, dort auch die Universität, sollten über Bildung durch Wissenschaft auch russische Polen anziehen und in die deutsche Kultur eingewöhnen. In Rom und Florenz, Kairo und Istanbul wurden historische und archäologische Institute gegründet. Ein Seminar für Orientalische Sprachen in Berlin bereitete Diplomaten, Offiziere und Kaufleute wissenschaftlich auf ihre Tätigkeiten in Asien vor. Eine Medizinische Akademie und eine Technikerhochschule in Shanghai sowie die Deutsch-Chinesische Hochschule in Tsingtau und Pläne für eine deutsch-türkische Universität waren erste Versuche, die sogenannte orientalische Welt in eine deutsche Weltwissenschaft einzubeziehen. Friedrich Althoff, in Europa immer um internationale Zusammenarbeit bemüht, beobachtete am gründlichsten die USA, dort vermutete er den größten Konkurrenten. Es gelang ihm in Absprache mit der Harvard und Columbia University, einen regelmäßigen Austausch von Professoren zu vereinbaren, was die begeisterte Zustimmung von Kaiser Wilhelm und dem amerikanischen Präsidenten Theodore Roosevelt fand. Als 1905 der erste amerikanische Gastprofessor seine Vorlesungen hielt, kam auch der Kaiser. Die amerikanischen Gäste hatten selbstverständlich Zutritt zum Hof, sie »verkehren in meinem Hause«, wie sich Wilhelm II. gut bürgerlich gegenüber Amerikanern ausdrückte. Solche Ehrungen, die ihren Effekt nie verfehlten, waren, abgesehen von der kaiserlichen Ungezwungenheit, wohlkalkuliert. Der Kaiser hoffte mit der wissenschaftlichen Annäherung die guten deutsch-amerikanischen Beziehungen im Wettbewerb mit dem traditionellen Einfluss der Engländer zu vertiefen und zu verbessern. Weltwirtschaft, Weltverkehr und Weltwissenschaft sahen er und Althoff als einen großen, sich wechselseitig ergänzenden Zusammenhang.

Der Ehrgeiz, führende Nation in den Wissenschaften zu bleiben, kostete viel Geld. Preußen war immer sehr großzügig gewesen, aber um 1900 stieß es allmählich an die Grenzen seiner finanziellen Möglichkeiten. Noch gab es eine Scheu, die Steuern beliebig zu erhöhen. Dem königlichen Staat fiel es immer schwerer, allein die Kosten für die wachsenden Bildungs- und Ausbildungseinrichtungen zu übernehmen. In preußischer Tradition ist der Staat der Sachwalter des allgemeinen Wohls, das er vor dem Einfluss privater Interessen schützen müsse. Stiftungen wurden lange verdächtigt, egoistische Zwecke zu verfolgen. Doch das amerikanische Beispiel unterrichtete, wie die gesamte Nation Institutionen unterhält, die dem Gemeinwohl dienen. Friedrich Althoff und Wilhelm II. bemühten sich erfolgreich, gesellschaftliche Kräfte – Unternehmer und Stiftungen – dafür zu gewinnen, den Staat zu entlasten. Die Gesellschaft zunehmend an der Förderung von Bildung und Wissenschaft zu beteiligen, bedeutete aber auch eine weitere Demokratisierung. Die Bürger nahmen gerne die Möglichkeit wahr, mit Spenden, vorübergehend oder dauerhaft, ihren freien Bürgersinn zu beweisen. Vor dem Ersten Weltkrieg war Deutschland zum ersten Mal seit dem Dreißigjährigen Krieg ein Land mit breit verteiltem Reichtum. So lag es nahe, an den vaterstädtischen und vaterländischen Stolz der Reichen oder auch nur der Wohlhabenden zu appellieren. Um 1910 gab es außerhalb der Vereinigten Staaten nur in Deutschland so viele gut ausgestattete Stiftungen und eine ähnliche Bereitschaft, mit

großzügigen Spenden Vorhaben von nationaler Bedeutung vo-
ranzutreiben.

Das Vermächtnis Friedrich Althoffs, der 1908 starb, waren
die Institute der Kaiser-Wilhelm-Gesellschaft, die 1910, zum
hundertjährigen Bestehen der Berliner Universität, gegründet
wurde. In den Instituten für naturwissenschaftliche Disziplinen,
von den jeweils originellsten Forschern geleitet, sollte, unbelas-
tet von Lehrverpflichtungen, nur geforscht werden. Das preußische Prinzip der Einheit von Forschung und Lehre war damit
aufgegeben. Die Universität war nicht mehr der Repräsentant wissenschaftlicher Forschung; neben sie traten reine For-
schungseinrichtungen. Friedrich Althoff sowie Adolf von Harnack und Friedrich Schmidt-Ott, die dessen Pläne umsetzten,
gaben damit zu, dass die klassische Universitätsidee modifiziert
werden musste. Der preußische Staat bezahlte die Direktoren,
der Kaiser schenkte das Baugelände in Dahlem, ansonsten aber
waren die Institute auf Spenden angewiesen. Diese flossen so
reichlich, dass mühelos die besten Forscher – unter ihnen der
junge Einstein – gewonnen und die Institute großzügig für deren Zwecke ausgestattet werden konnten. Trotz der Mitwir-
kung der preußischen Regierung und obschon die Geldgeber
ausschließlich aus Preußen kamen, handelte es sich bei diesen
Instituten um keine spezifisch preußischen Einrichtungen. Sie
waren national, gegründet im Namen des Deutschen Kaisers
und nicht des preußischen Königs. Das war ungewöhnlich.
Doch mit deren Leistungen sollte die Leistungskraft der deutschen Wissenschaft und der deutschen Wirtschaft demonstriert
werden.

Es war nicht allein die Eitelkeit, die Industrielle, Bankiers
oder Handelsherrn veranlasste, hohe Summen zu spenden, ob-
gleich Orden und Titel als Dank durchaus verliehen wurden.
Im liberalen Bürgertum gab es einen Enthusiasmus, im öffentlichen Leben mitzuwirken. Staat und Gesellschaft kamen in

viel engeren, lebhaften Verkehr, weil Staatsaufgaben auf einmal als nationale, als gesellschaftliche galten und damit die innere Einheit festigten. Außerdem war die Wirtschaft auf die Wissenschaft angewiesen, mit deren Ergebnissen sie arbeitete, um neue Produkte oder Techniken zu entwickeln. Die Weltgeltung deutscher Wissenschaft versprach der Wirtschaft, sich auf dem Weltmarkt glänzend zu behaupten. Wilhelm II. sorgte in Absprache mit Friedrich Althoff dafür, dass Verwaltung, Professoren und Unternehmer sich untereinander austauschten und zusammenarbeiteten, einig in der Überzeugung, dass mehr noch als auf der Wehrkraft Deutschlands Stellung in der Welt auf seiner Wissenschaft und Wirtschaft beruhe: »Als Generaldirektor der Firma Deutschland G.m.b.H. hatte Wilhelm II. eine schwere Rolle zu spielen, und er hat sich seiner Aufgabe mit eminentem Erfolg entledigt«, wie 1913 der englische Journalist Fredric William Wile anerkennend hervorhob.

NOBILITIERUNG DER LEISTUNG

Des Kaisers Interesse an den anwendungsnahen Wissenschaften und verheißungsvollen technischen Erfindungen kam ihm dabei sehr zu Hilfe. Er konnte wie ein Ingenieur und Maschinenbauer detailliert über deren Profession reden, was die meisten unendlich langweilte, Ingenieure aber hinriss und Techniker begeisterte, weil der Hohe Herr sich als kompetenter Kollege zu erkennen gab. Er arbeitete sich – auch unter Anleitung einiger Professoren wie des Elektrotechnikers Adolf Slaby – in die verschiedensten Gebiete ein. Die deutschen Technischen Hochschulen verliehen ihrem großen Gönner beim Regierungsjubiläum 1913 gemeinsam den Dr. Ing. ehrenhalber mit der Begründung: »Auf der ganzen Erde giebt es keine Persönlichkeit, deren Verdienste um die Technik, die technischen

Wissenschaften und technischen Hochschulen hervorragender und allgemeiner anerkannt wären als des Kaisers.« Das war keine Schmeichelei. Er fügte sich in die geistigen Veränderungen.

»Das neue Jahrhundert wird beherrscht durch die Wissenschaft, inbegriffen die Technik, und nicht wie das vorige, durch die Philosophie. Dem müssen wir entsprechen. Groß ist der Deutsche in seiner wissenschaftlichen Forschung, groß in seiner Organisierungs- und Disziplinfähigkeit«, sagte Wilhelm II. im November 1902. Für die Anerkennung der sachlichen, der realistischen Wissenschaften und der zu ihnen gehörenden Technik war er nicht zuletzt auch aus sozialen Gründen. Die klassische Bildung, fern der Gegenwart und im Niemandsland zwischen ferner Vergangenheit und ferner Zukunft zu Hause, verführe zum Sozialismus, zum weltfremden Idealismus. Die Realien hingegen verknüpfen mit der Gegenwart, sie führen in die Spannungen der Zeit und unterrichten, wie sie gedämpft oder behoben werden können. Darin liegt eine der großen Aufgaben der Technischen Hochschulen, wie Wilhelm II. 1899 bei der Eröffnung der Technischen Hochschule in Charlottenburg bemerkte: »Sie können auf die sozialen Verhältnisse vielfach großen Einfluss ausüben, da ihre vielen Beziehungen zu der Arbeit und zu den Arbeitern und zu der Industrie überhaupt eine Fülle von Anregungen und Einwirkungen ermöglichen.« Die gemeinsame Arbeit mit und an der Maschine, neutrale Techniken und die Disziplinierung durch sie, Funktionstüchtigkeiten im weitesten Sinne, lenken den Blick auf unmittelbare Zwecke und nicht ab in unpraktische Wünschbarkeiten. Frei nach Schillers Schweizern in *Wilhelm Tell*: Wir wollen sein ein einig Volk von Technikern. Übrigens ließ sich – wie erhofft – der Arbeiter in diesem technischen Sinne nationalisieren, weil ja der imponierende deutsche Maschinenpark auch sein Werk war und von seinen Fähigkeiten eindrucksvolle Kunde gab.

Die »Ideen von 1914«, nur ein einiges Volk und keine Parteien oder Sonderinteressen zu kennen, sind nur eine späte pathetische Fassung seiner kaiserlichen Politik, die nationale Einheit zur Realität zu machen. Ganz praktisch im Zeitalter des Verkehrs war damit auch gemeint, mit dem Automobil zu günstigstem Preis möglichst keinen von der umfassenden Mobilmachung auszuschließen. Damit hat Wilhelm II. die Idee des Volkswagens vorweggenommen. Wirtschaft, Wissenschaft und Technik erschienen ihm die großen Mächte, die eine neue Gesellschaft bewirkten, mit sich einig in der einen Nation und nicht aufgespalten in einander fremde Gruppen, Kreise oder Klassen. Der Protektor des Kaiserlichen Automobilclubs oder des Kaiserlichen Aero-Clubs, in denen Bürger und Adlige sich mischten, der Chef seiner Flotte, in der er Seeingenieuren den Rang von Offizieren zuerkannte, war daran interessiert, die gesellschaftlichen Unterschiede einzuebnen, ohne Hierarchien aufzuheben. Eine Aristokratie der Leistung und der Verdienste sollte die alte Aristokratie ersetzen. Neue Mitglieder des preußischen Herrenhauses, der Adelskammer, suchte er vorzugsweise unter Industriellen und Großhändlern. Wilhelm II. war kein König der Junker, mit denen er meist stritt, nicht zuletzt, weil er ein »Sehadler« war, der jeden in den Adelsstand erhob, der ihm wegen wirtschaftlicher oder wissenschaftlicher Erfolge dafür geeignet erschien. Auch damit folgte er preußischen Traditionen, die Macht des Adels zu brechen, indem der Monarch durch Standeserhebungen dessen Zusammensetzung dauernd veränderte. Der Kaiser förderte deshalb auch bewusst Ehebündnisse zwischen reichen Bürgern, neuem und altem Adel.

Das führte nicht zu einer Feudalisierung der Bourgeoisie, sondern tatsächlich zu einer neuen Klasse, deren Rechte und Vorrechte sich vom Beruf, der Stellung, also von der Arbeit ableiteten. Die neue Aristokratie setzte sich aus effizienten »Leistungsträgern« zusammen, die sich im dauernden Einsatz

für die Nation und deren Weltgeltung verdient gemacht hatten. Kulturarbeit fasste Wilhelm II. als Sozialarbeit auf. Das
galt auch für die Kunst. Denn »die Kunst soll mithelfen, er-
zieherisch auf das Volk einzuwirken, sie soll auch den unteren
Ständen nach harter Mühe und Arbeit die Möglichkeit geben,
sich an den Idealen wieder aufzurichten«. Dem deutschen Volk
seien die großen Ideale zu dauernden Gütern geworden. Ähnliches hatte Schiller hundert Jahre früher verkündet. Deshalb,
so der Kaiser, »ist das deutsche Volk an erster Stelle berufen,
diese großen Ideen zu hüten, zu pflegen, fortzusetzen, und zu
diesen Ideen gehört, dass wir den arbeitenden, sich abmühen-
den Klassen die Möglichkeit geben, sich an dem Schönen zu
erheben und sich aus ihren sonstigen Gedankenkreisen her-
aus- und emporzuarbeiten«. Die Pflege der Ideale – also des
ewig Wahren, Schönen und Guten –, nicht die Schilderung des
Elends ist die größte Kulturarbeit, »und wenn wir hierin den
anderen Völkern ein Muster sein und bleiben wollen, so muss
das ganze Volk daran mitarbeiten, und soll die Kultur ihre Aufgabe voll erfüllen, dann muss sie bis in die untersten Schichten
des Volkes hindurchgegangen sein. Das kann sie nur, wenn die
Kunst die Hand dazu bietet, wenn sie erhebt, statt dass sie in
den Rinnstein niedersteigt«.

Diese kaiserlichen Worte von 1902, bei der Eröffnung der
Siegesallee im Tiergarten mit den Statuen sämtlicher Hohenzollern gesprochen, verteidigten einen Klassizismus, wie er in
Preußen üblich war. Johann Joachim Winckelmann, der große
Erneuerer des klassischen Griechenland in Europa, der Vater
des *greek revival*, wie die Engländer sagen, kam aus Preußen
und prägte von Rom aus für ein Jahrhundert den Geschmack
seines Vaterlandes. Der Klassizismus in seinen mannigfachen
Variationen wurde im Laufe des 19. Jahrhunderts akademisch,
ein Programm der Kunstakademien, und er verschmolz mit
einem bürgerlichen Realismus, der auf die ästhetische Überhö-

hung nicht verzichten wollte. Eine Welt, die Wissenschaft und
Wirtschaft gründlich entzauberten, sollten die Künstler wieder
verzaubern. Nie zuvor wurde so viel mythologisches Personal
in Fresken, Reliefs oder Nischenfiguren gebraucht wie damals,
um ausgerechnet das Maschinenzeitalter und seine beschleu-
nigte Arbeit an der Entmythologisierung zu umschmeicheln.
Alle Wissenschaftler, Techniker und Wirtschaftler waren sich
darin einig, dass Technik und praktische Wissenschaft nützlich
sind, die Kunst aber adelt. Sie erhebt auf »schwanker Leiter der
Gefühle« den Einzelnen über sich selbst oder lenkt, was das
Gleiche meinte, mit heiliger Magie still zum Ozean der großen
Harmonie. Das wusste der Bürger seit Schiller. Das hatte auch
Prinz Wilhelm gelernt. Daran hielt er sich. Die Schwierigkeit
lag nur darin, dass es keine verbindliche Vorstellung mehr gab
über das Schöne.

KAISERLICHER STIL

Die Freiheit des Künstlers mochte niemand grundsätzlich be-
streiten. Sie gehörte unmittelbar zu den Freiheiten des Individuums, die Unternehmer oder Wissenschaftler mit gleicher
Hartnäckigkeit beanspruchten wie ein Kaiser im Zeitalter des
Interessanten und des Eigensinns. Die in ihre Autonomie ent-
lassenen Künstler standen bald vor der verzweifelten Frage, in
welchem Stil sie bauen, malen oder dichten sollten, gerade wenn
sie mit öffentlichen Aufgaben beschäftigt waren, die sich noch
nicht mit rein privaten Einfällen lösen ließen. Die Kirchen wie
die Monarchien waren sich selbst historisch geworden. Sie versuchten mit Rückgriffen auf ihre eigene Geschichte ihre dauernde Lebenskraft zu veranschaulichen. Das Bürgertum, das
sich stolz dem Adel zur Seite stellte, bemühte sich, seine Macht
aus der Tiefe der Vergangenheit zu legitimieren. Die Kunst der

frühen Bürgerzeit und der Lutherzeit galt den liberalen Bürgern als die unverfälscht nationale, die den Volksgeist getreu
widerspiegelt, im Gegensatz zur aristokratisch-höfischen Kunst,
die stets einem internationalen Geschmack folgte und fremde
Vorbilder »nachahmte«. Kirchen, Monarchen und Bürger waren die wichtigsten Auftraggeber. Wer Aufträge erhalten wollte,
musste sich den historisierenden Moden angleichen oder neue
Geschichtsmoden ersinnen. Etwa mit Rückgriffen auf die romanischen Kirchen einen neuen staufischen Reichsstil entwickeln, in dem repräsentative Bauten wie Bahnhöfe, Rathäuser,
Wohnanlagen oder Kirchen errichtet wurden. Kaiser Wilhelm
sah darin einen bewusst kaiserlichen Stil. Er zog damit monu-
mentale Konsequenzen aus der populären Analogie, dass der
Staufer Friedrich Barbarossa seinen wahren Nachfolger in Kaiser Weißbart gefunden habe, der ihn aus dem Kyffhäuser er-
löste, wo er jahrhundertelang auf die Wiedergeburt deutscher
Eintracht gewartet hatte.

Aber auch dieser Stil blieb nur einer neben vielen beim
Maskenball der Beliebigkeit. Wer sich ihm entzog, ganz eigene, ungewohnte Wege ging, der verlor erst einmal die öffentliche Anerkennung und gewann ein Publikum höchstens
unter einzelnen Liebhabern. Gruppen standen gegen Gruppen,
Richtungen befehdeten einander, dem jeweils anderen Kon-
ventionalität, Routine, mangelnden Kunstverstand oder unzu-
längliches Handwerk vorwerfend. Verschiedenste Avantgarden,
ein militärischer Begriff, erkundeten neues Terrain für seine
Brauchbarkeit als Schlachtfeld einer Zukunftskunst der allerneuesten Neuzeit. Während der Regierungszeit Wilhelms II.
kulminierte die »Zerrissenheit der Kunstauffassungen«, die er
lebhaft bedauerte. Bei den leidenschaftlichen, oft sehr persönlichen und gehässigen Diskussionen einer ästhetisch beunruhigten Zeit war es unvermeidlich, mit Stellungnahmen, geförderten Bauten oder in Auftrag gegebenen Bildern auf Kritik

und meist sehr heftige zu stoßen. Was immer der Kaiser tun oder unterlassen mochte, musste unweigerlich als Parteinahme erscheinen. Im Übrigen verstand er von Architektur und Malerei einiges, was die Sache nicht erleichterte. Er pflegte Malern eine Vorlage der Bilder zu zeichnen, die er von ihnen wünschte. Max Liebermann lobte ausdrücklich des Kaisers Skizze zu Röchlings Schlacht bei Hohenfriedberg: »Das ist talentvoller als was Röchling daraus gemacht hat.« Als Jüngling hatte Wilhelm bei Anton von Werner, den seine Eltern sehr bewunderten, Unterricht genommen. Dort lernte er, die Zeichnung und die Figurenkomposition im Raum mehr zu schätzen als Luft und Licht. Das hinderte ihn nicht, Liebermann an die Akademie zu berufen.

Wenn er Anton von Werner förderte, befand er sich im Einklang mit vielen Berlinern, zumindest den älteren. Er war sich auch klar, wie er offen eingestand, »dass ich wegen meiner Kunstanschauungen zum Teil als rückständig angesehen werde. (…) Alles, was ich von Kunst weiß, habe ich von meiner Mutter, die eine begeisterte Liebhaberin alles Schönen war und sich nachhaltig mit Kunst beschäftigt hat. (…) So lebe ich auf diesem Gebiet ganz von dem durch meine Mutter Überkommenen.« Wilhelm von Bode, als Direktor des Kaiser-Friedrich-Museums, unterstützte den Kaiser in seiner Skepsis gegenüber Impressionisten und Sezessionisten, denen es an höheren Werten fehle. Das fanden auch viele deutsche Bildungsbürger, deren Geschmack und Urteil der Kaiser teilte. Ein Monarch ist kein Privatmann, auch in Kunstfragen muss er bedenken, ob ein Bild, ein Fresko, ein Mosaik in einem öffentlichen Raum und in repräsentativen Zusammenhängen seine Funktion erfüllen kann. Das ließ sich bei den sehr privaten Sujets und deren sehr individueller Behandlung durch die Vertreter der allerjüngsten Richtungen nicht erwarten. Mittelmäßige Akademiker entsprachen solchen Zwecken besser. Heute werden deren Werke ohnehin milder und verständnisvoller beurteilt, vor allem, wenn sie – wie im Hamburger Rathaus – in ihrem ursprünglichen architektonischen Rahmen und als Elemente eines dekorativen Programms wirken.

»Große erhabene Gedanken muss man haben, Herr Grosz, und da gibt es nur ganz wenige Themen, das sind erst mal vor allem die Bibel und dann in weitem Abstand die antiken Klassiker. Nur an einem erhabenen Thema kann sich ein erhabener Stil entwickeln – oder können Sie sich etwa unseren Herrn Jesus Christus in Freilicht gemalt vorstellen? Na also.« So sprach Professor Wehle in der Dresdner Akademie zu George Grosz. So dachte Kaiser Wilhelm. George Grosz bemühte sich ums Erhabene und Ideale, er fand es nicht in sich, weil die großen klassischen und religiösen Ideen »nicht mehr in meiner Zeit waren«, wie er sich später erinnerte. An dessen Stelle gab es »eine vulgäre Anbetung des Hässlichen und Proletarischen um jeden Preis«. Der alt gewordene sozialistische Rebell zeigte sich 1955 voll Verständnis für die Sorgen Kaiser Wilhelms. Wahrscheinlich war es sogar vorteilhaft, dass der Kaiser auch als privater Kunstfreund seine Energien nicht zur Förderung der »jungen« Kunst verschwendete, vom Jugendstil bis zum Expressionismus oder den ersten abstrakten Malern. Sie konnte sich desto freier entwickeln. Sie brauchte ja den »akademischen Geschmack«, den der Kaiser, die Industriellen und die meisten Gebildeten pflegten, als Widerpart, um ganz zu sich selbst zu finden. Ihr Publikum gewannen Avantgardisten ohnehin in Berlin und anderswo. Des Kaisers Urteil kümmerte sie nicht. Sie wollten keine Staatskünstler werden und hofften nicht auf den Kronenorden zweiter Klasse.

Irgendwelche Kunstströmungen zu verbieten oder ernstlich in ihrer Entfaltung zu hindern, das verbot der Liberalismus, dem sich Wilhelm II. nie zu entziehen vermochte. Er erinnerte an die Pflege des Idealen, an vaterländische Geschichte oder

an die Religion. Er konnte das Ideale durchaus auch im »Walz-
werk« Adolph Menzels entdecken, als Triumph der Arbeit.
Nicht der Alltag störte ihn oder den Bürger, sondern das alltäglich Hässliche, auf das sich neuerdings Künstler einließen, die
in ihrer Zeit die stille Einfalt und edle Größe höchstens noch
als Banalität wahrnahmen, die in Genrebildern das alltägliche
Elend verniedlichte. Hätte er sich anders geäußert, wären die
Bürger verwundert und entsetzt gewesen. Der Kaiser mahnte,
rief zur Ordnung: »Ich empfinde es als Landesherr manchmal
recht bitter, dass die Kunst in ihren Meistern nicht energisch
gegen solche Richtungen Front macht. Ich verkenne keinen
Augenblick, dass mancher strebsame Charakter unter den jüngeren Anhängern dieser Richtung ist, den vielleicht die beste
Absicht beseelt; er befindet sich dennoch auf dem falschen
Wege.« Dabei hatte es aber auch sein Bewenden. Wilhelm II.
mochte Hans Thoma oder Max Klinger überhaupt nicht. Das
konnte ihren wachsenden Ruhm nicht aufhalten. Der Kaiser
ärgerte sich über Lovis Corinth, Edvard Munch oder Max Sle-
vogt, aber er ließ sie gewähren.

Das Gleiche gilt für Theater, Literatur und Musik. *Salome*
von Richard Strauss empörte ihn wie viele Bürger als »per-
verses« Sujet. *Der Rosenkavalier* verletzte das strenge sittliche
Empfinden der Kaiserin, weil einem Bett unübersehbar eine
wichtige Funktion in der Handlung zukam. Aber Richard
Strauss blieb weiter der Generalmusikdirektor des Königlichen
Opernhauses und Professor für Komposition an der Hochschule für Musik. Der Kaiser stöhnte: »Welch eine Schlange habe
ich an meinem Busen genährt.« Einen Richard Strauss, den
besten Komponisten und berühmtesten Deutschen neben dem
Kaiser, konnte er wegen solcher Verstimmungen nicht entlassen. »Seiner Majestät Hofbusenschlange«, wie Richard Strauss
nun genannt wurde, blieb immer loyal zu seinem Herrscher.
Er gab seine Stellung in Berlin im Januar 1919 auf. Das neue,

unkönigliche Preußen gefiel ihm überhaupt nicht. Unter Kaiser Wilhelm entwickelte sich Berlin neben Wien, Petersburg und Moskau zur aufregendsten Kunststadt. Die »zwanziger Jahre« begannen schon vor dem Ersten Weltkrieg und lange vor der Weimarer Republik. Die säte nicht, sie erntete. Alle großen Talente, die nach 1918 Berlins Ruhm ausmachten, besaßen schon früher ihre Anhänger und entfalteten sich in hellster Öffentlichkeit. Jene milden, ruhigen Vorkriegsjahre waren die Zeit des Hereinlassens von frischer Luft, um noch einmal auf George Grosz zurückzukommen. Er fühlte sich durch kaiserliche Kunstanschauungen weder eingeengt noch eingeschüchtert: »Eigentlich sah man ja doch bis hinunter zum dritten Proletenstand staatserhaltend treu zum Kaiser auf.«

DER BÜRGERLICHE ÄSTHET

Die wahrhaft königliche Kunst ist von alters her die Architektur. Der König war immer neben der Kirche der wichtigste Bauherr. Die meisten Könige hatten seit Philipp II. von Spanien eine gründliche Ausbildung als Architekten erfahren. Ihre Baumeister setzten deren Vorstellungen um und mussten es sich gefallen lassen, dass Könige, die nicht als Künstler auftreten können, ununterbrochen korrigierend eingriffen. Knobelsdorff oder Schinkel wären nicht die großen Architekten, zu denen sie wurden, hätten sie nicht Könige gehabt, die ihre Einbildungs- und Gestaltungskraft bildeten und formten. Eine Geschichte der königlichen Architekten von Philipp II. über Ludwig XIV. zu Friedrich dem Großen, Friedrich Wilhelm IV., Ludwig I. und Ludwig II. von Bayern gibt es immer noch nicht. In ihr müsste Wilhelm II. ein angemessener Platz zugestanden werden. Alle öffentlichen Gebäude in Preußen mussten von ihm gebilligt werden. In die meisten Entwürfe griff er ein, mit sehr gründlichen Gutachten. Seine Korrekturen wurden selbstverständlich von den Architekten ausgeführt. Postgebäude, Bahnhöfe, Brücken oder Ministerien, immerhin 163 öffentliche Gebäude aus seiner Regierungszeit, sind nicht nur »wilhelminisch« im allgemeinen Sinne, weil der gleichen Epoche angehörend, sie sind tatsächlich wilhelminisch, weil der Kaiser und König in den Bau eingriff.

Wilhelm II. ist der letzte königliche Architekt und Stadtplaner, einer, der ganz modern auf Hochbahnen und Verkehrswege achten muss, als bürgerlicher Ästhet aber auch die *point de vues* nicht unterschätzt, die überraschende Eindrücke verschaffen. Gegen den Willen der Planer setzte er die schräg verschobene Stellung der Kaiser-Wilhelm-Gedächtniskirche durch, die damit überhaupt erst richtig zur Geltung kam. Er verrückte die S-Bahn-Linien zum Bahnhof Zoo, um der Kirche ihre freie Dominanz zu lassen und damit den großen Ideen von Gott, König und Vaterland, symbolisiert in Kaiser Wilhelm. Immer wieder erinnerte er die Architekten, auf die Umgebung, auf den historischen Ort zu achten, eine Technische Hochschule in Danzig dem hanseatisch-niederländischen Herkommen anzupassen und in Mainz nicht eine romanisch-staufisch aufgedonnerte Brücke über den Rhein zu schlagen, die unmittelbar zur barocken Anlage des Kurfürstlichen Schlosses führt. Als guter Architekt fand er einige Architekten, mit denen er bevorzugt zusammenarbeitete.

Da war Franz Schwechten, der wandlungsfähige Historist, der ihm je nach der Bauaufgabe und des Kaisers Stilwillen die Gedächtniskirche, den Anhalter Bahnhof oder die königliche Residenz in Posen baute. In Ernst Eberhard von Ihne fand er seinen Schlüter. Sein Name lautet rückwärts gelesen: Enhi und erinnert an den opportunistischen, schmeichelnden und willenlosen Baumeister Harun al Raschids in den Märchen aus Tausendundeiner Nacht. Eine solche Polemik fanden viele um

1904 ungemein geistreich, als das heutige Bode-Museum, damals nach Kaiser Friedrich genannt, eröffnet wurde. Ihne galt vielen als dilettantische Hofschranze, heute wird er hingegen wegen seines Sinns für große Wirkungen und elegante Monumentalität geschätzt. Er war ein typischer Repräsentant des Wilhelminismus: Seine Mutter war Engländerin, der Vater Professor, geübt im Umgang mit Prinzen. Ihne wächst in England auf, erhält eine klassische Bildung, studiert in Paris und heiratet eine Italienerin. Er ist Europäer. So stellte sich Wilhelm II. seine bürgerlich-adlige Elite vor. Wenn er in Übereinstimmung mit dem Kaiser den barocken Klassizismus von Andreas Schlüter aufgreift, um ihn gleichsam zu modernisieren, lehnt er sich an einen Architekten an, der seinerzeit mit allen Tendenzen in Rom, Paris und Wien vertraut war und alsbald auch die Petersburger mit ihnen bekannt machte. Mit dem Marstall, der Staatsbibliothek und dem Kaiser-Friedrich-Museum – heute nach Bode benannt – fügt sich Ihnes Stil in gediegener Noblesse der Umgebung ein, bestimmt von Schlüters Schloss, in das er verändernd eingriff, um etwa den Weißen Saal den modernen Anforderungen anzupassen.

»Wilhelminisch« im Sinne dekorativer Prahlerei waren diese Bauten gerade nicht. Wie überhaupt die vom Staat errichteten öffentlichen Gebäude, die der Kaiser billigte, »wilhelminische« Übertreibungen vermieden. Die Exzesse des sogenannten Wilhelminismus verursachten Hoteliers, Theater- und Geschäftsgründer, Unternehmer, Bankiers, geschmacklich unsichere, reiche Bürger. Er ist ein bürgerlicher Stil, der sich herrschaftlich geben möchte, was zuweilen auch gelang. Der Kaiser duldete ihn, einige Hotelbauten wie das »Adlon«, das »Esplanade« und den »Kaiserhof« lobte er wegen ihrer Eleganz. Doch unter dem Einfluss von Hermann Muthesius, der 1904 zum jüngsten Geheimrat Preußens im Handelsministerium avancierte, wurde er der überladenen Berliner Architektur überdrüssig. Der

»Wilhelminismus« erreichte damals schon sein Ende. Hermann Muthesius machte den Kaiser mit den Ideen englischer Gartenstädte bekannt. Er beachtete bei der Konstruktion die Erfordernisse der Funktion und mahnte zur Entwöhnung von historischer Sentimentalität und bloß dekorativer, also überflüssiger Elemente. Als Gründer des Deutschen Werkbunds 1907 warb er für Gediegenheit, Wahrhaftigkeit und Einfachheit im industriellen Kunstgewerbe, das mit seinen Fragwürdigkeiten »die Welt des Geschauten verschmutzt«.

Wilhelm II. verschloss sich solchen Anregungen überhaupt nicht. Gesinnungsgenossen von Muthesius wurden nach Preußen berufen, Peter Behrens an die Düsseldorfer, Hans Poelzig an die Breslauer Kunstakademie und – am erstaunlichsten – Bruno Paul an die Berliner Akademie für angewandte Kunst. Bruno Paul hatte lange als Karikaturist für den *Simplicissimus* gearbeitet, ohne dabei den Kaiser sonderlich zu schonen. Wilhelm II. ließ sich davon nicht irritieren: »Wichtig ist doch nur, dass der Mann etwas kann.« Er förderte wohlwollend reformierende, neue Bestrebungen. Er schwieg, wenn Hermann Muthesius öffentlich die Verirrungen des Geschmacks in Berlin anprangerte, zu denen für ihn unbedingt die Siegesallee gehörte. Mit dieser prächtigen und eben nur dekorativen Versammlung brandenburgisch-preußisch-deutscher Herrscher wollte der Kaiser aller Welt ein Beispiel vorbildlicher Kunst geben. Alle Welt nahm sie höchstens als gefällige Kuriosität zur Kenntnis, als monumentales Beispiel eines Kunstwollens, das sich angestrengt erschöpfte. Der Kaiser schwieg, und nicht aus Verlegenheit. Die Siegesallee mochte er im Nachhinein nicht verraten. Aber Bruno Pauls Richtung passte ihm, der neue Kurs der Klarheit und Aufrichtigkeit, den Muthesius und seine Gefährten einschlugen.

Ein Monarch der alten Schule, wie Kaiser Franz Joseph, schwieg in Kunstfragen, wie er es überhaupt vermied, in öffentliche Debatten einzugreifen und seine Position entschieden zu verdeutlichen. Er folgte damit der monarchischen Tradition, persönlich nicht allzu auffällig hervorzutreten. Den Willen der Majestät verkündeten Minister oder vollstreckten Beamte. Die Majestät des Königs, verborgen im Palast, erkennt man in ihren Wirkungen, selbst wenn ein Monarch nie sein Schloss verlässt. Kaiser Wilhelm hingegen, das moderne Individuum, wollte seine Ansichten nie verhehlen. Wenn der Persönlichkeit des Monarchen so viel Gewicht zugesprochen wurde wie schon bei der Erziehung des späteren Kaisers Friedrich, lag es nahe, sie einem breiten Publikum zum Erlebnis zu machen. Schon Kaiser Friedrich redete gern, viel und offen und begab sich damit ins Kreuzfeuer der Meinungen. »Wilhelm der Redselige«, im Gegensatz zu seinem verstorbenen Großvater, Wilhelm dem Seligen, bekannte 1902 gegenüber Houston Stewart Chamberlain unbefangen: »Sie schwingen Ihre Feder, ich meine Zunge, schlage auf meinen Pallasch und sage trotz aller Angriffe und Nörgeleien: *dennoch*.« Ein Monarch, der den Staat repräsentiert, ist dazu angehalten, das Vertrauen in die gesellschaftliche Ordnung und deren dauerhafte Zukunft zu festigen. Er muss kraft seines Amtes in der Öffentlichkeit als Optimist wirken. Im Inneren seines Herzens kann er ein Pessimist sein. Kaiser Franz Joseph hielt sich und sein Reich in trüben Stunden für einen Anachronismus. Trat er öffentlich auf, und wie Wilhelm II. reiste er viel, überzeugten schon sein elastischer Schritt, die elegante Haltung und wenige, militärisch knapp gehaltene Worte jeden Zweifler zumindest unter dem Eindruck seiner Gegenwart davon, dass er in einem Reich der Sicherheit lebte, das unerschüttert bleiben würde, solange dieser Fels fest in der Brandung stand. Die Aufgabe eines Monarchen ist es, Zuversicht zu verbreiten. Wilhelm II., der loyale Diener seiner Diener, hielt sich außerdem dazu verpflichtet, gegen Nörgler und Schwarzseher seine Minister und Beamte in Schutz zu nehmen.

In der Regel vertrat er keine selbständigen Meinungen, so entschieden er auch den Kaiser oder König in den Vordergrund rückte. Er versuchte, ganz konstitutionell, die Meinung der parlamentarischen Mehrheit, auf die sich seine Regierung stütze, und in sämtlichen anderen Angelegenheiten die der nationalen Mehrheit mit seiner persönlichen Autorität zu stützen und zu erläutern. Das erachtete er als einen Akt seines staatserhaltenden Auftrages.

GEFRAGTER REDNER

Als Redner war er begehrt. Die Rede ist das wichtigste Element bürgerlicher Feierlichkeiten. Sie gehört unmittelbar zum bürgerlichen Vereinsleben, das unter Wilhelm II. selbst für deutsche Verhältnisse ausschweifende Formen annahm. Wilhelm II. sprach zwar frei, aber er hatte vorher den Text auswendig gelernt. Nach dem Geschmack seiner Zeit trug er »feurig« vor, was oft genug seine Beamten ihm vor-geschrieben hatten. Frisch von der Leber weg äußerte er sich höchstens unter Regimentskameraden, Intimität und Diskretion voraussetzend, die keineswegs gewahrt wurden, ohne dass ihn das vorsichtiger gemacht hätte. Die Kameraden waren im Übrigen hingerissen, die Bürger in der Regel auch, und nur die »Nörgler«, vornehmlich in den Regierungskreisen zu suchen und nicht einmal in der SPD, waren selbstverständlich ungehalten. Wann Kaiser Wilhelm sich von den Vorlagen entfernte und extemporierte, lässt sich nicht mit Sicherheit sagen. Einer seiner Redenschreiber, Friedrich Schmidt-Ott, konsultierte bei wichtigen Anlässen zuvor Harnack, Althoff oder Bode. Bei der Loyalität Wilhelms II. zu seinen Beamten darf vorausgesetzt werden, dass er sie nicht durch unbesonnene Einfügungen brüskierte. Jeder unter ihnen, von den Entwerfern politischer Reden ganz zu schweigen, ver-

fügte über genug Feinde. Im Unmut über manches kaiserliche
Wort entlud sich oft der Ärger über die Stichwortgeber, die
direkt anzugreifen unklug sein konnte.

Der Stil der Reden ist je nach Anlass und Verfasser sehr ver-
schieden. Im »wilhelminischen« Ton sind dennoch alle gehalten,
mal prunkender, mal leiser. Denn dieser Ton war durchaus erheblicher Nuancierungen fähig. Als zeittypisches Ausdrucks-
mittel gehoben-feierlicher Rede gebrauchten und trivialisierten
ihn bei festlichen Gelegenheiten Professoren, Vereinspräsiden-
ten, Unternehmer, Reichstagsabgeordnete oder der Vorstand
einer Laubenkolonie. Weil der Kaiser es verstand, selbst das
geringfügigste Ereignis bedeutungsvoll zu überhöhen und mit
den erwünschten Assoziationen in außerordentliche Zusammenhänge zu rücken, war er ein gefragter Redner. Das gespro-
chene Wort ist flüchtig, seine Wirkung hängt von den Umständen des Momentes ab. Außerhalb seines »Erlebnisraums«, in
der gedruckten Fassung, verliert sich meist dessen effektvolle
Kraft. Fragwürdige Passagen springen dann sofort ins Auge, die
unter dem spontanen Eindruck überhört wurden. Es gibt einige Unbedachtheiten Wilhelms II. Sie sind bekannt und sind
in einigen Fällen mit Wissen und auf Wunsch der jeweiligen
Kanzler begangen worden, also gar nicht unbedacht gewesen.
Erstaunlich ist nicht, dass sie vorkamen, überraschend ist, dass
es bei der Menge an Reden, die er hielt, gar nicht so viele sind,
sonst würden nicht immer die gleichen Stellen isoliert, aus der
Gedankenführung gelöst und vorwurfsvoll zitiert werden.

Die überwiegende Anzahl ist dem Anlass angemessen,
sachlich, unaufgeregt und um einigen rhetorischen Schmuck
bemüht, wie ihn die Zeitgenossen schätzten und für notwendig hielten. Bei den meisten kann der aufmerksame Leser den
Referenten »durchhören«, der dem Kaiser das Material zusam-
menstellte. Sie unterscheiden sich nicht grundsätzlich von den
Grußworten oder sinnstiftenden Nachdenklichkeiten, die seit

den Zeiten Theodor Heuss' von deutschen Bundespräsidenten erwartet werden. Heuss war unter Wilhelm II. aufgewachsen und konnte nie seine wilhelminische Prägung verleugnen. Er ist das Bindeglied vom redenden Kaiser zu den redenden Präsidenten. Wilhelm II. steht am Anfang einer Tradition. Er erweist sich als moderner Monarch, indem er sich auf die Öffentlichkeit, auf die Kommunikation und die Diskussion einlässt. Friedrich Naumann hielt es für Unsinn, vom Kaiser zu erwarten, wie ein Abgeordneter oder Professor zu reden. Er bemerkte, dass die »Ich-Reden des Kaisers das notwendige Ergebnis der Stellung sind, in der er sich befindet«. Auf das neue Kaiser-Ich, das sich in der Auseinandersetzung mit dem Bismarck-Ich und -kult bildete, setzte der Linksliberale all seine Fortschrittshoffnungen, weil das eben gerade kein Erbe der konservativen Traditionen sei.

Julius Langbehn, ein versponnener und viel beachteter Kritiker seiner Zeit, erhoffte sich in Wilhelm II. den ersehnten demokratischen Caesar, gerade weil er die Monarchie im alten Sinne aufgegeben hatte und die Parteienherrschaft fürchtete. Friedrich Naumann erwartete unter Wilhelm II. die Symbiose von Demokratie und Kaisertum: »Bleibende Erscheinungen sind die Armee und die Masse, der Kaiser und die Demokratie. Im Bunde werden sie das Beste leisten können, was in Deutschland überhaupt möglich ist, und ihr Zusammenschluss bringt neuen Saft in den alten Baum des deutschen Liberalismus. Die traditionellen, legitimistischen Eindrücke waren nicht stark genug, das moderne Ich zu dämpfen, das im Purpur geboren wurde.« Allerdings: Das moderne Ich ist dem Subjektivismus ergeben, um sich selbst verwirklichen zu können. Das stimmte Friedrich Naumann nicht bedenklich. Immerhin galt der Kaiser im Vergleich zu den übrigen Fürsten als der Mordskerl in Europa, den Erzherzog Franz Ferdinand, der österreichische Thronfolger, anstaunte. Besuchten Franzo-

sen die deutsche Botschaft und sahen dort Max Koners sehr
barockes Bild des Kaisers, waren sie hingerissen: »Was für ein
Mann, welche Schlagfertigkeit, was für ein Talent in allen Sachen. Welche Ausnahme. Hätten wir nur einen wie ihn.« Des
Marquis de Gallifet bekanntes Urteil: »Das ist kein Porträt, das
ist eine Kriegserklärung«, widerspricht dem nicht. Der patriotische General war ebenso beeindruckt und gerade deshalb beunruhigt, weil Frankreich eben keinen nationalen Führer besaß
vom Format Wilhelms II. Manche Engländer würdigten ihn als
den bedeutendsten Mann der Zeit, bedeutend auch in diesem
Sinne, das für seine Zeit charakteristische, auffallendste Individuum zu sein.

Der Kaiser war schnell, zuweilen laut und meist guter Laune. Er war das Sinnbild des Berliner Tempos. Er ließ sich nichts
vormachen, er hatte, wie ein talentierter Journalist, über alles
eine Meinung, ging von sich aus, von seinen Eindrücken und
seinen Vermutungen. Jedes Erlebnis und jede Erkenntnis setzt
einen unverwechselbaren Einzelnen voraus, der auf seine Weise die Welt erlebt und versteht, sie zu seinem Eindruck macht.
Der Kaiser blieb immer schlank, was seine Lebhaftigkeit noch
hervorhob. Er aß gutbürgerlich, trank wenig, unter Kameraden
Bier, sonst leichten Mosel oder roten Sekt. Im Gespräch bewies
er Schlagfertigkeit, einen prächtigen Humor, beißende Ironie
und unverhohlenen Spott, wie Journalisten anerkennend bemerkten. Sein *sense of humour* war ausgesprochen britisch geprägt bis hin zu *practical jokes* und sehr rüstigen Ausdrücken, die
in Deutschland nicht jedermanns Sache waren. Er packte die
Leute gern an ihrer schwachen Seite und nahm es seinerseits
nicht übel, als »Reisekaiser« oder wegen seines Temperamen-
tes »Wilhelm der Plötzliche« genannt zu werden. Im Gegenteil, er fand es nur komisch, wenn die Berliner sangen: »Heil
Dir im Sonderzug.« Schließlich lag in dem schönsten Spottlied
auf das Militär viel herzliche Anerkennung, die sie sich selbst,

dem Kaiser und seinen oder ihren Soldaten nicht verweigerten: »Donnerwetter, Donnerwetter, wir sind Kerle.«

Wilhelm II. machte einen sportlichen Eindruck. Wer den Vorzug besaß, sich ohne Handkuss von ihm verabschieden zu dürfen, vergaß den kräftigen Handdruck nie, mit dem er fast die Fingergelenke dessen zerbrach, dem er seine Verbundenheit bekundete. Mit einem Wirbelsturm von Worten konnte er andere förmlich hinwegfegen. Darin äußerte sich nicht unbedingt Egozentrik oder die Unfähigkeit, anderen zuzuhören. An einen Kaiser durften keine Fragen gestellt werden. Die Majestät musste das Gespräch lenken, was nicht immer leicht war, da viele schüchtern wurden im ungewohnten Umgang mit Monarchen. Interessierte ihn etwas, dann überschlugen sich seine Einfälle und er vernachlässigte andere Gäste. Er unterhielt sich oft stundenlang, in der Regel stehend, um sich ungezwungen von einem zum anderen bewegen zu können. Die Menschen behandelte er nach dem Grundsatz, jeden für gut und anständig zu halten, solange er ihm nicht das Gegenteil bewies. Ein Monarch kann sich aus Höflichkeit an keinen anderen Grundsatz halten. Seine Bonhomie – das Vertrauen in die Menschen und sein Bemühen, die Schatten des Daseins nicht zu überschätzen – bereitete ihm freilich manche Verlegenheiten. Er wurde betrogen und hintergangen. Ihm fehlte jede Menschenkenntnis, weil er Misstrauen verabscheute oder trotz lästiger Erfahrungen Argwohn für unedel und unköniglich hielt.

Als unverbesserlicher Optimist folgte er Goethes Beispiel: »Wenn ich die Meinung eines anderen anhören soll, so muss sie positiv ausgesprochen werden; Problematisches hab' ich in mir selbst genug.« Schmeicheleien erkannte er nicht, selbst wenn sie auf plumpeste Weise vorgetragen wurden. Das »Schustertum«, sich durch Süßholzraspeln die kaiserliche Gewogenheit zu erhalten, nahm ungeahnte Ausmaße an. Der Kaiser erwartete es nicht, in verbalen Weihrauch gehüllt zu werden. Er war einfach und unkompliziert. Doch Bürger, die ihm begegneten, waren schwierig, weil ungeübt darin, den Repräsentanten der Nation würdig zu ehren. Das alte Zeremoniell war als steif und künstlich gerade von Bürgern in Verruf gebracht worden, die für das neue Kaisertum neue Formen suchten und entwickelten. Den »Byzantinismus«, auf den Knien des Herzens zum Allerhöchsten aufzublicken, förderten nicht Hofschranzen oder alte Aristokraten, die als Freiherren und freie Herren einen selbstsicheren Umgangston mit Monarchen pflegten. Den Kult um den Kaiser erfanden mit Pomp und Prunk und Redensarten liberale Bürger, die im Kaiser das Reich und die Nation feierten, ein Reich, dem sie Kraft durch ihre Leistung verliehen und der Kaiser Schmuck durch das festliche Treiben um ihn herum.

Der Kaiser vertrug offene und schonungslose Kritik. Sie musste höflich vorgetragen werden, möglichst unter vier Augen. Da war er für alles zugänglich. Aber selbst sogenannte Freunde wie Albert Ballin gaben doch gerne zu, nie offen mit ihm geredet zu haben, um Majestät nicht zu betrüben und in seinem Vertrauen in die Gegenwart und Zukunft zu irritieren. Wilhelm II. spürte, wie viel ihm vorenthalten wurde. Wie alle Monarchen hatte er das Verlangen, gut unterrichtet zu werden. Kaiser Franz Joseph wechselte deshalb mit ungemeiner Kühle ununterbrochen seine Minister und leitenden Beamten. Kaiser Wilhelm achtete auf Stetigkeit. Sein Erlebnishunger, sein Bedürfnis nach Geselligkeit ergab sich vor allem aus dem Bedürfnis, informiert zu werden und zu einem freien Urteil zu gelangen. Bürokraten witterten darin Anmaßung. Da Wilhelm II. das Kaisertum als Mittel zum Reich begriff, unterwarf er sich den Verpflichtungen förmlicher Prachtentfaltung, damit die Nation sich ihrer Größe bewusst würde. Aber er durchbrach gern und oft deren Zwänge. Sein Ideal sah er im behaglich stilisierten Landleben britischer Aristokraten. Das war ihm verwehrt. Er musste Kaiser sein. Also wurde er, wie die Nation ihn sich wünschte, zum Kaiser schlechthin.

Der Titel war ein Hinweis auf eine ganz persönliche Eigenschaft. Wilhelm II. machte mit seiner funkelnden, seiner flamboyanten Individualität das Amt zum Ausdruck seiner Persönlichkeit. Sein Ich überstrahlte alles und machte im Zeitalter des Interessanten den Monarchen und das Kaisertum für die Deutschen im Übergang zur Massengesellschaft attraktiv als überzeugendes Symbol ihrer kollektiven Wünsche. »The Kaiser«, das meinte Weltgeltung und Weltniveau, worauf die Deutschen – nicht nur damals – lüstern waren. Sobald es ihm notwendig erschien, konnte er der charmanteste und höflichste Kavalier sein, ein Bild gewinnendster Wohlerzogenheit. Aber es erschien ihm nicht immer notwendig. Er gab plötzlichen Launen nach. Seine Taktlosigkeiten waren enorm, mit ihnen bestätigte er eklatant, eben auch zum englischen Königshause zu gehören. Der neugierige Intellektuelle amüsierte sich freilich auch über recht bescheidene Darbietungen, etwa die Imitation von Tierstimmen oder den Auftritt von Offizieren als Paviane, Charleys Tante oder Ballerina verkleidet. Übrigens bereiteten diese willig dem Kaiser das anspruchslose Vergnügen, an dem sie wahrscheinlich selber Spaß fanden.

Für den bildungsbürgerlichen Geschmack waren das fürchterliche Albernheiten. Aristokraten waren weniger durchgeistigt oder verbildet. Wilhelm I. hatte 1824 bei einem Faschingsfest seinen Hauptspaß an vier groß gewachsenen, als elegante Damen kostümierten Herren gefunden: »Das war einzig.« Grafen als Cupido, Balletteusen, Nonnen, in Tiermasken, als Zauberer oder Eremiten, die mit jeweils sehr flattanten, also recht eindeutigen Couplets und treffenden Witzen umhergingen, gehörten zum Repertoire harmlosen Amüsements. Wilhelms II. Hang zu drastischer Wortwahl bei sehr natürlichen Angelegenheiten hat nichts mit übersteigerter und verklemmter Sexualität zu tun. Über Natürliches soll man natürlich reden, das war ein klassischer Grundsatz seit Jahrhunderten, mit dem die tugendhaften Bürger brachen, die für Natur seit dem 18. Jahrhundert eine unnatürliche Schwärmerei entwickelten. Um nicht als kolossal bürgerlich aufzufallen, bevorzugten Aristokraten eine erotisch prägnante Sprache, sofern keine Damen anwesend waren. Einer sehr saloppen, unbürgerlichen Ausdrucksweise in der Manier der Randbemerkungen Wilhelms II. bedienten sich Prinzen, Könige und Fürsten unter Vertrauten im Übrigen auch in politischen Diskussionen, Diskretion selbstverständlich voraussetzend. Affären außerhalb der Ehe suchte der Kaiser als erotischer Phlegmatiker nicht. Er hatte Freude an weiblicher Gesellschaft und hofierte anmutige Damen. Beides gehörte zu seinen Pflichten und Rechten als ritterlicher Kavalier und König. In kleinen, intimen Runden fand Wilhelm II. zur Ruhe und zur Beruhigung der unvermeidlichen Widersprüche des modernen Individuums. Dann wurde er Privatmann, frei von der Verpflichtung zu repräsentieren. Der unvermeidlich schwierige Herr konnte dann so sein, wie er war: gelassen, natürlich, aufmerksam und sogar gütig. So schildern ihn viele, die ihn allein oder in fast bürgerlicher Intimität erlebten.

Goethe feierte einst unermüdlich das unerschöpfliche Individuum, als Lebendiges kein Einzelnes, sondern eine Versammlung von selbständigen Wesen, die gar nicht zur Harmonie finden müssen. Ein bedeutendes Individuum mit seinen vielen Eigenheiten »weiß uns immer für sich einzunehmen, und wenn wir seine Vorzüge anerkennen, so lassen wir das, was wir an ihm problematisch finden, auf sich beruhen«. Ein bedeutendes, außerordentliches Individuum ist allerdings viel schlimmer dran als ein gewöhnliches. Kaiser Wilhelm konnte nie ganz unbefangen er selbst sein, er musste zugleich der Kaiser sein. Spannungen und Schwierigkeiten im Labyrinth der Brust sind dann unvermeidlich, ganz moderne, die Nervositäten genannt werden. Der moderne Mensch ist ein Nervenbündel. Ein Monarch, der einen Nerv für seine Zeit hat, kennt auch deren Nervosität, ihre bangen oder bestimmten Hoffnungen und Ängstlichkeiten. Max Weber nannte 1895 die Reichsgründung einen Jugendstreich der Nation: »Wir leben in einem Übergangszustand! Deutschland wächst allmählich aus seinen Kinderschuhen heraus, um in das Jünglingsalter einzutreten.« Der jugendliche Kaiser sollte in dieses verheißungsvolle Zeitalter hineinführen wie einst das »Kind von Pulle«, der staufische Jüngling Friedrich, der aus Sizilien und Apulien aufbrach, um einen deutschen Weltentag vorzubereiten, der nach vielen Katastrophen nun endlich heraufdämmerte.

V. WILHELM DER FRIEDFERTIGE

Die deutsche Nation ist der Prinzipien und Doktrinen, der literarischen Größe und der theoretischen Existenz satt. Was sie verlangt, ist Macht – Macht – Macht! Und wer ihr Macht gibt, dem wird sie Ehre geben, mehr Ehre als er sich ausdenken kann.« Das behauptete 1859 der großdeutsche Liberale Julius Fröbel, der als verfolgter und zum Tode verurteilter Revolutionär 1849 in die Vereinigten Staaten auswich, wo er bis 1857 lebte. Es waren die Liberalen, die unter dem Eindruck der politischen Ohnmacht des revolutionären Deutschland nach Realpolitik verlangten, unter der sie Machtpolitik verstanden. Sie wünschten sich für die deutsche Nation eine Bewegungsfreiheit, wie sie auch Engländer und Franzosen beanspruchten. Bismarck ermöglichte den Nationalstaat. Er gab den Deutschen Macht und sie gaben ihm mehr Ehre, als er je erwartet hatte. Allerdings hielt er das Reich in seinen Grenzen für saturiert. Kolonialer Ehrgeiz war ihm fremd. Nur vorübergehend gab er einmal, 1884, solch bürgerlichen Erwartungen nach, um Kronprinz Friedrich für den Fall der Regierungsübernahme zu verpflichten, nicht allzu leichtsinnig die Stimmung unter den Deutschen zu missachten, die auf einen Deutschen Kaiser hofften und nicht auf einen liebenswürdigen Vollstrecker britischer Wünsche. Er irritierte damit erheblich die britische Regierung. Doch sie war bei den wachsenden Spannungen mit Frankreich und Russland viel zu sehr auf gute Beziehungen zu Deutschland und dem Dreibund angewiesen, als dass sie sich den Luxus hätte leisten können, auch noch in Gegensatz zu diesem mitteleuropäischen Block zu geraten und in Europa und der Welt vollends isoliert zu sein.

Die *splendid isolation* war schon damals ein trotzig erzähltes Märchen. Die eigenen Kräfte reichten gar nicht mehr aus, eine imperiale Stellung auf den Meeren und zwischen den Kontinenten zu behaupten. Japan und die Vereinigten Staaten wurden im Pazifischen Ozean und in Asien zu neuen Konkurrenten.

Das europäische Staatensystem befand sich im Übergang zu einem globalen System, was einer tatsächlichen Weltmacht ungeahnte Nervositäten bereitete, zumal es auch immer schwerer fiel, die unterschiedlichen Interessen der Reichsteile Kanada, Australien und Südafrika mit denen des britischen Mutterlandes in Übereinstimmung zu halten. England musste, worauf es gar nicht vorbereitet war, Rücksicht nehmen auf die Mitspieler im sich erweiternden Konzert der Mächte. Die Kanonenbootpolitik, mit der britische Regierungen früher kleine Staaten erfolgreich eingeschüchtert hatten, überhaupt die Auffassung, dass Außenpolitik eine Art Kampfsport sei, bei dem man sich blutige Nasen holt, was aber wenig bedeutet, solange es gelingt, dem anderen den Arm zu brechen, erwies sich zusehends als wenig staats- und weltklug. Dafür hatte ausgerechnet Otto von Bismarck gesorgt. Deutschland, mitten in Europa gelegen, brauchte den Frieden mit seinen Nachbarn. Diese hatten sich an die neue Großmacht zu gewöhnen. Bismarck musste der Umwelt beibringen, im Reich ein beruhigendes Element zu erkennen. Deutschland würde die um sich greifende Unruhe dämpfen, die von der nervösen Nation Großbritannien und von den seit ihrer Niederlage aufgeregten Franzosen geschürt wurde. Es würde beide zur Ordnung rufen, damit Europa nicht in Unordnung geriet, in dessen Mitte Deutschland, Österreich-Ungarn und Italien lagen.

Der Beitrag Bismarcks und des Reiches zur Weltpolitik bestand darin, zu versichern, dass sämtliche Konfliktzonen, in denen unruhige Nationen Kampfsport trieben, für Deutschland uninteressant seien. Bismarck kam nie auf den Gedanken, Deutschland würde am Hindukusch, in Bulgarien, im Vorderen Orient oder im Pazifik verteidigt. Die Sicherheit Deutschlands beruhte vielmehr darauf, dass seine unruhigen Nachbarn fernab in Asien oder Afrika miteinander beschäftigt waren. Das Reich behielt nur das eine Ziel im Auge: seine Stellung in Eu-

ropa zu behaupten, hier nicht herausgefordert und in Kriege
verwickelt zu werden. Bismarck hoffte, durch ehrlichen und
friedlichen Gebrauch der deutschen Schwerkraft, »die Welt zu
überzeugen, dass eine deutsche Hegemonie in Europa nütz-
licher und unparteiischer, auch unschädlicher für die Freiheit
anderer wirke als eine französische, russische oder englische«.
Der deutsche Reichskanzler hielt sich an die Empfehlungen
des ehemaligen österreichischen Staatskanzlers Clemens Metternich: Sind Preußen und Österreich einig, dann ist vor allem
französischen Luftspringern die deutsche Arena versperrt, dort
ihre Kunst zu zeigen. Beide deutschen Mächte zusammen sollten sich nie als Avantgarde des Westens gegen Russland oder als
Avantgarde Russlands gegen den Westen missbrauchen lassen,
sondern stets den Ausschlag in die Richtung des zu bewahren-
den Friedens geben. Metternich erhob das zur Maxime preu-
ßisch-österreichischer Realpolitik: »Die Pflege des Ich muss im
Staatsleben wie im Leben der Privaten Grenzen kennen.« Sie
richtete sich bewusst gegen England und die Devise des um-
triebigen Lord Palmerston: »England ist stark genug, etwas zu
riskieren.«

Die *Pax Britannica* ist ein englischer Mythos. Sie gehört zu
den mannigfachen Fiktionen der *Whig-interpretation of history*.
Der ungestörte Frieden Europas zwischen 1815 und 1853 ergab
sich aus der umsichtigen österreichisch-preußischen Zusammenarbeit in Abstimmung mit Russland. Die drei Mächte des
Nordens, die Mächte des beharrenden, des monarchischen
Prinzips, sicherten den Frieden in Europa. Sie widersetzten sich
hartnäckig französischen und englischen Unberechenbarkeiten
und verhinderten damit unerquickliche Turbulenzen. Bismarck
beherzigte den Rat Metternichs, stets darauf bedacht zu sein,
in einem System von fünf Mächten nie in die Minderheit zu
geraten. In diesem Sinne sagte der alte Bismarck: »Alle Politik
lässt sich auf diese Formel reduzieren: versuche in einer Welt,

die von fünf Mächten beherrscht wird, *à trois* zu sein.« Die Einigkeit unter »den drei Adlern« war den Engländern schon um 1820 ein Ärgernis. Während des Krimkrieges gelang es ihnen endlich, diesen Dreibund zu sprengen und Österreich auf die Seite des Westens zu ziehen, auf die Seite Frankreichs und Englands. Die beiden Westmächte hofften zwischen 1853 und 1856 – erstmals auch ideologisch als »der Westen« auftretend –, das »Reich der Finsternis«, nämlich Russland, zu »balkanisieren«, also in Mittelstaaten aufzulösen. Ohne einen mächtigen Dritten ließ sich der verwegene Plan nicht verwirklichen, Russland wieder auf seinen Ausgangspunkt zu beschränken, auf ein Großfürstentum Moskau. Österreich verweigerte sich nicht den westlichen Werbungen, seinen Vorteil beim Umsturz der europäischen Staatenordnung und der Ordnung der Welt zu suchen. Engländer und Franzosen bemerkten allerdings bald, dass sie mit Österreich doch nicht zu dritt waren. Denn Preußen und das übrige Deutschland wahrten eine wohlwollende Neutralität gegenüber Russland.

Österreich, die vornehmste und größte Macht in Deutschland, konnte sich nicht vollständig von allen anderen Deutschen trennen. Das hätte bedeutet, aus dem Deutschen Bund auszutreten. Die Unüberlegtheiten Kaiser Franz Josephs und seiner Minister, die das in Deutschland isolierte Österreich auch in Europa in eine peinliche Situation brachten, bestätigten eklatant die Ratschläge Metternichs, nur gemeinsam mit Preußen und Deutschland stark zu sein und nur als mitteleuropäische Gemeinschaft über eine Kraft zu verfügen, die überall gleichberechtigte Mitsprache erlaubt. Ohne die Unterstützung des übrigen Deutschland war Österreich keine Größe mehr. Da mit österreichischer Zustimmung nicht zu rechnen war, mussten Preußen und das übrige Deutschland umständlicher denn je lavieren, um gemeinsam mit den USA Russland zu retten und einen möglichen Weltkrieg als moralisierenden Kreuzzug

einer westlichen Wertegemeinschaft zu verhindern. Wertege-
meinschaften sind stets die aggressivsten Vereinigungen, weil
sie sich verpflichtet fühlen, gegen Wertlose und deren Unwerte
zu kämpfen. Werte werden immer gesetzt, aufgewertet oder
abgewertet, hinter ihnen steht immer eine Absicht, ein Wille,
ihnen Geltung zu verschaffen. Denn sie herrschen nicht von
sich aus.

Zu den großen Verdiensten Bismarcks gehört es, nach den
Erfahrungen des Krimkriegs und jener »wertvollen« Politik, die
Europa in ziemliche Verwirrungen gestürzt hatten, eine aufgeregte Welt wieder zur Ordnung gerufen und ihr Deutschland
als Ordnungsmacht empfohlen zu haben, deren Existenz von
der Ruhe in Europa abhing. Ihm gelang es, das Bündnis der
drei Kaiser zu erneuern und über den Dreibund – das Reich,
Österreich-Ungarn und Italien – mit Bündnisverträgen England indirekt mit dem Deutschen Reich zu verbinden. Dem in
Europa isolierten Frankreich kam er oft bei dessen kolonialen
Bestrebungen entgegen. Eine deutsch-französische Erbfeind-
schaft beschäftigte ihn nie, und er gab gerade Engländern zu
bedenken, dass der deutsch-französische Gegensatz kein »Na-
turphänomen« sei. Ein großer Kontinentalblock, wie ihn Metternich nach 1840 bis zur Revolution von 1848 zeitweise mit
feiner Diskretion organisiert hatte – Frankreich, Deutschland,
Russland und Österreich-Ungarn mit Italien –, erschien ihm
als die beste Kombination für die Ruhe Europas. Doch als Ergebnis vorerst immer schwankender Konstellationen blieb eine
solche kontinentale Verständigung nach 1848 nur eine flüchti-
ge Idee. Bismarck war kein Träumer, genauso wenig wie sein
verehrter Lehrmeister Metternich, mit dem er sich auf dessen
rheinischem Schloss auf dem Johannisberg ab 1850 mehrmals
unterhalten hatte.

DREI GEGEN ZWEI

Es fiel ihm schwer genug, das Misstrauen und die Eifersucht seiner unmittelbaren Verbündeten abzuschwächen und sie an gemeinsame Interessen zu erinnern. Und dennoch: Er dachte immer an Europa, an ein von den fünf Mächten geordnetes Europa, das für die Ordnung in der Welt sorgen darf, weil es die Interessen, die Egoismen, den Eigensinn und die Unvernunft, mit denen immer zu rechnen ist, zu domestizieren vermag zum Vorteil kollektiver Sicherheit. Den Engländern gelang es nach dem Russisch-Türkischen Krieg 1878/79, Österreich-Ungarn von Russland zu trennen und die Allianz der drei Kaiser zu sprengen. Aber Bismarck brachte mit viel Geschick 1884 die drei noch einmal zusammen. Doch die bulgarischen und die weiteren »orientalischen« Fragen, bei denen Russland und Österreich-Ungarn miteinander nicht zu vereinbarende Interessen verfolgten, führten zum endgültigen Bruch. Bismarck sorgte allerdings mit dem Rückversicherungsvertrag von 1887 auch weiterhin für einen direkten Draht nach St. Petersburg. Österreich-Ungarn, das von dem Geheimabkommen nicht unterrichtet worden war, legte freilich großen Wert auf ein gutes deutsch-russisches Verhältnis, weil es sich davon den Vorteil versprach, dass Russland aufgrund deutscher Interventionen von allzu schroffen Aktionen gegen Österreich-Ungarn abgehalten werden könne. Wie ja Bismarck wiederum die Verträge Italiens und Österreich-Ungarns mit Großbritannien von 1887 als hilfreich für Deutschland einschätzte.

Das Reich befand sich im März 1890, beim Rücktritt Bismarcks, in der günstigen Lage, mit den meisten Staaten in einem freundlichen Verhältnis zu stehen, nicht zuletzt deshalb, weil es seinen Verbündeten zu verstehen gab, dass man Allianzen nicht als Erwerbsgesellschaften, sondern als Mittel auffassen solle, den Frieden aufrechtzuerhalten. Mitten in der

Kanzlerkrise wurde die russische Regierung unsicher, ob die deutsche Regierung im Juni 1890 den Vertrag verlängern würde, wie Bismarck und der Kaiser noch im Februar versichert hatten. Denn Bismarck hatte am 17. März dem russischen Botschafter Graf Paul Schuwalow angedeutet, wegen seiner Freundschaft zu Russland habe er Schwierigkeiten mit Wilhelm II. und solle zurücktreten. Davon konnte überhaupt nicht die Rede sein. Das wusste auch Bismarck, der den Wunsch nach Verlängerung des Rückversicherungsvertrages für seine Zwecke gebrauchen wollte, und das hieß, den Kaiser zu zwingen, ihn im Amt zu behalten. Sein Sohn Herbert, der Staatssekretär im Auswärtigen Amt, berichtete entgegen der Wahrheit, der russische Kaiser habe sein Angebot, den Vertrag zu verlängern, zurückgezogen, weil er gehört habe, ein so geheimes Geschäft könne nicht mit einem neuen Kanzler verhandelt werden. Beide Bismarcks versuchten den Eindruck zu erwecken, Russland würde sich nur mit Bismarck über die Verlängerung verständigen oder den Vertrag im Juni auslaufen lassen. Wilhelm II. teilte deshalb am 21. März Graf Schuwalow mit, dass er bereit sei, den Vertrag sofort zu verlängern, alles Weitere solle er mit Herbert Bismarck besprechen und in die Wege leiten.

Der Kaiser wollte unbedingt an Graf Herbert von Bismarck als Staatssekretär festhalten. Sein Name versprach Kontinuität in der Außenpolitik, nicht allein im Verhältnis zu Russland. Herbert von Bismarck hielt allerdings die Loyalität zu seinem Vater für wichtiger als die zu seinem Kaiser, sollte seine Haltung auch den Interessen des Reiches schaden. Er leitete keine Verhandlungen mit Schuwalow ein und unterließ es, gleich seinem Vater, Leo von Caprivi die Bedeutung des Rückversicherungsvertrages zu erklären und ihn davon zu überzeugen, wie notwendig es war, an ihm festzuhalten. Am 21. März trat er zurück. Beide Bismarcks, erfahrene Politiker, durften sicher sein, dass der Kaiser, auch unter Druck gesetzt, unmöglich den

Fürsten zurückrufen konnte, wollte er sich nicht von vornherein um sein Ansehen bringen und eine Staatskrise auslösen. Da Wilhelm II. bemerkte, von Herbert von Bismarck belogen worden zu sein, und erleichtert feststellte, dass Russland dringend daran interessiert war, die guten Beziehungen fortzusetzen, bewirkte der Rücktritt Herberts, den er durchaus bedauerte, zumindest keine irreparablen Nachteile für das russisch-deutsche Verhältnis. Die beiden Bismarcks wussten, dass der Geheime Vortragende Rat im Auswärtigen Amt, Friedrich von Holstein, ein entschiedener Gegner des Rückversicherungsvertrags war und überhaupt längst am Sinn einer deutsch-russischen Freundschaft zweifelte, die nur zu Spannungen mit Österreich-Ungarn führen werde.

Beschäftigt mit ihren Intrigen, ließen die Bismarcks es zu, dass ausgerechnet Holstein den neuen Reichskanzler über den Geheimvertrag unterrichtete und ihm am 22. März 1890 dringend riet, auf ihn zu verzichten, um nicht das Bündnis mit Österreich-Ungarn zu gefährden. Außerdem könnte ein Abkommen mit Russland gegebenenfalls Deutschland verpflichten, bei den dauernden britisch-russischen Auseinandersetzungen in Asien oder im Vorderen Orient in einen Krieg mit England verwickelt zu werden. Zu solchen Spekulationen gab es keinen Grund, da der Vertrag wechselseitig bei allen Auseinandersetzungen zu wohlwollender Neutralität im Kriegsfalle verpflichtete, vorausgesetzt, es handelte sich nicht um einen Angriffskrieg Russlands gegen Österreich-Ungarn oder Deutschlands gegen Frankreich. Auf dem Balkan sollte der Status quo während der Vertragsdauer nicht oder nur in gemeinsamer Absprache verändert werden. Überhaupt bezog sich der Vertrag auf Europa. Hier war Deutschland unter Umständen gefährdet, hier brauchte Russland Ruhe, um, in seinem Rücken gesichert, weiter in Asien erobernd und kolonisierend ausgreifen zu können. Leo von Caprivi besprach sich mit Diplomaten und auch mit dem gerade in Berlin weilenden Hans Lothar von Schweinitz, dem deutschen Botschafter in St. Petersburg. Die meisten rieten davon ab, mit Rücksicht auf Österreich ohne dessen Wissen Verträge mit Russland zu schließen, in dem Österreich zu diesem Zeitpunkt einen schwer zu berechnenden Feind sehen musste. Sogar Schweinitz, gleichsam die menschgewordene Idee unverbrüchlicher deutsch-russischer Freundschaft, bewertete den Vertrag im gegebenen Augenblick als entbehrlich, er nutze wenig und könne viel schaden.

Zum ersten Mal wurde dem Bündnis mit Österreich-Ungarn eindeutig der Vorzug eingeräumt gegenüber der Allianz mit Russland. Liberale Kulturprotestanten in Norddeutschland verloren nie ein gewisses Misstrauen in die wallfahrenden Völker Österreichs. Sie bangten immer, das katholische Österreich könne sich doch einmal dem katholischen Frankreich annähern und das katholische Süddeutschland wieder gegen Preußen aufbringen und aus dem Reiche hinauslocken. Trotz der Torheiten des Kronprinzen Rudolf, der im Jahr zuvor Selbstmord begangen hatte, gab es aber gar keinen Anlass, an der Bündnistreue Österreich-Ungarns zu zweifeln. Allein die fixe Idee der Liberalen, Katholiken seien Reichsfeinde, führte zu solch abwegigen Konstruktionen und deren Folge, möglichst alles zu vermeiden, was Österreich-Ungarn auf den Gedanken bringen könne, von Deutschland schlecht behandelt oder gar betrogen zu werden. Für Friedrich von Holstein trat eine weitere Erwägung hinzu: Distanz zu Russland schaffe leichter eine wünschenswerte Nähe zu England. Leo von Caprivi, der wie viele Offiziere in Russland und im Panslawismus die Feinde der Zukunft fürchtete, hatte keine großen Schwierigkeiten mit den Argumenten Holsteins. Am 27. März 1890 teilte er dem Kaiser mit, auf die russischen Wünsche nicht eingehen und keine Gespräche über den Rückversicherungsvertrag aufnehmen zu können. Wilhelm II. war peinlich berührt, schwieg und ließ sich die Gründe vortragen, die seinem Willen widersprachen und seinen Versicherungen, die er Graf Schuwalow früher in der Zuversicht gegeben hatte, dass die bisherige Politik selbstverständlich fortgeführt werde. »Ob ich es nun mag, oder nicht«, er schickte sich als konstitutioneller Monarch in die Politik seines Kanzlers.

Er konnte ja unmöglich seinen neuen Kanzler wegen plötzlicher und unerwarteter Meinungsverschiedenheiten nach einer Woche schon wieder entlassen. Die Bismarcks hatten mit ihren Intrigen gerade das erreicht, was sie nicht wollten: das Ende besonderer Beziehungen zu Russland. Sie unterließen es, den Kaiser und den Kanzler gründlich und korrekt zu informieren, und nahmen es in Kauf, dass dem Monarchen eine politische Niederlage bereitet wurde, die Leo von Caprivi gar nicht beabsichtigt hatte. Bei einem loyalen Verhalten, das man in Preußen bislang von einem Minister erwarten durfte, der aus dem Amt schied, ob freiwillig oder dazu genötigt, hätte es Chancen gegeben, zusammen mit dem Kaiser und einem besser unterrichteten Kanzler den Vertrag wegen seiner ungemeinen Bedeutung für das Reich zu verlängern. Die Bismarcks aber räumten ihrer Wut und ihrem Zorn mehr Raum ein als der Staatsräson und den Interessen des Reiches. Einige Jahre später konnte Fürst Otto von Bismarck selbstgerecht von dem entsetzlichen Fehler reden, den der Kaiser und sein neuer Kanzler gemacht hätten, einem Fehler, den Wilhelm II. gar nicht hatte machen wollen und vor dem weder der Fürst noch sein Sohn den Reichskanzler bewahrt hatten. Das oft vom verbitterten Bismarck über den Kaiser gefällte Urteil: »kein Augenmaß«, lässt sich in diesem Falle unbedingt auf ihn selbst anwenden.

Erst sein eigennütziges Betragen ermöglichte es einem untergeordneten Beamten, Friedrich von Holstein, die Politik des Kaisers, die ihm als Politik Bismarcks mittlerweile widerwärtig war, erfolgreich zu durchkreuzen. Die Annahme, auf den

Rückversicherungsvertrag verzichten zu können, war ein fataler Irrtum. Die russische Regierung, obschon enttäuscht, unterbreitete in den nächsten Monaten mehrere Vorschläge, um sich doch noch zu einigen und ein schriftliches Versprechen zu erhalten, mit deutschem Wohlwollen bei Auseinandersetzungen mit England rechnen zu dürfen. Schweinitz drängte jetzt sehr darauf, diese Anregungen aufzugreifen. Dem Kaiser waren alle Aussichten, zu einer Übereinkunft mit den Russen, und sei sie noch so locker, zu gelangen, höchst willkommen. Aber Caprivi und vor allem Holstein lehnten es ab, auf diese Werbungen einzugehen, und verletzten damit unnötigerweise den Stolz und das Selbstbewusstsein einer Großmacht, mit der Preußen hundert Jahre lang eine enge Freundschaft gepflegt hatte.

GUT VERNETZTER RÄNKESCHMIED

Friedrich von Holstein, der prononcierte Antirusse, war ursprünglich ein Geschöpf Bismarcks. Seinen guten Ruf verlor er 1873/74, als er Bismarck bei seinem schmutzigen Kleinkrieg half, sich Harry von Arnims als eines politischen Konkurrenten zu entledigen und ihn ein für alle Male zu erledigen. Er war damals Legationsrat an der deutschen Botschaft in Paris. Arnim, der Botschafter, beachtete nicht immer sorgfältig die Aufträge Bismarcks, sondern nahm sich die Freiheit, wie es übrigens einst auch der Diplomat Bismarck getan hatte, nach eigenem Ermessen auf die französische Politik Einfluss zu nehmen. Als Botschafter des Kaisers hatte er unmittelbaren Zugang zu Wilhelm I., der höchsten Wert darauf legte, mit seinen Botschaftern unabhängig von Außenminister und Staatssekretär zu verkehren und zu korrespondieren. Arnim erregte die Aufmerksamkeit der Kaiserin und gewann ihre Sympathie. Wilhelm I. besprach vieles mit seiner Frau, die ein selbständiges Urteil besaß

und den Kaiser stets ermunterte, auf seine Unabhängigkeit von
Bismarck zu achten. Der Fürst musste Kaiserin Augusta zuzei-
ten vorsichtig wie eine feindliche Großmacht behandeln. Sie
und Wilhelm I. beobachteten wohlwollend die Bemühungen
Harry von Arnims, die Monarchie der Bourbonen zu restaurie-
ren. Bismarck hingegen hielt eine französische Republik für
vorteilhafter, weil Frankreich sich damit unter den Monarchi-
en isoliere und für Österreich unattraktiv werde, das in einer
katholischen Monarchie sofort einen Bündnispartner vermuten würde. Es ist nicht weiter verwunderlich, dass ein legitimer Monarch die Rechte legitimer Thronprätendenten möglichst gewahrt oder gefördert wissen mochte. Solidarität gab es
ja nicht nur unter Arbeitern, sondern seit 1789 verstärkt auch
unter Monarchen.

Im Dezember 1874 kam es zu einem Sensationsprozess, in
dem Arnim verurteilt wurde. Dabei ging es vordergründig um
die Rückgabe von Dokumenten, die der Legationsrat von Holstein in den Akten vermisst hatte. Mit diesem Hinweis hatte er
dem Reichskanzler erst die Möglichkeit verschafft, den Botschafter anzuklagen. Die preußischen Adligen brachen den Verkehr mit Holstein sofort ab. Sie verurteilten sein Verhalten als
schnöden Opportunismus. Er habe allein seine Karriere im
Blick, hieß es, ohne Rücksicht auf die Ehre eines Standesge-
nossen, dessen einzige Schuld offenbar in dem Ehrgeiz bestand,
Kanzler zu werden und Bismarck zu verdrängen. Holstein
verzichtete auf seine eigene, vielleicht brillante Karriere und
vergrub sich in seinem Büro im Auswärtigen Amt. Bismarck
betrachtete ihn als einen beflissenen Amanuensis, einen un-
selbständigen Handlanger. So hielt er es mit allen, damit be-
gabte Einzelne erst gar nicht mit originellen Einfällen auf sich
aufmerksam machen konnten. In der großen Politik beachtete
Bismarck Holsteins Ratschläge, zu denen er kaum befugt war,
nicht sonderlich. Aber in der kleinen Politik war er ihm unent-

behrlich. Keiner verstand es, so unterhaltsam von den Machenschaften, Karriereerwartungen, Ränken und Lebensumständen
des gesamten diplomatischen Personals zu berichten wie Holstein. Er überwachte alle, führte mit Wissen Bismarcks eigene
Korrespondenzen mit den Botschaftern und spielte jeden gegen jeden aus. Um sich seiner und über ihn Bismarcks Gunst
zu versichern, trugen sie ihm zu, was sie über andere wussten.
Holstein wiederum pflegte sein Wissen anderen in wohlüber-
legten Dosen mitzuteilen, die dann erst recht ausplauderten,
wovon sie gehört hatten oder was ihnen aufgefallen war.

Als Liebhaber gepfefferter, auch bösartiger Anekdoten
amüsierte sich Bismarck, selber höchst misstrauisch, über die
Unzulänglichkeiten seiner Untergebenen. Er kam jedoch nie
auf den Gedanken, der hinterhältig-spöttische Causeur könnte
unter Umständen auch ihn für inkompetent und seine Politik
für schädlich halten. Noch unter dem alten Kanzler gebrauchte
Holstein gelegentlich seine Mittelchen, seine Gifte, um dessen
Absichten entgegenzuwirken. Bismarck, der souveräne Zyni-
ker und Dompteur des Raubtiers im Menschen, tadelte ihn nie
dafür. Mit Duldung Bismarcks machte Holstein das Auswärtige
Amt zu einem düsteren Nibelheim, in dem er wie Wagners
Alberich herrschte: »Ihm müsst ihr schaffen, wo nicht ihr ihn
schaut; / wo ihr ihn nicht gewahrt, / seid seiner gewärtig: / un-
terthan seid ihr ihm immer.« Den Kanzler konnte er seinem
Willen nicht unterwerfen, aber er konnte dazu beitragen, ihn
zu stürzen. Anschließend war seine äußerste Sorge, der Kaiser könne schwach werden und Bismarck wieder zurückrufen.
Deshalb hoffte er anfänglich auf einen selbstbewussten, selb-
ständigen Kaiser und deshalb mischte sich der untergeordnete
Beamte in alle Personalfragen der preußischen und deutschen
Regierung ein.

Holstein klagte später heftig über die unverantwortlichen
Ratgeber Wilhelms II. und unterstützte Maximilian Harden

endlich in seinem Kampf gegen die Kamarilla, gegen den Lie-
benberger Kreis um Philipp von Eulenburg, der den Kaiser
angeblich umgarnte und um seinen Willen brachte. Doch er
selbst blieb immer im Verborgenen, in seinem Büro oder in einem Hinterzimmer des Restaurants »Borchardt«, um dort seine
indirekte Macht zu entfalten. Kanzler, Staatssekretäre, Minister,
Abgeordnete oder Journalisten suchten seine Nähe. Verantwortung scheute er. Staatssekretär wollte er nie werden. Aber
unauffällig im Hintergrund verharrend, griff er schließlich mit
Hilfe seiner Zuträger und seiner Favoriten in sämtliche Ressorts
ein, nicht zuletzt, um Wilhelm II. seinem Willen zu unterwerfen. Friedrich von Holstein ist in der preußischen Geschichte
ein einzigartiges Phänomen: In einem Verwaltungsstaat mit geregelten Dienstwegen und fest umrissenen Kompetenzen setzte er sich über alle Formalismen hinweg und intervenierte in
allen Ressorts wie Günstlinge absoluter Monarchen im Spanien
oder Frankreich des 17. Jahrhunderts. Er fühlte sich genötigt,
überall einzugreifen, seit er dem Kaiser misstraute. Ihn wollte
er über Umwege und Schleichwege, die andere auf seinen Rat
einschlugen, unschädlich machen. Das hielt er für patriotisch.
Gelegentlich drohte er mit Rücktritt – um die Bestätigung zu
erhalten, unentbehrlich zu sein. Der Feinschmecker und Wein-
kenner liebte die Macht leidenschaftlich.

Von Bismarck demoralisiert und an Intrigen gewöhnt,
mochte kein Kanzler und Minister auf die Mitarbeit dieses
kenntnisreichen Ränkeschmiedes verzichten. Auch vertraute
Freunde des Kaisers wie Philipp von Eulenburg und Bernhard von Bülow pflegten jahrelang engen Umgang mit ihm.
Vernünftigerweise, denn Holstein, der nichts vergessen konnte, trachtete nur noch danach, den, der ihn täuschte oder enttäuschte, zu vernichten. Aufrichtig war er allein darin, dass er
offen und ohne Verstellung hasste. Die gute Gesellschaft hatte ihn einmal verraten, seither wolle sie ihn vernichten. Das

glaubte der Maulwurf in seinem Bau auch noch zu Zeiten, als er längst umworben wurde, weil er mächtig war. Seinen Bau verließ er höchstens, um den sehr politischen Salon Helene von Lebbins zu besuchen, der Frau eines Geheimrats. Dort lauschten Damen und deren Protegés ergriffen diesem leibhaftigen Orakel, das Warnungen und Segenssprüche spendete, die sie durch »ganz Berlin« weitertrugen. Friedrich von Holstein misstraute allen außer sich selbst. Versunken in seinen Kombinationen, witterte er im Nächsten immer einen schlechten Kerl, der auf dem Sprung sei, ihn und überhaupt jeden zu betrügen. Bismarck gebrauchte meist die größte List: ungemein offen und ehrlich zu sein. Passionierte Lügner vermuten in jedem ihresgleichen. Das tat auch Napoléon III., der neue Odysseus, listenreich und verschlagen, wie er war. Holstein, der sich ganz auf sich zurückgezogen hatte, hielt Vertrauen für eine Abart von Naivität und politischer Unreife. Er begriff nie, dass unbestimmte »Vertrauen stiftende Maßnahmen« verpflichtende Verbindlichkeiten vorbereiten können.

Graf Hans Lothar von Schweinitz erkannte als deutscher Botschafter in St. Petersburg durchaus die Liebenswürdigkeit und den Takt des Geheimrates an, wenngleich er ihn wegen seines pathologischen Misstrauens als etwas abnormal einschätzte, für gelegentlich nicht ganz richtig im Kopfe. Leo von Caprivi wollte auf gar keinen Fall den Rat Holsteins entbehren, wahrte aber stets die notwendige Vorsicht, weil persönliche Vorurteile das Urteilsvermögen dieses Sonderlings bestimmten und trübten. Wilhelm II. verließ sich anfänglich auf diesen Beamten, den er nicht kannte und der sich jeder Begegnung mit der Entschuldigung entzog, er besitze keinen Frack. Der Kaiser sah darin keine Ungezogenheit, sondern nur die Schrulle eines Einzelgängers, in dem er einen Schüler Bismarcks achtete, der die Vergangenheit mit der Zukunft verband. Alsbald wurde ihm der Geheimrat jedoch unheimlich.

Er nannte ihn in Anlehnung an den undurchsichtigen Kollaborateur Richelieus, Père Joseph, die »Graue Eminenz« und warnte seine Minister und Kanzler vor dessen Umtrieben. Sie teilten gewisse Vorbehalte des Kaisers, mochten aber auf seine nützlichen Intrigen nicht verzichten. Wilhelm II., dem oft neoabsolutistische Allüren unterstellt werden, verfügte nicht über die Macht, einen unliebsamen Beamten in den verdienten Ruhestand zu entlassen.

Friedrich von Holstein traute keinem Menschen, sondern allein seinem Scharfsinn. Da er nicht in der Welt lebte, sondern an deren Rande beobachtend verharrte, ließ er als Systematiker skeptische Weltklugheit vermissen, die damit beginnt, Distanz zu den eigenen Spekulationen zu wahren. Er war sich seiner intellektuellen Überlegenheit sehr sicher, gerade weil er geduldig alles erwog, umsichtig Widersprüche bei anderen entdeckte oder Schlauheiten, mit denen sie Fallen aufstellten oder einfach nur täuschen wollten. So verfiel er nie in Selbstzweifel und kam nie auf die Idee, bei seinen schweifenden Kombinationen möglicherweise auf Abwege gelockt zu werden. Zu den Prämissen seiner Politik gehörte als unumstößlicher Grundsatz, dass sich England nie mit Russland und Frankreich verbünden würde. Deutschland könne also warten, bis sich England unter dem Druck der russischen und französischen Konkurrenz gezwungen sähe, in Deutschland den Partner, Freund und Alliierten zu suchen und mit dem Reich zu dessen Bedingungen ein Bündnis einzugehen. Die Geschichte hätte ihn darüber unterrichten können, wie oft England zu plötzlichem Wechsel in seiner Politik fähig war, sobald sie nicht mehr den Handelsinteressen der Nation entsprach. Ein guter Händler muss allemal auch ein guter Verhändler sein, bereit zu überraschenden Kompromissen oder zum Verzicht auf untergeordnete Positionen, wenn es erhebliche Vorteile verspricht. Friedrich von Holstein, der nie verhandelte, sondern bemüht war, Verhandlungen anderer zu beeinflussen oder gar zu lenken, verfing sich unweigerlich in seinen Abstraktionen und Fiktionen. Deutsche Politiker, die ihm grundsätzlich nicht misstrauten, führte er allmählich in die Irre.

CAPRIVIS FRIEDENSPOLITIK

Leo von Caprivi dachte nicht an Weltpolitik. Deutschland, das an drei Großmächte grenzte und einer vierten seine offenen Küsten zukehrte, musste im Ernstfall große Nationalkriege führen und deshalb seine Hauptmacht in Europa sorgsam versammelt halten. Die wichtigste Aufgabe bestand darin zu verhindern, dass es zu einem solchen Krieg komme, oder, ihm zumindest so lange wie möglich auszuweichen und seinen Ausbruch zu verzögern. Übereinstimmend mit Bismarck hielt Caprivi Deutschland für saturiert und bedürfnislos. Es brauchte keine weiteren Provinzen, wollte aber auch auf keine verzichten, etwa auf Elsass-Lothringen oder Westpreußen mit seiner französischen beziehungsweise polnischen Mehrheit. Heinrich von Treitschke schrieb in diesem Sinne im November 1884: »Die deutsche Politik ist national und weltbürgerlich zugleich; sie rechnet, anders als die britische, auf das friedliche Gedeihen ihrer Nachbarvölker.« War früher der Dreikaiserbund eine Macht des Friedens und der Mäßigung, so sollte nach dessen Auflösung der Dreibund zwischen dem Reich, Österreich-Ungarn und Italien eine ähnliche Funktion übernehmen. Wie in der Innenpolitik hielt sich Caprivi auch in den europäischen Beziehungen an seine Devise, das Gute bereitwillig anzunehmen, woher es auch komme, und anderen nicht entgegenzutreten, sondern ihnen entgegenzukommen.

Deutschland strebe nicht nach kriegerischem Ruhm, erklärte er am 27. Februar 1894 im Reichstag. Der Ruhm, nach dem

Deutschland verlange, seien kulturelle Leistungen, etwa, die
europäische Zivilisation zu fördern, die friedliche Koexistenz
der Staaten und Völker zu erleichtern und die Kräfte Europas
zu bündeln und zu vereinen, um zum Vorteil Europas eine Union mehrerer oder vieler Staaten zu erreichen. Der Dreibund
sollte durch Handelsverträge zu einem anziehenden Beispiel
solcher Europäisierung nationaler Interessen werden. Caprivi
erachtete es als widersinnig, einen politischen und militärischen
Verbündeten im wirtschaftlichen Wettbewerb zu bekämpfen.
Vielmehr sollten wirtschaftliche Absprachen und Zusammenarbeit zur Konsolidierung eines starken und friedlichen Mitteleuropa führen, um das sich seine Nachbarn vertrauensvoll
sammelten, von der Schweiz, Belgien, den Niederlanden über
Serbien, Rumänien bis zu Spanien im äußersten Westen und
Russland im Osten. Die Handelsverträge, die er zwischen 1891
und 1894 nach und nach mit diesen Staaten abschloss, fasste
er als Vorbereitung für das eigentliche Ziel, eine Zollunion in
Europa, auf.

Caprivi teilte Überlegungen, dass es in absehbarer Zeit nur
noch ein paar Mächte geben werde, die sich auf der immer
enger miteinander verflochtenen Welt als Großmächte würden behaupten können. Wenn also die europäischen Staaten
weiterhin noch eine Rolle auf der Weltbühne spielen wollten,
dann müssten sie damit aufhören, wie er im Dezember 1891
im Reichstag erklärte, eigensinnig ihre Egoismen zu verfolgen
und sich von ihren Nachbarn abzusondern. Wollten die Europäer insgesamt im globalisierten Wettbewerb ihre Position
behaupten, werde es für alle klüger sein, sich auf eine engere
Zusammenarbeit zu verständigen, statt die Kräfte in wechsel-
seitiger Konkurrenz zu vergeuden. Solche wirtschaftlichen
Einigungen würden nicht allein die politischen Spannungen
abschwächen und dazu beitragen, sie zu überwinden. Der So-
zialpolitiker Caprivi sah auch die sozialen Vorteile von Zoll-

und Handelsunionen. Sie würden dem Arbeiter das Leben erleichtern und zu gediegenem Wohlstand verhelfen. Beides vermag den revolutionären Elan zu dämpfen oder gar zu ersticken. Für einen Soldaten ziemlich ungewöhnlich, sah Leo von Caprivi die große Politik, die Wirtschaftspolitik und die Sozialpolitik als einen sich wechselseitig ergänzenden Zusammenhang.

Weil er die kommenden Kriege fürchtete und sich über deren Charakter keine Illusionen machte, bestand er darauf, dass die kriegsentscheidende Allianz das Bündnis der Herzen sei, der innere Frieden und die soziale Befriedung. Wie in Deutschland sollten auch in den übrigen Staaten, nicht nur im Dreibund, die sozialen Konflikte entschärft werden, um mit der inneren Konsolidierung zu einer allgemeinen Beruhigung der Gegensätze beizutragen. Zufrieden konnte er am 23. November 1893 im Reichstag bemerken, dass Deutschland mit allen Staaten normale und freundliche Beziehungen unterhalte. Alarmierende Parolen von früher wie »Krieg in Sicht« erübrigten sich daher und erst recht ungeduldiges Säbelrasseln. Die europäischen Regierungen stellten erleichtert fest, dass Deutschland ohne Bismarck nicht kopflos wurde. Die *Times* würdigte im Dezember 1891 die außerordentlichen Qualitäten des Staatsmannes Leo von Caprivi, der es verstehe, mit dem starken Dreibund alle heilsamen Erwartungen zu verknüpfen, die darauf gerichtet seien, den Frieden in Europa zu erhalten und zu festigen. Das schloss die üblichen Irritationen und Missverständnisse unter den großen Mächten nicht aus. Doch Caprivi sorgte dafür, dass gereizte Stimmungen folgenlos blieben. Auch zu Russland ließ sich wieder ein fast freundschaftliches Verhältnis herstellen. Er hielt es für wahrscheinlich, dass Deutschland einen künftigen Krieg an zwei Fronten führen müsse. Aber das Wahrscheinliche verwechselte er nicht mit dem Unvermeidlichen und Notwendigen.

Darin erkannte Caprivi die Aufgabe der Politik: nicht vor Sachzwängen zu kapitulieren. Da es mit England bei unverbindlichen Abmachungen blieb, deren Wert er freilich nicht unterschätzte, näherte er sich wieder Russland an, das einen Bruch mit Deutschland unbedingt vermeiden wollte. Nur zögernd ließen sich die Russen auf eine engere Verbindung mit Frankreich ein. Es gab immer noch kräftige Erinnerungen an das frühere Einverständnis mit Preußen und Deutschland. Die seit 1892 vom Panamaskandal und weiteren Korruptionsaffären beunruhigte französische Republik wirkte auf einen sittenstrengen Tugendbold wie Alexander III. wenig anziehend. Der Handelsvertrag zwischen Deutschland und Russland schuf eine neue Grundlage für freundliche Nachbarschaftspflege. An der war Russland dringend interessiert, um ungestört in Asien ausgreifen zu können. Die militärischen Verabredungen mit Frankreich richteten sich eindeutig gegen England, den gemeinsamen Konkurrenten und Gegner in Asien. Leo von Caprivi und den Kaiser beunruhigten die Bekundungen französisch-russischer Eintracht vorerst nicht allzu sehr. Sie waren sich sicher, dass der russische Kaiser in keinen deutsch-französischen Krieg verwickelt sein wollte und deshalb zum Vorteil Deutschlands auf die Franzosen mäßigend einwirken würde. Insofern mochte eine französisch-russische Verständigung durchaus auch Vorteile für Deutschland haben.

Unumwunden würdigte Caprivi im Dezember 1893 den russischen Kaiser als Bollwerk des Friedens in Europa, der die friedliebende Politik, die er, Caprivi, im Namen des Kaisers führe, zu schätzen wisse. Die Anklage Bismarcks, sein Nachfolger habe den Draht nach St. Petersburg abgebrochen, wies er entschieden zurück. Denn es gab genug Bemühungen, diesen Draht aufrechtzuerhalten, nur ein Kurzschluss in der Verbindung mit Wien sollte dabei vermieden werden. Es handelte sich nicht nur um höfische Konvention, wenn Caprivi in diesem

Zusammenhang den Kaiser erwähnte. Wilhelm II. stimmte mit den außenpolitischen Vorstellungen seines Kanzlers vollständig überein. In der Außenpolitik brauchte er nicht viel Rücksicht auf Parteien zu nehmen. Die große Politik als Geheimpolitik blieb überall weitgehend unabhängig vom Parlament. Abgeordnete kümmerten sich vorzugsweise um die Innenpolitik. Parlamentarische oder demokratische Mitbestimmung bei dem, was alle angeht, bezieht sich vor allem auf die inneren, den Bürger unmittelbar betreffenden Angelegenheiten. Die Außenministerien aller Länder wehrten erfolgreich allzu kräftige Neugier als zudringlich und störend ab. Für die internationalen Beziehungen blieben Diplomaten und Beamte zuständig, also Fachmänner und ihre kompetenten Berater auch außerhalb der Behörde. Außerdem ließ es sich kaum umgehen, den Willen oder Unwillen der untereinander verwandten Monarchen zu berücksichtigen, die eine große Familie für sich bildeten. Auch Unterschriftsautomaten wie die englische Königin oder später ihr Sohn Eduard nahmen immer noch erheblichen und schwer zu kontrollierenden Einfluss auf die auswärtige Politik.

Wilhelm II. wurde bewusst von seinen Kanzlern auf Reisen geschickt, um sich mit seinen geselligen Talenten für eine Politik nützlich zu machen, die auch seine war oder sein sollte, insofern er ja die Kanzler bestimmte. Oft war es Atmosphärisches, auf das es ankam, um günstige Voraussetzungen für spätere Verhandlungen zu schaffen. Wilhelm II. war in der Regel gut vorbereitet, hielt sich genau an seine Aufträge und stand immer unter der Kontrolle seiner Begleiter. Improvisieren sollte er in rein gesellschaftlichen Zusammenhängen. Die jeweiligen deutschen Regierungen wussten, dass der Kaiser, der so viel Aufmerksamkeit erregte wie sonst nur mythisierte Sänger und Schauspieler, seine Auftritte glänzend absolvierte. Den Beifall, ja, die Ovationen, die er als sensationeller Gast im Ausland erhielt, deuteten Deutsche gern als Zustimmung und Begeisterung für das Reich und alles, was echt, wahr und deutsch war. Gerade für die deutsch-russischen Beziehungen waren die familiären Begegnungen entscheidend. Wilhelm II. warb inständig um die russischen Verwandten. Er war der beste Draht nach St. Petersburg.

Es ist eine Legende, dass er den russischen Onkeln und Cousinen auf die Nerven fiel. Sie dankten ihm durchaus, dass sie sich auf ihn verlassen konnten. Von ihm wussten sie, dass er im Frieden leben wollte und nie eine Schwäche Russlands ausnützen würde – was er mehrfach bewies. Für Verstimmungen sorgten höchstens seine Begleiter. Sie ließen ihn ungern allein mit dem russischen Kaiser oder einzelnen Großfürsten. In ihrer Gegenwart musste er »Nicky« genau die Vorträge halten, die sie ihm entworfen hatten. Ihm waren zuweilen die Rollen recht unangenehm, in die er schlüpfen musste. Er besaß ein feines Gespür für schiefe Situationen. Er wusste sehr genau, dass Nikolaus II., ein Kaiser und Selbstherrscher, keine Belehrung wünschte. Aber dazu wurde er gebraucht oder missbraucht, um dem Zarewitsch und späteren Kaiser Nikolaus Unterricht zu erteilen. Bei ihm erreichte man, wie unter höflichen Menschen üblich – und in Nikolaus II. bewunderte der Kaiser den wohlerzogensten Menschen Europas –, im lockeren Konversationston am meisten. Willys Briefe an Vetter Nicky wurden unter der Aufsicht des Auswärtigen Amtes und des Kanzlers verfasst. Gereizt schrieb Kaiser Wilhelm einmal seinem Kanzler Bülow, dass das Umredigieren seiner Briefe an Nikolaus II. Grenzen haben müsse: »Meine Briefe bekommen immer den Charakter von Noten und Denkschriften.« Was denn der russische Kaiser denken solle, wenn er merke, »dass meine Privatbriefe in der Reichskanzlei abgefasst werden«.

ONKEL EDUARD VERSTEHT GAR NICHTS

Diese gereizte Bemerkung verdeutlicht, wie sehr die zwang-
los-privaten Verhältnisse sich mit den staatlich-politischen ver-
mischten und für diese absichtsvoll, geschickt oder ungeschickt,
verwertet wurden. Auch der britische Premierminister kannte
selbstverständlich die Korrespondenz der Königin Viktoria mit
ihrem Enkel und gab Empfehlungen für ihre Antworten, denen
sie auch folgte. Eine »Privatpolitik« konnten sich die Monarchen kaum noch leisten. Als Staatsorgane mussten sie meistens
die familiären Rücksichten, Neigungen und Entschuldigungen
vernachlässigen zugunsten der nationalpolitischen Forderungen. Im Übrigen gab es in der Großfamilie der Herrscherhäu-
ser wie in jeder Familie Abneigungen, Unverträglichkeiten und
Vorurteile aller Art. Da die Verwandten einander unentwegt
schrieben und sich nicht sonderlich um Diskretion kümmerten, kam es zu vielen Missverständnissen aufgrund von Tratsch,
üblen Launen, Albernheiten, Unhöflichkeiten oder übertriebenen Empfindlichkeiten. Viele Sachverhalte, um die es dabei
ging, lassen sich gar nicht mehr aufklären. Im Juni 1888 kam der
britische Thronfolger zur Beerdigung seines Schwagers nach
Berlin. Wie viele aufgeklärte Engländer erteilte auch er gern
ungefragt gute Ratschläge. Diesmal waren sie in Erinnerungen
an Friedrich III. verpackt. Sein Schwager habe ihm nämlich
versichert, er habe zugunsten des Friedens in Europa auf Elsass-
Lothringen verzichten, Schleswig wieder an Dänemark abtre-
ten und das beschlagnahmte Vermögen des Hauses Hannover
diesem zurückgeben wollen.

In Berlin war man an die Taktlosigkeiten englischer Ver-
wandter längst gewöhnt. Doch beim Regierungsantritt Wilhelms II. konnten solche Winke mit dem Zaunpfahl nicht
einfach als Histörchen abgetan werden. Kaiser Wilhelm de-
mentierte – zur Zufriedenheit Bismarcks und des offiziellen

Berlin – klar und energisch, dass sein Vater je solche Absichten
gehabt habe: »Wir alle haben ihn zu gut gekannt, als dass wir
einer solchen Beschimpfung seines Andenkens nur einen Augenblick ruhig zusehen könnten.« Nach der Rede wandte er
sich an einen General und sagte zu ihm mit lauter Stimme: »Ich
hoffe, mein Onkel, der Prinz von Wales, wird das verstehen.«
Der verstand gar nichts. Ziemlich ahnungslos wie die meisten
Engländer, wenn es um kontinentale Empfindlichkeiten ging,
begriff er nicht, dass ein Kaiser, von dem die Deutschen noch
nicht wussten, ob er immer fest auf britische Anmaßungen
reagieren würde, gar nicht anders reden konnte. Prinz Eduard
war erstaunt und es begann eine Briefaffäre mit Erläuterungen,
Gegendarstellungen und Ergänzungen kreuz und quer durch
Europa. Sie verband sich mit den Unruhe stiftenden Nachwir-
kungen der leidenschaftlichen Debatten zu Sandro Battenbergs
Heiratsplänen und wurde weiter verschärft, als Kaiser Wilhelm
sich weigerte, bei seinem Staatsbesuch im September 1890 in
Wien seinem Onkel zu begegnen, der sich zufällig dort auf-
hielt.

Prinz Eduard hatte sich trotz der heftigen und auswuchern-
den Klatschereien über seine Berliner Bemerkungen nicht
beim Kaiser entschuldigt. Er fühle sich vielmehr verletzt, ließ er
wissen, weil der um so viel jüngere Neffe dem Älteren den ge-
hörigen Respekt verweigert habe. Wilhelm II. ärgerte sich aber
nicht über seinen Onkel. Der Deutsche Kaiser erregte sich über
unbedachtes Geschwätz des britischen Thronfolgers in Berlin.
Das war keine Privatangelegenheit mehr. Er forderte von den
britischen Verwandten, nicht als Willy, sondern als König und
Kaiser behandelt zu werden, wenn es die Umstände verlangten.
Seine Großmutter war über dieses Ansinnen empört. Kaiser
Wilhelm II. hatte vorläufig wenig Lust, seinem Onkel zu begegnen. Seine Bitte an Kaiser Franz Joseph, dem Prinzen von
Wales nahezulegen, Wien während des kaiserlichen Besuches

zu verlassen, bekundet keine übertriebene Selbstgefälligkeit oder Rücksichtslosigkeit. Ganz im Gegenteil. Der Neffe wollte den Onkel vor einer schiefen Situation bewahren, weil er, der Jüngere, als Deutscher Kaiser den Vortritt vor dem älteren Verwandten hatte, der nur der britische Thronfolger war. Eben aus Höflichkeit bestand der Kaiser darauf, die offizielle Stellung und nicht die familiäre Beziehung zu bedenken. Aus diesem Grunde bat Kaiser Franz Joseph, ein sehr höflicher Herr, den Prinzen von Wales, ein paar Tage auf die Jagd zu gehen. Er kannte die Eitelkeit des Prinzen, der gerade in zeremoniösen Fragen äußerst unangenehm werden konnte.

Der Prinz wurde nun vollends bockig und hielt den freundlichen Kaiser Franz Joseph für ein williges Werkzeug wilhelminischer Intrigen. Fast ein halbes Jahr lang wurden Briefe und Denkschriften, nun auch unter Botschaftern und Ministern, ausgetauscht. Der uneinsichtige Prinz hatte eine handfeste Krise in den Beziehungen zwischen England, dem Reich und Österreich-Ungarn heraufbeschworen. Lord Salisbury, der den Deutschen Kaiser überhaupt nicht mochte, richtete endlich ein Machtwort an die königliche Familie, sich aus Gründen der Staatsräson mit Wilhelm II. zu arrangieren. Königin Viktoria hatte immerhin aus dem hitzigen Streit die Lehre gezogen, bei offiziellen Anlässen den Enkel als Staatsoberhaupt und Kaiser zu behandeln. Bei ihrem eigenen Regierungsantritt war sie sehr ungehalten gewesen, sobald einer vergaß, in der jungen Frau die Königin zu ehren und zu würdigen. Den zeremoniösen Onkel ärgerte es auch weiterhin, als Prinz nicht gleichrangig mit dem kaiserlichen Neffen zu sein, woraus sich immer neue Verdrießlichkeiten entwickelten. Es gab also durchaus Gründe, die Familienbande in der Politik nicht zu überschätzen. Der erste Staatsbesuch Wilhelms II. in England, im Juli 1891, wurde mit ostentativem Prunk begangen, höchstens dem Aufwand vergleichbar, den die Briten 1844 zu Ehren des russischen Kaisers entfaltet hatten. Der Besuch wurde ein sensationeller Erfolg. Die englischen Zeitungen feierten den jungen Kaiser, der besser englisch spreche als manche Mitglieder des Königshauses, als die herausragendste Persönlichkeit in Europa, äußerst höflich, genial unerschrocken und energisch, kühn, aber nicht unvorsichtig, und als Anführer des Dreibundes, dieser League of Peace, vom glühenden Wunsch nach Frieden durchdrungen.

Diese stürmische Begeisterung verleitete aber die englische Regierung nicht dazu, einen engeren Anschluss an den Dreibund und das Reich zu erwägen. Ihr genügte eine unverbindliche Beziehung. Die vorerst noch unübersichtlichen russisch-französischen Kontakte beunruhigten die Engländer keineswegs. Eine Abkühlung in den deutsch-russischen Beziehungen gewährte ihnen eine größere Unabhängigkeit im Umgang mit Deutschland. Denn das Reich war bei einer russisch-französischen Verständigung auf das Wohlwollen Großbritanniens angewiesen und hatte damit seinen früheren Vorteil verloren, sich nur für sehr bedeutende Zugeständnisse von Russland zu trennen. Die deutsche Regierung gab in den nächsten Jahren unverbrämt zu erkennen, an einer festen Verbindung mit England sehr interessiert zu sein. Sie war damit der Werbende, der in Abhängigkeit geriet von den Angeboten, die ihm gemacht wurden. Eine unverbindliche entente cordiale erschien der deutschen Regierung als unzulänglich: Die englische Flotte könne kein einziges Dorf an der langen deutsch-russischen Grenze schützen, wie Wilhelm II. deutsche Sorgen einmal knapp resümierte.

Die deutsche Regierung erwartete ein festes, vom englischen Parlament gebilligtes Bündnis, um einen Ersatz für die verlorene russische Rückversicherung zu gewinnen. Die Deutschen brauchten England, um Russland davon abzuschrecken, gemeinsam mit Frankreich das Reich in einen Krieg zu verwickeln. Die Engländer hofften, dass eine wachsende Distanz der

Deutschen zu Russland ihnen hilfreich bei ihren Konflikten in Asien sein könne. Doch Deutschland wollte möglichst einen Krieg mit Russland vermeiden. Deutschland und England wünschten ein gutes Einvernehmen, doch hatten sie einander nichts zu bieten. Die Schwierigkeit bestand gerade darin, keine grundsätzlichen Schwierigkeiten miteinander zu haben, die es ermöglicht hätten, mit wechselseitigen Kompensationen ins Geschäft zu kommen und umstrittene Fragen zu bereinigen. Die deutsche Regierung hatte auf Holsteins Rat Bismarcks ständige Warnung, die Bedeutung Deutschlands für die britische Politik nicht zu überschätzen, leichtfertig missachtet. Wilhelm II. maß einem Bündnis mit England nicht den höchsten Wert bei. Vor übertriebener »Engländerei« war er gefeit. Er schätzte englische Lebensart; politisch wollte er jedoch nie in die Verlegenheit geraten, die Rolle eines Landsknechtes auf dem Kontinent für englische Interessen übernehmen zu müssen. Ein gutes Einvernehmen mit England war selbstverständlich wünschenswert, aber vornehmlich als Ergänzung zu den kontinentalen Verträgen. Sie bildeten für ihn in Bismarck'scher Tradition die Grundlage deutscher Sicherheit.

Er verlor nie eine gesunde Skepsis gegenüber den Erwartungen Holsteins, England könne sich auf die Dauer einem Bündnis mit Deutschland gar nicht entziehen. Deshalb bemühte sich Kaiser Wilhelm auch um das französische Wohlwollen, gerade im Hinblick auf die Beziehungen zu Russland. Mit wohlüberlegter Courtoisie behandelte er von vornherein französische Botschafter, die Präsidenten der Republik und die Minister. Er übernahm willig die Aufgabe, Franzosen deutscher Sympathien zu versichern, Möglichkeiten zur Zusammenarbeit zu suchen, um es von Elsass-Lothringen abzulenken, und auf den Erwerb von Kolonien zu verweisen, bei dem Frankreich sich auf deutsche Unterstützung verlassen könne. Er hielt es nicht für aussichtslos, mit Geduld und Umsicht nicht nur leidliche,

sondern sogar freundliche Beziehungen zu Frankreich herstellen zu können. Um 1900 waren Frankreich und Deutschland
wirtschaftlich so eng verflochten wie nie zuvor. Erst in den
sechziger Jahren des 20. Jahrhunderts, nach den beiden Kriegen, sollte wieder ein ähnlicher Grad intensiver Verflechtung
erreicht werden. Der geistig-kulturelle Austausch gedieh mit
einer Vorurteilslosigkeit, als hätte es nie Krieg zwischen den
beiden Völkern gegeben. Nie wieder waren sie sich so gewiss,
gemeinsam alles zu verkörpern, was Europa zu einem geistigen Begriff machte. Es gab eine informelle Gemeinschaft, die
Erwartungen wecken durfte, sie könne sich auch zu einer politischen *entente cordiale* erweitern lassen.

VEREINIGTES EUROPA?

Wilhelm II. zeichnete unter allen Ausländern vorzugsweise
Franzosen aus, sie einladend und bezaubernd. Gerade sie waren es, die anschließend seinen Charme und sein elegantes
Einfühlungsvermögen rühmten. Dass Wilhelm II. ein großer,
liebenswürdiger Herr, ein Weltmann und zugleich ein elegan-
ter Intellektueller war, erfuhren die Deutschen dann von den
begeisterten Ausländern. Das Auswärtige Amt ließ ihn in Ma-
ßen gewähren. Dort herrschte das Misstrauen Holsteins, das
er Kanzlern und Ministern einimpfte, aber kein Zutrauen in
freundliche »vertrauensbildende Maßnahmen«. Holstein rechnete ganz einfach mit der Feindschaft der Franzosen und der
Russen. Er fragte sich nie, zu welchem Preis man ihre verbindliche Freundschaft wohl erwerben könne. Er blieb Russland gegenüber immer vorsichtig, um es nicht zu reizen, solange das
Reich noch kein Bündnis mit England erreicht hatte. Ganz auf
England fixiert, überlegte er nie, was zu tun sei, wenn es nicht
zu dieser Allianz käme. Nikolaus II. beruhigte es allerdings,

wie sehr zumindest der Kaiser und seine Botschafter Frankreich ihres Wohlwollens versicherten. Der russische Kaiser ließ die Franzosen nie darüber im Unklaren, dass das Bündnis nicht etwa als Aufforderung zu verstehen sei, Streit mit Deutschland zu suchen. Das Dreikaiserbündnis hatte sich aufgelöst. Seine Antrittsbesuche als Kaiser machte er 1894 in Breslau und Wien, in Erinnerung an die alte Interessensgemeinschaft. Breslau hatte Wilhelm II. vorgeschlagen. Von hier aus waren 1813 russische und preußische Truppen aufgebrochen, um gemeinsam Napoléon aus Mitteleuropa zu vertreiben. Das Bündnis mit Frankreich erlegte Nikolaus einige Hemmungen auf. Doch sie hielten ihn nicht davon ab, immer wieder zu überlegen, wie trotz dieser Verbindung zumindest Deutschland und Frankreich ihre herkömmliche Freundschaft auch vertraglich erneuern könnten. Solche Überlegungen berührten sich mit Absichten Wilhelms II., der dem Vermächtnis seines Großvaters nicht untreu werden wollte, im russischen Kaiser stets den zuverlässigsten Alliierten und Freund zu ehren.

Vor allem Holstein fürchtete, der Kaiser könne sich Russland gegenüber zu weit verpflichten und der russischen Idee eines Bündnisses der kontinentalen Mächte erliegen, die seit 1894 Nikolaus II. und seine Minister mehrmals entwickelten. Ein umfassender Kontinentalblock erschien Wilhelm II. als eine verlockende Aussicht, als beste Grundlage, den Frieden in Europa zu sichern. Bei seinem Besuch in St. Petersburg im August 1897 schlug ihm Nikolaus II. vor, ein russisch-deutsches Bündnis zu vereinbaren. Er würde sich bemühen, Frankreich dafür als Partner zu gewinnen, während Wilhelm II. sich um den Beitritt Österreich-Ungarns kümmern solle, das mit Frankreich ein entspanntes Verhältnis unterhielt und während der letzten Jahre Russland immer wieder Zeichen seines Interesses an freundlichen Beziehungen gegeben hatte. Wilhelm II. war sofort einverstanden und fand die Sache der Mühe wert.

Ein auf diese Art »vereinigtes Europa« richtete sich tendenziell gegen England. Nicht hier in Europa, aber in Asien und Afrika. Ein Kontinentalblock bot die Chance, Europa aus der weltpolitischen Konkurrenz herauszuhalten. Russland und Frankreich würden freie Hand bei ihren kolonialen Bestrebungen erhalten, ohne dass deswegen Deutschland ein Platz an der Sonne verwehrt wäre. Vor allem aber war Deutschland sicher vor einem Krieg in Europa. England wäre freilich unter den Großmächten isoliert worden. Doch es hatte ja lange genug Wert darauf gelegt, für sich zu bleiben und europäische Solidarität zu vermeiden.

Der geniale Finanzminister des russischen Kaisers, Graf Sergej Witte, wollte einen aggressiven Charakter dieser von ihm gewünschten Allianz vermeiden, schon mit Rücksicht auf die Vereinigten Staaten. Sie waren ein bewährter Freund Russlands. Er glaubte, dass die beiden Seemächte und Inseln, England und die Vereinigten Staaten, durchaus erkennen könnten, welche Vorteile ihnen ein dauernd befriedetes Europa bot. Aber England fürchtete stets ein geschlossenes Europa, das seinen Handel bedrohen und mit vereinigten Flotten eine Sperre um seine glückliche Insel legen und sie um ihr Glück bringen könne. England, *of Europe, but not in Europe*, bemühte sich deshalb unentwegt darum, jeden Versuch einer europäischen Einigung zu unterbinden. Schon Alexander I. hatte nach den napoleonischen Kriegen leidenschaftlich für eine Europäische Union geworben. Allein England fürchtete sie, weil es um die Freiheit seines Handels bangte, die den Europäern nie sonderlich am Herzen lag. Eine kontinentale Einigung fassten Engländer seit jeher als eine unfreundliche Herausforderung auf. Das Dreikaiserbündnis von 1815, die Heilige Allianz, ein kontinentaler Block, gegen den England nichts vermochte, war ihm bald ein Ärgernis gewesen. Friedrich von Holstein unterstützte gelegentlich Gespräche über eine neue europäische Allianz, bloß um England zu reizen und es endlich dazu zu bewegen, zusammen mit Deutschland als Weltpolizisten für Ordnung zu sorgen.

Weder Caprivi noch sein Nachfolger Hohenlohe dachten an Weltpolitik. Sie begnügten sich mit einer unauffälligen Hegemonie. Denn die guten Beziehungen zu allen Mächten, der joviale Umgang auch mit den kleineren Staaten oder den »unfertigen Völkern« auf dem Balkan ließ die Europäer das deutsche Gewicht nicht allzu drückend spüren. Die tatenarme Friedenszeit verdross allerdings das junge Deutschland: Studenten, Akademiker, Journalisten oder Unternehmer, die das Reich als Verheißung auffassten, in den Kreis der führenden Völker, der Weltmächte aufgenommen zu werden. Seit 1871, der Gründerzeit, entwickelte Deutschland eine ökonomische Dynamik, mit der nur die USA, ohne je in Atemnot zu kommen, Schritt halten konnten. Gerade die Schöngeister vermissten heroische Unternehmungslust. Sie sehnten sich nach Helden, nach großen Herausforderungen jenseits von Produktion und Handel. Sie kultivierten ihr Ich, um es über sich hinaus zum Übermenschen zu steigern, und darbten in dürftiger Zeit als Geistmenschen, deren Elan sich zu wenig anregender Spielraum bot. Unzufriedenheit und Langeweile verdarb den »Kulturpessimisten« die Freude an der tatenarmen Zeit.

Dabei war es das Heroenzeitalter der wagemutigen Fabrikanten, des Großhandels und der Wissenschaftler im akademischen Großbetrieb. Doch die unablässig sich überbietenden Triumphe der Erfindungen und Umsetzung in neue Produkte zur Erweiterung des Exports betrachteten Bildungsaristokraten als Niederlagen der zwecklosen schönen Freiheit des Geistes, die von den Zwängen der Notwendigkeit erstickt würde. Solche Klagen stimmte der »europäische« Geist im Fin de Siècle überall an, entsetzt vom Ökonomismus und Praktizismus neuer Sachlichkeit und öder Kommerzialisierung des gesamten

Lebens. Die durch nichts gehemmte Industrialisierung wirkte
als »Kulturschock«, erstaunlicherweise auch auf die Deutschen,
die als Bestätigung deutschen Geistes, deutschen Fleißes und
deutscher Phantasie nicht allein nach dem mächtigen deutschen
Staat verlangten, sondern als dessen Ergänzung und Grundlage deutsche Wirtschaftsmacht für unentbehrlich hielten. Das
Reich verfügte um 1900 über die zweitgrößte Handelsflotte
der Welt. In der Chemie und Elektrotechnik gerieten selbst die
US-Amerikaner in Schwierigkeiten, den Wettbewerb mit den
Deutschen auszuhalten. Das Interesse der Welt war enorm:
Wohin ein Deutscher auch immer kam, zum ersten Mal weltweit als wirtschaftlicher Eroberer neuer Märkte und Absatzge-
biete, konnte er Richard Wagner hören, die deutsche Zukunfts-
musik, und musste er über Nietzsche diskutieren oder gar über
Karl Marx und den deutschen Sozialismus.

Zu keiner Zeit war der Deutsche so selbstverständlich in
der Welt zu Hause wie damals, in einer Welt, die er mit seinen Ideen und nun auch mit seinen Maschinen umgestaltet
hatte und zusammen mit den anderen »Kulturvölkern« weiter umgestaltete. Dennoch fühlte er sich unbehaglich. Die beiden Humboldt, Goethe, deutsche Philosophen, deutsche Musik, deutsche Universitäten, das Aspirin oder die Osrambirne,
selbst deutscher Wein – alles besaß »Weltgeltung«. Sie waren
je auf ihre Art Weltmächte. Aber das reichte nicht aus. Nicht
Deutsche als partikulare Ereignisse und Wirkungsmächte auf
»Weltniveau«, Deutschland als Ganzes sollte eine pralle, dralle
Weltmacht sein. Deutschland hatte erreicht, was überhaupt zu
erreichen war, wenn Frankreich, ermattet, endlich darauf verzichtete, Elsass-Lothringen zurückzufordern. Was aber blieb
darüber hinaus zu wünschen? Die Beamten im Auswärtigen
Amt, die Minister und Offiziere waren herangewachsen unter
den Spannungen der ungelösten deutschen Frage. Nach der
Reichsgründung galten ihre Bemühungen dem Zweck, Europa

an das neue Deutschland zu gewöhnen und ihm die Gewissheit zu vermitteln, dass es nicht leichtsinnig mit seinen Kräften
spielen werde. Das genügte der neuen Generation nicht. Sie
wünschte wie die Briten ein *greater Britain*, ein um Kolonien
erweitertes größeres Deutschland, ein richtiges Reich wie das
britische *empire* oder das französische *empire*.

Der Alldeutsche Verband, der Kolonialverein und der Flottenverein als Massenverbände forderten, auf den Jugendstreich
der deutschen Einigung weitere Streiche folgen zu lassen, damit
in der Welt nichts mehr ohne deutsche Beteiligung geschehe.
Solche Rufe irritierten deutsche Diplomaten und Staatsbeamte
mehr, als dass sie auf sie hörten. In der Tradition Bismarcks
hatten sie keine Vorstellung von einer deutschen Weltpolitik.
Ihre Welt war Europa. Hier entschied sich die Zukunft des Reiches, sollte es je zu einem Krieg kommen, nicht in Afrika oder
Asien. Kaiser Wilhelm, sonst empfindsam für alle öffentlichen
Begehrlichkeiten, fiel trotz seiner lebhaften Phantasie nichts
Mitreißendes oder Begeisterndes zur Weltpolitik ein. Das Auswärtige Amt war darüber nicht beunruhigt. 1896 bemerkte er
ebenso treffend wie schwunglos vor der Deutschen Kolonialge-
sellschaft: »Kolonialpolitik ist nur ein Teil der Weltpolitik, die
das Deutsche Reich befolgen muss, um seine kontinentale Stellung zu schützen.« Deutsch-Südwestafrika oder Togo an das
Vaterland, das teure, zu binden, war als unverbindliche Redens-
art eine beinahe liebenswürdige Aufforderung.

Der Besitz solcher vielleicht kartographisch reizvoller Farb-
flecken fügte der Weltgeltung Deutschlands nichts hinzu. Das
wussten die Diplomaten und Wilhelm II. Kurz vor der Fahrt
nach Tanger 1905, die ihm gründlich widerstrebte und zu der
ihn sein Kanzler Bernhard von Bülow zwang, äußerte er sich
in diesem Sinne: Sich am Vaterland zu erfreuen, wie es ist, statt
nach Unmöglichem zu streben. Die Rede war kurz vor dem
spektakulären Auftritt in Tanger, der die Marokkokrise auslöste,

zur Beruhigung Europas formuliert worden. Aber sie variierte nur Gedanken, die Wilhelm II. schon mehrmals vorgetragen hatte: »Das Weltreich, das Ich Mir geträumt habe, soll darin bestehen, dass vor allem das neuerschaffene Deutsche Reich von allen Seiten das absoluteste Vertrauen als eines ehrlichen, friedlichen Nachbarn genießen soll, und dass, wenn man dereinst vielleicht von einem deutschen Weltreich oder einer Hohenzollernweltherrschaft in der Geschichte reden sollte, sie nicht auf Eroberungen begründet sein soll durch das Schwert, sondern durch gegenseitiges Vertrauen der nach gleichen Zielen strebenden Nationen, kurz ausgedrückt, wie ein großer Dichter sagt. Außenhin begrenzt, im Innern unbegrenzt.«

»MINISTER DES SCHÖNEN ÄUSSEREN«

Ehrgeizige Deutschen wollten aber hinaus aus den binnenländischen Begrenzungen und gaben sich nicht mehr damit zufrieden, im Innersten des Gemüts und der unbegrenzten Idee ein Weltengetümmel zu veranstalten. Sie verlangten nach einem imperialen Konzept. Doch wenn es kein Imperium gibt, fällt es schwer, imperialistisch zu denken und gemäß der Idee eines deutschen Weltreichs und der sie rechtfertigenden Weltsendung. Die Schwierigkeiten des deutschen Imperialismus ergaben sich daraus, dass die Deutschen gar nicht wussten, was sie in der großen, weiten Welt machen sollten außer dem, was sie ohnehin äußerst erfolgreich trieben, nämlich Handel. In Zeiten sich beschleunigender Demokratisierung kann aber keine Regierung die Leidenschaften und Wünsche des Volkes oder der Massen beharrlich überhören. Sie muss zumindest so tun, als erfülle sie nationale Forderungen. Die deutsche Weltpolitik, die Bernhard von Bülow, ab 1897 Staatssekretär im Auswärtigen Amt, inaugurierte und ab 1900 als Reichskanzler fortsetzte, bezweckte nichts anderes. Dieser »Reichscharmeur«, in dem Wilhelm II. seinen Bismarck sehen wollte, war ein Mann der kleinen Klugheiten, der sich an die alte Erfahrung hielt, lieber eine erprobte Dummheit zu wiederholen, als etwas Kluges zu versuchen, was noch nie erprobt worden ist. Ihm und dem Auswärtigen Amt ging es vornehmlich darum, Deutschland bei allen internationalen Streitigkeiten ins Spiel zu bringen, bei Verhandlungen und Kongressen nicht übergangen zu werden. Für eine Großmacht war das kein ungebührliches Verlangen. Allerdings mischten sich die Deutschen planlos in verschiedenste Konflikte ein und sprachen von deutschen Interessen, die sie nicht zu präzisieren vermochten, wenn andere sie darum baten.

Der Ertrag dieser unsystematischen Bemühungen war kümmerlich: einige wertlose Inseln im Pazifik. Dieser Erwerb wurde, um patriotische Nervositäten zu beruhigen, als Meilenstein auf dem Weg zum Weltreich ausgegeben. Im Grunde hatte Deutschland nur erreicht, überall mitreden zu dürfen, selbst auf Konferenzen, auf denen Auseinandersetzungen beigelegt wurden, die für seine politische Existenz ganz unerheblich waren. Es ging dem »Minister des schönen Äußeren«, wie Bülow apostrophiert wurde, vornehmlich um Prestige. Er betrieb unter dem Druck der öffentlichen Meinung eine Politik, die Bismarck scharf missbilligte: »Jede Großmacht, die außerhalb ihrer Interessensphäre auf die Politik der anderen Länder zu drücken und einzuwirken sucht, (…) die treibt Machtpolitik und nicht Interessenpolitik, die wirtschaftet auf Prestige hin.« Das musste zu Missverständnissen und Verstimmungen führen. Denn die meisten Staaten fanden, dass Deutschland in der Regel ein lästiger Gast sei, der, um seine Macht zu beweisen, Verhandlungen verzögerte, verlängerte und überhaupt erschwerte, weil nie recht deutlich wurde, was er eigentlich wollte. Begreiflicherweise verleiteten die deutschen Unklarheiten zu der Vermutung, dass dahinter ein tiefes Geheimnis, ein großer Plan stecke. Keiner mochte gerade bei den systematischen Deutschen annehmen, sie suchten nur den einen oder anderen Berggipfel, um dort ihre Flagge im Winde flattern zu lassen und ihren Landsleuten das herzerwärmende Gefühl zu vermitteln, dass wenigstens ihre Fahne einen Platz an der Sonne gefunden hatte. Deshalb gelang es den undurchsichtigen Deutschen mühelos, überall Argwohn zu erwecken. Der argwöhnische Holstein, der Machiavelli aus der Provinz, betrachtete das als Erfolg.

Die sogenannte Weltpolitik war ein Versuch, nicht unbedingt Kolonien zu erwerben, vielmehr England dahin zu bringen, sich mit dem Reich zu verbünden. Bismarck hatte meist großen Wert auf gute Beziehungen zu England gelegt. Die Erfahrung hatte ihn aber gelehrt, dass für ein britisches Kabinett das Verhältnis zu Russland, Frankreich, Italien und die Türkei viel schwerer ins Gewicht fällt als das zu Deutschland. Es gab zu wenig gemeinsame Interessen und deshalb auch keinen Grund für sehr ernst zu nehmende Schwierigkeiten, die sich erst aus einer Verwandtschaft der Interessen ergeben. Holstein wähnte, dass England auf Deutschland angewiesen sei, um sich als Weltmacht zu behaupten. Deshalb entschied er sich für eine Politik des ubiquitären Dazwischenredens, der Nadelstiche und Gereiztheiten, damit England endlich begreife, wie viel einfacher es doch wäre, mit Deutschland vertrauensvoll zusammenzuarbeiten. Die deutschen Kanzler und Minister verfügten über kein weltpolitisches Konzept, sie improvisierten unentschlossen, demonstrierten Stärke mit pathetischen Gesten und wichen doch einer ernsthaften Konfrontation aus. Das berühmteste Beispiel dafür ist die »Krüger-Depesche« vom 3. Januar 1896. Britische Abenteurer waren unter der Führung Leander Jamesons am 30. Dezember in Transvaal eingefallen. Sie wurden aber schon am 2. Januar von den Buren überwältigt, gefangen genommen und den Briten übergeben.

Die britische Regierung beteuerte, dass Jameson ohne ihren Auftrag gehandelt habe. Immerhin richtete sich die gewaltsame Aktion gegen einen selbständigen Staat mit der Absicht, ihn der Kapkolonie einzugliedern. Großbritannien hatte die Unabhängigkeit der beiden Burenrepubliken mit einigen Einschränkungen vertraglich anerkannt. Deutschland war an deren weiterer Selbständigkeit interessiert. Deutsche siedelten und arbeiteten dort und gehörten zu den wichtigsten Investoren. Außerdem grenzten Transvaal und Betschuanaland an Deutsch-Südwestafrika. Das Reich musste willkürliche Veränderungen des Status quo in der unmittelbaren Nähe seiner Kolonie verständlicherweise irritieren. Der Staatsekretär im Auswärtigen Amt, Adolf Herrmann Marschall von Bieberstein, geriet sofort in heftige Erregung und sah Deutschland von britischer Aggression herausgefordert. Kaiser Wilhelm nahm den Einfall in Transvaal zuerst gelassen auf und glaubte den britischen Beteuerungen, nichts von Jamesons Vorhaben gewusst zu haben, das aufs Schärfste missbilligt würde. Er sah keinen Grund gegeben, die Beziehungen zu England ernsthaft zu belasten, da das Abenteuer folgenlos geblieben und es diplomatisch klüger war, den britischen Versicherungen der Ahnungslosigkeit höflicherweise zu trauen, selbst wenn an deren Aufrichtigkeit gezweifelt werden durfte. Marschall von Bieberstein beharrte jedoch darauf, dass mit irgendeiner Willensbekundung Deutschland auf sich aufmerksam machen müsse, um der Welt zu zeigen, wie sehr es den frevelhaften Akt britischer Freibeuter verdamme.

Die naheliegendste Reaktion wäre eine Flottendemonstration gewesen, um die Buren zu unterstützen und die Engländer gegebenenfalls zu Verhandlungen, etwa über einen internationalen Status der Republiken, zu nötigen. Dafür fehlten die Schiffe und Soldaten in Deutsch-Südwest. Übrigens ein Argument für Tirpitz' These, wie dringend geboten der Bau von zwei neuen Hochseegeschwadern sei, wofür er am 3. Januar

dem Kaiser einen ausführlichen Plan vorlegte: »Selbst der größ-
te Seestaat Europas würde entgegenkommender sein, wenn wir
zwei bis drei gute, hoch geschulte Geschwader in die Waag-
schale der Politik und dementsprechend nötigenfalls diejenige
des Konfliktes zu werfen imstande wären.« Erwägungen, in
Transvaal einzumarschieren und die Republik unter deutschen
Schutz zu stellen, blieben reine Spielereien. Die kaiserliche
Idee, sich mit Russland und Frankreich auf eine gemeinsame
Haltung zu verständigen, verwarfen Holstein und andere im
Auswärtigen Amt. Sie wollten England einen Denkzettel ver-
passen, aber sich trotzdem nicht die Aussicht auf eine enge und
aufrichtige Zusammenarbeit verderben. Gemeinsam mit dem
Reichskanzler kamen die Beamten und der Minister auf den
Gedanken, dem Präsidenten der Burenrepubliken, Paulus Krü-
ger, ein Glückwunschtelegramm zu schicken.

Wilhelm II. warnte vor diplomatischen Ohrfeigen als hoh-
len, ärgerlichen Gesten. Der Reichskanzler Chlodwig Fürst
von Hohenlohe-Schillingsfürst musste ihn eindringlich an seine konstitutionellen Pflichten erinnern, nicht in Gegensatz zu
seinen Ratgebern und der burenfreundlichen Stimmung im
deutschen Volke zu geraten. Für die Konsequenzen übernäh-
men die verfassungsmäßigen Ratgeber die volle Verantwortung.
Diesen Ermahnungen und Zusicherungen glaubte Wilhelm II.
sich nicht verweigern zu dürfen. Mit Holsteins Einwilligung
und auf Druck von Kanzler und Staatssekretär wurde das Telegramm entworfen. Der Kaiser übersetzte es ins Englische und
unterschrieb die Depesche. Mit ihr gratulierte er dem Präsidenten, dass es ihm gelungen sei, ohne an die Hilfe befreundeter
Mächte zu appellieren, die Unabhängigkeit seines Landes gegen Angriffe von außen zu wahren. Mit der Hilfe befreundeter
Mächte war unmissverständlich die des Reiches gemeint. Den
Engländern war bekannt, dass der deutsche Konsul in Pretoria
schon im Oktober dem Präsidenten versichert hatte, dass das

Schicksal der Republiken dem Deutschen Reich nicht gleichgültig sei.

Die Deutschen waren von dem Telegramm hingerissen und
feierten Wilhelm II. Die Engländer waren empört, vor allem
über den Kaiser, in dem sie immer einen Freund gesehen hatten. Alle Erörterungen über die peinliche Affäre und die Frage, wie viel der Kolonialminister Joseph Chamberlain wirklich
wusste, verstummten zur Erleichterung der britischen Regierung. Marschall von Bieberstein hatte noch am 4. Januar im
Gespräch mit dem Korrespondenten der *Times* eingeräumt, das
Telegramm sei offiziell von der deutschen Regierung zu ver-
antworten. Fürst Hohenlohe erklärte der Kaiserin Friedrich be-
friedigt am selben Tage, das Telegramm stehe im Einklang mit
der öffentlichen Meinung in Deutschland. Daraus schloss sie
zu Recht, dass es offiziell von der Regierung abgefasst worden
war, wie sie ihrer aufgebrachten Mutter schrieb. Unter dem
Eindruck der vehementen Proteste in britischen Zeitungen und
der klugen Reaktion Lord Salisburys, das Telegramm nicht als
amtliche Äußerung, sondern als eine Improvisation des Kaisers
zu behandeln, unterließen es der Kanzler, der Staatssekretär
und Holstein, die Auffassung des britischen Premierministers
zu korrigieren. Ganz im Gegenteil, am 8. Januar musste Wilhelm II. der Königin Viktoria in einem vom Auswärtigen Amt
entworfenen Brief erläutern, dass er, »so entflammt über die
Vorstellung (...), ihre Befehle missachtet und den Frieden bedroht zu sehen«, sich genötigt gefühlt habe, diese Gefühle öffentlich zu bekunden.

Es erschien der Regierung insgesamt vorteilhafter für ihr
Ansehen zu sein, vorzugeben, nichts mit der misslichen Depesche zu tun zu haben, und die Gerüchte, die sich in England
zur Gewissheit verdichteten, dass der Kaiser für das Debakel
verantwortlich sei, nicht zu widerlegen. Allerdings war bei der
anhaltenden stürmischen Zustimmung, die der Kaiser unter

den Deutschen erfuhr, gar nicht daran zu denken, die Verantwortlichkeit richtigzustellen. Außerdem kam der Regierung die vibrierende nationale Aufwallung sehr gelegen. Denn sie erleichterte es ihr, die erste große Flottenvorlage im Reichstag durchzusetzen. Dass ein Reich ohne Schiffe über keine Autorität im Wettbewerb der Mächte verfügte, hatte nun fast jeder verstanden. Übrigens hatte die Krüger-Depesche keine nachhaltigen Folgen. Sie geriet in England schnell als eine bizarre Laune des Kaisers in Vergessenheit und ist erst später dramatisiert worden. Die Wirren um die Krüger-Depesche sind aber typisch für den Umgang der Regierung mit dem Monarchen. Viele seiner »willkürlichen« Äußerungen wurden ihm durchaus nahegelegt, um deren Wirkung zu erproben.

Richteten sie vorübergehend Schaden an, dann handelte es sich eben um Ausbrüche eines unkontrollierbaren Gemüts. Zuweilen drückte Wilhelm II. nur klar und deutlich aus, was umständlicher im Auswärtigen Amt erwogen wurde. Der gelegentlich schockierende oder verblüffende Inhalt gab nicht seine, sondern amtliche Überlegungen wieder. Wilhelm II. distanzierte sich in der Öffentlichkeit nie von seiner Regierung. Der ihm oft unterstellte Zickzackkurs ergab sich konsequent aus dem Zickzackkurs der deutschen Politik, die sich viele Möglichkeiten offenhalten wollte. Der Paukenschlag der Krüger-Depesche war ein Effekt ohne Wirkung. Deutschland hinderte die Engländer nicht daran, ab 1899 gegen die Buren Krieg zu führen, um sie zu unterwerfen, was 1902 auch gelang. Trotz des deutschen Enthusiasmus für die Freiheitskämpfer, die sich so tapfer des arglistigen, »perfiden Albions« erwehrten, wahrte die deutsche Regierung eine strikte Neutralität. Ja, sie war die einzige Regierung in Europa, die mit einer gewissen Erleichterung beobachtete, wie sich die englischen Truppen nach anfänglichen Schwierigkeiten durchsetzten. Die Reichsregierung ließ sich auf russische Vorschläge, die kontinentalen Mächte zu vereinen, um die Buren zu unterstützen, nicht ein. Dabei wäre das eine Chance gewesen zu prüfen, inwieweit Aussicht auf gute Nachbarschaft und Zusammenarbeit mit Frankreich bestand. Das Deutsche Reich stellte sich aber weder auf die Seite des isolierten England, noch versuchte es, herauszubekommen, was sich in Übereinstimmung mit den anderen Mächten erreichen ließ. Obschon Bernhard von Bülow, seit 1900 Reichskanzler, so häufig von Weltpolitik sprach und mit dem Aufbau der Flotte die Voraussetzung für eine effektive Mitsprache in der Welt geschaffen war, scheute er vor den Risiken der Weltpolitik zurück. Er wollte nicht in einen Krieg außerhalb Europas verwickelt werden, und erst recht nicht hier in Europa.

ALLE STREBEN NACH ENTENTE CORDIALE

Diese Vorsicht schadete dem Reich nicht. Unvorsichtig war allerdings die weltpolitische Rhetorik, die Absichten andeutete, die es gar nicht gab und in einer ohnehin aufgeregten öffentlichen Meinung Erwartungen erweckte, die nie eingelöst werden sollten. Deutschland brauchte mehr als jeder andere Staat den Frieden. Bismarck, Caprivi und Hohenlohe hatten das gewusst und gesagt. Der Kaiser beteuerte immer wieder, dass Deutschland keine Ansprüche stelle, die das System der Mächte in Unordnung bringen würden. Deutschland kam mit den bestehenden Verhältnissen sehr gut aus. Es gab keinen Staat, der das Reich bedrohte. Mit allen Regierungen, auch der französischen, unterhielt es unverkrampfte, vernünftige Beziehungen. Der Frieden machte Deutschland zu einer wirtschaftlichen Weltmacht. Seine Wirtschaftsmacht erlaubte es dem Reich, den Rechts- und Kulturstaat im Sozialstaat zu vollenden. Dieser Sozialdemokratismus ließ sich mit liberalen Vorstellungen vereinbaren und erst recht mit katholischen. Die Kirche

witterte den Ursprung aller Irrtümer in liberalistischen Übertreibungen, aber nicht im Sozialismus, der von Ordnung und
Gerechtigkeit sprach. Das Reich, ohne Bündnis mit Russland
oder mit England, war nicht isoliert. Es lag in Europas Mitte,
geachtet, beneidet, Staunen machend.

Engländer, die an ihrer *splendid isolation*, die sie überfordere,
zweifelten, meinten, trotz gelegentlicher Anfälle von Eifersucht auf den wirtschaftliche Konkurrenten, dass man sich am
leichtesten noch mit den Deutschen würde verständigen können, weil sie mit ihnen die geringsten Schwierigkeiten hatten.
Sie erlagen vorübergehend dem gleichen Irrtum, dem auch
Holstein und unter seinem Einfluss die deutschen Diplomaten verfallen waren. Der Kolonialminister Joseph Chamberlain
suchte seit 1898 ein »herzliches Einvernehmen« zu den Deutschen, um von Fall zu Fall eine wechselseitige Übereinstimmung herstellen zu können. Eine derart unverbindliche *entente
cordiale* war den Deutschen nicht genug. Sie erwarteten ein
vom Parlament gebilligtes Bündnis, damit Russland nicht gemeinsam mit Frankreich das Reich in einen Krieg verwickelte.
Die Engländer erhofften sich von einer wachsenden Distanz
zwischen Deutschen und Russen Erleichterungen in Asien
und im Vorderen Orient. Chamberlain blieb nicht unberührt
von rassisch-kulturellen Überlegungen, dass die beiden germanisch-protestantischen Mächte eine Interessengemeinschaft
bildeten, die, um die USA erweitert, weltweit jeden Einspruch
gegen ihre Überlegenheit abzuwehren vermöge. Er nahm die
Deutschen beim Wort, eine Weltmacht werden zu wollen.
Damit überforderte er sie. Sie sprachen von Elsass-Lothringen
oder der ostpreußischen Grenze. Sie schauten auf Europa und
wollten England verpflichten, die deutschen Grenzen als un-
verletzlich zu garantieren. Die englisch-deutschen Gespräche
zwischen 1898 und 1902 glichen bald der Mahlzeit von Storch
und Fuchs.

Mit der Alternative zu einer englischen Allianz, einem Kontinentalblock, kokettierten die Deutschen zwar, aber auf entsprechende russische Vorschläge gingen sie nie wirklich ein. Sie nahmen Chamberlains Andeutungen nicht ernst, England müsse sich, wenn es zu keiner Einigung mit Deutschland komme, mit Frankreich und Russland verständigen. Holstein hielt das für Bluff. Einem anderen Dreibund aus England, Deutschland und Japan, erweitert um die USA, einem Bündnis, das »einen machtvollen Einfluss auf die Zukunft der Welt nehmen könne«, wie Chamberlain 1899 riet, misstrauten Holstein und Bülow eben wegen der damit verbundenen weltpolitischen Verpflichtungen. Sie wünschten sich England als »Juniorpartner« ihres kontinentalen Dreibundes, immer bereit, die Interessen der Deutschen, Österreicher und Italiener gegen Frankreich und Russland zu verteidigen. England sollte sich gleichsam seiner Unabhängigkeit begeben, um Deutschland freie Hand auf dem Kontinent zu lassen, unter der Voraussetzung, kaum noch Aussicht zu haben, sich mit Frankreich oder Russland über Missverständnissee zu einigen. Joseph Chamberlain hatte endlich keine Lust mehr, zu solchen Bedingungen mit den Leuten in Berlin zu verhandeln. Sie begriffen nicht, dass er gereizt bemerkte, dass ein ganz neues Weltsystem geschaffen werden könne. Ein ganz neues Weltsystem ängstigte die Leute in Berlin. Nach dem Abbruch der fruchtlosen Gespräche griff die britische Regierung sofort französische Hinweise auf, sie wären an einer Entspannung interessiert. Über Paris führte der Weg nach St. Petersburg, den England später einschlug.

Es war vernünftig, dass Deutschland, eine europäische Macht, ein Bündnis vermied, das ihm in Europa nichts nutzte. Es war völlig unüberlegt, nie ernsthaft mit Russland zu verhandeln und zu sondieren, ob sich über St. Petersburg eine Verbindung nach Paris herstellen ließe. Möglichkeiten dazu gab es zu wechselnden Gelegenheiten. Der Wahn Friedrich von Holsteins, dass England sich nie mit Russland und Frankreich verbünden, sondern irgendwann erkennen würde, wie dringend es auf deutsche Hilfe in Europa angewiesen sei, erwies sich als verhängnisvoll. Die Enttäuschung darüber, dass England sich die Freiheit nahm, das zu tun, was es nach deutschen Berechnungen gerade nicht tun sollte, machten weder Bülow noch das Auswärtige Amt klüger für ein andermal unter Berücksichtigung neuer Kombinationen. Die *entente cordiale* zwischen England und Frankreich 1904 beunruhigte den Kaiser, aber er fand es überhaupt nicht bedrohlich, wenn in deren Zusammenhang Marokko den Franzosen als Interessenssphäre zugestanden wurde. Während der deutsch-englischen Gespräche einige Jahre zuvor hatten die Deutschen abgewinkt, als die britische Regierung deren Aufmerksamkeit auf Nordafrika lenken wollte. Die Beziehungen zu Frankreich waren weiterhin ausgezeichnet. Kaiser Wilhelm hätte es sehr begrüßt, endlich einen Staatsbesuch beim französischen Staatspräsidenten machen zu können. Konflikte mit Frankreich erschienen ihm 1905 gänzlich unerwünscht. Russland befand sich im Krieg gegen Japan. Die Niederlage verursachte die erste Revolution. Nikolaus II. war vollständig auf die deutsche Freundschaft angewiesen, die sich wie eh und je bewährte.

Deutschland blieb neutral, aber mit solch einem Wohlwollen, dass es zumindest für die Engländer fast wie ein Alliierter Russlands wirken musste. Frankreich geriet in manche Verlegenheiten, da es mit Rücksicht auf England, den Verbündeten Japans, seinen russischen Alliierten nur halbherzig unterstützen konnte. Die unerwartet deutlichen Niederlagen Russlands kamen der französischen Regierung nicht ungelegen bei ihrem unentschiedenen Lavieren, weder die Engländer noch die Russen zu enttäuschen. Bei der offenkundigen Schwäche Russlands und dem vorerst noch sehr unverbindlichen guten Einvernehmen mit England war es ein Gebot der Vernunft, Deutschland nicht zu reizen. Russland warb seit dem Herbst 1904 unverhohlen für eine Zusammenfassung der kontinentalen Mächte. Kaiser Wilhelm II. sah die Gelegenheit gekommen, die alte Allianz der drei Adler zu erneuern und ihr unter Einschluss Frankreichs einen neuen, europäischen Sinn zu geben als Allianz zur Verteidigung von Besitz und Bildung gegen die Angriffe von Revolution und Kommunismus. Denn den sozialen und wirtschaftlichen Umsturz fürchtete auch die französische Bourgeoisie. Die Hegemonie Deutschlands auf dem Kontinent ließ sich, wie der Kaiser im Sinne Bismarcks vermutete, in einer solchen europäischen Gemeinschaft wohltuend verbergen. Das wäre eine neue Ordnung der Dinge für Europas Ruhe und Frieden. Kriege wären damit nicht unbedingt vermieden, aber an die Peripherie Europas verbannt. Auch England konnte darin seinen Vorteil finden.

Bülow und Holstein verwarfen eine wie auch immer geartete Annäherung an Russland und damit den Vertrag von Björkö, den Kaiser Wilhelm und Kaiser Nikolaus im Juli 1905 vereinbarten. Die Bedingungen waren ihnen aufgrund vieler russischer Vorschläge bekannt. Der Kaiser handelte keineswegs eigenmächtig und unüberlegt. Er änderte in dem auch Bülow bekannten Entwurf nur einen Punkt: Er begrenzte auf Wunsch des russischen Kaisers die Beistandspflicht der Verbündeten auf Europa. Das erschien ihm bei den vorwiegend auf Europa beschränkten Sicherheitsinteressen Deutschlands von unerheblicher Bedeutung. Diesen Punkt nahm Bülow zum Vorwand, den Vertrag abzulehnen und dem Kaiser mit Rücktritt zu drohen. Nikolaus II. fühlte sich von Wilhelm II. hintergangen und für eine gewaltsame Intrige gegen Frankreich missbraucht. Denn Friedrich von Holstein glaubte, wegen Russlands Schwäche etwas riskieren zu dürfen. Eine Allianz mit Russland lehnte er ab, weil sie das Reich endgültig von England entfremden würde. Ihm schien der Moment günstig, Frankreich unter Druck zu setzen. Ohne auf die Hilfe des von der Revolution erschütterten Russland rechnen zu können, war es einem Krieg mit Deutschland nicht gewachsen und konnte so weit gedemütigt werden, dass es endgültig den Rang einer Großmacht und damit jeden Wert als Bündnispartner für England einbüßte. Holstein meinte, die Entente schon im Ansatz zerstören zu können. Den Anlass suchte er in Marokko, das Deutschland stets gleichgültig war. Die bewusst inszenierte Marokkokrise im Sommer 1905 war dem an Aussöhnung mit Frankreich und Versöhnung mit Russland interessierten Kaiser ärgerlich. Zum ersten Mal wehrte er sich hartnäckig, nur der Erfüllungsgehilfe seiner Beamten zu sein. Widerwillig gab er nach und fuhr im März 1905 nach Tanger, um die Unabhängigkeit Marokkos vor französischen Übergriffen zu verteidigen.

DIE KONFERENZ VON ALGECIRAS

Frankreich war überrascht. Die französische Regierung bot sofort Verhandlungen an, das lehnte die deutsche Regierung ab. Sie forderte vielmehr, eine internationale Konferenz einzuberufen, die Frankreich für nicht notwendig hielt, weil außer Deutschland kein einziger Staat Einwände gegen eine französische Vorherrschaft in Marokko erhob. Am 6. Juni 1906 trat der französische Außenminister, Théophile Delcassé, zurück, nachdem Bülow schroff bemerkt hatte: »Der Kanzler des Deutschen Reiches wünscht keinen weiteren Umgang mit Monsieur Delcassé.« Deutschland hatte einen diplomatischen Triumph errungen. Der französische Ministerpräsident hoffte, nun endlich mit den Deutschen ins Gespräch zu kommen, um alle umstrittenen Fragen einvernehmlich zu lösen, wie er es ein Jahr zuvor mit England gemacht hatte. Dem Kaiser wurden diese Angebote verschwiegen. Er wünschte diese »idiotische Konferenz« zu vermeiden, auf der Holstein Frankreich weitere Zugeständnisse abpressen wollte, ohne überhaupt zu wissen, welche. Holstein ging es allein darum, Frankreich zu demonstrieren, wie isoliert es sei, und England klarzumachen, in Europa nicht mitbestimmen zu können ohne ein gründliches Einverständnis mit Deutschland.

Frankreich, nicht auf Krieg eingestellt, resignierte. Die Konferenz von Algeciras, eröffnet am 6. Januar 1906, wurde zu einem deutschen Debakel. Die deutsche Regierung und die Delegation am Tagungsort verstanden es, mit ihren Täuschungen, Tricks, Drohungen und plumpen Kniffen jedem auf die Nerven zu fallen. Nur Österreich-Ungarn musste verlegen seinen Bundesgenossen unterstützen. Deutschland stand einsam dem Rest der Welt gegenüber. Zuletzt musste Holstein, der einem Krieg nicht abgeneigt war, jede Einflussnahme auf die Konferenz verwehrt werden, um zu einem Kompromiss zu gelangen, der die deutsche Blamage notdürftig verbarg. Seine Politik auf Biegen und Brechen, mit der er Frankreich und England voneinander trennen wollte, führte beide enger zusammen. Die unverbindliche Entente war nicht gesprengt, sondern gefestigt worden. Sofort versuchten die Engländer, die Russen in das freundliche Einverständnis mit einzubeziehen, das informelle Bündnis also zu erweitern. Der Ehrgeiz Holsteins, Frankreich zu deklassieren und in deutsche Abhängigkeit zu bringen, scheiterte an England. An eine versteckte Hegemonie des Reiches, eingebettet in Koalitionen und Absprachen, war es gewöhnt. Sie hatte sich insgesamt auch bewährt und den Frieden in Europa gesichert. Eine Demütigung Frankreichs bei gleichzeitiger Schwäche Russlands zuzulassen, hieß Europa einer unverhohlenen Vorherrschaft der Deutschen ausliefern und damit England um die Möglichkeit bringen, unabhängig von deutscher Zwischenrede seine Politik treiben zu können.

Holstein wollte mit England allein sein, wodurch die europäischen Mächte zu Trabanten der herrschenden Mitte Europas geworden wären. England hielt sich an die Devise Bismarcks, in einem System von fünf Mächten darauf zu achten, stets mit dreien verbunden zu sein. Außerdem achtete es darauf, sich die neuen Mächte, Japan und die Vereinigten Staaten, zu verpflichten, die das europäische System zu einem System der Weltmächte erweitern wollten. Wilhelm II. bemerkte nach Algeciras bitter, dass zumindest für seine Generation keine ersprießlichen Beziehungen zu Frankreich mehr zu erwarten seien. Das bedeutete aber auch, sollte sich England nicht von Frankreich lösen, dass Deutschland keine Aussicht besaß, mit England in ein gutes Verhältnis zu kommen. Die Niederlage in der Marokkokrise wurde im aufgeregten Deutschland dem Kaiser angelastet. Maximilian Harden, Herausgeber der Zeitschrift *Die Zukunft*, damals ein glühender Imperialist, hatte gehofft, dass die Entente gesprengt würde, und sei es mit einem Krieg gegen Frankreich. »Wilhelm der Friedfertige« oder *Guillaume le timide*, wie französische Chauvinisten zum Entsetzen der deutschen Nationalisten den Kaiser nannten, verhindere eine Politik der Stärke durch unberechenbare Eingriffe, die es der Regierung erschwerten, konsequent nationale Ziele zu verfolgen. Seit Mai 1907 erfuhren die Deutschen durch Enthüllungen und die darauf folgenden Prozesse, dass Wilhelm II. seit über einem Jahrzehnt unter dem politischen Einfluss einer mit Franzosen durchsetzten, unverantwortlichen Gruppe Homosexueller um seinen Freund Fürst Philipp von Eulenburg stehe. Seine effeminierten und verweichlichten Freunde hätten den Kaiser mit ihrem empörenden Betragen davon abgehalten, hart zu bleiben und es auf einen Krieg ankommen zu lassen.

Die sogenannte Eulenburg-Affäre, die bis 1909 dauerte, war die mit Abstand widerwärtigste Intrige im kaiserlichen Deutschland. Mit schwer zu beweisenden privaten Unterstellungen, nicht mit politischen Argumenten sollten politische Gegner erledigt werden. Der im Sommer 1906 entlassene Friedrich von Holstein, empört über den Kaiser, fand rasch den Weg zu dessen heftigstem Gegner Maximilian Harden. Beide verstanden sich blendend. Sie ruinierten dauerhaft den Ruf des Fürsten Eulenburg, andere trieben sie in den Selbstmord. Ihr Ziel, den Kaiser als »Wilhelm den Ängstlichen« zu entlarven, hatten sie erreicht. Seither hieß es, dass er, sollte es ernst werden, »kneift«, dass er vor dem Krieg zurückschreckt, dem seine schwachen Nerven nicht gewachsen seien. Die homosexuellen Freunde hätten ihn gleichsam entmannt. Fürst Eulenburg hatte vor und während der Marokkokrise zur Besonnenheit im Umgang mit Frankreich geraten, interessiert an einem Ausgleich mit Russland und guten Beziehungen zu England. Holstein und Bülow waren es, die die deutsche Politik 1905/06 in eine Sackgasse gelenkt hatten.

Sir Arthur Nicolson wechselte als britischer Botschafter 1906 von Tanger nach St. Petersburg mit dem Auftrag, eine Entente zu Russland herzustellen. Ihm fiel sofort auf, dass der russische Kaiser und seine Regierung, »wenn sie durch keine anderen politischen Bindungen gehemmt wären, gerne ein enges Bündnis mit Deutschland schließen« würden. Daran dachte immer auch der Kaiser Wilhelm: »Es wäre doch schön, wenn auf dem Verhandlungswege die drei Kaisermächte als Interessengemeinschaft wieder zusammenfinden könnten«, schrieb er 1908 dem österreichischen Thronfolger Erzherzog Franz Ferdinand. Russland wolle keinen Krieg. Davon war er überzeugt. Er wünschte keinen Krieg mit Frankreich, und Franz Ferdinand erblickte in einer Annäherung an Russland die Voraussetzung für das Fortbestehen Österreich-Ungarns. England war es zweimal gelungen, im Krimkrieg und beim Berliner Kongress, die Eintracht unter den Kaiserreichen gründlich zu stören. Ein erneuertes Dreikaiserbündnis unter Einbeziehung Frankreichs war der Schrecken einflussreicher Beamter im Foreign Office seit der Marokkokrise. Gelänge es Deutschland, ob mit gröberen oder feineren Methoden, Russland und Frankreich »seinem« Europa einzugliedern, dann musste England nicht so sehr einen Kontinentalblock mit seinen vereinigten Armeen fürchten als vielmehr eine europäische Union dreier Flotten.

Die deutsche Seerüstung hatte bislang in den politischen Auseinandersetzungen keine Rolle gespielt. Bis 1902 war die französische Flotte die größte auf dem Kontinent, im Bündnis mit der russischen eine nicht zu unterschätzende Macht. Die russische Flotte war allerdings im Krieg mit Japan zerrieben worden, und Frankreich verzichtete seit 1904 auf energische Flottenrüstung. Insofern überschätzten die Engländer die Gefahren, die von einer deutschen Flotte für sie hätten ausgehen können. Da sie Deutschland aber seit der Marokkokrise als potentiell gefährlich einschätzten, sahen sie in der deutschen Flotte jetzt eine Herausforderung. Allerdings hatte der Erste Lord der Admiralität, Sir John Fisher, die englische Überlegenheit zur See insofern geschwächt, als er seit 1904 mit seinem entschiedenen Modernisierungsprogramm 150 Schiffe außer Dienst stellte. Fisher bewunderte Kaiser Wilhelm. In ihm schätzte er einen kenntnisreichen »Kollegen«, der höchsten Respekt verdiene, wie er gleichsam aus dem Nichts eine beachtliche Flotte geschaffen habe. Fisher gehörte dennoch zu den wenigen, die im Kaiser und in der deutschen Seemacht schon um 1900, als sie noch den sechsten Rang unter den Flotten der Welt einnahm, den künftigen Feind witterten. Seine Hochachtung vor deutscher Technik veranlasste ihn, die Entwicklung der »Dreadnoughts«, großer, schneller und schwer bewaffneter Schiffe, zu beschleunigen. Sie bewiesen die ungemeinen technischen Fertigkeiten der Engländer, entwerteten jedoch die früheren Modelle als überholt oder unzulänglich.

Die englische Flotte befand sich in einem Übergangsstadium. Das machte Fisher nervös.

Sir Joseph bemerkte deshalb nicht, wie sehr er die deutschen Flottenpläne durcheinanderbrachte und Tirpitz unter Druck setzte, dem englischen Beispiel zu folgen. Für Schiffe der neuen Größenklasse erwies sich der Kaiser-Wilhelm-Kanal, der die Ostsee mit der Nordsee verband, als zu schmal. Sein Ausbau dauerte Jahre, die England unbesorgt hätte abwarten können. Außerdem war die deutsche Flotte nach Tirpitz' Plänen vor 1918 gar nicht einsatzfähig. Bis dahin wäre die Umrüstung der britischen Flotte mit ihren vorübergehenden Schwierigkeiten abgeschlossen und deren uneinholbarer Vorsprung gesichert gewesen. Aber da die Österreicher und Ungarn ebenfalls erfolgreich »Dreadnoughts« vom Stapel ließen, brach 1909 vorübergehend eine Flottenpanik aus. Weniger aufgrund der imponierenden deutschen Aufrüstung zu See als wegen des Verdachtes, Frankreich und Russland könnten auf Dauer dem deutschen Druck nicht standhalten und von ihm zermürbt werden. Die deutsche Flotte für sich alleine bedeutete nie eine Gefahr für England. Nur im Zusammenhang mit anderen Flotten konnte sie bedrohlich werden, gemeinsam mit der französischen und der russischen, deren Aufbau ebenfalls mit mächtigem Tempo vorangetrieben wurde. Das aber hätte die nicht erreichte kontinentale Einigung vorausgesetzt.

Die Flottenpanik wurde vorzugsweise als propagandistisches Mittel gebraucht, um die britische Seerüstung zu beschleunigen. Sir Winston Churchill gestand das später freimütig. Sir Joseph Fisher kannte die britische Überlegenheit und prahlte damit, die Meere mühelos von 800 deutschen Handelsschiffen säubern zu können – ein K.-o.-Schlag für den deutschen Handel. Es gab nicht nur ein Wettrüsten der militärischen Flotten, sondern auch eine hitzige Rivalität zwischen den Handelsflotten. Den großen, schnellen und prächtigen Schiffen der White-Star

Line, »Titanic«, »Gigantic« 〔…〕 c«, stellte die HAPAG
den »Imperator«, die »Vate〔…〕e »Bismarck« gegenüber. Die Namen allein ver〔…〕 dass wirtschaftlicher
und politischer Wettbewe〔…〕inander zu trennen
waren. Es ging um national〔…〕f dem Atlantischen
Ozean waren die HAPAG u〔…〕Lloyd, unaufholbar
für ihre Konkurrenten, zu 〔…〕 und größten Reedereien geworden. Die eng〔…〕reien hielten diese
Wettrüstung ohne staatliche 〔…〕der amerikanische
Beteiligungen nicht mehr au〔…〕eutschen Reederei-
en dominierten auf dem Atla〔…〕te die Briten sehr
empfindlich. Im Januar 1914 teilte der *Daily News Leader* seinen
Lesern mit: »Und wenn unser Anspruch auf die Herrschaft
der Meere bedroht ist, so kommt diese Bedrohung nicht von
den deutschen Dreadnoughts, sondern von Herrn Ballin«, dem
Manager der HAPAG. Nicht ohne Grund. Denn soeben hatte
der »Napoleon der Meere« sämtliche Verträge der Schifffahrt
gekündigt, um sie unter dem Eindruck seiner neuesten Rie-
senschiffe zu seinen Bedingungen neu auszuhandeln. Zu dem
Zeitpunkt brauchte Sir Edward Grey an der unerschütterlichen
Überlegenheit der militärischen Flotte überhaupt nicht mehr
zu zweifeln. Die europäischen Handelsflotten mussten sich
allerdings den Bedingungen Albert Ballins fügen.

DER KRIEG, DEN KEINER WOLLTE

Unter solchen Voraussetzungen weckten Versuche der russischen oder französischen Regierung, ihre Differenzen mit den
Deutschen auszuräumen und freundliche Beziehungen herzustellen, sofort britisches Misstrauen. Denn es entging der britischen Regierung nicht, dass deren Gegensätze nicht fundamen-
tal waren und sich durchaus im wechselseitigen Einvernehmen

beilegen ließen. Die Absprachen mit Frankreich 1904 und mit Russland 1907 waren keine Bündnisse im strengen Sinne. Sie sollten das Deutsche Reich keineswegs »einkreisen«, wie der Kaiser meinte. Sie sollten es nur daran hindern, sich mit seinen Nachbarn zu verständigen. Das bedeutete allerdings, den Handlungsspielraum Deutschlands erheblich einzugrenzen. Der britische Außenminister Sir Edward Grey glaubte, dass ein Nebeneinander des Dreibundes und der Ententemächte Europa die notwendige Ruhe erhalten werde. Er fürchtete nichts so sehr wie eine Entspannung zwischen den beiden Blöcken. Das zwang ihn dazu, am Parlament und teilweise auch am Kabinett vorbei die Verbindung mit Frankreich und Russland zunehmend zu verdichten und sie einer Allianz anzunähern, die im Falle des Krieges keine Neutralität mehr erlaubte, obschon er öffentlich stets versicherte, dass England sich seine völlige Unabhängigkeit bewahrt habe. Denn Deutschland versuchte, um Bewegungsfreiheit zu erlangen, je nach den Umständen den gegnerischen Block aufzuweichen und den »trockenen Krieg« zwischen den Bündnissystemen zu überwinden.

Deutschland wollte im Grunde ganz altmodisch die erstarrte Materie politischer Beziehungen wieder verflüssigen. Anknüpfungspunkte für eine Zusammenarbeit mit Franzosen und Russen gab es genug. Nicht immer sehr elegant, bemühte sich die deutsche Regierung darum, die Entente zu durchdringen oder zu sprengen. Großbritannien blieb immer misstrauisch, weil es sich seiner Freunde nie ganz sicher war, die als einzelne zu schwach waren, deutschem Werben oder deutschem Druck zu widerstehen. Russland und Frankreich fühlten sich tatsächlich Deutschland gegenüber schwach. Zusammen mit England glaubten sie, Deutschland so zu beeindrucken, dass es das Risiko eines Krieges scheue. Die britische Regierung unterband, aus Furcht, isoliert zu werden, jeden Versuch einer partiellen Entspannung, sodass die Deutschen ihrerseits allmählich fürchteten, dieser großen Koalition nicht gewachsen zu sein. Insofern verleitete das Gefühl, allein schwach zu sein und keine starken Freunde zu besitzen, britische Politiker dazu, auf alle deutschen Pläne nervös zu reagieren. Angst ist ein schlechter Ratgeber. Andererseits verleiteten die öffentlichen Erklärungen der britischen Regierung, keine militärischen Verpflichtungen eingegangen zu sein, Deutschland zu der Hoffnung, sich mit England arrangieren und im Kriegsfalle seiner Neutralität gewiss sein zu können. Das war ein fataler Irrtum.

England wurde zum Gefangenen seiner Zwangsvorstellung, ein um Deutschland gruppiertes Europa verhindern zu müssen, und büßte seine Manövrierfähigkeit ein. Der deutsche Kanzler Theobald von Bethmann Hollweg gab die Hoffnung nicht auf, sich mit Großbritannien verständigen und mit dessen Neutralität rechnen zu können, um wieder Bewegungsfreiheit und das hieß auch Koalitionsfreiheit zu gewinnen. Dem Foreign Office schien es zu genügen, Deutschland in Schach zu halten. Franzosen rieten gelegentlich, mit dem Reich so umzugehen wie Bismarck mit Frankreich: es in Europa zu isolieren und auf den Dreibund zu beschränken, ihm aber zu gestatten, seinen kolonialen Ehrgeiz zu befriedigen. Allerdings war es bei der Unbestimmtheit deutscher kolonialer Absichten nicht eben leicht, es von Europa abzulenken, in dem es gleichsam eingesperrt war. Abgesehen davon, dass es dann vor allem Englands Aufgabe gewesen wäre, Konzessionen zu machen. Immerhin kam es 1913/14 zu Abmachungen, in denen die britische Regierung sich auf eine solche Politik einließ. Doch da war es zu spät. Am 28. Juni 1914 wurden Erzherzog Franz Ferdinand und seine Frau in Sarajewo erschossen.

Die darauf folgende Julikrise war der letzte verzweifelte Versuch des Reiches, den gegnerischen Block zu sprengen, wobei Bethmann Hollweg das Risiko eines Krieges durchaus einkalkulierte. Es war ein Versuch aus Schwäche, gerade noch stark

zu sein, sich gegen Russland und Frankreich behaupten zu können, wozu in absehbarer Zeit die Kräfte nicht mehr ausreichen
würden. Dass es zum großen Krieg kam, lag nicht so sehr an
dem Wagnis, auf das sich Deutschland damit einließ, als an
methodischen Fehlern bei dem Versuch, den Krieg Österreich-
Ungarns gegen Serbien lokal zu begrenzen. Der entscheidende
Irrtum ergab sich aus den Illusionen über die britische Haltung. Die deutsche Regierung wusste aus vielen Nachrichten,
wie bestimmt sich die britische Regierung für den Kriegsfall
verpflichtet hatte. Wider besseres Wissen rechnete sie mit der
britischen Neutralität. Die englische Regierung gab im Juli 1914
nicht zu erkennen, wie sie sich verhalten werde. Sie brauchte
die Zustimmung des Parlaments, das weitgehend ahnungslos
war über die Bündnisverpflichtungen, auf die sich die Regierung eingelassen hatte. Das verwirrte nicht nur die Deutschen,
sondern auch Franzosen und Russen. Diese waren überzeugt,
dass die Deutschen einlenken würden, sobald die Briten erklärten, auf jeden Fall die Ententemächte zu unterstützen.

Beide drängten die britische Regierung, ihre Position unmissverständlich klarzumachen. Mit halben Mitteln und auf
halben Wegen manövrierte sich England durch die Julikrise
und endlich in den Krieg. Keine der Großmächte wollte einen
allgemeinen Krieg in Europa oder gar einen Weltkrieg. Keine
wollte aber diesmal das Risiko eines lokalen oder sich auswei-
tenden Krieges vermeiden. Die britische Regierung riet ihren
Verbündeten nicht, etwas zu wagen, fürchtete aber auch deren
Nachgiebigkeit gegenüber Österreich-Ungarn und dem Deutschen Reich. Alle Mächte waren Gefangene ihres Blockes mit
seinen Mechanismen. Es gab keinen unparteiischen Schieds-
richter. Was vor dem Krieg verloren ging, war eine Idee von
»kollektiver Sicherheit«, wie man heute sagt. Kaiser Wilhelm
hatte in den letzten Julitagen noch einmal fest auf die monarchische Familienpolitik vertraut. Er war sich sicher, dass keiner

seiner Cousins den Krieg wünschte, die ihrerseits von dem
Willen des Kaisers, den Frieden zu erhalten, überzeugt waren.
Hektisch wurden Telegramme ausgetauscht. In der Nacht zum
2. August erreichte den Kaiser eine Nachricht des deutschen
Botschafters in London, England werde neutral bleiben, sofern
Deutschland Frankreich nicht angreife. Die allgemeine Mobilmachung war schon angeordnet. Wilhelm II. ließ Champagner
kommen und trank auf das Glück, nur gegen Russland Krieg
führen zu müssen. Er befahl den Chef des Generalstabes zu
sich, Helmuth von Moltke, damit dieser den Aufmarsch gegen Frankreich aufhalte und sich voll auf den Angriff im Osten
konzentriere. Moltke war konsterniert. Es gab keine detail-
lierten Pläne für einen Krieg gegen Russland. Ein Telegramm
»Georgies«, Georgs V., sorgte für die ernüchternde Aufklärung.
Es handelte sich bei dem britischen Neutralitätsangebot um
ein Missverständnis. Kaiser Wilhelm, aus allen Wolken fallend,
wandte sich schroff zu Helmuth von Moltke: »Machen Sie jetzt,
was Sie wollen.« Der französische Botschafter Jules Cambon
war sich mit dem englischen Botschafter Sir Edward Goschen
an ihrem letzten Abend in Berlin einig, dass außer ihnen beiden ein Dritter heftig trauere: Kaiser Wilhelm II.

VI. KRIEG UND EXIL

Mit schwerem Herzen habe ich meine Armeen mobilisiert«, erklärte Kaiser Wilhelm II. am 4. August 1914 dem im Weißen Saal des Berliner Schlosses versammelten Reichstag: »Uns treibt nicht die Eroberungslust, Uns beseelt der unbeugsame Wille, den Platz zu wahren, auf den uns Gott gestellt hat! In aufgedrungener Notwehr, mit reinem Gewissen und reiner Hand ergreifen wir das Schwert, fest und treu, ernst, ritterlich, demütig vor Gott und kampfesfroh vor den Feinden.« Dass seine Regierung während der Julikrise ärgerliche Fehler begangen hatte, war kein Geheimnis im klatschsüchtigen Berlin. Der Kanzler, Staatssekretäre, Beamte, Generale und Admirale warfen sich in den nächsten Monaten wechselseitig Versäumnisse, Nachlässigkeiten oder Leichtsinn vor. Keiner wollte für eine ungeschickte Politik verantwortlich sein, die den Krieg nicht verhindert hatte. Doch vor der Öffentlichkeit musste sofort die Einigkeit, an der es im Juli mangelte, ostentativ hergestellt werden. Das war nicht zuletzt die Aufgabe des Kaisers als Symbol des Reiches und der einen, mit sich einigen Nation. Er legte seinen Redetext, den ihm der Reichskanzler aufgesetzt hatte, beiseite und fuhr fort: »Sie haben gelesen, meine Herren, was ich zu meinem Volke vom Balkon des Schlosses aus gesagt habe. Ich wiederhole es, ich kenne keine Parteien mehr, ich kenne nur Deutsche. Und zum Zeugen dessen, dass Sie fest entschlossen sind, ohne Parteiunterschiede, ohne Standes- und Konfessionsunterschiede zusammenzuhalten, mit mir durch dick und dünn, durch Not und Tod zu gehen, fordere ich die Vorstände der Parteien auf, vorzutreten und mir dies in die Hand zu geloben.«

Diese improvisierte Schwurgemeinschaft, durch die alle Deutschen und der Kaiser zu Eidgenossen wurden, versetzte die Nation in einen Taumel. Im Kaiser erkannten und feierten sie ihren Führer, der alle hohen Ideale verkörperte, die von nun an als die »Ideen von 1914« bekannt wurden. Die Parteien im Reichstag vereinbarten einen Burgfrieden und hielten sich diszipliniert an ihr Versprechen, die nationale Einheit nicht durch Launen oder Extravaganzen zu stören. Zum ersten Mal empfing der Reichstag Anerkennung und Respekt von den parteiverdrossenen Deutschen. Der zumindest vorübergehende Verzicht auf parteilich-parlamentarische Diskussion schien für viele schon das Bild einer schöneren Zukunft vorwegzunehmen. Bislang war das Parlament, wie Friedrich Meinecke, der große liberale Historiker, jetzt erläuterte, nur der Ausdruck von Klasseninteressen. Das parlamentarische System war deshalb unfähig, den Volkswillen geltend zu machen: »Es bringt immer und immer nur die Parteien und innerhalb dieser wieder nur ganz kleine Schichten und Gruppen ans Ruder, die dann als Drahtzieher der herrschenden Partei eine wunderbare Gelegenheit erhalten, den Staat auszubeuten.« Diesen bürgerlich-kapitalistischen Klassenstaat mit seinem klassenzentrierten Parlamentarismus würden die zutiefst antikapitalistischen und auf sozialen Ausgleich bedachten Deutschen vehement ablehnen: »Der soziale Gemeingeist, der in unserem Staat lebendig werden und unser aller Freiheit sichern soll, verlangt eine andere Regierungsform als die des bürgerlichen Klassenstaates.«

Die Ideen von 1914 kreisten um ein soziales Königtum, befreit von den Resten des Stände- und Privilegienstaates. Der Volkskaiser ist auf die Harmonie mit der Volksvertretung angewiesen. Aber er ist frei und stark genug, zwischen Mehrheiten und Minderheiten zu vermitteln und darüber zu einer Synthese des Volkswillens zu gelangen. »Das ist die Siegfriedstellung unserer politischen Macht und Freiheit«, verkündete Friedrich Meinecke. »Unsere Freiheit« meinte nicht mehr nur rechtliche Freiheit, sondern soziale Freiheit. Das konnte die Sozialdemokraten mit einem Volkskaisertum versöhnen. Paul Lensch, ein kaisertreuer Sozialist, sah mit den Ideen von 1914 ein neues Ideal heraufziehen: die sozialisierte Gesellschaft. Der Sieg Deutschlands galt ihm deshalb als Voraussetzung dafür, die rückständige Klassengesellschaft der westlichen Demokratien zu überwinden und die kapitalistische Ausbeutung durch sozialen Ausgleich und gesellschaftliche Gerechtigkeit zu ersetzen. Von Revolution und sozialem Umsturz war nicht mehr die Rede. Die Deutschen in allen Lagern von links bis rechts hatten ihre Weltmission gefunden, die ihnen die Soziologen Alfred Weber, Werner Sombart oder der Sozialethiker Max Scheler erklärten, »dem widerlichen Geschäftsinstinkt der Anglo-Amerikaner Paroli zu bieten« (Alfred Weber) und dem illegitimen, liberal-kapitalistischen Prinzip das legitime sozialistische entgegenzustellen. Deutschland war immer im Reich der Ideen der Vertreter aller möglichen sozialistischen Träume, so hieß es in vielen Variationen. Es wird endgültig zum geistigen Haupt Europas, wenn zu den vielen Siegen seit der Jenaer Romantik um 1790 der endgültige Sieg der Ideen von 1914 hinzukommt. Das war die große Hoffnung.

Die Ideen von 1889, die Wilhelm II. mit dem Sozialkönigtum verband, wurden nun als Ideen von 1914 zum mächtig orchestrierten, antikapitalistischen Friedensprogramm über Deutschland hinaus als befreiende Losung verkündet. Sie wurden mit dem monarchischen Staat verbunden. Kaiser Wilhelm II. wollte seit 1888 immer ein Kaiser aller Deutschen sein. Beim fünfundzwanzigjährigen Regierungsjubiläum 1913 wurde an ihn als den Führer der Nation appelliert, der mitten im grellen Licht des Tages steht, »in jedem Moment sichtbar und gesucht, beobachtet und kritisiert, geliebt und getadelt«. So sah es damals Hermann Oncken, ein linksliberaler Historiker. Seine ausgeprägte Individualität schätzten die akademischen Festredner während des Jubiläums. Denn in einer unruhigen Zeit ist er wegen seiner »Reizsamkeit« ein Seismograph für Stimmungen im Volk. Das »große Individuum«, den Staat, den er repräsentiert, hält er mit seinen feinen Nerven in unmittelbarem Zusammenhang mit der Nation und ihren unruhigen Bestrebungen in Zeiten des Übergangs. Der Historiker Karl Lamprecht würdigte deswegen 1913 den Kaiser als den sicheren Führer in unübersichtlichen Zeiten, der dafür sorgt, dass die obersten Ziele der Politik klar und deutlich bleiben. Im Kaiser sah dieser Wirklichkeitswissenschaftler die Inkarnation der deutschen Ideale, das wirtschaftliche und soziale Leben zu ordnen, bloßes Nützlichkeitsdenken wieder auf den Gemeinsinn hinzulenken, auf das allgemeine Wohl, an dem alle teilhaben müssen.

SOZIALES VOLKSKAISERTUM

Der August 1914 wurde insofern wie ein Aufbruch in ein neues Deutschland verstanden, das hinter sich im wesenlosen Scheine das bürgerlich abgelebte ließ. Daran entzündete sich die Freude, ja der Enthusiasmus der studentischen Jugend. Diese Hoffnung ermöglichte den ernsten Diensteifer der Sozialisten, die den Krieg verabscheuten. Doch ging es um die nationale Existenz, dann wollten sie keineswegs abseits stehen. In der Erwartung der sozialen Freiheit vertrauten sie dem Kaiser. Vor dem Krieg wurde Wilhelm II. oft abschätzig »Friedenskaiser« genannt als Umschreibung für »Wilhelm den Furchtsamen«. Jetzt scharten sich die Deutschen um diesen Friedenskaiser, von dem sie sicher waren, dass er den Krieg nie gewollt hatte und mit ihnen den Wunsch teilte, so bald wie möglich einen ehrenwerten Frieden zu erreichen, der einen dauernden Frieden in Europa sichern solle. Wilhelm II. fühlte sich endlich von seinem Volke in seinem Wollen verstanden. Als Oberster Kriegsherr war er klug genug, den Krieg nicht mit einem festlichen »Kaisermanöver« zu verwechseln. Er überließ den Krieg den Fachmännern. Indem er sich umstandslos den politischen Überlegungen seines Kanzlers Theobald von Bethmann Hollweg fügte, verpflichtete er auch solche Generäle dazu, den Vorrang der politischen Führung vorerst anzuerkennen, die ihn – wie Paul von Hindenburg oder Erich Ludendorff – nur knurrend und ungeduldig ertrugen.

Wilhelm II. reiste weiterhin viel, jetzt, um den tapferen Soldaten und Bürgern für ihre entschiedene Opferbereitschaft zu danken. Ganz im Sinne der Ideen von 1914 waren diese Begegnungen ein dauernd wiederholter Rütli-Schwur neuer Eidgenossen um einen anderen Wilhelm Tell: »Wir wollen sein ein einig Volk von Brüdern, / in keiner Not uns trennen und Gefahr / (...) Wir wollen trauen auf den höchsten Gott / Und uns nicht fürchten vor der Macht der Menschen.« Es war oft daran gezweifelt worden, ob die Nerven des Kaisers kräftig genug wären, einen Krieg überhaupt auszuhalten. Aber selbst wenn er zuweilen niedergeschlagen war und an den Sieg nicht mehr glaubte, trat er in der Öffentlichkeit fest und sicher auf, verbreitete Zuversicht und richtete niedergeschlagene Gemüter zumindest vorübergehend auf. Wilhelm II., der sein Minenspiel, seine Gesten und Redeweisen virtuos beherrschte, erfüllte seine Rolle als Kaiser und Kriegsherr vor großem Publikum zur Zufriedenheit aller. Er vermittelte zwischen Volk und Führung und veranschaulichte deren Übereinstimmung. Volk, Führung und Nation waren revolutionäre Ideen und erst recht so dynamische und unkontrollierbare Bewegungen wie der nationale Wille. Ein Volkskaiser ist ein revolutionäres Programm. Dazu gehört die plebiszitäre Akklamation, ein massendemokratisches Element.

Wer vom Volkskaiser sprach, dachte an Napoléon, in dem die Deutschen damals nicht mehr den französischen Imperialisten sahen, sondern den modernen, effizienten Kaiser, der alle überlebten Sonderformen beseitigte und organisierende

Vernunft wie begeisternde Spontaneität miteinander versöhnte. Napoléon hatte die Revolution liquidiert und damit die Nation endgültig stabilisiert. Wem Napoléon dennoch, weil Franzose, unbehaglich blieb, der erinnerte an Julius Cäsar. Der alte römische Aristokrat und sein Neffe Oktavian, später Augustus genannt, beendeten die ständigen Bürgerkriege und gründeten ein revolutionäres Kaisertum. Die Armee war auf sie als Konsuln und Volkstribune vereidigt. Das entsprach dem Herkommen. Aber nun wurde auch das Volk über einen Eid auf den Herrscher eingeschworen und damit zu einer Schwurgemeinschaft. Das war neu und revolutionär. Der Princeps Augustus, der nationale Führer, ist der erste Volkskaiser. Insofern lag es nahe, dass Verkünder einer plebiszitären, demokratischen Kaiserherrlichkeit auf neue Cäsaren hofften und im Cäsarismus ein modernes, zeitgemäßes Phänomen erkannten. Ein neuer Cäsar braucht allerdings kein Monarch zu sein, kein alter Aristokrat, einem ehrwürdigen Hause angehörend. Der neue Cäsar kann ein verbitterter Adliger sein, wie Julius Cäsar einst oder Otto von Bismarck jüngst. Er kann aber auch – wie Napoléon – ein General sein und jetzt in Paul von Hindenburg eine überraschende Vergegenwärtigung finden. Beide, Cäsar und Napoléon, waren Volkstribune und nur als solche konnten sie überhaupt zu ihrer absoluten Macht gelangen.

Wilhelm II. wollte Volkskaiser sein, um die cäsaristische oder napoleonische Variante zu verhindern. Bismarck wollte das Kanzleramt seinem Sohn »vererben«. Schon Wilhelm I. hielt es für völlig unmöglich, dass sich neben der Dynastie eine Kanzlerdynastie etablierte, ähnlich den Hausmeiern der Merowinger, den Vorfahren Karls des Großen, die das angestammte Herrscherhaus entrechteten und um ihr Erbe brachten. Schon Wilhelm I. hatte nicht vor, wie die letzten Merowinger in ein Kloster verbannt zu werden, um dort täglich für den weltlichen Glanz des Hauses Bismarck beten zu müssen. Der entlassene, der gekränkte Bismarck berief sich gegen den Kaiser auf die Nation, die, nach Führung verlangend, in ihm den Berufenen sah, das nationale Wollen und den kaiserlichen Willen miteinander zu verschmelzen. Nicht anders verhielt sich im Kriege der neue Volksheld, Generalfeldmarschall Paul von Hindenburg, der »Sieger von Tannenberg«. Bismarck und der Bismarckdeutsche Paul von Hindenburg, zwei »deutsche Männer«, die sich als konservativ ausgaben, fühlten sich dazu berechtigt, im Namen der Volksgemeinschaft als Handlungsgemeinschaft aufzutreten, um deren Wollen zu klären und zu mobilisieren. Der Volkskaiser Wilhelm begegnete zweimal revolutionären Volkstribunen, die zum Untergang der Monarchie mehr beitrugen als die Sozialisten, um deren Beifall er warb.

Die Ideen von 1789 und die Ideen von 1914 widersprechen sich mit ihrem revolutionären Elan überhaupt nicht. In der einen, unteilbaren Nation, geführt von ihrem Volkskönig Ludwig XVI., sollte es seit 1789 keine Klassen mehr geben, keine Vielfalt von Stämmen, Sitten und Gewohnheiten. In der einen Nation gab es vor allem keine Parteien mehr, sondern nur noch Franzosen, was im August 1914 der französische Präsident Raymond Poincaré allen Franzosen wieder versicherte. Eine Revolution, die auch 1793 noch nicht abgeschlossen war, bedroht von inneren und äußeren Feinden, musste unweigerlich Parteien und Fraktionen fürchten. Bezeichnenderweise gehörten weder die Koalitionsfreiheit noch die Religionsfreiheit zu den nationalen Freiheitsrechten der Revolution. Es handelte sich darum, die Einheit von Volk und Führung vor »Links- und Rechtsabweichlern« zu schützen. Die Majestät haftete nicht mehr an der Krone. Sie ging auf das Volk über, das sich als Nation, heilig und unantastbar, am 4. August 1789 im ekstatischen Taumel konstituierte, sämtliche ständischen Barrieren niederreißend. In der Majestät des Monarchen veranschaulichte sich bis dahin die Majestät der Ordnung und Recht schaffenden

Vernunft. Sie manifestiert sich seit den Ideen des August 1789 in der Nation, in der Einigkeit und Einmütigkeit herrschen muss, will sie ein Abbild der Weltvernunft sein. Schließlich gibt es nur eine Vernunft in der einen Menschheit. Sie kann sich aber je nach lokalen und historischen Gegebenheiten in besonderen Formen bemerkbar machen, ohne deshalb der gleichen humanen Vernunft zu widersprechen. Davon waren die Franzosen im August 1789 überzeugt, wie im August 1914 mit ihnen die Deutschen, die gegen die Ideen von 1789 ihren Krieg führten.

Stalin verfestigte dies national-revolutionäre Konzept der radikal-demokratischen Jakobiner viel später zu der erfolgreichen Devise: sozialistisch der Inhalt, national die Form. Das war schon die Devise von 1793 während des nationalen Krieges gegen die Unholde des monarchischen Internationalismus. So wurde auch der Protest des »Deutschen Sozialismus« um den Volkskaiser verstanden, der sich gegen den demokratischen Internationalismus richtete. Jedes Mal ging es um die Identität von Volk, Partei, Regierung oder Führung. An die dachte nach seinem »Sturz« auch der Gegenrevolutionär Bismarck und sammelte – ganz jakobinisch – Massen um sich als Führer gegen die Krone. Mit ihm begann in Deutschland eine ganz neue Legitimität, sonst nur bekannt aus Frankreich, eine revolutionäre, die Legitimität des Retters der Nation, der, sobald gerufen, die Macht ergreift und die Ordnung wieder herstellt. Das funktionierte in Frankreich von Napoléon I. über Napoléon III., General Mac Mahon bis hin zu Marschall Pétain und General de Gaulle. In Deutschland war eine solche revolutionäre Legitimierung bis 1890 unbekannt. Wilhelm II. spürte genau den revolutionären Elan, mit dem Bismarck beanspruchte, Tribun des Volkes und der Nation zu sein, der er ja überhaupt erst – nach seinen Vorstellungen – zur Existenz verholfen habe.

Der Bismarckkult seit 1890 untergrub die Fundamente der Monarchie. Der sogenannte Gründer des »Reiches«, der diesen Kult um sich als den entmündigten Führer einer entmündigten Nation anregte und förderte, leitete die ideelle und praktische Zerstörung der Monarchie ein. Im Namen der Nation und der nationalen Einheit wurde diese Zerstörung betrieben. Paul von Hindenburg vollendete sie. Er begriff sich als nationaler Führer, als Sachwalter der Ideen von 1914, und nicht etwa als Offizier des Königs und Kaisers. Das brachte ihn unvermeidlich in Schwierigkeiten mit Wilhelm II., mit der Verfassung und dem Rechtsstaat. Der Kaiser war der Repräsentant und der Hüter dieser Verfassung, auf die er vereidigt war. Diese sah keinen eigenmächtigen Volkstribun vor, wie der Kaiser 1915 den Generalfeldmarschall nannte. Hindenburg beschwor im Namen der Nation die Gemeinsamkeit aller Deutschen, um durchzuhalten und zu siegen, aber auch, um Kaiser und Kanzler einem nationalen Wollen zu unterwerfen, das sich in ihm verkörperte. Er berief sich auf die jakobinisch-revolutionäre Substanz des kaiserlichen Spruches vom August 1914. Die mit sich einige Nation als Willensgemeinschaft, bereit durchzuhalten und den »Endsieg« zu erringen, brauchte keineswegs einen Monarchen, um sich ihrer Eintracht zu vergewissern und den böswilligen Menschen zu trotzen. Ein Feldmarschall konnte unter Umständen dafür geeigneter sein. Er schiebt dann mit Loyalitätsbekundungen oder Drohungen den Repräsentanten der Souveränität in den Hintergrund, ohne dass deshalb die Nation in Verwirrung geraten musste. Darin äußerte sich das Drama zwischen Wilhelm II. und dem Generalfeldmarschall, der als Volkstribun glaubte, berechtigt zu sein, den König und Kaiser zwingen zu dürfen, sich seinem persönlichen Wollen als Ausdruck des nationalen Willens unterzuordnen.

Paul von Hindenburg, der unbekannte Soldat, war nach dem spektakulären Sieg über die Russen in Ostpreußen Ende

August 1914 ungemein populär geworden. Er galt als Inbegriff der Kraft des Volkes, bescheiden, nüchtern, mutig und unerschrocken. So schilderten ihn die Journalisten. Ganz ungewöhnlich für einen klassischen Offizier, der er eben nicht mehr war, wusste er sehr genau die modernen Techniken der Werbung und Propaganda zu gebrauchen, um sich als Retter und Erlöser zu stilisieren, der den Deutschen zum Sieg verhilft und ihnen den Frieden bringt – keinen faulen Frieden der Verständigung, sondern den totalen, der auf den Sieg im totalen Krieg folgt. Solche Bemühungen widersprachen vollständig dem herkömmlichen Stil preußischer Offiziere. Es ist auf einmal der begnadete Einzelne, der Auserwählte und Ausgezeichnete, der zur Führung bestimmt ist und dessen Führungsanspruch sich auch der Monarch unterzuordnen hat. Paul von Hindenburg und sein Ideengeber Erich Ludendorff opponierten von vornherein gegen den Kaiser, während alle übrigen den Burgfrieden wahrten, vor allem die Sozialdemokraten, die von den »Zwillingen« weiterhin als vaterlandslose Gesellen verdächtigt wurden. Erklärte Konservative waren wie eh und je die ärgsten Widersacher Wilhelms II. Sie wollten General Erich von Falkenhayn entmachten, dem der Kaiser im Oktober 1914 die Oberste Kriegsleitung übertragen hatte und damit das Recht, auch den beiden Volkshelden Weisungen zu erteilen. Das reizte die beiden, die gar nicht daran dachten, sich unterzuordnen.

Erich von Falkenhayn und der Reichskanzler Theobald von Bethmann Hollweg gaben sich schon im Herbst 1914, nach dem Scheitern der Westoffensive, keinen Illusionen darüber hin, den Krieg militärisch noch gewinnen zu können. Der Kaiser teilte ihre Skepsis. Alle drei hofften auf eine diplomatische Lösung: Also mit Russland einen Sonderfrieden zu verabreden, es aus der Entente zu lösen und damit den Weg frei zu haben, sich mit England zu verständigen, das Frankreich dann dazu nötigt, sich einem Frieden nicht zu verweigern. Der Reichskanzler und die Beamten im Auswärtigen Amt glaubten wie eh und je, sich mit England arrangieren zu können. Deswegen plädierten sie dafür, unter keinen Umständen die Flotte gegen England einzusetzen. Je weniger die Briten gereizt würden, desto bereitwilliger wären sie, wie sie vermuteten, sich mit Deutschland rasch zu einigen. Es fiel ihnen äußerst schwer, in England den wahren und deshalb hartnäckigen Feind zu erkennen. Wilhelm II. folgte zur Verzweiflung des Admirals Alfred von Tirpitz den Vorstellungen seines Kanzlers und verurteilte die Flotte zur Untätigkeit. Allerdings war auch Tirpitz davon überzeugt, dass der Krieg nicht mehr gewonnen werden könne, dass man aber versuchen müsse, sich mit Russland zu einigen, um auf diese Weise aus dem Krieg wenigsten ohne allzu herbe Verluste herauszukommen. Das hieß, Russland möglichst zu schonen und nicht daran zu denken, es zu demütigen. Falkenhayn, der Kanzler, Tirpitz und der Kaiser hatten stets Napoléons Debakel 1813 vor Moskau in Erinnerung. Das galt ihnen als Warnung, den Krieg nicht allzu tief nach Russland hineinzutragen.

»SIEGFRIEDEN« ODER »VERSTÄNDIGUNGSFRIEDEN«?

Es gab immer wieder indirekte Gespräche mit den Russen. Nikolaus II. war aber ein Ehrenmann. Er fühlte sich seinen Verbündeten verpflichtet. Außerdem hätte ihn Nachgiebigkeit gegenüber den Deutschen in den Verdacht gebracht, familiäre Interessen für wichtiger zu halten als russische. Denn er hatte viele deutsche Verwandte, und das Haus Romanow war seit Peter dem Großen fast zu einer deutschen Familie geworden, die seit Alexander III. ostentativ ihren russischen Charakter hervorheben musste. Insgesamt erwies sich dennoch die Hoffnung, Russland aus der Entente zu lösen, als die einzige realistische

Chance, den Krieg ohne große Verluste zu beenden. Hindenburg und Ludendorff verwarfen freilich eine vornehmlich defensive Kriegführung im Osten, um sich geduldig Möglichkeiten für Kompromisse offen zu halten. Sie wollten Russland vernichten. Beide glaubten an den unvermeidlichen Endkampf zwischen den inferioren Slawen und den ihnen überlegenen Germanen. Den Krieg gegen Russland fassten sie als einen Rassenkrieg und Kulturkampf auf. Der Schwerpunkt des Krieges sollte deshalb in den Osten verlegt werden, um nach der Vernichtung Russlands zum Endsieg im Westen zu gelangen. Ihre Überlegungen kamen den Plänen Bethmann Hollwegs entgegen, der England schonen wollte, um zu einem Verständigungsfrieden zu kommen. Deshalb unterstützte er Hindenburg und Ludendorff in ihren Intrigen gegen Falkenhayn und den Kaiser, der die Loyalität zu seiner Obersten Heeresleitung wahrte.

Der Reichskanzler berief sich bei seinen zuweilen recht unübersichtlichen Manövern allemal auf das höchste Ziel: den Frieden. Wilhelm II. entzog sich beharrlich den immer drängender werdenden, endlich aufdringlichen Bemühungen Hindenburgs und Ludendorffs, ihn zu zwingen, Falkenhayn zu entlassen. Die zivilen Behörden und die militärischen Führer hatten den Kaiser weitgehend auf seine repräsentativen Funktionen beschränkt. Er fügte sich, aber er hielt doch an seinem Vorrecht fest, in Personalfragen das letzte Wort zu haben. Darüber behielt er weiterhin einen Einfluss und konnte vor allem Übergriffe der Militärs in die Politik abwehren. Das beachtete Bethmann Hollweg nicht genau. Seine Stellung hing von der Loyalität ab, die der Kaiser ihm gegenüber wahrte, trotz vieler Versuche, diesen »Flaumacher« durch einen Kanzler zu ersetzen, der, statt auf einen »faulen Frieden« zu hoffen, energisch die Militärs unterstützte, mit allen Kräften einen »Siegfrieden« zu erreichen. Darauf warteten die radikalen Nationalisten, viele Großindustrielle und Professoren, die sich mit den unterschiedlichsten Annexionsabsichten beschäftigten, um den europäischen Kontinent ein für alle Mal der Hegemonialmacht Deutschland unterzuordnen. General Falkenhayn hielt solche Pläne für phantastisch und gerade deshalb für gefährlich und schädlich. Der Kaiser hielt an ihm fest und gab damit zu erkennen, auf Seiten der gemäßigten Kräfte, der Realisten zu stehen. Er mochte Hindenburg und Ludendorff wegen ihres Ehrgeizes im Osten überhaupt nicht. Beide drohten im Januar 1915, falls er nicht sofort Falkenhayn entlasse, mit ihrem Rücktritt. Das kam einer Erpressung gleich.

Hindenburg berief sich bei seinem offenen Ungehorsam auf eine neue Legitimität: Hinter ihm stehe das ganze deutsche Volk und das Heer. Damit konfrontierte er die monarchische Legitimität mit einer revolutionären: von der Nation beauftragt zu sein, dem Willen des Volkes und Heeres zum Durchbruch verhelfen zu müssen. Der Kaiser verbat sich schroff jede Einmischung in seine Kommandogewalt und bestätigte Falkenhayn sein Vertrauen. Aufs Äußerste empörte es ihn, »dass die Intriganten nicht vor meinem Haus haltgemacht, sondern unter Nichtachtung seines Friedens sich erfrecht haben, auch noch dich gegen mich ins Feld zu schicken«, wie er der Kaiserin schrieb. Diese hatte ihm auf Geheiß Hindenburgs, den sie sehr verehrte, ins Gewissen reden sollen. Bei weiteren Machenschaften des ungehorsamen Feldmarschalls, den Zufall und Glück, aber kein Talent nach ganz oben gebracht hätten – denn Ludendorff war ja der Schlachtenlenker, ohne den Hindenburg nichts vermochte –, explodierte der Kaiser: »Das Verhalten des Feldmarschalls ist ganz unerhört. Er gehört vor ein Kriegsgericht.« Aber genau diesen Schritt konnte er nicht wagen. Selbst Generale wie der jüngere Helmuth von Moltke, der glücklose und deshalb abgesetzte und beleidigte Vorgänger Falkenhayns, den sich Hindenburg wieder in die Oberste Heeresleitung zurückversetzt wünschte, gratulierten dem Generalfeldmarschall zu seiner unbeugsamen Haltung: »Was kann es Höheres geben, als sein ganzes Selbst für das Vaterland einzusetzen.« Der Einsatz für das Vaterland rechtfertigte auch den Ungehorsam.

Damit verlor die Monarchie ihre Legitimität, und aus der königlichen und kaiserlichen Armee wurde eine nationale Volksarmee. Es waren sogenannte Konservative und Junker, nicht Sozialisten, die unter den Bedingungen des technisierten Massen- und Vernichtungskrieges das preußische Offiziersethos missachteten und verachteten. Alfred von Tirpitz nahm sich Hindenburg zum Vorbild und reichte im Juli 1915 seinen Rücktritt ein, als der Kaiser im Zusammenhang des U-Boot-Krieges die politischen Einwände Bethmann Hollwegs gegen den uneingeschränkten U-Boot-Krieg berücksichtigte. Es ging dabei um den Primat der Politik im Kriege. Der Kaiser lehnte das Gesuch des Großadmirals ab und bemerkte dazu: »Das ist Felonie! Er bleibt und hat zu gehorchen! Nein! Bleiben und Gehorchen!« Am 27. August 1915 drohte Tirpitz abermals mit seinem Rücktritt. Er musste bleiben, aber der verärgerte Kaiser entzog ihm das Recht, weiterhin beratend in Fragen des Seekrieges mitzuwirken. Im März 1916 wurde er ungnädig entlassen, weil er weiterhin die Politik des Kanzlers und damit des Kaisers vehement bekämpfte. Ein solches Verhalten hat nichts mehr mit dem herkömmlichen Konservativismus zu tun.

Tirpitz war sich klar darüber, dass im Krieg das bisherige Kasten- und Klassenwesen zerbrechen werde. Er bedauerte das nicht, die Sozialisierung der Gesellschaft gehörte selbst für ihn zu den Ideen von 1914. Aber er wünschte auch nicht die vollständige Parlamentarisierung. Tirpitz und Hindenburg nehmen schon die sogenannte Konservative Revolution vorweg. Von der Monarchie übernahmen sie nur die abstrakte Autorität, mit der die Massen gelenkt werden sollen von dem, der kraft Temperament, Begabung und nationaler Leidenschaft zur Herrschaft befähigt ist. Aus dem monarchischen System wird unter solchen Voraussetzungen ein autoritäres, gestützt auf die plebiszitäre Akklamation der organisierten Massen. Mit Tirpitz konnte Wilhelm II. noch fertig werden. Auch der Großadmiral war zwar ein Volksheld, aber ihn umgab nicht der Nimbus des Siegers, weil die Flotte als Waffe bislang nicht eingesetzt worden war und der uneingeschränkte U-Boot-Krieg nicht nur unter den Politikern, sondern auch unter den Militärs umstritten war. Einen Sieger und Retter des Vaterlandes wie Paul von Hindenburg konnte der Kaiser nicht vors Kriegsgericht bringen oder absetzen, wollte er nicht seine eigene Stellung und die Krone überhaupt gefährden. Wilhelm II. musste vorsichtig mit dem Frondeur umgehen, wie früher mit Bismarck, dem Rebellen. Er ließ sich durch die Proteste Hindenburgs vorerst nicht beirren. Mit Hilfe Falkenhayns wurde der Generalfeldmarschall fast ein Jahr nicht weiter beachtet und vornehmlich auf reine Verwaltungsarbeit beschränkt.

Die großen Erfolge im Sommer 1915 an der Ostfront hatte Falkenhayn vorbereitet, sie wurden von Offizieren seiner Wahl erreicht, dem neuen großen Zweigespann: August von Mackensen und Hans von Seeckt. Aber der Kaiser musste dennoch zuweilen seinem eitlen Feldmarschall und dem Liebling des Volkes schmeicheln: »Sie sind zu einem Nationalheros des deutschen Volkes geworden. Der Name Hindenburg hat schon heute einen sagenhaften Klang«, wie er in einem Trinkspruch auf den ihm unangenehmen Volkshelden im Mai 1916 sagte. Eine leise Ironie war bei diesem Lob durchaus beabsichtigt. Die Taten des Feldmarschalls waren tatsächlich legendär, wie in der Sage ihm zugesprochen und als Fiktionen eben sagenhaft. Hindenburg wusste, auch wenn er nichts tat, die Nation hinter sich. Der Reichskanzler warb um ihn, weil er annahm, nur ein Hindenburg könne auch einen enttäuschenden Frieden, einen Frieden ohne Sieger und Besiegte, den Deutschen als unvermeidlich und akzeptabel erklären. Auch die Reichs-

tagsabgeordneten erlagen dem Hindenburg-Mythos. Da die
Alliierten immer deutlicher zu erkennen gaben, sich nicht auf
einen Frieden ohne Sieger und Besiegte einlassen zu wollen,
wurde es zunehmend schwieriger, für einen Verständigungsfrieden als Ausweg zu werben. Der Kaiser, sein Kanzler und
Falkenhayn waren ziemlich isoliert. Sie hatten die Hindenburgdeutschen, zu denen sich die Bismarckdeutschen wan-
delten, gegen sich. Außerdem empörten Bethmann Hollweg
die entsetzlichen Schlächtereien beim Kampf um Verdun, den
Falkenhayn führte in der barbarischen Absicht, die Franzosen
zu zermürben. Es gab also keine Einheit von politischer und
militärischer Führung. Der Kaiser konnte den Kanzler nicht
mit Falkenhayn versöhnen.

Wohl oder übel musste sich Wilhelm II. als konstitutioneller
Monarch von einem General trennen, der nicht das Vertrauen
seines Kanzlers besaß. Falkenhayn hatte ihm verdeutlicht, was
das für Wilhelm II. bedeutete: »Wenn Euer Majestät Hindenburg und Ludendorff nehmen, dann hören Euer Majestät auf,
Kaiser zu sein.« Wilhelm II. machte keinen Hehl daraus, die
Berufung der beiden am 29. August 1916 wie seine Abdankung
zugunsten eines Volkstribuns aufzufassen. Bethmann Hollweg
hatte sich freilich gründlich in den »Zwillingen« geirrt, die
ihn ihrerseits getäuscht hatten. Bethmann Hollweg, Falkenhayn und der Kaiser hielten einen Siegfrieden für unmöglich.
Weil sie für einen Verständigungsfrieden eintraten, wie die
Sozialdemokraten, wie die russischen Sozialisten seit der Fe-
bruarrevolution 1917, galten sie den Hindenburgdeutschen als
Flaumacher und Defätisten. Aus Respekt vor der Krone, nicht
unbedingt vor Wilhelm II., wurden offene Angriffe auf den
Kaiser noch vermieden, dessen Ansehen unter den Nationalisten rapide zurückging. Er war eben doch nur Wilhelm der
»Friedfertige« und »Ängstliche«. Doch wer gegen Falkenhayn
opponierte und gegen Bethmann Hollweg, meinte auch den

Kaiser, der sie berufen hatte und ihnen seine Gunst nicht entzog. Der Reichskanzler hatte den zuerst zögernden Kaiser zu
der Einsicht gebracht, dass eine Parlamentarisierung Preußens
unumgänglich sei: Ein moderner Krieg, ob gewonnen oder
verloren, bewirke unweigerlich Demokratisierungsschübe und
nötige zu erheblichen Zugeständnissen. Das gab schon vor dem
Krieg Bernhard von Bülow dem Kronprinzen zu bedenken,
der gerne als Scharfmacher auftrat. Der Kaiser sah ein, dass das
herrliche Volk in Waffen, das sich so opferbereit und geduldig
an der Front und in der Heimat bewährte, nach dem Kriege
in Preußen nicht wieder bei der Wahl klassifiziert, in Klassen
eingeteilt werden könne. So stimmte er der Einführung des allgemeinen, geheimen und gleichen Wahlrechtes zu, das er zu
Ostern 1917 in einer Botschaft seinem preußischen Volke in
Aussicht stellte.

Er war sich bewusst, dass weitere Zugeständnisse unweigerlich folgen würden, die zur Parlamentarisierung der Monarchie führen müssten. Er fügte sich ohne Enthusiasmus in diese
Entwicklung, aber er hemmte sie auch nicht. Kein Monarch
hatte begeistert im 19. Jahrhundert auf seine Vorrechte und
Kompetenzen verzichtet. Auch der König und Kaiser wollte
seinen Erben möglichst die königlichen Rechte so übergeben,
wie er sie geerbt hatte. Doch dem Druck der Notwendigkeit
gab er stets nach. Eine Änderung des Wahlrechtes oder eine
Parlamentarisierung stieß freilich auf den erbitterten Widerstand der Konservativen, der Nationalliberalen und vieler
Mitglieder des Zentrums. Sie alle waren privilegiert durch das
Dreiklassenwahlrecht in Preußen, das ihnen im Landtag und
in den Kommunen komfortable Mehrheiten verschaffte und
die größte Partei, die SPD, entschieden benachteiligte. Schon
im Herbst 1908, während der hitzigen Debatten um das Interview, das Wilhelm II. der englischen Zeitung *Daily Telegraph*
gegeben hatte, scheuten die bürgerlichen Kräfte davor zurück,

die Parlamentarisierung durchzusetzen. Kaiserliche und königliche Vorrechte – den Kanzler und den preußischen Ministerpräsidenten zu ernennen – schützten sie vor dem Einfluss und der Mitbestimmung der SPD. Hindenburg und Ludendorff, die im vollendeten Parlamentarismus den Übergang in den nackten Sozialismus und damit in den Aufstand der Massen sahen, wollten auch deshalb Bethmann Hollweg stürzen.

Den Kaiser konnten und wollten sie nicht absetzen. Er wurde gebraucht als Symbol für das Volkskaisertum, das sie sich als antiproletarische Macht vorstellten. Hindenburg und Ludendorff als bürgerliche Ideologen verdächtigten die Sozialdemokraten als revolutionäre Demokraten, obschon diese längst aus Angst vor der Revolution zu biederen Monarchisten geworden waren. Aber der Kaiser sollte sich möglichst mit der Rolle eines japanischen Tenno begnügen, ein bloßes Bild sein, das die wahren Repräsentanten des Volkes und des nationalen Geistes – Hindenburg und Ludendorff – nicht daran hinderte, mit Autorität im Namen des Volkes aufzutreten und zu handeln. Das hieß, dem Kaiser sein Recht zu entwinden, Personen seiner Wahl in die entscheidenden Ämter zu berufen, und es auf eine bloße Formalität einzugrenzen. Mit dem Sturze Falkenhayns begann es. Anschließend musste der Kanzler aus dem Amt entfernt werden. Zu den finstersten Kabalen im kaiserlichen Deutschland und im Weltkrieg gehört die von Hindenburg organisierte nationale Bewegung, den Kanzler zu stürzen und den Kaiser darüber endgültig zu entmachten. Das Frivole dabei war, dass niemand einen Nachfolger wusste. Die Großindustrie, Reeder wie Albert Ballin, Journalisten wie Maximilian Harden, die Alldeutschen, die Großagrarier als landwirtschaftliche Unternehmer, sämtliche Bismarck- und Hindenburgdeutsche rotteten sich zusammen und setzten den Kaiser unter Druck, sich von diesem Kanzler zu lösen. Selbst die Sozialdemokraten Friedrich Ebert und Philipp Scheidemann vertrauten nicht einem Kanzler, der das alte System für abgelebt einschätzte, sie warben um die Gunst des Volkshelden Hindenburg und verlagerten eine parlamentarische Entscheidung in außerparlamentarische Räume, die sich ihrer Kontrolle entzogen.

Kaiser Wilhelm war ungehalten und enttäuscht von all den Bürgern und Wirtschaftsführern, die er hofiert und gefördert hatte und die sich mit populären Volkstribunen in Uniform gegen ihn, seinen Kanzler und eine Politik der Vernunft verschworen. Es war gar nicht das Militär – bei allem Ehrgeiz Hindenburgs –, das sich die zivilen Kräfte unterwarf. Es waren Beamte und Abgeordnete, Journalisten und Unternehmer, Professoren und Würdenträger aller Art, die das Militär brauchten für ihre diffusen Intrigen und die ihm eine überraschende und endlich kaum noch zu überblickende Macht verschafften. Da Kaiser Wilhelm nicht einmal mehr auf Sozialdemokraten und das Zentrum rechnen konnte, die in Bethmann Hollweg den Kanzler sahen und bestrafen wollten, der während der Julikrise 1914 versagt hatte, musste er schweren Herzens diesen vernünftigen, maßvollen Politiker entlassen. Es war seine vorweggenommene Abdankung. Sein Schicksal war mit dem Bethmann Hollwegs unmittelbar verbunden. Die für ihn grässlichen Zwillinge erzwangen von nun an Kanzler- und Ministerwechsel und zuletzt musste der Kaiser sogar auf seinen Kabinettschef Rudolf von Valentini verzichten, den letzten ihm aufrichtig ergebenen Beamten. Hindenburg, der Volkstribun, entmachtete den Kaiser im Namen der Ideen von 1914, keine Parteien, nur noch Deutsche kennend, die sich um ihn scharen, den Siegwilligen, den weisen Siegfried, der den Siegfrieden erzwingt.

Mit dem Sturz Bethmann Hollwegs im Sommer 1917 beginnt die Zerstörung der deutschen Politik. Die Kriegslage war damals für Deutschland günstig. Mit einiger Umsicht wäre es sicherlich möglich gewesen, nach der Oktoberrevolution mit den Bolschewisten einen Frieden ohne Sieger und Besiegte

auszuhandeln. Aber dafür fehlte der geeignete Kanzler, eben
Bethmann Hollweg. Hindenburg und Ludendorff mit ihrem
antirussischen und nun antisowjetischen gegenrevolutionären
Elan vernichteten die Aussichten, über einen russisch-deut-
schen Frieden den europäischen vorzubereiten. Sie verließen
sich ganz auf die militärischen Mittel und überredeten nahezu
alle Deutschen, von den wenigen Unabhängigen Sozialisten abgesehen, auf die Überlegenheit der deutschen Waffen zu vertrauen. Es war der Mut der Verzweiflung, der sie trieb. Denn
die Alliierten zeigten keine Bereitschaft zu Kompromissen
und im Hintergrund warteten die Vereinigten Staaten, die entschlossen waren, sich auf gar keinen Fall mit einem eindeutigen
deutschen Sieg und deutscher Hegemonie in Europa abzufinden. Hindenburg und Ludendorff besaßen aber kein Konzept
für den Fall, dass der militärische Erfolg ausblieb.

Das 1917 besiegte Russland hatten sie sich nicht zum Freund
gemacht. Im Gegenteil, sie fürchteten in ihm die Revolution.
Deshalb versuchten sie mit einem freien Polen, der Abtren-
nung der baltischen Staaten und der Ukraine vom russischen
Reich einen Schutzwall vor dem Reich zu gewinnen. Ihr im-
perialistischer Zugriff machte die Deutschen den Westmäch-
ten erst recht verdächtig. Sie konnten sich noch nicht einmal
der verängstigten europäischen Bourgeoisie als Bollwerk gegen
den Kommunismus empfehlen, den diese ebenso fürchtete
wie ihre Klassenkameraden im Deutschen Reich. Hindenburg
und Ludendorff führten Deutschland in die Katastrophe. Mit
dem Ergebnis wollten sie allerdings möglichst nichts zu tun haben. Wie das Reich herausfände aus der Sackgasse, in die sie
Deutschland hineinmanövriert hatten, das überließen sie seit
Ende August 1918 den Parteien und dem Parlament. Der Kaiser
hatte mit der großen Politik und der Kriegführung nichts mehr
zu tun. Er war an den Rand gedrängt worden und lebte im
Hauptquartier wie in einem komfortablen Internierungslager.

Zuweilen wurde er noch gebraucht, um Personalentscheidungen anderer mit seiner Unterschrift zu bestätigen, ansonsten konnte er Bäume fällen, Bücher lesen oder zuweilen Truppen Dank sagen oder Mut zusprechen. Er musste für die Öffentlichkeit weiter an der Fiktion vom obersten Kriegsherren festhalten und unter »seinen« Soldaten, die doch längst die Soldaten Hindenburgs waren, im Hauptquartier bleiben. Dort ließ er sich besser kontrollieren und lenken als in Berlin.

KRIEGSHEER OHNE HERR

Als Ende August 1918 Hindenburg und Ludendorff zugeben mussten, dem Krieg nicht gewinnen zu können, und dringend rieten, sofort Verhandlungen über einen Waffenstillstand einzuleiten, erwies es sich bald als unumgänglich, den entmachteten Monarchen davon zu überzeugen, zum Vorteil Deutschlands auf die Krone zu verzichten. Wilhelm II. weigerte sich lange abzudanken, obschon der amerikanische Präsident Woodrow Wilson diese Forderung unter den Bedingungen nannte, die erfüllt werden müssten, bevor er einen Waffenstillstand vermittele. Es ging nicht nur um ihn, sondern um die Monarchie und die Dynastie. In den ersten Novembertagen überstürzten sich die Ereignisse. Der Kaiser spielte immer noch mit dem Gedanken, bei seinem Heer zu bleiben, sich nicht ehrlos und unwürdig, wie Ludwig III. von Bayern am 7. November aus München, davonzuschleichen. Hindenburg versammelte am 8. November 1918 im Hauptquartier 39 kommandierende Offiziere, die Wilhelm II. nahelegen sollten, dass es unmöglich sei, mit dem Kaiser an der Spitze nach Berlin zu marschieren und dabei etwa auf rebellierende Deutsche zu schießen. Der Generalfeldmarschall legte den Offizieren unumwunden dar, was sie zu beschließen hätten. Gegen die Formulierung ließ sich wenig

einwenden. Aber die Methode war revolutionär, einen Offi-
ziersrat einzuberufen in der Absicht, auf die Entscheidungen
des nominellen Kriegsherren einzuwirken. Ohne das gewollte
Ergebnis der Besprechung abzuwarten, teilte Hindenburg es
telefonisch der Reichsregierung mit.

Am 9. November wurde vom Reichskanzler Prinz Max
von Baden die Abdankung, in die Wilhelm II. noch gar nicht
eingewilligt hatte, veröffentlicht, am gleichen Tag wurde auch
die Republik ausgerufen. Wilhelm II. hatte damit jede Funktion im Heer verloren. Der oberste Kriegsherr war jetzt Paul
von Hindenburg. Er enthob sogleich Kronprinz Wilhelm seines militärischen Postens. General Groener musste den Kaiser
nachdrücklich daran erinnern, dass die Truppen nicht mehr
hinter ihm stünden. Hindenburg bereitete indessen über den
Staatssekretär im Auswärtigen Amt, Paul von Hintze, die Aus-
reise Wilhelms II. in die Niederlande vor, ohne dessen Wissen.
Die Warnung, dass seine persönliche Sicherheit nicht mehr
gewährleistet sei und rebellierende Truppen ihn gefangen
nehmen könnten, führten endlich zur Resignation ins Unvermeidliche. Am 10. November 1918 brach der ehemalige Kaiser
zur Erleichterung Hindenburgs und der Regierung ins Exil auf.
Alsbald wurde ihm vorgeworfen, desertiert zu sein, Fahnen-
flucht begangen zu haben, statt den »Heldentod« zu suchen,
wie es sich für einen König zieme. Wilhelm II. verschloss
sich keineswegs solchen für einen christlichen Monarchen ungewöhnlichen Überlegungen. Er verwarf sie, weil Selbstmord
zu begehen, wie auch immer stilisiert, für ihn als Christen eine
unsittliche Entscheidung war.

Der selbstgewählte Heldentod wurde nie von einem glück-
losen oder besiegten Monarchen verlangt. Diese theatralische
Geste gehört zu dem heroischen Nihilismus, wie ihn Nietzsche zur Mode machte. Das Leben des Monarchen war zu
allen Zeiten viel zu wichtig, als dass es leichtsinnig für leere

Effekte hätte verschwendet werden können. Von einem christlichen König wurde vielmehr erwartet, geduldig und demütig sein Unglück zu ertragen. Vor der Französischen Revolution konnte er selbstverständlich sicher sein, gerade bei Niederlagen seinem Volk vertrauen zu dürfen. Die Jahre »preußischer Not« nach 1806 waren dafür das herzerwärmende patriotische Beispiel. Im Übrigen nannte Napoléon völlig zu Recht einen Tod, der ein Akt der Verzweiflung ist, eine erbärmliche Feigheit. Ob das Leben des Kaisers in dem von der unerwarteten Niederlage erschütterten Deutschland gefährdet gewesen wäre, lässt sich nicht sagen. Kaiser Karl von Österreich-Ungarn verließ ebenfalls sein zerbrechendes Reich und suchte in der Schweiz sein Asyl, später auf Madeira. Aller Wahrscheinlichkeit nach hätte die deutsche Regierung 1919 dem Druck der Alliierten nicht standhalten können, den indessen zum Kriegsverbrecher erklärten Kaiser auszuliefern, damit ihm der Prozess gemacht werden könne. Vielleicht wäre ihm der moralische Beistand der Nation als ihrem Märtyrer nicht versagt worden. Doch bleibt das bloß eine Vermutung. Wahrscheinlicher ist, dass die aufgeregte Nation, vornehmlich damit beschäftigt, sich überhaupt in einer für sie trostlosen Gegenwart zurechtzufinden, das Schicksal ihres ehemaligen Kaisers nicht sonderlich bewegt hätte.

Das Erstaunliche beim Zusammenbruch der Monarchie ist die vollständige Gleichgültigkeit, mit der die Abschaffung der Dynastien überall im Reich hingenommen wurde. Monarchen, deren Häuser seit achthundert Jahren regierten, zogen sich überstürzt ins Privatleben zurück, als wären sie Usurpatoren gewesen. Sie wurden nicht vermisst. Es gab keine Sehnsucht nach monarchischer Restauration und keine politische Bewegung, die um massenhaften Zuspruch warb für die Rückführung der Enterbten auf ihren Thron. Auch in Bayern blieben die restaurativen Kräfte weitgehend isoliert, weshalb sich Kronprinz Rupprecht vernünftigerweise gar nicht erst auf Abenteuer mit ihnen einließ. Immerhin hatten die Deutschen im August 1914 die Monarchie mit ihrer politischen Sendung in Europa und in der modernen Welt verbunden. Friedrich Ebert und viele andere Sozialdemokraten wünschten nur eine reformierte Monarchie, aber um Gottes willen keine Republik. Dass die Monarchie unbetrauert unterging, hängt nicht einmal mit der Person des letzten Kaisers zusammen. Nicht das Kaisertum, sondern das Reich, die Nation, der revolutionäre Begriff weckten Leidenschaften und Energien. Das Kaisertum war ein Schmuck in guten Tagen, entbehrlich, wenn es um die Existenz des Reiches ging. Für die Deutschen war die Monarchie im Sinne Heinrich von Treitschkes lediglich eine zweckmäßige Organisationsform des Staates, die sich durch Leistungsbeweis legitimiert. Kaiser zu sein war ganz bürgerlich zu einem Beruf geworden.

Das Renommee des Monarchen hing von seinem Erfolg ab, von seiner Führungskraft und dem Willen zu führen. Im Weltkrieg stellte sich schnell heraus, dass der Kaiser nur noch ein dekoratives Element in sich rapide verändernden Wirklichkeiten war. Der Krieg und die Kriegswirtschaft wirkten zentralisierend und vereinheitlichend. Die Monarchie gab es im föderalistischen Deutschland aber im Plural. Das Kaisertum war ein Reichsamt neben anderen. Wegen der vielen Kronen und Herrschaften konnten Monarchie und die eine, unteilbare Nation nie vollends verschmelzen. So sehr sich auch der Kaiser darum bemühte – die Nation konnte im Kaiser, der als Präsidium des Bundesrates eine Vielheit repräsentierte, nicht das einzige Symbol ihrer Einheit und Einigkeit erkennen. Das deutsche Reich hatte einen »nationalen« Kaiser, der deutsch dachte und fühlte, aber es war keine »nationale« Monarchie. Die vielen Monarchen erwarben Anerkennung, sofern sie sich als nationale Funktionsträger begriffen. Die vielen Kronen verhinderten eine vollständige Übereinstimmung von Nation und Monarchie, weil der einen Nation eben nicht eine Krone entsprach. Alle Überlegungen zum Volkskaisertum und zum monarchischen Sozialstaat waren mit zentralisierenden Ideen verbunden. Sie setzten den einen Kaiser voraus, der ausgleicht und Konflikte entschärft, aber nicht einen Debattierclub gekrönter Häupter. Die Nation strebt nach Einheit. Sie will sich dem einen Volk in seiner Einigkeit anschaulich verständlich machen. Das gelang erst in der Weimarer Republik, die vereinheitlichend die Staaten zu Verwaltungseinheiten herabdrückte und dem Präsidenten Rechte verlieh, wie sie höchstens einem Kaiser zustanden.

Im Übrigen wussten alle deutsche Fürsten und deren Kanzler oder Minister, dass der Grund, auf dem die Throne Halt suchten, längst unterminiert war. Von Metternich über Bismarck bis Bülow galt der unumstrittene Grundsatz, dass die Mächte des monarchischen Prinzips nichts so sehr zu fürchten hätten wie einen allgemeinen Krieg. Denn die Unberechenbarkeit des Ausgangs konnte zum inneren Umsturz und zur endgültigen Auflösung der Stabilität Europas führen. Die Monarchien befanden sich in der Defensive, weshalb sie, überhaupt nicht erfolglos, mit inneren Reformen »die Revolution« um ihren Elan zu bringen versuchten. Niederlagen mussten unweigerlich alles zunichte machen, was den Kronen während der Metamorphosen der Geschichte noch Schutz gewährte. Russland, Österreich-Ungarn und das Deutsche Reich, die verbliebenen klassischen Monarchien, konnten sich im Kriege, im ersten totalen Kriege, nicht behaupten. Die Bolschewisten revolutionierten Russland. Hindenburg, das Heer und die Sozialdemokraten stellten im Winter 1918/19 ziemlich rasch die Ordnung wieder her – oder was sie darunter verstanden. Den Kaiser und die Monarchie gaben sie auf, um desto entschlossener die erschütterte Vorherrschaft der Bourgeoisie zu verlängern, des Alten, Abgelebten, dessen Zukunft ein Bethmann Hollweg schon 1912 aufgegeben hatte. Vor der Chance, einen

völlig neuen Aufbruch zu wagen, ängstigten sich die verbürger-
lichten Genossen Ebert, Scheidemann oder Noske. Sie lieferten
sich der Armee als »Ordnungsmacht« aus, die sie und jeden
braven Mann vor den Umtrieben der Kommunisten schützte.
Sie besaßen keinerlei Einbildungskraft, wie russische und
deutsche revolutionäre Energien gebündelt dies Europa verwandeln könnten und wie die beiden Verlierer des Krieges als
Wandler der Welt die Hoffnungen der erschöpften Europäer
auf sich vereinigen könnten. Sie wollten ja keine Revolutionäre
sein. Deswegen arbeitete Hindenburg, der Mann des Volkes,
gerne mit ihnen zusammen, ohne sie sonderlich zu achten. Warum auch? Sozialdemokraten schmollten nur, haderten mit sich,
Gott und der Welt, vor allem mit den Kommunisten, und waren dankbar, in diesem Volkshelden einen resoluten Antikom-
munisten verehren zu dürfen. Ein wenig verwundert rieben sie
sich 1933 die Augen, als ihr Volksheld die »nationale Revolution« Adolf Hitlers unterstützte. Die versäumte oder von Ebert
und Hindenburg erstickte Revolution von 1918 war dafür die
Voraussetzung. Es führt kein Weg von Wilhelm II. zu Hitler.
Der Untergang der Weimarer Republik war schon im Sommer
1917 mit dem Sturz des Kanzlers und des monarchischen Konstitutionalismus vorweggenommen. Stresemann und Erzberger,
Scheidemann und Ebert brauchten damals Hindenburg, den
mythisierten Soldaten. Sie brauchten ihn nach dem Krieg, um
eine Revolution zu verhindern. Die Sozialdemokraten brauchten ihn endlich, um eine Republik zu retten, die ihm genauso
gleichgültig war wie der »Parteienstaat« in der Monarchie. In
Adolf Hitler fand er den Führer, der im Sinne der Ideen von
1914 ein einig Volk von Brüdern um sich scharte und damit sein
Werk als Retter und Erlöser der Nation vollendete. An eine
Restauration der Monarchie hatte er nie gedacht. Dafür gab
es auch nie eine Gelegenheit. Nicht Wilhelm II. ebnete Hitler
den Weg, sondern Hindenburg und die Hindenburgdeutschen,

die mit der nationalsozialistischen Revolution eine Gegenrevolution planten, verhalfen ihm zur Macht.

Der Kaiser hielt eine lockere, distanzierte Beziehung zu dem mächtigen Manne aufrecht. Das gebot ihm die Vernunft. Denn wie alle Monarchen, die ihren Thron verloren, mochte er sich nicht sogleich damit abfinden und hoffte, von seinem Volk oder dessen Repräsentanten wieder zurückgerufen zu werden. Im Exil konnte er nur schwer die Entwicklung in Deutschland abschätzen, schlecht informiert von Getreuen, die ihre Berichte mit ihren Phantasien und Wünschen vermengten. Immerhin musste sich auch Wilhelm II. den neuen Zeiten insofern etwas anpassen, als er ganz demokratisch in Parteien, Verbänden, Redaktionen oder Vereinen um Unterstützung für seine, also die gute Sache werben musste.

KRIMINALISIERUNG DES FEINDES

Bis Mai 1920 lebte er als Gast des Grafen Godard Aldenburg Bentinck, der als Johanniter dazu verpflichtet war, jedem in Not geratenen Ordensritter zu helfen, in Amerongen. Auf großherzige und großmütige Weise kam der Hausherr seinem Gelübde nach. Wilhelm II. fand in ihm einen aufmerksamen und diskreten Kavalier und Christen, der dem Monarchen in seinem Unglück jenen Respekt erwies, den ein König gerade dann erwarten darf. Nach herkömmlicher Anschauung bleibt ein König wegen »seines Blutes Hoheit« immer ein König, auch wenn er des Purpurs entkleidet ist. »Not all the water in the rough rude sea / Can wash the balm from an anointed king; / The breath of wordly men cannot depose / The deputy elected by the Lord«, wie der Herzog von Aumerle in Shakespeares *Richard II.* sagt, der Tragödie des neuzeitlichen Königtums, des abgesetzten und entehrten Königs.

Wie stets, wenn ihm gegenüber die Form gewahrt und er
mit feinem Takt behandelt wurde, erwies sich Wilhelm II. als
liebenswürdiger Aristokrat. Mit seiner Seelenruhe in äußerst
schwieriger Zeit bekundete er die Majestät, die ihm seine Feinde absprachen. Graf Bentinck versicherte später, nie ein ungeduldiges Wort vom Kaiser vernommen zu haben über seine
Minister, Generäle, die russischen oder englischen Verwandten. Nur über seinen Vetter, den Reichskanzler Prinz Max von
Baden, der ihn nach seiner Auffassung vom Throne gestoßen
hatte, sprach er ärgerlich und enttäuscht. Graf Bentinck, der
Edelmann, sah selbstverständlich in dem Ordensritter und
Edelmann Wilhelm keinen Kriegsverbrecher. Engländer, die
den Kaiser oft genug gefeiert hatten, wollten ihn nun vor ein
internationales Gericht stellen. Seit 1648, seit den Verträgen von
Münster und Osnabrück, mit denen der sogenannte Dreißig-
jährige Krieg für Deutschland beendet worden war, galt nämlich der Grundsatz immerwährenden Vergessens dessen, was
während eines Krieges geschehen war, um nicht neue Unbill,
Unsicherheit und Missverständnisse zu verursachen. »Vielmehr
sollen alle und jede hin und her, sowohl vor dem Kriege als
auch im Kriege, mit Worten, Schriften oder Taten zugefüg-
ten Beleidigungen, Gewalttaten, Feindseligkeiten, Schäden
und Unkosten ohne alles Ansehen der Personen oder Sachen
gänzlich abgetan sein.« Auf dieser Übereinkunft beruhte das
ius publicum europaeum, das europäische Völkerrecht, jedenfalls
bis 1914.

Seit 1648 gab es kein *bellum iustum*, keinen gerechten Krieg
mehr. Der Krieg war von nun an ein Mittel der Politik, der
Feind galt nicht mehr als Ungerechter, als Krimineller und
Feind des Menschengeschlechtes. Er war ein *iustus hostis*, ein
gleichwertiger Feind, der mit militärischen Mitteln seine Interessen verfolgte. Der Krieg wurde darüber zum großen Duell
sittlich Gleichberechtigter, die um des Friedens willen, sobald

sie sich wieder verständigten, jede Erörterung von Schuld und
Unschuld vermieden. Engländer versuchten schon 1815, diese
Verpflichtung zu umgehen, indem sie Napoléon kriminalisieren
und vor Gericht stellen wollten. Die Europäer waren entsetzt,
und das in fremden Angelegenheiten moralisch so empfindsame Britannien entdeckte bald andere Spielflächen für die Ver-
edelung des Menschengeschlechtes auf angelsächsische Weise.
Erstaunlicherweise waren es ausgerechnet US-Amerikaner, die
1919 sehr zurückhaltend, ja ungehalten auf britisch-avantgar-
distische Überraschungen reagierten wie die Vorwürfe von
»Kriegsverbrechen« und »Kriegsverbrecher«. Sie reagierten unwirsch, weil es dafür keine Rechtsgrundlage gab. Die Vereinigten Staaten sahen damals noch die Demokratie unmittelbar mit
dem Recht verbunden. Großbritannien hingegen moralisierte
schon die Demokratie zu einer Wertegemeinschaft von Men-
schenfreunden, die darüber befinden darf, wer ein Menschen-
feind, ein Unhold oder gar ein Unmensch ist. Der Feind verliert
dabei jeden Schutz, er muss vernichtet und bestraft werden und
unterliegt späterer Umerziehung. Der britische Versuch, den
eigenen Krieg als einen Krieg gegen Untermenschen und Bar-
baren zu moralisieren, eben gegen Verbrecher, fand 1919 nur
sehr zurückhaltende und meist wirre Zustimmung. Insgesamt
stieß er auf Ablehnung.

Die Königin der Niederlande, Wilhelmine, weigerte sich, einen Asylanten seinen Verfolgern auszuliefern. Sie berief sich als
Christin auf christliche Gebote und das gültige internationale
Recht. Sie handelte aber auch als Verwandte. Schließlich konnte
sie in einem Vetter, mit dem sie nie Schwierigkeiten gehabt hatte, sondern gerne zusammen war, beim besten Willen keinen
Verbrecher erkennen. Alle Verwandten hielten die britisch-mo-
ralische Empörung für äußerst unpassend. Auch »Georgie«, König Georg V., und seiner anglisierten, schwäbischen Frau Mary
war der moralische Eifer der Regierung und der Öffentlichkeit

recht peinlich. Da sie in einem freien Land keine Redefreiheit besaßen, schwiegen sie. Sie hatten auch nichts tun dürfen für ihre Verwandten in Russland, einem Staat, der im Frühjahr 1917 noch mit Großbritannien verbündet war. Königin Wilhelmine wahrte mit ihrer festen Haltung, den früheren Deutschen Kaiser nicht auszuliefern, die Ehre der gesamten Großfamilie der Dynastien, deren Mitglieder seit dem Krieg zu Marionetten ihrer jeweiligen Regierungen geworden waren, dazu genötigt, die Variationen des jeweiligen Nationalismus aufzugreifen und vergessen zu machen, zu einer internationalen Großfamilie zu gehören. Die untereinander verwandten Häuser veranschaulichten schließlich das gemeinsame »Haus Europa«. Im Ersten Weltkrieg brach dieses Haus zusammen.

Nachdem die Alliierten resigniert hatten und nicht mehr auf der Auslieferung Wilhelms II. bestanden, kaufte er sich im Frühjahr 1920 Huis Doorn, ein bescheidenes Herrenhaus, das er mit den Möbeln einrichtete, die ihm die preußische Regierung aus den Beständen seiner ehemaligen Schlösser überließ. Dort starb am 11. April 1921 seine Frau Auguste Viktoria, deren schwaches Herz der Katastrophe von 1918 nicht gewachsen war. Sie wurde am 19. April 1921 in Potsdam unter außerordentlicher Anteilnahme der Bevölkerung beigesetzt. Es handelte sich dabei weniger um eine Demonstration zugunsten der Monarchie und des vormaligen Herrscherhauses. Es war ein herzlicher Abschied von einer allseits, nur nicht unter Intellektuellen geschätzten Fürstin, deren Schlichtheit nicht zuletzt im Krieg die Massen beeindruckte. Sie hatte während der Tage des Umsturzes in Berlin Mut und Haltung bewiesen, der Selbstmord ihres Sohnes Joachim 1920, für die fromme Kaiserin ein Schock, der Untergang der Monarchie, das Exil, dies alles weckte Mitgefühl und Mitleid. Es wurde Wilhelm II. von vielen sehr verübelt, dass er sich im November 1922 wieder verheiratete.

ADLIGES LANDLEBEN

In der Witwe des Prinzen Johann Georg von Schönaich-Carolath, Hermine, einer geborenen Prinzessin Reuß, fand er eine vielseitig interessierte, sehr selbständige Gefährtin, die auch solche Bücher las, deren Autoren Wilhelm II. überhaupt nicht gefielen, wie August Strindberg oder Sigmund Freud. Außerdem verfügte sie über ein politisches Temperament. Sie hatte den Kaiser schon immer bewundert und setzte sich mit Hilfe ihrer vielen Bekannten in den unterschiedlichsten Milieus – auch unter Abgeordneten und Parteipolitikern – für den monarchischen Gedanken ein. Bei ihren häufigen Aufenthalten in Deutschland trat die neue Kaiserin und Majestät wie eine Gesandte Wilhelms II. auf. Es gab also einige Gründe, die für sie und die fast überstürzte Heirat mit ihr sprachen. Der Kaiser gehörte zu den Männern, die nicht allein sein können. Außerdem gehört zu einer Hofhaltung, und sei sie noch so klein, eine Dame des Hauses. Kaiserin Hermine fügte sich in die aufrechterhaltene Förmlichkeit und brachte mit ihrer Höflichkeit und fürsorglichen Anteilnahme ein Hauch von Leben in die feierliche Langeweile eines Landsitzes mit dem Anspruch, eine Residenz zu sein. Wilhelm II. hatte stets die Lebensweise englischer Aristokraten auf dem Lande als die angenehmste gepriesen, die er sich denken könne. Aber bei einem Monarchen, der drei Jahrzehnte im Mittelpunkt der öffentlichen Aufmerksamkeit gestanden hatte und sich nun darin gefallen musste, adliges Landleben zu pflegen, lassen sich unter dessen Regelmäßigkeit und Monotonie Anfälle von Langeweile nicht vermeiden.

Wilhelm II. besaß stets Einbildungskraft genug, den sozialen Rollen zu genügen, die er jeweils übernehmen musste. Er legte seine kaiserlichen Gesichtszüge ab. Ein Vollbart und weiße Locken umrahmten nun das Gesicht eines vornehmen, älteren Herrn, der mit seiner allzu korrekten Kleidung bekundete, auf dem Lande doch ein aus der Stadt verirrter Fremdling zu sein. Er glich sehr seinem Onkel, der zeit seines Lebens monarchische Überlegenheit und die Behäbigkeit eines *bourgeois gentilhomme* zu vermischen verstand. Zog Wilhelm II. gelegentlich Uniform an, dann wirkte sie jetzt an diesem Zivilisten wie ein Kostüm aus einer veralteten Operette. Er las viel, vor allem die Erinnerungen und Rechtfertigungen der vielen ehedem in Treue erstorbenen Diener, die nun einem breiten Publikum mitteilten, wie sehr sie darunter glitten hatten, sich dauernd verstellen zu müssen unter dem Druck der unerträglichen kaiserlichen Launen. Wenn er sich als Gast in Amerongen noch zu beherrschen wusste, so verlor er in seinem eigenen Haus öfters die Geduld und gab seinem Ärger und seiner Enttäuschung manchmal sehr heftig nach. In solchen Augenblicken eiferte er vor allem gegen »die Juden«, die ihn nicht verstünden, die ihn verrieten und schmähten und ihm jedes Verdienst absprechen würden. »Der Jude« war für ihn ein Synonym für den »Zeitungsjuden«, den Nörgler, den Schwarzseher, eben den Journalisten. Für ihn wie für jeden Aristokraten war ein Journalist ohnehin kein Gentleman. Ein anständiger Mensch verkehrte mit den fragwürdigen Presseleuten nicht.

Der Inbegriff dieses »Zeitungsjuden« war für ihn Maximilian Harden, sein erbittertster Gegner unter den Journalisten. Er hatte keinen Anlass, freundlich über diesen Polemiker zu reden, den Karl Kraus, ebenfalls jüdischer Herkunft, immer wieder lächerlich machte. Wilhelm II. mochte dann Juden mit Moskitos vergleichen, gegen die nur Gas helfe. Solche Vergleiche wirken auch unabhängig von den späteren schrecklichen Erfahrungen mit den Folgen des nationalsozialistischen Antisemitismus ziemlich unangenehm und geschmacklos. Sie sind eindeutig dem ohnmächtigen Zorn geschuldet. Während seiner Regierung hatte der Kaiser nie versucht, solange er regierte, etwa mit Sondergesetzen Juden in ihrer Freiheit einzuschränken. Privat hatte er mit Juden in Banken und Unternehmen verkehrt und fand gerade unter ihnen Bewunderer, die ihren »herrlichen Kaiser« anschwärmten. Wilhelm II. war mit dem kulturreligiösen Antisemitismus vertraut, wie ihn Houston Stewart Chamberlain vertrat. In den »Zeitungsjuden« sah er vor allem Ostjuden. Bildungsbürger hatten damals gefürchtet, dass sich die massenhaft vor dem russischen Antisemitismus nach Deutschland fliehenden Juden aufgrund ihrer Zahl nicht assimilieren und in das Bildungsbürgertum integrieren ließen. Diese Vorbehalte teilten sie mit den längst arrivierten und gebildeten Juden.

Wilhelm II. hatte als Bewunderer der *selfmade men* und des großen Geldes nie die sozialen und ästhetischen Vorurteile der europäischen Aristokratie gegenüber den Neureichen und jüdischen Neureichen übernommen. Er verkehrte häufig mit ihnen, lud sie zu öffentlichen oder privaten Gesellschaften, zeichnete sie aus und empfahl seinen bornierten Landjunkern den Umgang, gar die Einheirat in jüdische Familien, damit sie ihren Gesichtskreis erweiterten. Den rassischen Antisemitismus der Nationalsozialisten missbilligte er. Nach den von der Partei organisierten Ausschreitungen am 9. November 1938 bekannte er, sich zum ersten Mal zu schämen, ein Deutscher zu sein. Einen Juden hielt er wie alle und jeden erst einmal für einen anständigen Kerl, solange er ihm nicht das Gegenteil bewies. An dieser Lebensmaxime hielt er auch in Doorn fest.

Sein Verhältnis zur NSDAP war ambivalent. Solang er hoffte, sich dieser vulgären Bewegung bedienen zu können, um auf den Thron zurückzukehren oder die Restauration seines Hauses zu erreichen, lehnte er Gespräche und Sondierungen preußischer Prinzen oder der Kaiserin Hermine nicht grundsätzlich ab. Mussolinis Arrangement mit dem König von Italien wirkte verheißungsvoll auf ihn. Andernteils bemerkte er doch spätestens nach der Machtergreifung, dass die NSDAP an ein

ganz neues Deutschland dachte und auf preußische Reminiszenzen oder Erinnerungen an die kaiserliche Zeit nur zurückgriff, um konservative Wähler zu gewinnen und zu täuschen.
Am 3. Februar 1934 wurden alle monarchistischen Verbände
aufgelöst, des Kaisers 75. Geburtstag am 27. Januar hatte schon
nicht mehr öffentlich gefeiert werden dürfen. Das empfand er
als Kriegserklärung an das Haus Hohenzollern und das deutsche Kaisertum: »Der Feind steht rechts!« Er gab sich nun
keinen Illusionen über eine Rückkehr mehr hin und wollte
auch nicht in Potsdam oder Berlin begraben sein, sondern in
Doorn. Überhaupt konnte der bekennende Christ den Nationalsozialismus als ideologische Konstruktion nicht mit seinem
Glauben vereinbaren: »Man leugnet den Herrn als Sohn Gottes
und seinen Erlösertod für unsere Sünden. Das Neuheidentum
macht sich breit. Lass Dich durch nichts beirren oder in Dei-
nem Glauben wankend machen. Unser Glaube ist der Sieg, der
die Welt überwunden hat. Jesus Christus gestern und heute
und derselbe in Ewigkeit. Gott mit Dir!« Das schrieb er seinem
Enkel Prinz Wilhelm Karl 1937.

Manchmal war der kleine Hof ein festlicher Mittelpunkt
der europäischen Verwandten bei Hochzeiten und Geburtsta-
gen. Noch immer bekam er viel Besuch, und er verbarg nicht,
dass er darauf gewartet hatte, ein gnädiger oder gütiger Gast-
geber sein zu dürfen. Nachdem er für sich, aber nicht für sein
Haus jede Hoffnung auf den Thron aufgegeben hatte und seit
er sich damit begnügte, ein entzückender Großvater zahlloser
Enkel oder reizender Onkel und Cousin seiner verzweigten
Verwandten zu sein, wurde er endlich doch noch zu einem be-
haglichen Landedelmann. Randolph Churchill, der mit ihm im
Juni 1934 in Doorn sprach, war erstaunt, welch einer vergnügten
Natur er begegnete. Zu seinem inneren Frieden verhalfen ihm
auch der Austausch und die Anerkennung, die er unter Wis-
senschaftlern fand, die sich seit 1928 zu kulturgeschichtlichen

Symposien regelmäßig um den Kaiser versammelten. In dieser Idylle schienen mitten im Lärm der aufgeregten Zeit politische Ohnmacht und Macht des Geistes und der Bildung miteinander eine Gegenmacht zu bilden, gemäß der idealistischen Gewissheit oder Hoffnung Theodor Däublers: »die Welt versöhnt und übertönt der Geist«. Seine Gäste waren keine gutmütigen Mediokritäten oder engstirnigen Monarchisten. Unter ihnen befanden sich der Altphilologe Karl Reinhardt, einer der letzten Klassiker im klassischen Geist, mit der Antike vertraut wie mit ihrem Nachwirken in Europa, dann der Kenner mittelalterlicher Ritterlichkeit Hans Naumann, der große Alttestamentler Alfred Jeremias, Walter F. Otto, der die griechischen Mythen in ihrer ewigen Aktualität vergegenwärtigte, oder der junge Franz Altheim, der energisch den Orient in das neue Bild der Antike und der alten Welt hineinzog. Sie alle achteten im Kaiser einen freundlichen Kommilitonen im weiten Reich des Geistes und der Forschung, sie nahmen ihn ernst und freuten sich an seiner Lebhaftigkeit, Neugier und eleganten Umgänglichkeit, ohne je herablassend zu wirken. So fand dies bewegte Leben allmählich doch zur Ruhe, im Mittelpunkt der eigenen Schwerkraft.

Noch einmal kam Unruhe auf, als die deutschen Truppen im Mai 1940 die Niederlande besetzten. König Georg VI. bot seinem Großonkel sofort Zuflucht in England an. Die Vorbehalte Wilhelms II. gegenüber dem Nationalsozialismus waren in der Familie bekannt. Sie waren auch den Nationalsozialisten nicht verborgen geblieben. Zu einer zweiten Flucht konnte sich Wilhelm II. nicht entschließen. Ein ehemaliger Deutscher Kaiser und Oberster Kriegsherr, der sich vor deutschen Soldaten fliehend in England in Sicherheit bringt, hätte wegen des propagandistischen Effektes einer solchen Demonstration die eigene Familie und die übrigen Dynastien gefährdet, denen als »Internationalisten« Adolf Hitler ebenso misstraute wie dem internationalen Sozialismus oder der römischen Weltkirche.

Wilhelm II. dachte wie die meisten Deutschen an Volk und Vaterland, an die Nation. Ein früherer Kaiser, der nicht zwischen
den Soldaten und den Nationalsozialisten zu unterscheiden
wusste, zwischen den Deutschen und den Parteigenossen, hätte unweigerlich den monarchischen Gedanken, auf den Wilhelm II. weiter vertrauen wollte, um seine Überzeugungskraft
gebracht unter jenen Deutschen, die an solchen Unterschieden
festhielten.

Der junge deutsche Kaisergedanke, wie er unter Wilhelm II.
entwickelt worden war, der das preußische Königtum zurück-
gedrängt hatte, um Kaiser und Reich als umfassende Wirklichkeit zum Erlebnis zu machen, ließ sich nicht von Volk und
Vaterland trennen, die ihm überhaupt erst Substanz verliehen.
Ein ehemaliger Kaiser, der nach England flieht, hätte Beifall
unter den Emigranten, in der Solidargemeinschaft des anti-
faschistischen Widerstandes, gefunden, doch er hätte unvermeidlich jedes Ansehen unter den Deutschen »in der Heimat«
verloren, die sich mit ihren siegreichen Truppen solidarisierten
und darüber mit deren Oberbefehlshaber und Führer, der den
Weg zum Sieg wies im Gegensatz zu dem ehemaligen Kaiser,
der als Führer versagt hatte, wie ihm nicht zuletzt von Nationalsozialisten vorgeworfen wurde. Wilhelm II. versuchte also,
wie die Mehrheit der Deutschen, zwischen der Partei und der
Wehrmacht zu unterscheiden. Außerdem konnten ihm die Siege der Truppen nicht gleichgültig bleiben. Schließlich hatten
die nun erfolgreichen Generäle unter seinem Kommando im
Ersten Weltkrieg als Leutnants, Hauptmänner oder junge Ma-
jore gekämpft. Sie kamen aus seiner Schule, wie er zufrieden
bemerkte, sodass er an ihren Erfolgen beteiligt war.

Die Partei im besetzten Holland nahm keine Notiz vom
Kaiser. Er hingegen aber war täglich mit deren Organen kon-
frontiert. Einheiten der SS bewachten die Zugänge zu Haus
Doorn. Sie sorgten, wie es hieß, für seine Sicherheit. Tatsäch-

lich beschränkten sie Wilhelm II. in seiner Freiheit. Sie bewachten nicht das Haus, sondern überwachten dessen Bewohner, die wie in einem Internierungslager lebten. Die Siege der
deutschen Wehrmacht als Siege des deutschen Volkes lenkten
Wilhelm II. wie die meisten »Volksgenossen« von der Wirklichkeit des Regimes ab, das ihn wie die anderen kontrollierte.
Die Wehrmacht wurde zum überwältigenden Ausdruck nationaler Begeisterung und Leistungskraft, von Mut und Willen
zum Sieg, die mit dauernden Siegen als Triumph des Willens
weiteren Enthusiasmus weckten. Die Deutschen genossen wie
im Rausch ihr Heldenleben. Selbst ein sehr nüchterner Historiker wie der uralte, liberale Friedrich Meinecke ließ sich davon
nach dem Sieg über Frankreich im Juni 1940 anstecken und
wurde unsicher, ob er in der »inneren Emigration« die Zeichen
der nationalsozialistischen Zeit immer richtig gedeutet hatte.

Wilhelm II. telegraphierte am 17. Juni 1940 dem Führer
und Reichskanzler seine Glückwünsche »zu dem von Gott
geschenkten gewaltigen Sieg mit den Worten Wilhelms des
Großen: Welch eine Wendung durch Gottes Fügung. In allen
deutschen Herzen erklingt der Choral von Leuthen, den die
Sieger von Leuthen des großen Königs anstimmten: Nun dan-
ket alle Gott«. Der Sieg über Frankreich hatte damals ganz
Deutschland in einen Taumel versetzt. Auch dem Enkel Wilhelms I., des Siegers von 1871 und Reichsgründers, bereitete es
eine ungemeine Freude, dass deutsche Soldaten die Niederlage
von 1918 mit einem erstaunlich raschen Sieg vergessen machten.
Sein Telegramm, das nach 1945 manche irritierte, war wohl-
überlegt. Wilhelm II. dankte nicht dem Führer. Er dankt Gott,
durch dessen und nicht des Führers Fügung es zum Siege kam.
Der Kaiser beruft sich auf Wilhelm den Großen, den gottesfürchtigen König und Kaiser. Der von ihm forcierte Kult um
Wilhelm I. als Reichsgründer nach der Entlassung Bismarcks
1890 hatte sich gegen die »Bismarckdeutschen« gerichtet. Sie

hatten im Kanzler den Einiger und Gründer des Reiches gefeiert, wie deren Enkel nun in Adolf Hitler einen neuen Bismarck bewunderten, der das Reich neu gegründet und zu einem Großdeutschen Reich erweitert habe.

Hitler wollte sich als Nachfolger Bismarcks und Vollender von dessen Werk verstehen. Wenn Wilhelm II. feierlich an seinen Großvater erinnerte, wandte er sich damit unmittelbar gegen jene geschichtspolitische Konstruktion. Nicht Bismarck oder jetzt Adolf Hitler sind Gründer des Reiches. Gott war es, der sich Wilhelms I. als Werkzeug bediente, um die Einheit der Deutschen im Reich zu ermöglichen. Sein Großvater hatte sich als Werkzeug des Herrn in der Geschichte als Heilsgeschichte verstanden. Das Telegramm hat nichts mit einer Kapitulation vor dem Führerkult zu tun. Der Kaiser spricht von Gott dem Allmächtigen und nicht vom Führer. Gott haben alle Deutschen zu danken, der ihnen einen Sieg schenkte, um das Werk des gottesfürchtigen Königs und ersten Kaisers zu erhalten. Die Legitimität des Reiches kommt aus der Geschichte. Sie hängt wie jede legitime Herrschaft mit Gott zusammen, dem Herren der Welt als Geschichte. Das war die Auffassung Wilhelms II. Mit seinen politisch-theologischen Wendungen bekundete Kaiser Wilhelm II. seine Distanz zum Führer und dessen Partei.

Wilhelm II., der preußische König von Gottes Gnaden, der als solcher auch das Kaisertum reiner Profanität und Banalität entrücken wollte, verbat sich deshalb ein von der Partei und dem nationalsozialistischen Deutschland arrangiertes Staatsbegräbnis. Er starb am 4. Juni 1941 im Alter von 82 Jahren. Vertretern des Großdeutschen Reiches und der Wehrmacht konnte die Teilnahme an seiner Beerdigung in einem von deutschen Truppen besetzten Land nicht verweigert werden. Trotz einiger Uniformen und Würdenträger der alten Zeit und der neuen Ära handelte es sich um das Begräbnis eines aufrechten Christen, der auf Gott als seine feste Burg vertraute und nicht auf den Führer hin zu einem neuen, heidnisch-gottlosen Deutschland. In schlichten Formen wurde Wilhelm II. bestattet, der in ein Reich hinüberwechselte, in dem alle gleich sind. Nicht der Kaiser, der König, Herzog oder Markgraf wurde noch einmal gewürdigt und gefeiert. Es war der Sünder, der nun in den *splendor veritatis* eintrat, in den Glanz der Wahrheit, wie der König und Kaiser Wilhelm II. zuversichtlich hoffte.

ANHANG

LITERATURVERZEICHNIS

Augustine, Dolores L.: *Patricians and Parvenues. Wealth and High Society in Wilhelmine Germany*, Oxford 1994

Baechler, Christian: *Guillaume II. de l'Allemagne*, Paris 2003

Balfour, Michael: *Kaiser Wilhelm II. und seine Zeit*, Frankfurt a. M. / Berlin / Wien 1979

Blackbourne, David und Geoff Eley: *Mythen deutscher Geschichtsschreibung*, Frankfurt a. M. 1980

Brocke, Bernhard vom (Hrsg.): *Wissenschaftsgeschichte und Wissenschaftspolitik im Industriezeitalter. Das »System Althoff« in historischer Perspektive*, Hildesheim 1991

Bruch, Rüdiger vom: *Wissenschaft, Politik und öffentliche Meinung. Gelehrtenpolitik im Wilhelminischen Deutschland (1890–1914)*, Husum 1980

Brude-Firnau, Gisela: *Die literarische Deutung Kaiser Wilhelms II. zwischen 1889 und 1989*, Heidelberg 1997

Brunner, Otto: »Vom Gottesgnadentum zum monarchischen Prinzip«, in: Ders. (Hrsg.): *Neue Wege der Verfassungs- und Sozialgeschichte*, Göttingen 1968

Canis, Konrad: *Von Bismarck zur Weltpolitik. Deutsche Außenpolitik 1890 bis 1902*, Berlin 1999

Cecil, Lamar: *William II. Emperor and Exile, 1900–1941*, Chapel Hill 1996

Chamier, Jacques D.: *Ein Fabeltier unserer Zeit. Wilhelm II.*, Zürich 1936

Clark, Christopher: *Kaiser Wilhelm II.*, London 2000

Corti, Egon Caesar Conte: *Unter Zaren und gekrönten Frauen*, Salzburg 1936

Eley, Geoff und Retallack, James (Hrsg.): *Wilhelminism and its Legacies. German Modernities, Imperialism and the Meanings of Reform*, New York / Oxford 2003

Elsner, Tobias: *Kaisertage: Die Hamburger und das wilhelminische Deutschland im Spiegel öffentlicher Festkultur*, Frankfurt a. M. 1990

Epkenhans, Michael: *Die wilhelminische Flottenrüstung 1908–1914. Weltmachtstreben, industrieller Fortschritt, soziale Integration*, München 1991

Fehrenbach, Elisabeth: *Wandlungen des deutschen Kaisergedankens (1871–1918)*, München / Wien 1969

Ferguson, Niall: *The Pity of War*, London 1998 (dt.: *Der falsche Krieg*, Stuttgart 1998)

Frauendienst, Werner: »Demokratisierung des deutschen Konstitutionalismus in der Zeit Wilhelms II.«, in: *Zeitschrift für die gesamte Staatswissenschaft*, Bd. 113, 1957

Gutsche, Willibald: *Wilhelm II. Der letzte deutsche Kaiser*, Berlin 1991

Hallgarten, George W. F.: *Imperialismus vor 1914. Die soziologischen Grundlagen der Außenpolitik europäischer Großmächte vor dem Ersten Weltkrieg*, Bd. 1.2, München 1967

Hank, Manfred: *Kanzler ohne Amt, Fürst Bismarck nach seiner Entlassung*, München 1977

Hildebrand, Klaus: *Das vergangene Reich. Deutsche Außenpolitik von Bismarck bis Hitler*, Berlin 1999

Hobsbawm, Eric und Rangeer, Terence (Hrsg.): *The Invention of Tradition*, Cambridge 1996

Huber, Ernst-Rudolf: *Deutsche Verfassungsgeschichte seit 1789*, Bd. IV.: *Struktur und Krisen des Kaiserreichs*, Stuttgart 1969

Hull, Isabel V.: *The Entourage of Kaiser Wilhelm II. 1888–1918*, Cambridge 1982

Ilsemann, Sigurd von (Hrsg.): *Der Kaiser in Holland. Aufzeichnungen des letzten Flügeladjutanten Kaiser Wilhelms II.*, 2 Bde., München 1967

Joll, James: *The Origins of the First World War*, London 1984

Kennan, George F.: *Bismarcks europäisches System in der Auflösung. Die französisch-russische Annäherung 1875–1890*, Frankfurt a. M. / Berlin / Wien 1981

Kirsch, Martin: *Monarch und Parlament im 19. Jahrhundert. Der monarchische Konstitutionalismus als europäischer Verfassungstyp*, Göttingen 1999

Kiste, Johan van der: *Kaiser Wilhelm II. Germany's Last Emperor*, Sutton 2001

König, Wolfgang: *Wilhelm II. und die Moderne. Der Kaiser und die technisch-industrielle Welt*, Paderborn / München / Wien 2007

Kohlrausch, Martin: *Der Monarch im Skandal. Die Logik der Massenmedien und die Transformation der Wilhelminischen Monarchie*, Berlin 2005

Ders. (Hrsg.): *Samt und Stahl. Kaiser Wilhelm II. im Urteil seiner Zeitgenossen*, Berlin 2006

Kohut, Thomas A.: *Wilhelm II. and the Germans. A Study in Leadership*, New York / Oxford 1991

Krüger, Jürgen: *Rom und Jerusalem. Kirchenbauvorstellungen der Hohenzollern im 19. Jahrhundert*, Berlin 1995

Lenman, Robin: *Artists and Society in Germany 1850–1914*, Manchester 1997

Lerman, Katherine Anne: *The Chancellor as Courtier. Bernhard von Bülow and the Governance of Germany 1900–1909*, Cambridge 1990

Lieven, Dominic: *Abschied von Macht und Würden. Der Europäische Adel 1815–1914*, Frankfurt a. M. 1995

Ders.: *Russia and the Origins of the First World War*, London 1984

Ludwig, Emil: *Wilhelm der Zweite*, Berlin 1926

MacDonough, Giles: *The Last Kaiser. William the Impetuous*, London 2001

Mai, Ekkehard; Pohl, Hans; Waetzoldt, Stephan (Hrsg.): *Kunstpolitik und Kunstförderung im Kaiserreich*, Berlin 1982

Marschall, Birgit: *Reisen und Regieren. Die Nordlandreisen Kaiser Wilhelms II.*, Hamburg 1991

McLean, Roderick R.: *Royalty and Diplomacy in Europe. 1890–1914*, Cambridge 2001

Michalka, Wolfgang (Hrsg.): *Der Erste Weltkrieg. Wirkung, Wahrnehmung, Analyse*, München / Zürich 1994

Mombauer, Anika und Deist, Wilhelm (Hrsg.): *The Kaiser. New Research on Wilhelm II.'s Role in Imperial Germany*, Cambridge 2003

Mosse, Werner Eugen (Hrsg.): *Juden im wilhelminischen Deutschland. 1890–1914*, Tübingen 1976

Nichols, J. Alden: *Germany after Bismarck. The Caprivi Era 1890–1894*, New York 1958

Nicolson, Harold: *Die Verschwörung der Diplomaten. Aus Sir Arthur Nicolsons Leben 1849–1928*, Frankfurt a. M. 1931

Palmer, Alan: *Wilhelm II. Glanz und Elend der preußischen Dynastie*, München 1978

Ders.: *Franz Joseph I. Kaiser von Österreich und König von Ungarn*, München / Leipzig 1995

Preußen, Friedrich Wilhelm Prinz von: *Das Haus Hohenzollern 1918–1945*, München / Wien 1985

Prochaska, Frank: *Royal Bounty. The Making of a Welfare Monarchy*, New Haven / London 1995

Pyta, Wolfram: *Hindenburg. Herrschaft zwischen Hohenzollern und Hitler*, München 2007

Rall, Hans: *Wilhelm II.*, Graz 1995

Reinermann, Lothar: *Der Kaiser in England. Wilhelm II. und die britische Öffentlichkeit*, London 2000

Retallack, James: *Germany in the Age of Kaiser Wilhelm II.*, Basingstoke / Hampshire 1996

Rich, Norman: *Friedrich von Holstein*, Cambridge 1965

Röhl, John C. G.: *Wilhelm II. Die Jugend des Kaisers. 1859–1888*, München 1993

Ders.: *Wilhelm II. Der Aufbau der persönlichen Monarchie*, München 2001

Ders. (Hrsg.): *Kaiser, Hof und Staat. Wilhelm II. und die Deutsche Politik*, München 1987

Samerski, Stefan (Hrsg.): *Wilhelm II. und die Religion. Facetten einer Persönlichkeit und ihres Umfeldes*, Berlin 2001

Schieder, Theodor: *Das deutsche Kaiserreich von 1871 als Nationalstaat*, Köln und Opladen 1961

Sombart, Nicolaus: *Wilhelm II. Sündenbock und Herr der Mitte*, Berlin 1996

Steiner, Zarah S.: *Britain and the Origins of the First World War*, London 1977

Straub, Eberhard: *Repraesentatio Maiestatis*, München 1969

Ders.: *Die Wittelsbacher*, Berlin 1994

Ders.: *Drei letzte Kaiser. Der Untergang der großen europäischen Dynastien*, Berlin 1998

Ders.: *Der Reeder des Kaisers. Albert Ballin*, Berlin 2001

Verhey, Jeffrey: *The Spirit of 1914. Militarism, Myth and Mobilisation in Germany*, Cambridge 2000

Weller, Bernd Uwe: *Maximilian Harden und die »Zukunft«*, Bremen 1970

Wilderotter, Hans und Pohl, Klaus-Dieter (Hrsg.): *Der letzte Kaiser. Wilhelm II. im Exil*, Gütersloh / München 1991

Ydewalle, Charles de: *Guillaume II.*, Méyère 1972

PERSONENREGISTER

KURZBIOGRAPHIE DES AUTORS

EBERHARD STRAUB, geboren 1940 in Berlin, studierte Geschichte, Alte Geschichte, Kunstgeschichte und Archäologie in Bonn, München, Turin und Wien. Auslandsaufenthalte und Forschungsreisen führten ihn 1970 bis 1974 nach Madrid, Valladolid, New York und Wien. Der habilitierte Historiker war von 1977 bis 1986 Feuilletonredakteur der *Frankfurter Allgemeinen Zeitung,* bis 1989 Redakteur der *Stuttgarter Zeitung* und von 1991 bis 1997 Pressereferent des Stifterverbandes für die Deutsche Wissenschaft sowie Herausgeber der Zeitschrift *Wirtschaft und Wissenschaft.* Eberhard Straub ist seit 1998 freier Publizist und lebt in Berlin. Er arbeitet für Buchverlage, Zeitungen und Rundfunk. Zu seinen wichtigsten Veröffentlichungen zählen *Die Wittelsbacher* (1994), *Drei letzte Kaiser. Der Untergang der großen europäischen Dynastien* (1998), *Albert Ballin. Der Reeder des Kaisers* (2001), *Eine kleine Geschichte Preußens* (2001), *Das spanische Jahrhundert* (2004), *Vom Nichtstun. Leben in einer Welt ohne Arbeit* (2004), *Das zerbrechliche Glück. Liebe und Ehe im Wandel der Zeit* (2005) und zuletzt *Die Furtwänglers. Geschichte einer deutschen Familie* (2007).

DIE FRÜHBUCHER

Folgende Subskribenten haben das Erscheinen dieses Buches mit ihrer frühzeitigen Bestellung zum Sonderpreis unterstützt:

Herr Antonio de Andrés-Gayon, Berlin
Herr Michael von Bentivegni, Berlin
Herr Rolf Bertrams, Altenberge
Frau Dr. Christiane Brender, Bad Homburg
Frau Ingrid Bührig, Berlin
Herr Dr. Markus Büning, Gronau
Siegwart Graf zu Eulenburg und Hertefeld, Kolk
Herr Jörg Geller, Montoy-Flanville (Frankreich)
Herr Thomas Gilgert, Freiburg
Herr Stefan Hanz, Bad Köstritz
Herr Olaf Haselhorst M. A., Hamburg
Herr Theobald Heim, Frankfurt am Main
Herr Jörg Michael Henneberg, Oldenburg
Herr Dr. Stefan Knoll, Frankfurt am Main
Herr Torben Koopmann, Oldenburg
Herr Reinhard Krakow, Bochum
Herr Werner Krull, Oldenburg
Herr Dr. Martin Mantzke, Berlin
Herr Dr. Werner Martin, Bozen
Herr Wolfgang Müller, Regensburg
Herr Willy Neve, Ahlen
Herr Joachim E. K. Schliemann, Aumühle
Herr Heinrich Schmuck, Borstorf
Herr Tim Schumacher, Berlin
Herr Heribert Seifert, Recklinghausen
Herr Enrico Smolka, Kleinmachnow
Herr Friedrich Steuber, Zürich

Herr Matthias Struck, Oldenburg
Herr Dr. Rainer Wagner, Weiden
Herr Dr. Wulf D. Wagner, Berlin
Herr Dr. Jörgen Welp, Oldenburg
Herr Hermann Weskott, München
Herr Max Wiener, Zürich
Michael Graf Wolff-Metternich, Weilbach
Herr Dirk Wolff-Simon, Hannover
Herr Alfred Wollmann, Erding
Frau Hanne Zoege von Manteuffel, Kleinmachnow

Wenn Sie in künftig erscheinenden Büchern als Subskribent verzeichnet werden möchten, wenden Sie sich bitte an den Landt Verlag, Wilhelmstraße 118, 10963 Berlin, Telefon +49 (0)30 23 00 42 51, www.landtverlag.de

379

© 2008 Landt Verlag, Buchgewerbehaus Wilhelmstraße 118, 10963 Berlin
Gestaltung: Pauline Schimmelpenninck, Büro für Gestaltung, Berlin
Satz: Bettina Aigner, Berlin
Gesetzt aus Bembo
Druck: Messedruck Leipzig GmbH
Bindung: Leipziger Kunst- und Verlagsbuchbinderei GmbH
Bildnachweis Frontispiz: Sammlung Jörg Michael Henneberg, Oldenburg

Printed in Germany
ISBN 978-3-938844-10-6

www.landtverlag.de